Agnes Imhof

Feminismus – Die älteste Menschenrechtsbewegung der Welt

Agnes Imhof

Feminismus – Die älteste Menschenrechtsbewegung der Welt

Von den Anfängen bis heute

DUMONT

*Für die Antifeminist*innen, die mich überzeugt haben,*
dass ein Buch über Feminismus nach wie vor dringend nötig ist.
Für alle Frauen, die für Gleichberechtigung gekämpft haben
und noch kämpfen, und für die Männer, die sie dabei unterstützen.

Inhalt

Vorwort

Ich bin nicht als Feministin geboren.
Ich bin dazu geworden.

Wenn ich hier Simone de Beauvoirs berühmten Satz (»*on ne naît pas femme: on le devient*«) abwandle, dann meine ich das ganz existenzialistisch: Zur Feministin wird man aufgrund von Erfahrungen.

Der Professor, der dafür bekannt war, aus Prinzip keine Frauen für Stipendien vorzuschlagen, hat mich ebenso dazu gemacht wie der Lehrer, der uns erklärte, Studien würden beweisen, dass Frauen zwar seltener verrückt, aber auch seltener hochbegabt seien. Der Theologe, der verkündete, der Feminismus sei das größte Übel unserer Zeit. Der Familienvater, der mir pornografische Texte schickte und »auf Verständnis« hoffte. Sie alle haben auch meinen Blick für die oft grausame Diskriminierung von Frauen weltweit geschärft: Ausschluss von Bildung. Genitalverstümmlung. Vergewaltigung. Femizid. Deshalb möchte ich Feminismus wieder dort ansetzen, wo er ursprünglich herkommt: bei der Erfahrung von Leiden und dem Bedürfnis nach Freiheit. Feminismus war immer eine Menschenrechtsbewegung. Lange bevor dieses Wort existierte.

Es geht nicht darum, passiv in einer Opferrolle zu verharren: Über etwas zu sprechen, ist eine aktive Handlung. Es geht auch nicht darum, Männer von Geschlechts wegen als Täter zu verstehen. Wie alle Menschen sind auch Männer nur für das verantwortlich, was sie selbst tun – nicht für die Gesellschaft, in die sie geboren wurden. Wie jedes mündige Mitglied der Gesellschaft tragen sie aber auch ihren Teil der Verantwortung dafür. Dem Theologen muss ich also sagen:

Wenn Sie Feminismus für das größte Übel unserer Zeit halten, dann sollten Sie ihn unterstützen. Denn je weniger Frauen die Erfahrung machen müssen, wegen ihres Geschlechts misshandelt, ausgebeutet, beruflich schlechter gestellt oder für dümmer gehalten zu werden, desto weniger Feministinnen wird es geben. Bis dahin, mit Verlaub, breiten wir uns aus.

Das wäre auch legitim, wenn Männer nichts davon hätten, aber eines kann ich versprechen: Das haben sie. Das Patriarchat ist *per se* repressiv – auch für Männer, ganz zu schweigen von allen Gruppen nicht heterosexueller Ausrichtung.

Doch um die Gegenwart zu verstehen, muss man zurückschauen. Und das ist manchmal gar nicht so einfach. Bei jedem Backlash wurden Ideen, Gedanken und Taten von klugen und mutigen Frauen aktiv dem Vergessen übergeben. Dieses Buch möchte den Anfang machen, sich ihrer zu erinnern und ihre Leistungen für uns heute nutzbar zu machen. Denn vieles wurde bereits erdacht, analysiert und erkannt – und wieder aus dem kollektiven Gedächtnis entfernt. Dieser Streifzug durch Geschichte und Gegenwart des Feminismus wird also ein wilder Amazonenritt. Wir werden Drachen und Hexen begegnen, werden streiken und demonstrieren. Wir werden uns mit den Herrschenden und der Polizei anlegen, Götterbilder, Madonnen, Detonationen und Revolutionen sehen. Wir werden hochdekorierte Wissenschaftler widerlegen und Tyrannen stürzen. Feminismus rüttelt an Thronen. Wenn er das nicht tut, macht er etwas falsch.

Wie bei Christine de Pizan müssen wir die »Stadt der Frauen« immer neu bauen. Deshalb werde ich zunächst die Leistungen derer würdigen, auf deren Schultern wir heute stehen. Danach werden wir Einblicke sammeln in die Matriarchatsforschung, werden Engels auf den sozialistischen Zahn fühlen und Religionen wie Atheismus die Gretchenfrage stellen: Wie haltet ihr es mit den Frauen? Wir werden kulturspezifische Ansätze betrachten: uns mit der Situation im Iran beschäftigen und sehen, dass auch der Kampf der muslimischen Frauen um ihre Freiheit alt ist.

Dieses Buch erhebt keinen Anspruch auf Vollständigkeit. Manche Personen oder Themen werden zwangsläufig nur gestreift werden: Es ist kein Lexikon. Was ich selbst in diesem begrenzten Rahmen nicht behandeln kann, sollen andere tun. Im Fokus dieses Buchs steht Feminismus als älteste Menschenrechtsbewegung der Welt.

Manche Probleme vorheriger Generationen halten sich bis heute. Noch immer gibt es Versuche, Frauen unsichtbar zu machen. Sie verstecken sich heute besser als früher, aber sie sind nicht weniger präsent. Noch immer tauchen Männer auf, die uns mit allen Spielarten des Mobbings bis hin zur Gewalt von den Ressourcen fernhalten wollen, die ihrer Ansicht nach ihnen allein zustehen. Denn bei jeder Art von Unterdrückung geht es genau darum: um Ressourcen. Ressourcen an Macht, Geld, Nahrung ... Das Patriarchat ist kein bisschen anders. Wenn Frauen gesagt wird, sie seien großartige Kindergärtnerinnen und Hausfrauen, aber keine Luft- und Raumfahrtingenieurinnen, dann liegt das daran, dass die Luft- und Raumfahrt zu den bestbezahlten Branchen gehört, die Kinderpflege zu den schlecht bezahlten (und die Hausfrauenbranche zu den überhaupt nicht bezahlten). Umgekehrt hat eine Frau noch immer schlechtere Chancen, ernst genommen zu werden, als ein Mann: namentlich zitiert zu werden, mit wichtigen Thesen Gehör zu finden. Und noch immer finden manche Männer es in Ordnung, eine Frau die Arbeit machen zu lassen und selbst die Lorbeeren dafür zu ernten. Ich nenne das »Mansploiting«: zusammengesetzt aus »man« und »exploiting«, also Ausbeutung durch Männer. Nicht etwa, weil Männer das generell von Geschlechts wegen täten, sondern weil es ein Verhalten ist, das durch die Geschlechterhierarchie gefördert wird.

Auch beim Patriarchat geht es um Ressourcen, vor allem um die vielleicht wichtigste der Menschheit: die Reproduktionsfähigkeit. Das Patriarchat konnte sie zwar nicht komplett übernehmen, wohl aber durch Unterdrückung der Frau kontrollieren. Der Mythos, die Frau sei nur das Gefäß, die eigentliche schöpferische Leistung läge beim Mann, wurde jahrtausendelang zur Legitimation dieser Unterdrückung eingesetzt. Nicht umsonst kommt die erste Welle der Frauenbewegung ins Rollen, als 1827 die Eizelle entdeckt und damit das Schöpfungsmonopol des Mannes als patriarchalisches Manipulationsnarrativ entlarvt wird.

Die modernen Herausforderungen sind zahlreich. Heute stellt niemand mehr ernsthaft das Wahlrecht für Frauen infrage. Dafür müssen wir uns mit »Rape Culture« und geschlechtsspezifischer Ausbeutung im Beruf befassen. Reproduktionsmedizin und Großkapitalismus werfen neue Fragen auf. Und wie zu allen Zeiten tauchen auch heute noch Antifeminist*innen auf und erzählen uns, wahrer Feminismus sei es, wenn man nicht aufmuckt: wenn man am besten nicht einmal mehr das Wort »Frau« verwenden darf. Doch schon Emma Goldman (und nicht nur sie) fand, dass die Freiheit der Frauen und die allgemeine Freiheit nicht voneinander zu trennen sind. Ich plädiere dafür, dass wir auf keine Gesellschaftsutopie mehr warten. Sondern dass wir jede Freiheitsbewegung daran messen, wie sie es mit den Frauen hält. Vielleicht lassen sich die Ziele von Freiheit und Gleichheit erst dann politisch verwirklichen, wenn sie hier verinnerlicht worden sind.

Deshalb ist dies kein Buch nur für Frauen. Wer glaubt, dass es Freiheit ohne die Freiheit der Frauen geben könnte, wird immer enttäuscht werden. Ich habe genug davon, dass die Rechte von Frauen ständig gegen die anderer Gruppen ausgespielt werden. Menschenrechte sind keine begrenzte Ressource, um die man sich mit anderen streiten muss. Ganz im Gegenteil: Menschenrechte sind unteilbar. Wo nicht alle frei sind, ist es niemand. Wir sitzen im selben Boot. Keine Angst also, wenn wir uns für unsere eigenen Rechte einsetzen. Das heißt nicht, dass wir die von anderen leugnen.

Die Phasen der Frauenbewegung sind immer wieder mit Wellen verglichen worden. Wellen hören nicht einfach auf, nur weil sie auf ein Hindernis treffen. Wasser ist eines der stärksten Elemente auf diesem Planeten. Es kann Mauern zum Einsturz bringen, Deiche brechen. Solange es Wind gibt, gibt es auch Wellen. Es ist Zeit für die nächste Welle. Jahrtausendelang hat man die Hälfte der Menschheit um ihren Anteil an der Welt gebracht.

Holen wir ihn uns zurück.

WAS IST FEMINISMUS?

Annabelle, ach Annabelle – Das Feminismus-Klischee

»Annabelle, ach Annabelle,
du bist so herrlich intellektuell,
und zum Zeichen deiner Emanzipation
beginnt bei dir der Bartwuchs schon.«

So beendete Barde Reinhard Mey 1972 sein Spottlied über die unsinnliche Feministin, die ihrem beklagenswerten Lebensgefährten alles, was Spaß macht, verbietet und ihn »wie ein Meerschweinchen dressiert« (auch wenn ihm eine Verhaltensbiologin vermutlich hätte sagen können, dass man Meerschweinchen nur sehr schwer dressieren kann). Sich als Feministin zu outen, machte eine Frau lange Zeit nicht gerade interessant für das andere Geschlecht. Die Gleichung »intelligent plus Feministin gleich unattraktiv« schien aufzugehen. Insbesondere unter konservativen Männern kursiert bis heute das Klischee, Feministinnen seien notorisch schlecht gekleidete, ungepflegte Mannweiber in Latzhose, mit Kurzhaarfrisur oder gleich mit Bart. Ihr Lebensziel sei es, Männer zu unterjochen, vor allem deshalb, weil sie selbst keinen oder keinen »richtigen« Mann abbekommen hätten. Die Darstellung von Feministinnen in den Medien war lange Zeit von diesem und anderen Stereotypen geprägt – die Feministin war meist die komische Figur. Für gleiche Rechte zu kämpfen, galt als lächerlich. Das Bedürfnis, geliebt zu werden, wurde deshalb schon früh als Hindernis für die Befreiung der Frauen erkannt.[1]

Befreiung der Frauen oder Meerschweinchendressur? Noch einmal von vorn bitte. Vielleicht sollten wir zuerst die wichtigste Frage klären: Worum geht es eigentlich beim Feminismus?

»Ich habe selbst nie genau herausgefunden, was der Feminismus eigentlich ist. Ich weiß nur, dass man mich als Feministin bezeichnet, wann immer ich mich nicht mit einem Fußabtreter oder einer Prostituierten verwechseln lasse.« Das berühmte Zitat von Rebecca West[2] bringt das Problem auf den Punkt. Matriarchat, freie Sexualität oder Transidentität, Schutz vor Gewalt, Bürgerrechte, Abtreibung, Ablehnung von Prostitution oder die Bezeichnung als Sexarbeit, überholt oder wichtiger denn je – was macht eigentlich Feminismus aus? Namen wie Simone de Beauvoir sind den meisten ein Begriff, aber worum geht es eigentlich? Genau um das, was Rebecca West mit den Bildern vom »Fußabtreter« und der »Prostituierten« vor Augen führt: um den Widerstand gegen Unterwerfung und Ausbeutung. In historischer Zeit haben Frauen immer wieder aufgrund ihres biologischen Geschlechts – im Folgenden definiert als genetisch festgelegte Chromosomenkombination, bei Frauen die zweier X-Chromosomen – Nachteile erlitten. (Diskriminierung gibt es natürlich auch gegenüber anderen Gruppen. Und auch wenn die überaus meisten Menschen die Chromosomenkombination XX bzw. XY haben, kommen durchaus genetische Sonderfälle wie die sogenannte X- oder Y-Polysomie vor. Diese und andere Ausnahmen ändern nichts und sind sehr selten, sodass sie für die Diskriminierung von Frauen, wenn überhaupt, dann nur eine untergeordnete Rolle spielen. Das biologische Geschlecht ist nach wie vor der zentrale Faktor bei der Diskriminierung von Frauen.) Feminismus dürfte damit die älteste Menschenrechtsbewegung der Welt sein – und bis heute die umstrittenste.

»FRAUEN SIND DOCH LÄNGST GLEICHBERECHTIGT«

Oft wird dem Feminismus vorgehalten, er kämpfe gegen etwas, das gar nicht mehr existiere. Männer und Frauen seien doch längst gleichberechtigt, und es sei nicht die Schuld der Männer, wenn Frauen nun einmal lieber zu Hause blieben, als Karriere zu machen. Tatsächlich hat sich rein rechtlich einiges getan. Aber sehen wir doch einmal genauer hin.

»Ich bitte dich, komm, sei so gut:
Mach meine heile Welt kaputt!«

lautete der Refrain von Meys *Annabelle* 1972. Und niemand kam offenbar auf die Idee, dass diese »heile Welt« nur aus der Sicht eines Mannes »heil« war. Für Frauen war sie alles andere als das. Wenn wir für Annabelle ein Alter von mindestens 14 Jahren annehmen (wir wollen hoffen, dass sie deutlich älter und der Sänger kein Pädophiler ist), dann hat sie noch die Zeit erlebt, in der Frauen in Deutschland nicht einmal ein eigenes Bankkonto haben durften. Ist sie mindestens 27 Jahre alt, durften Frauen zum Zeitpunkt ihrer Geburt noch kein politisches Amt bekleiden. Und egal, wie alt sie ist: Wenn die beiden verheiratet sind, hätte er ihr 1972 noch verbieten können, zu arbeiten und finanziell unabhängig zu sein. Hätte er seine Annabelle vergewaltigt, wäre er nicht dafür bestraft worden (höchstens wegen Nötigung).

Dass Annabelle eine vergleichbar gute Ausbildung hat, wie ihr Partner und damit intellektuell und finanziell auf Augenhöhe ist, war damals auch noch alles andere als selbstverständlich. Um die Wende vom 19. zum 20. Jahrhundert (mit regionalen Unterschieden) setzten Frauen zum ersten Mal ihren regulären Zugang zu Universitäten durch. Bis dahin war ihnen umfassende Bildung versagt. An Mädchenschulen wurden nicht Latein und Griechisch, Mathematik und

Physik, sondern Nähen und Religion als Bildungsauftrag verstanden. Als Marie Curie an der Universität in Paris zu studieren begann, gab es dort auch deshalb kaum Frauen, weil die Universität Abschlüsse in Fächern verlangte, die an französischen Mädchenschulen nicht einmal gelehrt wurden (und entsprechend privat oder im Ausland erworben werden mussten). Gebildete Frauen waren die Ausnahme. Aber selbst diese wurden nach Kräften von Pfründen ferngehalten: Marie Curie wurde trotz zweier Nobelpreise nie Mitglied der französischen *Académie des sciences* – die Akademie nahm keine Frauen auf –, und ihre Professur erhielt sie Jahre nach ihrem ersten Nobelpreis. Dabei konnte sie noch froh sein, immerhin die Pforten der Universität durchschreiten zu dürfen. Die Pionierin des Algorithmus, Ada Lovelace (1815–1852), hatte nicht einmal Zugang zur Bibliothek der *Royal Society*, wo ihre Veröffentlichung stand – genau wie ihre Freundin, die Mathematikerin Mary Somerville.[3] Damals war man allgemein der Ansicht, dass Frauen kleinere Gehirne als Männer hätten (was stimmt) und deshalb dümmer seien (was Unsinn ist). Boshaft könnte man sagen: typisch männliche Projektion. Größe ist nicht alles, sonst würden wir für die Wale im Meerwasserpark Kunststücke machen und nicht umgekehrt. Dies beweist übrigens ein sehr prominentes Gehirn: das von Albert Einstein höchstpersönlich. Für ein männliches Hirn ist es nämlich außerordentlich klein. Seinem IQ hat das offenbar nicht geschadet. Und auch das Gehirn des Homo sapiens, also unserer Spezies, ist kleiner als das des Neandertalers – und doch ist es Homo sapiens, der Computer und Raumschiffe baut, und nicht der Neandertaler.

Was uns heute fast schon amüsant vorkommt, war für unsere Mütter und Großmütter noch traurige Realität.

Bis 1958 durften Frauen in Deutschland kein eigenes Bankkonto haben. Bis 1918 hatten sie nicht einmal Wahlrecht (in der Schweiz auf Bundesebene sogar bis 1971), und nachdem es endlich eingeführt war, kam es zwischen 1933 und 1945 unter den Nazis zu einem Backlash: In dieser Zeit hatten Frauen nur aktives, kein passives Wahlrecht. Sie durften also als Stimmvieh für die Nazis fungieren, selbst aber nicht für Positionen in der Politik kandidieren und so die Politik aktiv mitgestalten. Bis 1977 durften Frauen nur dann ihr eigenes Geld verdienen, wenn es ihren »Pflichten« in Haushalt und Familie nicht im Weg stand, die nach wie vor als Hauptaufgabe der Frau definiert waren. Ehemänner hatten also eine Möglichkeit, ihren Frauen das Arbeiten zu untersagen (in der Schweiz bis 1988!). Bis 1970 konnten Unverheiratete keine gemeinsame Wohnung, bis 1973 kein gemeinsames Hotelzimmer nehmen: Der »Kuppelparagraf« § 180 Abs. 3 StGB wurde erst 1973 reformiert (also ein Jahr nach *Annabelle).* Bis dahin konnten Hoteliers quasi als Zuhälter belangt werden, wenn sie unverheiratete Paare im selben Zimmer übernachten ließen. Und bis 1997 gab es für Vergewaltigung in der Ehe keinen Straftatbestand. Vergewaltigung existierte juristisch nur außerhalb der Ehe.[4]

Nach und nach hat sich die rechtliche Situation für Frauen deutlich verbessert. Doch noch immer sind wir von Gleichberechtigung weit entfernt. Noch immer gibt es die Männer, die ihre Kollegin die Arbeit machen lassen und dann selbst die Lorbeeren dafür ernten. Frauen erledigen nach wie vor den größten Teil der unbezahlten Arbeit: Hausarbeit, Pflege von Kindern und Alten. Trotz weitgehender rechtlicher Gleichstellung und der Verankerung der Geschlechtergleichstellung im Grundgesetz ist es für eine Frau nach wie vor weit schwerer, Familie und Beruf unter einen Hut zu bekommen, als für einen Mann. Oft mündet das Recht, sein eigenes Geld zu verdienen, noch immer in eine Doppelbelastung, in der die Frau Haushalt, (Neben-)Job und Kinder managt und der Mann sich auf seine Karriere konzentrieren kann. Frauen verdienen im Schnitt noch immer schlechter und sind seltener in einflussreichen Positionen.[5] Das liegt nicht nur an der Berufswahl, sondern auch an der Förderung: Noch 2012 saßen in fast allen bayerischen Hochbegabtenklassen doppelt so viele Jungen wie Mädchen (in manchen auch gar kein Mädchen).[6] Mädchen wurden und werden bis heute aufgrund von Geschlechtervorurteilen seltener als hochbegabt erkannt, obwohl das

Geschlechterverhältnis bei intellektueller Hochbegabung tatsächlich in etwa ausgeglichen ist. Noch heute erzählt man ihnen, sie seien schlechter in den gut bezahlten MINT-Berufen und eher sprachlich begabt (vor hundert Jahren, als die Geisteswissenschaften angesehener waren als die Naturwissenschaften, erzählte man ihnen übrigens das Gegenteil). Man sagt ihnen, sie könnten nicht einparken und nicht gut räumlich denken. In sozialen Berufen seien sie viel besser aufgehoben. Kurz: Ihre Fähigkeiten lägen vor allem da, wo weder Prestige noch das große Geld zu holen sind, sondern wo man billige Arbeitskräfte braucht, die sich leicht ausbeuten lassen.[7]

Die Nutzung des öffentlichen Raums, den Frauen mit ihren Steuern mitfinanzieren, ist für sie insbesondere nach Einbruch der Dunkelheit mit weit mehr Gefahren verbunden als für Männer. Dasselbe gilt für das berufliche Umfeld und ganz besonders für die eigene Wohnung. Nur ca. 13 Prozent aller angezeigten Vergewaltigungsfälle enden in Deutschland mit einer Verurteilung, wobei aber nur ca. fünf Prozent aller Vergewaltigungen überhaupt angezeigt werden.[8] Und selbst wenn eine Vergewaltigung vor Gericht kommt: Es passiert immer noch, dass Opfer im Gerichtssaal vom Täter, dessen Familie und/oder Freunden verhöhnt und somit ein weiteres Mal missbraucht werden. Jede dritte Frau in Deutschland erfährt physische oder sexualisierte Gewalt. Jeden Tag versucht in Deutschland meist ein (Ex-)Partner, eine Frau zu töten – und alle zweieinhalb Tage gelingt es.[9] Sexuelle Gewalt bzw. häusliche Gewalt betrifft zwar auch Männer, doch mit überwältigender Mehrheit sind die Täter männlich und die Opfer weiblich.

Noch immer müssen Frauen um elementarste Rechte wie die Selbstbestimmung über den eigenen Körper kämpfen. Früher kontrollierte man sie mit dem Jungfräulichkeitswahn (mancherorts bis heute) und der Idee, dass es für eine Frau nur die Wahl zwischen Heiliger und Hure geben könne. Im Islam kristallisiert durch den Einfluss der modernen fundamentalistischen Bewegungen diese Frage im Reizthema Schleier. Doch auch in christlich geprägten Ländern müssen Frauen um das Recht auf körperliche Selbstbestimmung kämpfen. Im katholischen Malta war bis vor einigen Jahrzehnten die Frauenverschleierung ebenfalls üblich, hier ist bis heute Abtreibung unter allen Umständen (selbst nach einer Vergewaltigung oder wenn das Leben der Schwangeren gefährdet ist) unter Androhung mehrjähriger Gefängnisstrafen untersagt.[10] Seit im Juni 2022 einer schwangeren amerikanischen Touristin trotz akuter Lebensgefahr eine Abtreibung verweigert wurde, wird immerhin über eine Lockerung für solche extremen Fälle diskutiert. Doch der Widerstand der Kirche ist massiv.[11] Kein Zufall. Die reproduktive Selbstbestimmung steht im Fadenkreuz insbesondere der Religionen: Auch in Deutschland ist Abtreibung bis heute nur straffrei, wenn sie innerhalb der ersten drei Schwangerschaftsmonate und nach Beratung durch eine offizielle – meist von kirchlichen Akteuren getragene – Anlaufstelle vorgenommen wird (§ 218 StGB). Unter massivem Zeitdruck wird den betroffenen Frauen also ein psychischer Spießrutenlauf zugemutet, in dem sie sich für ihre privatesten Entscheidungen rechtfertigen müssen – oft vor Vertretern einer Institution, die Abtreibung mit drastischem Vokabular (»Mord«, »Babyholocaust«) ablehnt. Dazu kommt, dass sie bis vor Kurzem nicht einmal selbst herausfinden konnten, an wen sie sich wenden können: Bis zur Streichung des § 219a StGB am 24. Juni 2022 galt das »Werbeverbot« für Abtreibung. Frauenärzt*innen durften nicht einmal auf ihrer Website darüber informieren, dass sie Abtreibungen durchführen und welche Methoden sie anwenden. Taten sie es doch, wurden sie strafrechtlich verfolgt: Der Fall der Ärztin Kristina Hänel ging durch die Medien und führte letztlich zur Streichung des Paragrafen. Die Tabuisierung wirkt sich auch auf die medizinische Versorgung aus: Abtreibungen vorzunehmen, wird in der medizinischen Ausbildung kaum noch gelehrt, und sichere Methoden wie die »Abtreibungspille« sind in Deutschland nicht flächendeckend zugänglich. Generell gibt es keine ausreichende bundesweite Versorgung: Die Zahl der Praxen und Kliniken, die Schwangerschaftsabbrüche durchführen, hat sich seit 2003 fast halbiert. Ärzt*innen, die diese Leistung anbieten, werden oft angefeindet, bis hin zu tätlichen Angriffen.[12]

Dazu kommt, dass die Leistungen von Frauen noch immer kaum präsent sind. Bis heute haben Frauen es schwerer, sich Gehör zu verschaffen. Weibliche Vorbilder sind selten, schon deshalb, weil sie immer wieder aus der Geschichte getilgt und systematisch vergessen wurden. Jede*r kennt große Freiheitsdichter wie Friedrich Schiller oder Heinrich Heine, aber nur Feminist*innen (wenn überhaupt) sagen die Namen Hedwig Dohm oder Christine de Pizan etwas. Was der Lehrplan nicht liefert, müssen wir hier nachholen.

Was heißt Feminismus?

Wenn uns Rebecca West schon nicht sagen konnte, was Feminismus ist, nähern wir uns unserem Thema doch einmal von der sprachlichen Seite her an. Von jeher verstand man den Einsatz für die Rechte von Frauen in irgendeiner Form darunter.[13] Das ergibt sich schon aus dem Wort, das vom lateinischen *femina* (Frau) abgeleitet ist. 1837 soll Charles Fourier (1772–1837) als Erster das Wort *féminisme* verwendet haben. Das bedeutet, das Wort »Feminismus« kommt auf etwa zehn Jahre, nachdem die weibliche Eizelle entdeckt wird – und damit das zentrale Narrativ des Patriarchats als Lüge auffliegt: dass Fortpflanzung Männersache sei.

Fourier war Philosoph, Gesellschaftskritiker und Frühsozialist. In seinem Werk setzte er sich immer wieder für die Gleichberechtigung von Mann und Frau ein und betonte, es sei Unsinn, die Frauen auf Küche und Kinder zu beschränken, da sie zur Wissenschaft und allem anderen ebenso befähigt seien wie Männer. Fourier steht für einige ausgesprochen moderne Konzepte, die erst lange nach seinem Tod populär wurden, wie die Idee der freien Liebe. Einige seiner Gedanken wurden vom libertären Sozialismus und in der 68er-Bewegung rezipiert (etwa der 68er-Slogan »Fantasie an die Macht!«, aus: *Le nouveau monde amoureux*, ca. 1820) und inspirierten Philosophen wie Herbert Marcuse. Überschattet werden diese Verdienste von Fouriers antisemitischen Ausfällen, bei denen Kapitalismuskritik und Antisemitismus ineinander übergehen.

1841 taucht *feminism* zum ersten Mal im Englischen auf. Dort ist das Wort anfangs weniger politisch konnotiert als bei Fourier und meint allgemein »auf Frauen bezogen«. Erst mit der Suffragettenbewegung, also den Frauen, die für ihr Wahlrecht kämpften, wurde *feminism* ab den 1890er-Jahren auch im anglofonen Raum zu einem politischen Begriff. In Deutschland wurde das Wort schon wegen seiner Herkunft aus dem Französischen oft abwertend gebraucht – offenbar tat man sich hier besonders schwer damit. Der Duden nimmt »Feminismus« erstmals 1929 auf, als »Richtung der Frauenbewegung, die, von den Bedürfnissen der Frau ausgehend, eine grundlegende Veränderung der gesellschaftlichen Normen (beispielsweise der traditionellen Rollenverteilung) und der patriarchalischen Kultur anstrebt«.[14] Aber der Begriff ist alles andere als in Stein gemeißelt: 2012 definierte die nigerianische Autorin Chimamanda Ngozi Adichie (*We should all be feminists)* Feminismus als den Glauben an die soziale, politische und ökonomische Gleichheit der Geschlechter und löste eine neue, lebhafte Debatte über die Bedeutung von Feminismus aus.

Annabelles Töchter und Enkelinnen tun sich heute leichter: Unter jungen Frauen ist »Feminismus« heute tendenziell positiv besetzt. Nicht alle verstehen darunter jedoch dasselbe. Häufig wird der Begriff ausgeweitet, etwa auf den Einsatz für die Rechte nonbinärer Personen oder ethnischer Minderheiten. Auch diese Gruppen erfahren Diskriminierung, aber sie unterscheidet sich von der durch das weibliche Geschlecht bedingten. Deshalb steht das mit diesem Feminismusbegriff verbundene Konzept der »Intersektionalität« auch in der Kritik.

Aber auch in anderen Punkten herrscht alles andere als Einigkeit darüber, was Feminismus nun eigentlich ist. Die meisten verstehen unter Feminismus den Glauben an die Gleichheit der Geschlechter

– im Sinne der oben genannten sozialen, ökonomischen und politischen Gleichheit und nicht an eine wie auch immer geartete (etwa moralische) Überlegenheit des weiblichen Geschlechts. Allerdings gibt es auch Feministinnen, die von grundlegenden Unterschieden zwischen den Geschlechtern ausgehen, während andere »typisch weibliche« Verhaltensweisen als erziehungsbedingt ansehen. Die Wissenschaftlerin Marianne Schmidbaur bezeichnet die erste Position als »Differenzfeminismus«, die zweite als »Gleichheitsfeminismus«.[15] Beide hinterfragen traditionelle Rollen und wollen gleiche Rechte für Frauen, doch bleibt der Differenzfeminismus den Geschlechterrollen stärker verhaftet: dem geschlechtsspezifischen Verhalten, das Menschen anerzogen wird. Das birgt natürlich die Gefahr, Geschlechtervorurteile zu zementieren – umso mehr, als sich die tatsächlichen genetischen Unterschiede zwischen den Geschlechtern ja nur auf einen kleinen Teil unseres Genmaterials von unter drei Prozent belaufen. 45 von 46 Chromosomen haben beide Geschlechter: Männer wie Frauen besitzen das »weibliche« X-Chromosom. Einzig und allein das Y-Chromosom unterscheidet Männer und Frauen voneinander: Da es aber nur sehr wenig Erbinformation trägt und stets im Duo mit einem X-Chromosom auftritt, fällt das kaum ins Gewicht (Chromosomen treten generell paarweise auf). Haar- und Augenfarbe werden ebenso wenig geschlechtsspezifisch vererbt wie die Vorliebe fürs Kuchenbacken.

Reinhard Mey dürfte sich wundern, wie massentauglich Annabelles Töchter und Enkelinnen heute sind: Der Feminismus ist in der Populärkultur angekommen. Längst sind es nicht mehr nur Intellektuelle, die sich Feministinnen nennen, sondern auch Popidole wie Beyoncé, die sich in ihrem Song *Flawless* explizit auf Ngozi Adichie bezieht. Mädchen, die sich an der Schule zum Feminismus bekennen, berufen sich seltener auf Theorien, sondern immer öfter auf solche Idole. Das Internet spielt eine große Rolle, sowohl bei der Verbreitung feministischer Gedanken als auch für misogyne (frauenfeindliche) Gegenbewegungen.

Von »Gender-Wahn« und »Antichrist«: Die Angst vor der Mänade

In dem griechischen Theaterstück *Die Bakchen* beschreibt Euripides einen antiken griechischen Kult um den Rauschgott Dionysos, der auf Frauen beschränkt war. Männern war es verboten, den Ritualen beizuwohnen. Der Sohn einer Teilnehmerin beobachtet heimlich das verbotene Ritual. Die Frauen entdecken ihn. Doch in ihrer Trance erkennen sie ihn nicht, und die Mutter zerreißt den eigenen Sohn bei lebendigem Leib.

Die antike Welt ist durchaus farbenfroh, wenn es um die Darstellung gefährlicher Frauen geht. Und meist ist die bedrohte »Spezies« der Mann! Bis heute argumentieren Antifeminist*innen (wie Hedwig Dohm sie nannte, also die Gegner*innen von Feminismus) damit, sie würden von Frauen unterdrückt. Insbesondere Fundamentalist*innen diverser Religionen sehen im Feminismus ein, wenn nicht *das* Grundübel der Zeit. Feminismus wird hier nicht als Engagement für Gleichheit und gerechte Teilhabe, sondern als Unterdrückung des Mannes durch die Frau verstanden. »Männerrechtler« oder Maskulinisten verstehen sich in diesem Sinne als antifeministische Gegenbewegung. Die Angst vor der Mänade ist allerdings selbst Ausdruck einer noch nicht gleichberechtigten Gesellschaft. Denn in einer solchen wäre eine starke Frau nichts, von dem Unterdrückung zu fürchten wäre. Die Unterdrückung der Frau und die Diskreditierung aller, die sich nicht unterdrücken lassen, sind zwei Seiten derselben Medaille.

Einen Extremfall dieses Maskulinismus stellen die sogenannten »Incels« (*involuntary celibate*, also »unfreiwillig zölibatär«) dar. Sie betrachten Gleichberechtigung als unnatürlich und entschuldigen sogar sexuelle und physische Gewalt gegen Frauen, da Männer einen Anspruch auf Sex mit Frauen hätten. Da es ein Wort für Menschen gibt, die nicht über den eigenen Körper bestimmen dürfen – Sklaven –, bedeutet dies nichts anderes als die Vorstellung, Frauen wären von Geschlechts wegen Sklavinnen.

Die Antifeminist*innen inspirierten den Feminismus indes auch auf sicherlich unbeabsichtigte Weise: Eng mit dem Vorwurf der »Weiberherrschaft« verbunden ist die Idee des Matriarchats. Hier hat sich tatsächlich eine moderne religiöse Subkultur herausgebildet, die neue Formen »weiblicher« Spiritualität sucht und sich auf mal mehr, mal weniger zuverlässige wissenschaftliche Quellen beruft. Abgesehen von dem Postulat, Matriarchate seien friedlicher und kulturell erfolgreicher, haben diese Bewegungen inhaltlich meist nur wenig miteinander gemeinsam. »Weibliche« Spiritualität orientiert sich nicht nur an realen oder mythischen Matriarchaten, sondern auch an heterodoxen Strömungen – etwa den »Hexen«, wie im Wicca-Kult. Hier wird bewusst eine jahrhundertelang verfolgte und diffamierte Subkultur neu inszeniert und der Antifeminismus kreativ aufgenommen und ins Gegenteil verkehrt.

Ein ebenfalls in konservativen Kreisen sehr beliebtes Argument gegen Feminismus ist die Gleichsetzung von Feminismus und dem in diesen Kreisen so genannten »Gender-Wahn«. Tatsächlich weisen Feminist*innen seit Jahrzehnten darauf hin, dass Frauen sprachlich unsichtbar gemacht werden. Man spricht von »Professoren« und »Ärzten« und stellt sich dabei automatisch Männer vor – während »die Putzfrau« notwendig weiblich vor dem inneren Auge erscheint.[16] Sprache bildet Herrschaftsverhältnisse ab: Das sogenannte »generische Maskulinum« (also die männliche Form zu verwenden, aber alle Geschlechter zu meinen) hat die Unart, meist mit Bezug auf gesellschaftlich anerkannte Tätigkeiten verwendet zu werden, während bei untergeordneten Tätigkeiten wunderbarerweise ein generisches Femininum üblich ist.[17] Die Sensibilisierung hierfür hat allerdings Folgen, die durchaus auch von manchen Feminist*innen kritisch gesehen werden. Hier herrscht keine einheitliche Meinung. Zwar tendieren die meisten dazu, mehr sprachliche Sichtbarkeit für Frauen einzufordern, aber keineswegs alle sprechen sich für die Berücksichtigung jeder Identität im allgemeinen Sprachgebrauch aus.

Feminismus für alle

Die marokkanische Soziologin Fatima Mernissi (1940–2015) sah Frauenrechte als Lackmustest für Menschenrechte ganz allgemein. Die Einschränkung von Rechten für Frauen betrachtete sie als Warnsignal, dass sich allgemein autoritäre Tendenzen breitmachten: Wer Frauen unterdrücke, würde dasselbe über kurz oder lang auch mit Männern machen. In ihrem Buch *Die vergessene Macht* (auf Deutsch 1993 erschienen) hielt sie deshalb mit einem neuen Entwurf von Weiblichkeit dagegen. Die westarabischen sogenannten Maghrebstaaten waren damals aggressiven Versuchen islamischer Fundamentalist*innen ausgesetzt, auf die Gesetzgebung Einfluss zu nehmen: in Algerien beispielsweise schon in den 1980er-Jahren beim Familienrecht. Der direkte Einfluss Nazi-Deutschlands auf den islamischen Fundamentalismus ist nachgewiesen; wir werden uns im Kapitel über den Islam damit befassen.[18] Auch in ihrem distanzierten Verhältnis zu Frauenrechten trafen sich radikale Fundamentalist*innen und Nazis. Mernissis Schlussfolgerungen betreffen daher nicht nur die islamische Welt, sondern sind von enormer Wichtigkeit auch für andere Gesellschaften.

Feminismus ist nie isoliert von der Gesellschaft gewesen und hat immer auf konkrete Probleme geantwortet. Jede Gesellschaft, die frei sein will, muss die absolute Gleichberechtigung von Männern und Frauen verfolgen. Welche Ansätze es dazu gab und gibt, werden wir uns im Folgenden ansehen.

Klassiker des Feminismus

LYSISTRATES SCHWESTERN

Als der Dichter Aristophanes im Jahr 411 vor unserer Zeitrechnung seine Komödie *Lysistrate* auf die Bretter brachte, ging der Peloponnesische Krieg zwischen Athen und Sparta ins zwanzigste Jahr. Auf der Bühne wird es den Frauen von Athen zu bunt. Nicht genug, dass sie ihre Ehemänner vermissen und der Krieg zahllose Leben kostet, die Sanktionen sorgen auch dafür, dass selbst der Nachschub an Dildos aus Kleinasien versiegt ist (*olisbos*: »Lederphallus«). Handeln tut not, beschließt die Athenerin mit dem sprechenden Namen Lysistrate (»die das Heer auflöst«). Sie beruft eine Versammlung zum Thema »Frieden schaffen ohne Waffen« ein. Das Ergebnis: Sexstreik, so lange, bis die Männer den Krieg beenden. Da sich alle Schätze, mit denen der Krieg finanziert wird (also gewissermaßen die Bank von Athen), auf der Akropolis befinden, wird diese kurzerhand von den Frauen besetzt. Der Plan geht auf: Da auch die Spartanerinnen und selbst die Prostituierten mitstreiken, kriechen Athener wie Spartaner bald gebückt und gepeinigt von zentnerschweren Dauererektionen über die Bühne. Am Ende wird tatsächlich Friede geschlossen, zwischen Athen und Sparta ebenso wie zwischen Männern und Frauen. Aphrodite sei Dank!

Natürlich ist das Stück von zeittypischen Geschlechterklischees geprägt: Die Frauen sind stark auf den Aspekt von Sex und Familie reduziert, ihre Verschwörung ist komisch, und am Schluss wird die »gute alte Ordnung« wiederhergestellt. Aber dennoch: In einer Welt, in der Frauen weder wählen konnten noch sonst irgendwelche Bürgerrechte besaßen, setzt sich hier eine weiblich-pazifistische Position gegen die männlich-kriegerische durch. Die Frauen – die im Athen dieser Zeit kaum das Haus verlassen durften – besetzen erfolgreich die Burg und konfiszieren die Finanzen, ohne die es keinen Krieg gibt. Dank der massiven Tore und ein paar Handgreiflichkeiten gelingt es ihnen auch, ihre Beute zu halten. Frauen erkämpfen die Teilhabe an politischen Entscheidungen, die ihnen rein rechtlich versagt ist. Vernunft siegt über Kriegsgeschrei, und was vorher um jeden Preis mit Waffen ausgetragen werden sollte, kann nun auf einmal auch am Verhandlungstisch geregelt werden.

Auch wenn Lysistrate eine Theaterheldin bleibt (und wie damals üblich von einem Mann gespielt wurde): Auch im realen Leben kam es durchaus schon in der Antike vor, dass Frauen für mehr Teilhabe am gesellschaftlichen Leben und an dessen Ressourcen kämpften. Vermutlich im 3. Jahrhundert vor unserer Zeitrechnung praktizierte die Athenerin Hagnodike als Mann verkleidet illegal als Ärztin und Geburtshelferin. Frauen und (andere) Sklav*innen durften damals keine Ärzte sein. Doch bei den Damen der besseren Gesellschaft kam die Gynäkologin verständlicherweise gut an. Und so kam es dann zu einem gewaltigen Justizskandal: Neider hatten Hagnodikes Scharade entlarvt und sie vor Gericht gezerrt. Doch ein Mob wütender Frauen, hauptsächlich ihre oft hochgestellten Patientinnen, soll unversehens dort aufgekreuzt sein, Richter und Ankläger beschimpft und Hagnodikes Freispruch verlangt haben. Den sie dann auch bekamen.[19]

Auch wenn es nirgends so benannt wird: Der Fall Hagnodike ist ein Sieg universaler Menschenrechte über das zeitgebundene Rechtssystem. Zufall vielleicht, dass »Hagnodike« im Deutschen etwa so viel bedeutet wie »heiliges (bzw. reines) Recht«. Aus Sicht der Athener war es alles andere als das: Für sie ließ sich ein Richter beeinflussen, weil er Angst vor den einflussreichen Männern von Hagnodikes Patientinnen hatte. Aus moderner Sicht fordern Frauen ihre unveräußerlichen Rechte ein, die ihnen eben auch ein diskriminierendes

Rechtssystem nicht nehmen kann. So alt wie die Diskriminierung der Frauen ist ihr Kampf dagegen.

Wir wissen nicht, wann genau die Diskriminierung der Frauen begonnen hat. Doch es gibt gute Gründe, die Anfänge in der Zeit der neolithischen Revolution anzusetzen: dem Moment, als die Menschen sesshaft wurden. Funde aus der Altsteinzeit, als die Menschen noch Jäger*innen und Sammler*innen waren, lassen annehmen, dass Frauen damals nicht diskriminiert wurden. Die Idee, dass Frauen das »schwache Geschlecht« seien, existierte nicht. Die Gruppe sorgte gemeinsam für das Überleben und war egalitär organisiert, meinen aktuelle Publikationen. Frauen jagten und zogen bei Bedarf auch in den Krieg – übrigens nicht nur in der Steinzeit, sondern auch noch viel später.[20] Insgesamt habe die Sesshaftwerdung im Neolithikum die Position der Frauen geschwächt: Durch die veränderte Ernährung sei früher abgestillt worden, sodass die Frauen öfter schwanger wurden. In der Bronzezeit habe sich dann eine geschlechtsspezifische Ernährung durchgesetzt: Frauen hätten weniger Fleisch bekommen, sodass ihre geringere Größe möglicherweise auch dadurch bedingt sei. Besitz entstand, der beschützt und vererbt werden konnte: So sei einerseits körperliche Stärke aufgewertet worden, andererseits die Sexualität der Frauen überhaupt erst kontrolliert worden, denn erst jetzt wurde die Abstammungslinie wichtig. Da dementsprechend Söhne in der Familie blieben und die Frauen von auswärts einheirateten, sei ihre Stellung in der Familie des Mannes entsprechend schwach gewesen. Möglicherweise ist die Geschlechterhierarchie also historisch gesehen ein Sonderfall und reicht nicht sehr weit zurück.[21]

Tatsächlich weisen anthropologische Forschungen nach, dass es seit der Bronzezeit eine geschlechtsspezifische Diät gab.[22] Allerdings wird die Größe eines Menschen auch noch durch andere Faktoren bestimmt. Und es bleibt die Frage, was Ursache und was Wirkung ist. Warum erhielten die Frauen weniger nährstoffreiches Essen, wenn nicht aus dem Grund, dass Männer bereits höher geschätzt wurden? Fleischkonsum kann – wie der Konsum hochwertiger Nahrung allgemein – als Gradmesser des sozialen Status gesehen werden: Auch Josephine Peary berichtete von ihrer ersten Arktis-Expedition Ende des 19. Jahrhunderts in *My Arctic Journal*, die nordgrönländischen Frauen hätten davor zurückgescheut, Eier zu essen, weil diese Männern vorbehalten waren[23] – und hier handelte es sich um eine reine Jägerkultur. »Das größte Stück für Papa«: Die Nachkriegsgeneration hat erlebt, dass bei Nahrungsmittelknappheit das angesehenste Gruppenmitglied am meisten erhält. Die geschlechtsspezifische Nahrungsverteilung ist also eher Folge des Patriarchats, nicht seine Ursache.

In matrilinearen Kulturen wird Besitz über die mütterliche Linie vererbt, auch Besitz kann damit nicht als Grund fürs Patriarchat angeführt werden. Bei den Hopi hat Sesshaftigkeit die Stellung der Frauen sogar verbessert, da ihnen Haus und Land gehören. Die Interpretation, der Hackbau habe die Vorherrschaft der Männer befördert, ist ebenfalls unbefriedigend, denn bei den nordamerikanischen Stämmen sind es gerade die Hackbaukulturen, die am stärksten matrifokal (also mutterzentriert) aufgebaut sind.[24] Angela Saini nimmt in ihrem Buch *Die Patriarchen* an, das Patriarchat sei mit der Staatlichkeit aufgekommen. Als Arabistin kann ich allerdings sagen, dass Staatenlosigkeit kein Widerspruch zum Patriarchat sein muss: Bei den altarabischen staatenlos organisierten Stämmen finden sich patriarchalische, aber auch solche, die matrifokale Tendenzen erkennen lassen. Auch die Inuit sind ein Beispiel für eine staatenlose, tendenziell patriarchalische Kultur. Umgekehrt gibt es Hinweise auf frühstaatliche matrifokale Kulturen, wie wir im Kapitel über das Matriarchat sehen werden.[25] Insofern überzeugt mich die Archäologin Marija Gimbutas, die das Patriarchat als eine Frage der Kultur definiert. Möglicherweise lag Johann Jakob Bachofen im 19. Jahrhundert in *Das Mutterrecht* richtig, als er die Frage mit der Reproduktion verband[26]: Legitimiert wurde die Unterdrückung der Frauen laut Bachofen nämlich durch die Idee, der Mann sei der eigentliche Schöpfer bei der Fortpflanzung, die Frau hingegen nur das Gefäß, gewissermaßen der Ackerboden, der ohne den männlichen Samen eben unfruchtbar bleibt. Diese Idee sei erst nach der Sesshaftwerdung aufgekommen. Mit diesem Argument wird der griechische Muttermörder Orestes vor dem Athener Areopag freigesprochen: Da er seine Mutter getötet hatte, um seinen Vater zu rächen, habe er das überlegene Schöpfungsprinzip verteidigt.[27] Auch Gena Corea nahm an, dass Vaterschaft erst die Unterwerfung der Frau ermöglicht habe.[28] Die neolithische Revolution hat ein strenges Patriarchat (etwa mit geschlechtsspezifischer Diät) erst möglich gemacht, doch das Patriarchat war keineswegs die notwendige Folge der neolithischen Revolution. Warum stellen die modernen Ansätze diese so offensichtlichen Fragen nicht?

Oft ist zu lesen, das Patriarchat sei mit Gewalt verbreitet worden. Aus der osmanischen Geschichte wissen wir in der Tat, dass der Expansionsdrang (»Aggressivität«) einer Kultur durch ganz banale ökonomische Anreize entstehen kann: Das osmanische Reich war auch deshalb so expansiv, weil es zeitweise seine Krieger mit Gütern der von ihnen eroberten Gebieten bezahlte. Vorislamische arabische Stämme hatten unterschiedliche Kategorien, das Ansehen und damit den Einfluss eines Mannes zu definieren: etwa über die Abstammung oder über Freigiebigkeit (Gastfreundschaft), aber eben auch durch Kriegstugenden.[29] Der Begriff *muruwwa* (wörtlich »Männlichkeit«, aber gemeint als »Tugend«, ähnlich wie beim lateinischen Wort *virtus)* definiert hier ein maskulines Ideal, das auch kriegerische Fähigkeiten umfasste. Es ist also denkbar, dass das Patriarchat auch deshalb expansiv war, weil militärische Erfolge den Status einer Person innerhalb der eigenen Bezugsgruppe erhöhten. Da es in vielen patriarchalischen Kulturen Mythen gibt, in denen der männliche Hauptgott eine weibliche Gottheit oder Dämonin im Kampf besiegt, kam schon früh der Gedanke auf, diese Mythen seien ätiologisch zu verstehen und beschrieben den gewaltsamen Übergang vom Matriarchat zum Patriarchat.

Allerdings muss auch eine kriegerische Gesellschaft nicht zwangsläufig strikt patriarchalisch sein. In den letzten Jahren ermöglicht die moderne DNA-Analyse oft überraschende Ergebnisse: Gräber, die wegen der Größe der Knochen oder einfach wegen der Waffenbeigaben als Männergräber identifiziert worden waren, entpuppten sich als Frauengräber, etwa im schwedischen Birka.[30] Die japanischen Samurai kannten Kriegerinnen, die Onna Musha, die noch im 19. Jahrhundert belegt sind.[31] Und auch im kriegerischen Sparta waren die Frauen weit näher an Gleichberechtigung als im »machistischen« Athen.

Das alles spricht dafür, dass es die Frage der Reproduktion war, die entschied, ob eine Gesellschaft patriarchalisch wurde oder nicht.

Allerdings suchte sich das künstlich geschwächte Geschlecht seine Auswege. Und fand einen prominenten Verbündeten.

»Die Locken lang, ein halbes Weib« – so beschreibt König Pentheus im ersten Aufzug von *Die Bakchen* von Euripides den Gott Dionysos, der als Fremder sein Königreich betritt. Dionysos ist der Gott, den die Bakchen (auch als »Mänaden« bekannt) mit ihren ekstatischen Ritualen verehren. Dieser rein aus Frauen bestehende Kult wird in dem Stück mit wohligem Gruselschauer dargestellt – wir erinnern uns, es geht um eine Mutter, die am Ende ihren eigenen Sohn zerreißt. Was steckte tatsächlich hinter diesen ekstatischen Kulten? Vielleicht ein Stück Kanalisierung der Wildheit, die Frauen ansonsten untersagt war? Möglicherweise eines dieser saturnischen Rituale, in denen die Unterdrückten der Gesellschaft einmal im Jahr aus ihrer gesellschaftlichen Rolle ausbrechen? Die inszenierte Transgression hierarchischer Grenzen? Eine Sub- bzw. Gegenkultur gesellschaftlicher Randgruppen? Oder, um es etwas weniger wissenschaftlich zu sagen: Wo man den ganzen Tag nichts zu tun hat, als hübsch aufgeputzt auf den Göttergatten zu warten, und sich ständig sagen lassen muss, dass Frauen zu nichts nütze sind, kann schon mal die Sehnsucht aufkommen, saufend und johlend durch die Wildnis zu ziehen und jeden Kerl, der einem über den Weg läuft, mit bloßen Händen zu zerfleischen.

Tatsächlich verweisen die Mänaden auf einen Besessenheitskult. Äußerlich sind sie durch ihre Kleidung gekennzeichnet – sie tragen

Felle – und bisweilen durch Musikinstrumente, besonders Flöten, sowie durch den Thyrsos: einen Fenchelstab oder allgemein einen Stab (bisweilen auch eine Lanze), der oft mit Weinlaub oder Efeu umrankt dargestellt wird und als Attribut des Dionysos gilt. Als Gott des Weins ist Dionysos für Rauschzustände zuständig, mit denen im weiteren Sinne auch Musik und Sex assoziiert werden.[32] Die Mänade stellt somit auch ein Gegenbild zum ansonsten gängigen angepassten Frauenbild dar. Religionswissenschaftlich wird Besessenheit als charakteristisch für insbesondere Frauen in repressiven Gesellschaften angesehen. Die Teilnehmenden an Besessenheitskulten sind zu über neunzig Prozent Frauen, ebenso die religiösen Spezialist*innen. Welte merkt an, dass unterdrückte Gruppen (Frauen, aber auch Sklav*innen, sexuell divergente Gruppen etc.) meist keine andere Möglichkeit hätten, sich gegen die Unterdrückung zur Wehr zu setzen. Sie flüchteten sich daher in Besessenheit, für die dann Geister etc. verantwortlich gemacht werden konnten. Selbst traumatische Gruppenerfahrungen (etwa Kolonisation) könnten über Besessenheitskulte und Trancespiele verarbeitet werden.[33] Möglicherweise handelt es sich also bei diesen Praktiken um einen religiös kanalisierten Protest. Die Mänaden würden somit die traumatische Gruppenerfahrung der Machtübernahme durch das Patriarchat und die daraus folgende Unterdrückung der Frauen kanalisieren. Gerade im Grenzgebiet Griechenland – Kleinasien prallten matrifokale und patriarchale Strukturen aufeinander, wobei sich die Ersteren noch jahrhundertelang, etwa als Subkultur, hielten (siehe auch das Kapitel über die Matriarchatsforschung).

Bisweilen wird die Bezeichnung »Mänade« auch mit Bezug auf den Kybele-Kult verwendet, der Überschneidungen mit dem des Dionysos aufweist. Kybele ist eine kleinasiatische Göttin des Magna-Mater-Typs, also der »großen Mutter«. Sie hat chtonische Aspekte (später mehr dazu, für den Moment begnügen wir uns damit, dass sie sowohl schöpferische als auch zerstörerische Kraft hat). Der Mythos weist ihr eine enge Verbindung mit dem männlichen Attis zu (der bei Euripides mehr oder weniger durch Dionysos ersetzt wird). Gemeinsam mit Attis bildet sie ein Götterpaar, das für Fruchtbarkeit und den Geschlechterdualismus steht, aber auch für Tod und Wiedergeburt. Attis hat damit eine ähnliche Funktion wie Adonis im Vorderen Orient und Osiris in Ägypten. Bei Kybele ist der Aspekt der Magna Mater hingegen ausgeprägter als bei ihren Entsprechungen Isis und Inanna (wobei auch Inanna als Kriegsgöttin in Erscheinung tritt). Kybele wurde im gesamten östlichen Mittelmeerraum verehrt, ihr Kult zog sich als Mysterienkult bis in den Hellenismus. Wie die indische Göttin Kali stammt auch Kybele von einem Berg (Ida) und wird von einem Löwen begleitet. Beider Geliebter stirbt, beide sind chtonische Gottheiten. Und dann ist da natürlich noch die Sache mit der Kastration.

Kybeles Geliebter Attis soll sich im Wahnsinn selbst entmannt haben, worauf sein Kult von Eunuchenpriestern betrieben wurde. Die rituelle Selbstkastration der Priester ist berüchtigt und in Rom verboten, ebenso wie die orgiastischen Kultelemente, bei denen sich Frauen mit aufgelöstem Haar an die Brust schlagen: möglicherweise spielten die Teilnehmerinnen hier die Trauer Kybeles um ihren Geliebten nach. Trotz zahlreicher Verbote setzten sich diese Praktiken im mediterranen Raum immer wieder durch.[34]

Dass Euripides Dionysos mit Kybele verbindet, kommt nicht von ungefähr. Wie Attis hat auch er den Pinienzapfen als Symbol. Beide sind mit dem Themenkomplex von Tod und Fruchtbarkeit verbunden. Und Dionysos ist der natürliche Verbündete der Frauen. Der Gott des Weins steht einerseits für die schönen Dinge der häuslichen Sphäre, gleichzeitig aber auch für die wilde Natur: Dionysos wird mal mit langen, gepflegten Locken und ganz leichtem Wohlstandsbäuchlein dargestellt, mal als muskulöser Naturbursche mit Lendenschurz aus Pantherfell. Und der metrosexuelle Gott hat genderfluide Tendenzen. In Hellenismus und Spätantike entwickelt sich ein regelrechter Dionysos-Diskurs[35] bei Rhapsoden, Dichtern und Sängern im gesamten östlichen Mittelmeerraum. Christliche Autoren beklagen, Frauen würden sich bei Beerdigungen »wie die Bakchen« aufführen (gemeint ist, dass sie mit offenem Haar gingen und sich die unbedeckte Brust zerkratzen)[36] – also wie im Kybele-Kult. Auch als der Islam aufkommt, hält sich dieser Diskurs noch über Jahrhunderte. Und die arabische Halbinsel und der Vordere Orient werden unversehens zu Schauplätzen fantastischer Gestalten:

Männer mit langen Haaren und Frauen in Männerkleidern singen leidenschaftliche Liebeslieder. Das Publikum gerät in richtiggehende Rauschzustände. Schreiend zerreißen die Zuhörer ihre Kleider, raufen sich die Haare und fallen in Ohnmacht. Der Wein, der reichlich konsumiert wird, mag mitspielen. Aber vor allem gehört es sich, auf diese Weise zu beweisen, dass man etwas von Musik versteht. Ein besonders gut aussehender Sänger ist bekannt als Heiratsvermittler. Er hat einen Ruf zu verteidigen und legt Wert darauf, nur erfolgreiche Matches zu vermitteln. Gewissenhaft schläft er deshalb im Vorfeld nicht nur mit der Braut, sondern auch mit dem Bräutigam in spe. Es soll ja niemand sagen, er habe einen sexuellen Versager an ihn vermittelt.[37] In der islamischen Frühzeit treten Singsklavinnen noch gänzlich oben ohne auf – der damals üblichen Kleidung für Sklavinnen. Auch später bleiben sie leicht bekleidet. Natürlich ist auch die Zeit des Frühislam patriarchalisch, und natürlich geht es bei den Darbietungen der Sängerinnen auch um das Aufstacheln sexueller Gefühle. Doch das ist nicht alles. Einige dieser Frauen erlebten geradezu religiöse Verehrung – etwas, das übrigens in der arabischen Welt bis in die Moderne zu beobachten ist. Die Verehrung für Umm Kulthum (gest. 1975), die man »Stern des Orients« nannte, steht der für die Sängerinnen der Abbasidenzeit nicht viel nach. Die bedeutendste habe ich in meinem Roman *Die Königin der Seidenstraße* porträtiert, ich habe aber auch wissenschaftlich über diese Frauen gearbeitet.[38]

Der Dionysos-Diskurs ist einerseits auf die Kontinuität spätantiker Muster zurückzuführen, die auch mit neuer Religion zunächst weiterbestehen. Gleichzeitig kanalisiert er die zunehmende Abschottung der Frauen, die im Islam ja nicht von Beginn an gegeben war.

Nicht nur im Orient, auch im christlichen Europa sind Frauen zunehmend Männern untergeordnet. Die Geschlechterhierarchie ist in der Bibel teilweise stärker festgelegt als im Koran: Paulus ordnet eindeutig die Frau dem Mann unter – anders als der Koran, wo das nie vergleichbar deutlich gesagt wird. Bei Paulus lesen wir hingegen, die Frau sei der Abglanz des Mannes, so wie der Mann der Abglanz Gottes sei (1 Kor 11, 4–8). Dies wird als Grund angeführt, warum Frauen ihr Haar bedecken sollen (im Koran steht davon nichts).

Mit der islamischen Welt werden wir uns später noch detaillierter befassen, zunächst bleiben wir im christlichen Europa. Hier bedeckten die Frauen ihr Haar in der Kirche und sobald sie verheiratet und damit sexuell nicht mehr verfügbar waren. Noch im 19. Jahrhundert sehen wir Abbildungen von Frauen mit Haube oder anderen Kopfbedeckungen, und je stärker der Einfluss des Katholizismus, desto später verschwindet die Kopfbedeckung: auf Malta und in Süditalien oder Spanien erst nach dem Zweiten Weltkrieg. Noch heute sagen wir: »Sie kommt unter die Haube«, wenn eine Frau heiratet. Die Vorstellung, dass die Frau aus der Rippe des Mannes geschaffen und diesem somit untergeordnet sei und sich zu bedecken habe, bestimmt die Kultur des christlichen Europas. Und so ist es ein Skandal, was diese in Frankreich lebende Italienerin da um 1404/1405 auf einmal veröffentlicht: *La Livre de la Cité des Dames (Das Buch von der Stadt der Frauen).*

Christine de Pizan (1364–1429) ist gebürtige Venezianerin. Mit vier Jahren zieht sie mit ihrer Familie nach Paris. Wie damals üblich wird sie jung verheiratet, bekommt drei Kinder. Zu veröffentlichen beginnt sie, als ihr Mann 1390 stirbt. Als alleinerziehende Witwe, die außerdem ihre ebenfalls verwitwete Mutter und zwei kleine Brüder versorgen muss, sind ihre Chancen auf eine neue Heirat begrenzt. Kurzerhand beschließt sie, selbst Geld zu verdienen. Mit Erfolg: Bald genießt sie das Wohlwollen des französischen Hochadels und des Königshauses. So kann sie es sich leisten, dass ihr der Kragen platzt.[39]

Christine hatte sich 1399 schon einmal einen Streit um die Rolle der Frau geliefert, als sie den berühmten »Rosenroman«, insbesondere den Teil des Klerikers Jean de Meun (1240–1305), kritisierte. De Meuns zynische Darstellungen der körperlichen Liebe, das abwertende Frauenbild, das hier immer wieder aufscheint, inspirierten sie zu ihrer *Épître au Dieu d'Amour* (»Brief an den Liebesgott«). Dieses kleine Schreiben löste eine Jahrhunderte währende Auseinandersetzung um die Rolle der Frau aus, insbesondere in Frankreich: die sogenannte *Querelle des femmes* (»Streit um die Frauen«). Und ein paar Jahre danach legt die streitbare Italienerin noch einmal nach. Wieder ist ein frauenfeindliches Buch eines Geistlichen der Anlass: dieses Mal die *Lamentationes Matheoli* des Mattaeus von Boulogne-sur-Mer.

Wütend und verzweifelt ist die Erzählerin, in der man unschwer die Autorin selbst erkennen kann, als ihr drei allegorische Frauen erscheinen: Vernunft, Rechtschaffenheit und Gerechtigkeit. Sie versprechen ihr, ihr beim Bau einer Stadt der Frauen zu helfen: Lebensgeschichten bedeutender Frauen sind das Baumaterial, und am Ende ist eine Sammlung entstanden, in der Frauen Zuflucht finden können vor den frauenhassenden Verleumdern.

Christine greift in ihrer Geschichte Motive aus dem Mittelalter auf: Damals waren Allegorien beliebt, in denen Männer bei ihren Liebesabenteuern die »Festung« der Frau erstürmen. (Auch im *Rosenroman* gibt es so eine Festung.) Die »Eroberung« einer Frau wird mit dem Erstürmen einer Burg verglichen. Christine kennt natürlich diese Geschichten. Aber das, was sie daraus macht, treibt so manchen Männern die Zornesröte ins Gesicht.

Das Buch von der Stadt der Frauen versammelt Geschichten von bedeutenden Frauen der Geschichte. Sie bevölkern die Stadt, zu der Männer keinen Zutritt haben. Die Männer der Geschichte haben genug Orte, an denen sie verehrt werden und von wo aus sie andere inspirieren können. Nun soll es so etwas auch für die Frauen geben. Geschichte. Individualität. Es ist der Beginn der Renaissance. Die Menschen entdecken, dass sie mehr sind als nur Teil einer Gruppe.

Sie entdecken ihre eigene Persönlichkeit. Individualität. Gefühle. Bildung. Persönliche Qualitäten. Francesco Petrarca steigt auf den Mont Ventoux und berichtet von seinen Eindrücken. Seine persönlichen Gefühle, die er in Sonetten verewigt, bewegen Tausende, so sehr, dass er zum Dichterfürsten gekrönt wird. Der Einzelne und seine Empfindungen zählen auf einmal.

Auch die Einzelne?

Die Frauenfiguren sind nach wie vor stereotyp. Sie sind vor allem Frauen, keine Individuen. Sie sind Objekt von Leidenschaft, haben aber selbst keine.

Zeit, das zu ändern. Christine de Pizan verschafft den Frauen der Geschichte ein individuelles Gesicht. Sie zeichnet sie als Personen, nicht als Stereotype. Mit ihr erreicht die Renaissance auch das weibliche Geschlecht. Sie holt es aus dem Mittelalter. Und bricht den ersten dokumentierten Literaturstreit Frankreichs vom Zaun.

Mit dem *Buch von der Stadt der Frauen* beginnt eine lebhafte Debatte über die Stellung der Frau und das Verhältnis der Geschlechter. Schon vorher hatten Juristen, Theologen und später auch weltliche Gelehrte über dieses Thema disputiert. Aber mit Christine mischt sich erstmals eine Frau in diese Debatte ein.

Die Thesen, mit denen sie sich auseinandersetzen musste, waren starker Tobak. Die *Querelle*[40] wurde nicht immer auf die feine Art geführt. 1595 erschien in Deutschland eine anonyme lateinische Schrift mit dem Titel *Disputatio nova contra mulieres. Qua probatur eas homines non esse* (»Neue Disputationsrede wider die Frauen, durch welche bewiesen wird, dass diese keine Menschen sind«). Übersetzt wurde sie 1618 unter dem Titel *Ob die Weiber Menschen seyn oder nicht?* In der deutschen Übersetzung war auch die ursprünglich ebenfalls lateinische Verteidigungsschrift des evangelischen Theologen Simon Gedik beigefügt, der sich damals schon fragte, ob die Frage überhaupt ernst gemeint sein könnte.

Möglicherweise lag er damit gar nicht so falsch. Denn die Frage, ob Frauen überhaupt Menschen seien, ist eingebettet in eine theologische Debatte um die Natur des Heiligen Geistes bzw. Jesus'. Die »Sozinianer« genannte polnische Wiedertäuferbewegung lehnte die Idee ab, dass Jesus wesensgleich mit Gott sei. Und so meint der anonyme Verfasser, wenn man über die Frage diskutieren könne, ob Jesus womöglich gar nicht Gott sei, könne man ebenso gut die Frage stellen, ob Frauen womöglich gar keine Menschen seien. Auf diese steile These folgen dann zahlreiche frauenfeindliche Argumente. Dass Frauen sprechen, so meint der Verfasser, beweise nicht, dass sie Menschen sind, denn das könnten auch Papageien (mit demselben Argument könnte man natürlich die Menschlichkeit von Männern hinterfragen, aber das sagt er leider nicht). Dass sie Vernunft hätten, ebenfalls nicht, denn auch Schlangen hätten welche (interessanterweise wird, anders als bei modernen Antifeminist*innen, Frauen nicht die Vernunft abgesprochen!). In seliger Unkenntnis biologischer Vorgänge behauptet der Autor weiter, Frauen käme bei der Fortpflanzung nur die Rolle des Instruments zu, nicht des Machers. Hier wird das Ganze noch mit aristotelischen Fachbegriffen garniert, um wissenschaftlich daherzukommen (das funktioniert ja heute noch genauso: je dümmer die These, desto mehr Fachchinesisch): Der Mann sei die *causa efficiens*, die Frau die *causa instrumentalis*. Der Mann sei also sozusagen der Schmied, die Frau der Hammer.

Die Reaktionen auf die Schrift waren teils heftig und zeigten, dass es keine breite Unterstützung für diese These gab. Der berühmt-berüchtigte Arzt Agrippa von Nettesheim (1486–1535) warf sich für die Frauen in die Bresche und plädierte für Geschlechtergleichheit. Auch in England gab es, besonders seit dort mit Elizabeth I. eine Frau auf dem Thron saß, heftigen Widerspruch.[41]

Im modernen deutschen Antifeminismus wurde allerdings noch einmal auf die Schrift rekurriert: 1910 veröffentlichte der ansonsten unbekannte Max Funke eine Dissertation mit dem Titel *Sind Weiber Menschen?: Mulieres homines non sunt. Studien und Darlegungen auf Grund wissenschaftlicher Quellen*. Der Untertitel suggeriert dabei auf propagandistische Art Wissenschaftlichkeit – so wie zu allen Zeiten

»die« Wissenschaft zur Durchsetzung eigener Ziele bis hin zur Diskriminierung bestimmter Bevölkerungsgruppen eingesetzt wurde. Allerdings meint Funke seine Argumente ernst: Er bezieht sich einerseits auf die biblische Schöpfungsgeschichte, also theologische Argumente, andererseits auf Aristoteles und Darwin. Mit Rekurs auf die damals noch immer verbreitete Physiognomik befand er, dass Frauen aufgrund ihres geringeren Schädelvolumens keine vollwertigen Menschen, sondern ein Bindeglied zwischen Mensch und Menschenaffen seien.[42] Offenbar fällt es manchen Männern schwer, den Unterschied zwischen Größe und Effizienz zu begreifen.

Das 17. Jahrhundert war da weiter. François Poullain de la Barre (1647–1723) sagte bereits offen, dass die angeblich natürliche Überlegenheit des männlichen über das weibliche Geschlecht in Wahrheit anerzogen und vor allem in den fehlenden Bildungsmöglichkeiten für Frauen begründet sei.

Pouillain de la Barre argumentiert geschult an der Philosophie René Descartes', einem der wichtigsten Philosophen der Aufklärung: Das Bewusstsein – ein bei Descartes zentraler Begriff – sei beiden Geschlechtern gemeinsam, naturgegeben seien nur körperliche Unterschiede, die darauf keinen Einfluss hätten. Vor allem sieht er die Autoritätsgläubigkeit der mittelalterlichen Scholastiker kritisch und zeigt immer wieder, wie diese zu absurden Schlüssen kommt, Ungleichheit zementiert und Fortschritt behindert. Genau hier setzt sein Engagement für die Gleichberechtigung der Frauen an: Die Idee, dass Männer Frauen von Natur aus überlegen seien, sieht er als nur von Autoritäten, nicht durch Beweise gestützten Unsinn. Nur weil Tradition oder einflussreiche Professoren es behaupten, muss es noch lange nicht richtig sein. (Ein Gedanke, der charakteristisch für die Aufklärung ist. Auch John Locke hatte darauf hingewiesen, dass Autorität, auch wissenschaftliche, noch lange kein Argument ist.) Poullain de la Barre entlarvt das Patriarchat als historisches, also zeitgebundenes, nicht biologisches Phänomen und als Kombination von Tradition und psychosozialen Prozessen. Da Männer gleichzeitig Richter und parteilich seien, müsse alles, was von ihnen über Frauen geschrieben wurde, hinterfragt werden.[43]

Insgesamt drei Abhandlungen schreibt er zwischen 1673 und 1675 zur Frauenfrage: *De l'Égalité des deux sexes, discours physique et moral où l'on voit l'importance de se défaire des préjugés* (»Über die Gleichheit der beiden Geschlechter; physische und moralische Überlegungen zur Verdeutlichung der Wichtigkeit, Vorurteile fallen zu lassen«), *De l'Éducation des dames pour la conduite de l'esprit dans les sciences et dans les mœurs, entretiens* (»Über die Bildung der Frauen, um sie an Wissenschaften und Sitten gleichermaßen heranzuführen«) und *De l'Excellence des hommes contre l'égalité des sexes* (»Über den Vorrang der Männer versus die Gleichheit der Geschlechter«). In allen dreien wendet er die cartesianische Philosophie – also die Methode von Descartes – an, um Geschlechterverhältnisse als sozial bedingte Gewohnheit und nicht als naturgegebenes Schicksal zu entlarven. Das Bewusstsein mache den Menschen aus, so Poullain, und dieses ist Männern und Frauen gleichermaßen gegeben. Unterschiede sind rein körperlicher Art und auf die Fortpflanzungsorgane beschränkt. Daher könne man schließen, dass der Geist kein Geschlecht habe. Die patriarchalische Ordnung der Gesellschaft beruhe auf Autorität und Tradition – genau wie die Scholastik, die er als veraltet entlarvt – und nicht auf naturgegebenen Umständen. Frauen könnten daher Männern absolut gleichgestellt werden und dieselben Positionen einnehmen. Dass sie als schwächer wahrgenommen würden, hinge auch mit den fehlenden Bildungsmöglichkeiten für sie zusammen.

Nachdem er also im ersten Traktat die Zeitgebundenheit patriarchalischer Ordnung entlarvt hat, wendet er sich im zweiten direkt an die Frauen: Hier wird ihnen eine konkrete Anleitung gegeben, wie sie sich bilden können – in Form von Literaturempfehlungen und einer Einführung in die Philosophie Descartes'. Sie müssten lernen, ihrem eigenen Geist zu vertrauen, meint Poullain, und gibt seinem weiblichen Publikum auch Ideen an die Hand, wie sie sich in einer diskriminierenden Umgebung behaupten können.

In seinem dritten Traktat konfrontiert Poullain seine Ideen noch einmal mit denen von der angeblichen Überlegenheit der Männer und unterzieht sie so einer finalen Prüfung.[44]

Ungewöhnlich modern mutet Poullain an. Anders als viele andere diskutiert er nicht nur die Frage, ob Frauen biologisch benachteiligt seien, sondern analysiert die patriarchalische Ordnung an sich und gibt konkrete Vorschläge zu ihrer Überwindung. Er wendet sich dabei direkt an die Frauen als Leserschaft: Sie sollen durch Eigeninitiative die Diskriminierung überwinden und Gleichheit nicht als Gnadengabe von Männern erwarten.

Aber was passiert, wenn sie ihn beim Wort nehmen?

Das neue Stück von Molière ist ein Riesenerfolg. Ganz Paris ist aus dem Häuschen. Endlich zeigt es mal jemand diesen albernen Weibern! *Les Précieuses ridicules* – »Die lächerlichen Preziösen« – heißt es. Es geht um zwei preziöse junge Damen, die schockierenderweise nicht heiraten wollen. Preziös – so nennt man im Paris des 17. Jahrhunderts die stark von Frauen geprägte Salonkultur. Frauen, die sich um Bildung und Kultur bemühen, gern lesen, vielleicht sogar selbst Poesie schreiben, die das Theater lieben (und gar nicht so selten auch finanziell fördern). Alberne Groupies, findet Molière. Besser kommt eine Preziöse erst im 19. Jahrhundert in Edmond Rostands *Cyrano von Bergerac* (und in der Verfilmung mit Gérard Depardieu) weg: Roxanne, Cyranos angebetete Base, die sich in den hübschen, aber dummen Christian verliebt und – auch durch Cyranos eigene Schuld – erst viel zu spät merkt, dass der Mann, den sie wirklich geliebt hat und der zu ihr passt, nur der hässliche Cyrano ist. Doch selbst hier werden die Preziösen eher als Schmalspurintellektuelle dargestellt.

Wer waren diese Frauen wirklich?

Sehen wir uns eine von ihnen genauer an. Marie de Gournay (1565–1645) stammt aus dem französischen Landadel. Alles, was sie weiß, bringt sie sich selbst bei: die Bibliothek des früh verstorbenen Vaters ist ihre Zuflucht. Eine enge Freundschaft verbindet sie mit dem Philosophen Michel de Montaigne, den sie bewundert; er nennt sie seine Wahltochter. Er dürfte es auch gewesen sein, der ihr nach dem Tod der Mutter hilft, in Paris Fuß zu fassen. Marie arbeitet für einen Verleger und verdient so ihr eigenes Geld. Auf eine Heirat ist sie nun nicht mehr angewiesen. Aber sie schreibt auch selbst: ihr Spaziergang mit Montaigne ist die Rahmenhandlung für ihren philosophischen Roman, in dem sie am Beispiel einer Liebesgeschichte aus der Antike die Diskriminierung von Frauen mit ihrem Mentor diskutiert.

Zwanzig Jahre später schreibt sie mit *Égalité des hommes et des femmes (Zur Gleichheit von Männern und Frauen)* einen weiteren Klassiker feministischer Literatur. Sie macht ebenfalls Unwissenheit, fehlende Bildung und die Unterdrückung jeder Intellektualität bei Frauen als Herrschaftsmechanismen männlicher Autorität aus.[45]

»Glücklich bist du Leser, wenn du nicht zu dem Geschlecht gehörst, dem man alle Güter verwehrt, indem man ihm die Freiheit versagt [...] und es zu keinen Pflichten, Ämtern und öffentlichen Funktionen zulässt [...]. Glücklich auch der, der ohne ein Verbrechen zu begehen, weise sein kann: deine Eigenschaft, Mann zu sein, gesteht dir zu, was man den Frauen verwehrt: jegliches bedeutendes Handeln, jegliches abwägende Urteil und jegliche außerordentliche Spekulation.«[46] Anders als eine Frau, der »als einziges Glück, als einzige Tugend die Unwissenheit bleibt, die Unterwürfigkeit und die Fähigkeit, den Dummen zu geben«.[47]

Marie ist damals als *femme des lettres* noch eine Ausnahme. Doch im 17. Jahrhundert entsteht in Europa eine Salonkultur. Hier wurde unter Leitung von Frauen diskutiert – auch über die Rolle der Frauen in der Gesellschaft. Je mehr gesellschaftliche Aufwertung die Frauen erfahren, je mehr gebildete Frauen zu finden sind, desto mehr fordern sie eben auch ihren Platz am Tisch des Lebens ein. Wer der Mittelpunkt eines Salons ist und mit allem, was Rang und Namen hat, diskutieren kann, lässt sich nicht mehr so leicht einreden, von den wichtigen Dingen verstünde sie nichts. Aus Descartes und der neuplatonischen Philosophie werden feministische Ansprüche hergeleitet. Diese starke Präsenz von Frauen, die mit der Vorstellung einherging, sie verstünden besonders viel von gutem Geschmack, brachte besonders Frauen mit dem Modeschlagwort der »Preziosität« in Verbindung.

Einerseits ging die Salonkultur einher mit hohen Ansprüchen an geistvolle Konversation und elegante Umgangsformen; dieses Lebensgefühl wurde in dem Begriff *»précieux/-se«* gefasst. Durch den Wettbewerbsdruck entstanden tatsächlich übermäßig gezierte Umgangsformen wie bei Molière karikiert.[48] Doch auch die Philosophie von Descartes spielte, wie von Poullain empfohlen, eine bedeutende Rolle. Und allgemein wurden gesellschaftliche Stereotype von Weiblichkeit hinterfragt. Die Frauen begannen, wie von Poullain empfohlen, über Bildung ihre »selbst verschuldete Unmündigkeit« (Kant) zu überwinden. Damit rüttelten sie an einem der beiden Herrschaftsprinzipien, die in dem Zweizeiler unbekannter Autorschaft über Machtausübung gegenüber den unteren Klassen allgemein auf den Punkt gebracht werden:

»Es sprach zum Mönch der Edelmann:
Halt du sie dumm, ich halt sie arm!«

Armut und fehlende Bildung haben Menschen, gleich welchen Geschlechts, jahrtausendelang in Unterdrückung gehalten. An der Armut konnten die Frauen nicht viel ändern: In Europa war der Besitz von Frauen streng reglementiert, sie galten gemeinhin als nur eingeschränkt geschäftsfähig. An der mangelnden Bildung aber konnten sie es.

Die Salonkultur und der damit verbundene intellektuelle Austausch, die Präsenz der Frauen dabei war also nichts weniger als ein Eindringen in einen männlichen Herrschaftsbereich. Ein Rütteln an einem der Pfeiler geschlechtsspezifischer Unterdrückung. Vor diesem Hintergrund gewinnt Molières Stück, in dem die Frauen lächerlich gemacht werden, natürlich noch eine andere Bedeutung: Es war auch eine Reaktion auf zunehmende feministische Bestrebungen und sollte die Frauen auf ihren angeblich »natürlichen« Platz in Ehe und Familie zurückverweisen. Selbst große Dichter können reaktionär-machistische Emotionen haben.

Die intellektuelle Welt reagierte. Ehe die Frauen womöglich noch auf so absurde Ideen wie den Besuch einer Universität kommen konnten, entstanden die wissenschaftlichen Akademien. Sie waren Frauen ausdrücklich nicht zugänglich. (Wir erinnern uns: Noch Marie Curie wurde nie Mitglied, trotz zweier Nobelpreise!) So waren die Frauen aus der »männlichen« Domäne des Wissens wieder ausgeschlossen. Und dieses Mal offiziell. Erst mit der Öffnung der Universitäten für Frauen Ende des 19. Jahrhunderts hatten sie wieder Zugang zu Bildung. Als erste Frau wurde Marguerite Yourcenar 1980 in die *Académie Française* aufgenommen.

Christine de Pizan und Marie de Gournay schreiben ihre Bücher nicht abseits der Gesellschaft. Die Stellung der Frau ist kein Nischenthema, sondern von gesamtgesellschaftlicher Bedeutung. Christine de Pizan hat genau dieses Anliegen in ihrem *Buch von der Stadt der Frauen*: dass Frauen ebenso wie Männer Gesellschaft mitgestalten. Der einzige Grund, warum in der Stadt der Frauen keine Männer sind, ist der, dass Frauen derzeit die Anerkennung verwehrt ist, wo immer Männer im Spiel sind.

Poullain de la Barre liefert den Frauen nicht nur eine scharfsinnige Analyse allgemeiner Machtstrukturen, er gibt ihnen auch Ideen an die Hand, wie sie sich wehren können. Frauenunterdrückung steht nicht singulär für sich allein, sondern hat alle Merkmale, die die Unterdrückung anderer Personengruppen ebenfalls hat. Poullain geht von der cartesianischen Philosophie aus, die ihn zur Gleichberechtigung führt: Gleichberechtigung ergibt sich für ihn damit logisch aus der Aufklärung. Marie de Gournay schließlich legt den Schwerpunkt auf das Thema, welches Frauen insbesondere der Oberschicht wohl am unmittelbarsten betraf: das Verwehren intellektueller Entfaltung. Auch sie fordert gesellschaftliche Teilhabe und das Recht auf Bildung. Steht bei den Frauen häufig die individuelle Erfahrung der Diskriminierung am Anfang ihrer Arbeit, leitet Poullain die seine aus der Philosophie ab (die Frauen nicht vergleichbar zugänglich war). Frauenrechte und Aufklärung gehören zusammen.

Bis zu jenem Tag auf der Guillotine.

FRÜHE FEMINISTINNEN

Revolutionär: Olympe de Gouges und die Erklärung der Frauenrechte

Paris, 3. November 1793. Es ist der Höhepunkt der Französischen Revolution. Auf der Place de la Concorde (damals »Place de la Révolution«) verrichtet die Guillotine ihr blutiges Werk. Unter dem Gejohle des Publikums wird Karren um Karren mit Verurteilten vorgefahren, die hier industriell getötet werden. Der Tod durch die Guillotine gilt als human: Mit einem einzigen, perfekt sitzenden Schnitt ist alles vorbei.

Heute wird eine Frau von den Henkersknechten zum Schafott gestoßen. Gehen ihr ihre eigenen Worte durch den Kopf, wenn Frauen das Recht hätten, das Schafott zu besteigen, hätten sie auch das Recht, eine Rednertribüne zu besteigen?

Möglicherweise ist es nicht nur ihre persönliche Gegnerschaft zu Maximilien de Robespierre, die sie hierhergebracht hat. Nicht allein die Tatsache, dass sie ihn und auch Jean Paul Marat als »Ungeziefer, vermodernd im Sumpf der Korruption« bezeichnet hat.[49] Vielleicht nicht einmal ihre ständigen Seitenwechsel und ihre Unzuverlässigkeit. Sondern genau dieser Einsatz für die Rechte der Frauen. Denn die Revolutionäre sind zwar eifrig darin, die Rechte der Menschen zu betonen, doch es sind für sie vor allem die Rechte weißer freier Männer. Sklaven, Frauen und Besitzlose spielen in ihren Forderungen so gut wie gar keine Rolle.

Olympe de Gouges (1748–1793) ist fünfundvierzig, als man sie öffentlich zur Hinrichtung führt. Eine Schriftstellerin, die schon einige Skandale provoziert hat und die nicht gerade für ihr diplomatisches Talent bekannt ist. Eine gefährliche Kombination in Zeiten, in denen die ursprünglichen Ideen der Französischen Revolution von machthungrigen Aufsteigern in ihr Gegenteil verkehrt werden und zunehmend Willkür und Terror herrschen.

Anders als viele andere Revolutionär*innen stammt sie aus einfachen Verhältnissen. Vermutlich die Frucht einer außerehelichen Affäre ihrer Mutter, einer einfachen südwestfranzösischen Wäscherin, wird sie früh verheiratet. Zwei Jahre später ist sie Mutter und Witwe, da ist sie achtzehn. Sie nutzt diese Freiheit, geht nach Paris zu ihrer Schwester und deren Mann. Ihre Schönheit ist berühmt und öffnet ihr die Salons der Hauptstadt. Doch sie bindet sich kein zweites Mal, sondern führt eine langjährige nicht eheliche Beziehung. Von zu Hause hat Olympe, die in Wirklichkeit Marie Gouze heißt, kaum Bildung erhalten. In den Pariser Jahren legt sie nicht nur ihren okzitanischen Akzent nach und nach ab, sondern eignet sich auch auf eigene Faust Bildung an. Sie liest, geht ins Theater und entwickelt irgendwann selbst literarische Ambitionen. Das befördert die Gerüchte, dass ihr biologischer Vater der Marquis de Pompignan, Jean Jacques Lefranc, war, ein Gegner Voltaires.[50] Und ihre Themen treffen ins Mark der Gesellschaft: Sklaverei und die Rolle der Frau.

Schon 1774 schreibt sie ein Memorandum gegen die Sklaverei. Veröffentlicht wird es erst nach 1789 – kein Verleger wagt sich vor der Revolution an dieses heiße Eisen. 1786 schreibt sie unter Pseudonym einen autobiografischen Briefroman, in dem sie die Behandlung unehelicher Kinder und ihrer Mütter anprangert und für die freie Liebe und leichtere Scheidung eintritt. In etwa zur selben Zeit, 1785 entsteht ihr Theaterstück *Zamore et Mirza*, das zuerst ebenfalls wegen des Themas nicht gespielt wird. Denn auch hier geht es um die Sklaverei. Als es dann 1789 – im Rahmen der Umwälzungen – endlich auf die Bühne kommt, schlägt es hohe Wellen. Nicht nur im positiven, vor allem im negativen Sinn. Aus allen Richtungen hagelte es Kritik daran, dass eine Frau sich an ein derart politisch brisantes Thema wagte. Schon nach kurzer Zeit wird das Stück wieder abgesetzt.[51]

Selbst unter Revolutionären gilt damals meist: Der Fortschritt endet bei den Frauen. Nur wenige, wie der Marquis de Condorcet, der den gemäßigten Girondist*innen beitritt, sprechen sich für gleiche Rechte für Frauen aus und fordern ein Frauenwahlrecht und die Abschaffung der Sklaverei. Die streitbare Olympe bürstet gegen den Strich: Sie produziert in dieser Zeit eine Anzahl politischer Schriften, setzt sich dabei nicht nur gegen Sklaverei und für gleiche Rechte für Frauen ein, sondern vertritt auch schon frühsozialistische Ideen wie staatliche Fürsorge, Mehrbesteuerung von Reichen und die Einrichtung von Genossenschaften.[52]

Am 26. August 1789 verabschiedet die französische Nationalversammlung eine Erklärung der Menschen- und Bürgerrechte, die jedem Franzosen zustehen und Verfassungsrang haben. Entstanden unter dem Einfluss der Aufklärung, insbesondere von Montesquieu und Rousseau, aber auch der unabhängigen amerikanischen Ex-Kolonien (*Bill of Rights von Virginia*) meint die maßgeblich von La Fayette mitgestaltete Erklärung allerdings nur Männer (und auch hier nicht alle). Denn nur sie besaßen alle Bürgerrechte. (Die Idee eines »generischen Maskulinums« fand hier keine Verwendung. Männliche Form bedeutete Männer. Dass diese feinen Unterschiede nicht immer selbsterklärend sind, ist ein Grund, warum Feminist*innen immer wieder auch auf der sprachlichen Sichtbarkeit von Frauen bestehen.) Das lässt sich Olympe nicht bieten. Die ganze Verfassung ist für sie null und nichtig, wenn ein großer Teil des Volkes – die Frauen – nicht mitberücksichtigt werden. Wodurch unterscheidet sich diese Verfassung von Tyrannei, wenn Frauen nach wie vor keine gleichen Rechte haben? Herrschaft des Königs oder Herrschaft der Männer, für sie ändert sich so gar nichts. Und so reicht sie im September 1791 ihre *Déclaration des droits de la femme et de la citoyenne* (»Erklärung der Rechte der Frau und Bürgerin«) ein. Das Dokument enthält unter anderem eine Präambel, 17 Artikel zu den Rechten der Frau (oft auch als »Frau und

Mann«, also erklärtermaßen für beide Geschlechter formuliert) sowie einen Sozialvertrag für ein gleichberechtigtes Verhältnis in der Ehe.[53]

De Gouges' Erklärung zeigt erneut, dass Feminismus kein von der Gesellschaft losgelöstes Phänomen ist. Die Französische Revolution hatte zur ersten europäischen Menschenrechtserklärung geführt. Mit dem Hinterfragen der Machtverhältnisse von König und Volk musste notwendig auch die Frage nach dem Machtverhältnis von Mann und Frau gestellt werden. Wenn ein sakrosanktes Königtum, das sich über göttliche Auszeichnung legitimiert, herausgefordert werden kann, warum dann nicht auch ein sakrosanktes Geschlechterverhältnis, bei dem der Mann ebenfalls über göttliche Auszeichnung legitimiert ist, Frauen zu beherrschen?

Tatsächlich lieferte der christliche Monotheismus für Königtum wie Patriarchat die religiöse Legitimation. Die Vorstellung, dass die französischen Könige Hautkrankheiten heilen und sich so als von Gott erwählt betrachten könnten, war noch immer verbreitet. Und ebenso wie ihre Vormacht begründete sich auch die des Mannes über die biblische Schöpfungsgeschichte, laut der die Frau aus der Rippe des Mannes geschaffen und damit diesem nachgeordnet ist.

Die Nationalversammlung – die ausschließlich aus Männern besteht – lehnt de Gouges' Entwurf ab. Dabei dürfte nur eine untergeordnete Rolle spielen, dass de Gouges ihre Erklärung mit einem Brief an die Königin Marie Antoinette beginnt. Menschenrechte für Frauen sind schlichtweg nicht vorgesehen, und Frauen den Männern rechtlich vollkommen gleichzustellen, ist für die meisten außerhalb ihres Vorstellungsvermögens. Und das, obwohl Frauen an der Französischen Revolution aktiv beteiligt sind und auch Anne-Josèphe Théroigne de Méricourt und Etta Palm gleiche Rechte für Frauen fordern; de Méricourt tritt explizit auch für das Recht der Frauen ein, sich zu bewaffnen.

Dass Olympe de Gouges zwei Jahre später hingerichtet wird, hat vor allem mit ihrer politischen Parteilinie zu tun. Die Französische Revolution der frühen 1790er-Jahre ist von zwei Gruppen geprägt:

den mehrheitlich von Südfrankreich dominierten Girondist*innen und den von Nordfrankreich dominierten Jakobiner*innen (deren bekanntestes Mitglied Maximilien de Robespierre ist). Auch Condorcet, der teils ähnliche Ideen vertritt wie de Gouges, ist Girondist. Während die Girondist*innen einen eher gemäßigten Kurs und eine versöhnliche Haltung gegenüber dem Königshaus haben, radikalisieren sich die Jakobiner*innen zunehmend. Im Sommer 1793 errichtet Robespierre die jakobinische Schreckensherrschaft (*»terreur«*), in deren Folge zahlreiche Gegner*innen seiner Politik hingerichtet werden (»Die Revolution frisst ihre Kinder«). Eine davon ist Olympe de Gouges, die ebenfalls Südfranzösin ist. Aus ihrer ablehnenden Haltung gegenüber Robespierre, den sie für einen Mordgesellen und Schandfleck der Nation hält, macht sie kein Geheimnis. De Gouges ist nicht immer diplomatisch – manche mögen es »emotional«[54] nennen. Konsequent allerdings ist sie: Menschenrechte gibt es nicht stückchenweise oder als Gnade von Männern oder Regierenden und nur für ausgewählte Personen. Es gibt sie nur ganz oder gar nicht. Eine Regierung, die nicht die Menschenrechte *aller* achtet, uneingeschränkt und ohne Ausnahme, ist Tyrannei. Egal, wie sie sich selbst nennt – auch wenn es eine revolutionäre, sich »bürgerlich« oder demokratisch nennende Regierung ist.

Olympe de Gouges nimmt die Menschenrechte beim Wort. Noch aus der Haft verlangt sie Rechenschaft von dem Tribunal, das sie verurteilt hat: »Ist nicht in Artikel 11 der Verfassung die Meinungs- und Pressefreiheit als kostbarstes Gut des Menschen verankert? Wären denn diese Gesetze und Rechte, ja die ganze Verfassung nichts weiter als hohle Phrasen, jedes Sinnes entleert?«[55]

Touché.

Poetisch: Mary Wollstonecraft

Etwa ein Jahr vor Olympe de Gouges' gewaltsamem Tod durch die Guillotine reist eine junge Engländerin nach Paris. Mary Wollstonecraft ist die Tochter eines Landwirts irischer Abstammung und hat in ihrer Kindheit nicht viel Bildung erhalten. Der Vater war gewalttätig. Auch sie musste sich alles, was sie weiß, selbst aneignen. Als sie nach Paris kommt, hat sie bereits einen Roman und politische Texte veröffentlicht und sucht die Nähe zu gebildeten, literarisch interessierten Kreisen.

Paris ist in Aufruhr. Das Johlen der Schaulustigen durchdringt die Stadt. Karren rattern über die Straßen, beladen nicht nur mit Gemüse vom Land oder Wein. Auch Särge mit den Leichen der Hingerichteten sieht man auf den Straßen oder die vergitterten Karren, auf denen die Verurteilten zu ihrem Ende gebracht werden. Überall befinden sich Straßensperren. Abenteuerliche Gestalten bewachen sie, mit kurz geschorenem Haar: Die Haartracht des Adels mit Zopf und Schläfenlocken gilt als verpönt. Auf dem Kopf sitzen die roten Jakobinermützen, und an ihrer Kleidung haben sie die blau-weiß-rote Kokarde der Revolution befestigt. Sie tragen lange Hosen statt der Kniehosen des Adels: Sansculotten nennt man sie deswegen. Viele haben nicht einmal eine Uniform. Die Revolution hat sie hierhergespült, ohne dass sie Zeit hatten, sich vorzubereiten. Oder darauf gefasst zu sein, dass nicht alle ihrer Mitstreiter nach Frieden und Freiheit strebten, sondern manche auch bestrebt waren, selbst zu herrschen.

Vielleicht ist Mary in Paris Olympe de Gouges begegnet, vielleicht nicht. Doch zweifellos wusste sie, dass die Revolution in Frankreich auch Fragen nach dem Herrschaftsverhältnis zwischen Männern und Frauen aufgeworfen hat. Es ist kurz vor Beginn der jakobinischen Schreckensherrschaft, als Mary Wollstonecraft in Paris ihr Werk *A vindication of the rights of woman* (»Eine Verteidigung der Rechte der Frau«) schreibt. Die Zeiten sind für sie nicht nur politisch turbulent, sondern auch privat. Wollstonecraft hat erst kürzlich eine unglückliche Liebe zu dem verheirateten Schweizer Schriftsteller Füßli überwunden, mit dem sie ein Jahr zuvor schon in Frankreich gewesen war. Hals über Kopf verliebt sie sich nun in den amerikanischen Geschäftsmann Gilbert Imlay, von dem sie 1794 eine Tochter, Fanny, bekommt.

Mary hat keine leichte Kindheit hinter sich. Heiraten will sie eigentlich nicht. Zu mühsam war es, sich aus der Begrenztheit weiblicher Sphären herauszukämpfen. Mit ihren Schwestern und ihren Freundinnen Fanny Blood und Jane Arden hatte sie davon geträumt, unabhängig von Männern in einer Schwesternschaft leben zu können. Doch der Traum war geplatzt, die Schule, die sie gemeinsam gegründet hatten, abgewirtschaftet. Fanny war schwer erkrankt, und Mary hatte sie gepflegt und doch nicht retten können.[56] Gezwungen, sich als Gouvernante durchzuschlagen, ist sie immer wieder arbeitslos. Doch das schärft auch ihren Blick für die Bedürfnisse junger Mädchen. Ihr Roman hatte ihr immerhin die Mittel verschafft, nach London zu gehen, wo sie den Verleger Joseph Johnson kennenlernte. In seinem *Analytical Review* schreibt sie ihre erste politische Schrift, *Thoughts on the education of daughters* (»Gedanken zur Erziehung junger Töchter«).[57] 1790 fordert sie ein Parlamentsmitglied heraus: Edmund Burke hatte die Französische Revolution scharf kritisiert. Wollstonecraft hält dagegen, kritisiert seine Haltung zu Privilegien und befürwortet Republikanismus statt Monarchie – in England ein unerhörter Affront, wo der Adel sich für eine eigene, gewöhnlichen Menschen überlegene Spezies hält (so sehr, dass die sozialdarwinistischen Ideen eines Thomas Malthus [1766–1834] auf fruchtbaren Boden fallen). Ihre Schrift *Verteidigung der Menschenrechte* nimmt auf die oben erwähnte erste Menschenrechtserklärung auf europäischem Boden Bezug – die damals freilich noch eine reine Männerrechtserklärung war.

Nach ihrer Affäre mit Füßli sucht Mary auch vor der gesellschaftlichen Ächtung Zuflucht in Frankreich. Sie hofft, die Französische Revolution werde eine Gesellschaft mit mehr Glück und Tugend hervorbringen. Ende 1792 schreibt sie in Paris ihre *Vindication of the rights of woman* (»Verteidigung der Frauenrechte«)[58] – möglicherweise unter dem Einfluss von Olympe de Gouges, denn auch Mary Wollstonecraft verkehrt mit den Girondist*innen, denen sie sich politisch zugehörig fühlt. Wie schon die französischen Autorinnen der *Querelle des femmes* macht sie Menschenrechte an der Vernunft fest, die Frauen ebenso besitzen wie Männer.[59]

Wie viele Menschen der Aufklärung ist sie von der heute noch gültigen Idee überzeugt, dass Bildung der Schlüssel zu gesellschaftlicher Teilhabe ist. Gewitzt argumentiert sie mit der damaligen Rollenvorstellung: Gebildete Frauen, meint sie, seien nicht nur bessere Ehefrauen und Mütter, sondern auch bessere Bürgerinnen. (Dass sie die Bürgerinnen erwähnt, dürfte ein Hinweis sein, dass sie Olympe de Gouges' Erklärung kannte, in der die Frau – in Anlehnung an die französische Männerrechtserklärung – ebenfalls als Bürgerin bezeichnet wird.) Eine ihrer wichtigsten Thesen lautet, dass Abhängigkeit und Gehorsam die Tugend zerstören: Sie machen schwach und unzureichend. Damit parallelisiert sie das Argument für Frauenrechte mit dem für die allgemeinen Menschenrechte: Auch für Männer gilt nach Wollstonecraft, dass ihre Tugend und Kraft zerstört werden, wenn sie sich in Herrschaftsverhältnissen befinden. Ungleichheit zerstört jede Tugend, nicht nur bei den Beherrschten (in dem Fall den Frauen), sondern auch bei den Herrschern. »Sie mögen bequeme Sklaven sein, aber die Sklaverei wird eine konstante Wirkung haben, die sowohl den Herrn degradiert als auch den erbärmlichen Sklaven.« *»Liberty is the mother of virtue«* – mit dieser These ist klar, warum Wollstonecraft nicht nur auf Freiheit, sondern auch auf Gleichheit setzt. Frauen sind entweder Sklavin oder Freundin des Mannes. Letzteres ist aber nur bei Gleichstellung möglich, denn Freundschaft gibt es nur auf Augenhöhe.[60] Dabei geht sie noch weiter als Olympe de Gouges, die von der Komplementarität, aber grundsätzlichen Verschiedenheit der Geschlechter bezüglich ihrer Bedürfnisse ausging. Wollstonecraft unterscheidet nicht zwischen männlicher und weiblicher Tugend. Für alle Menschen gelten dieselben Standards, die Erziehung der Frauen darf also nicht anders sein als die der Männer.[61]

Für damalige Verhältnisse neu war die Idee, dass es Aufgabe des Staats sei, die Frauen zu bilden. Damals war Bildung weitgehend Privatsache und damit entweder teuer oder vom Wohlwollen reicher Philanthrop*innen abhängig, die Schulen für Arme bauten. Wollstonecraft fordert wie de Gouges die völlige Gleichberechtigung der Frauen. Die Tyrannei der Männer sei der Grund für fast alle psychischen Probleme von Frauen, einschließlich der ihnen oft vorgeworfenen Neigung zur Intrige. »Lasst die Frau an den Rechten des Mannes teilhaben, dann wird sie auch nach seinen Tugenden streben.«[62]

Angeblich »typisch« weibliche Eigenschaften sind nach Wollstonecraft das Ergebnis einer diskriminierenden Erziehung und nicht natürliche Anlagen. »Das Kind, besonders das Mädchen, wird keinen Moment seiner eigenen Führung überlassen, und wird so abhängig – diese Abhängigkeit nennt man dann natürlich.«[63] Die damals übliche Auffassung war, Frauen seien Naturwesen (Rousseau) und wollten vor allem Männern gefallen und Mütter werden. Wollstonecraft hält dagegen: Wenn man einem Mädchen von Kindesbeinen an einredet, dass es bei Mädchen um Schönheit geht, sei es logisch, dass sie sich nur dafür interessieren. »Aber die geschlechtsspezifische Schwäche, die die Frauen wegen ihres Unterhaltes vom Mann abhängig macht, erzeugt eine Art katzenhafter Zuneigung, die eine Frau dazu bringt, um ihren Ehemann herumzuschnurren, wie sie es bei jedem anderen Mann täte, der sie füttert und streichelt. Männer sind jedoch zufrieden mit dieser Art der Zuneigung, die sich in tierischer Weise auf sie beschränkt.« Mädchen müssten dieselbe Ausbildung wie Jungen erhalten. Sonst müsse man sich nicht wundern, dass sie zu »schwachen und elenden Geschöpfen« gemacht würden. Später sollte Simone de Beauvoir diesen Gedanken aufnehmen.[64]

Zu diesem Zeitpunkt haben bereits gegenrevolutionäre Kräfte in Europa, vor allem Österreich und Preußen, Frankreich den Krieg erklärt. In England ist es vor allem Premierminister William Pitt d. J., der den Kriegstreiber gibt. Nicht zuletzt deshalb, weil man auch in England anfängt, sich zu fragen, ob Könige wirklich so unverzichtbar sind, wie bisher gedacht. (Besonders natürlich in Irland.) König Louis XVI. von Frankreich hat versucht, sich mit diesen gegenrevolutionären Kräften zu verbünden, was zur Verhaftung der königlichen Familie geführt hat. Und eine gute Woche nach seiner Hinrichtung am 1. Februar 1793 erklärt Frankreich auch England den Krieg.

Mary bleibt dennoch in Frankreich. Sie gehört zu der monarchiekritischen britischen Opposition, die Pitt mit seiner Kriegstreiberei in die Enge zu treiben hofft. Und vielleicht spielt auch die Tatsache eine Rolle, dass sie inzwischen Gilbert Imlay begegnet ist. Im Sommer, als die jakobinische Schreckensherrschaft beginnt, wird sie von ihm schwanger. Als im Herbst auch Marie Antoinette hingerichtet wird, nicht einmal einen Monat vor Olympe de Gouges, zieht sich das Paar nach Le Havre zurück, wo im Mai darauf ihre Tochter zur Welt kommt. Mary nennt sie nach ihrer verstorbenen Freundin Fanny. Bald darauf lässt der windige Gilbert Imlay sie mit dem Baby sitzen. Mary Wollstonecraft unternimmt mehrere Reisen – und zwei Selbstmordversuche.[65]

Zurück in England lernt sie in ihrem alten Kreis um den Verleger Johnson einen Schriftsteller namens William Godwin kennen. Godwin ist mit knapp vierzig Jahren bereits ein bekannter Philosoph, er gilt als einer der ersten Anarchist*innen. Auch er ist von der Französischen Revolution inspiriert. In seinem Werk *Enquiry Concerning Political Justice and its Influence on Modern Morals and Manners* (»Untersuchung zur politischen Gerechtigkeit und deren Einfluss auf die moderne Moral und Umgangsformen«) erklärt er Regierungen für den menschlichen Fortschritt als hinderlich: Sie seien ursprünglich geschaffen worden, um Unrecht zu verhindern, doch inzwischen selbst Quelle des Unrechts. Auch die Ehe sei eine tyrannische Einrichtung: Männer betrachteten Frauen als ihren Besitz, um sich dem Vergleich mit einem möglicherweise Besseren nicht aussetzen zu müssen. Gerechtigkeit sei aber universal und unteilbar und müsse auf größtmögliches Glück der Menschen zielen. Godwin geht nicht so weit, materielle Ungleichheit ganz beseitigen zu wollen, sein Ziel ist allerdings eine Gesellschaft ohne extreme Einkommensunterschiede sowie eine direkte Demokratie. Anders als viele andere plädiert er nicht für eine gewaltsame Revolution zur Durchsetzung, sondern glaubt, dass diese Entwicklung sich von selbst ergeben werde, wenn Menschen nur ausreichend Bildung erhielten, um ihre Vernunft nutzen zu können.[66] In einer späteren Fassung verändert er seine Schrift noch. Doch wie Mary Wollstonecraft steht auch Godwin für Gleichberechtigung und radikale Demokratie.

Mary schätzt Godwins Arbeit und er die ihre. Wollstonecraft ist inzwischen siebenunddreißig und bisher immer ihrem Plan treu geblieben, nicht zu heiraten. Doch nun wird sie erneut schwanger, und die Gesellschaft ist nicht bereit für eine Familie ohne Trauschein. Im März 1797 geben sich die beiden das Jawort.

Alles scheint perfekt. Es ist eine Liebesheirat, und beide sind glücklich. Als am 30. August 1797 ihre Tochter Mary zur Welt kommt, will Wollstonecraft keinen Arzt, sondern nur eine Hebamme. Es wird doch einer gerufen, und möglicherweise sind seine ungewaschenen Hände für ihren Tod am Kindbettfieber elf Tage später verantwortlich. William Godwin schreibt über ihren Tod: »Ich glaube fest daran, dass es auf der Welt nicht ihresgleichen gibt. Ich weiß aus Erfahrung, dass wir geschaffen wurden, um uns gegenseitig glücklich zu machen. Ich habe nicht die geringste Erwartung, dass ich jetzt jemals wieder Glück erfahren kann.«[67]

Mary Wollstonecraft war tot. Aber eine Generation später forderte auch ihre Tochter, an deren Geburt sie gestorben war, die Gesellschaft heraus. Denn bei dieser Tochter handelt es sich um keine Geringere als um Mary Shelley. Bekannt wurde sie mit ihrem Roman *Frankenstein*. Auch sie pfiff auf Konventionen, pflegte eine offene Beziehung mit dem anfangs noch anderweitig verheirateten Percy B. Shelley, hatte Affären mit Männern und Frauen. Eine unabhängige, eigenständige Frau und Künstlerin, ganz wie ihre Mutter es erträumt hatte.

Mary Wollstonecraft ist nicht nur Autorin eines bedeutenden Meilensteins auf dem Weg zum modernen Feminismus. Ihr Leben und

Werk zeigen außerdem deutlich, dass Feminismus nicht allein, sondern im Kontext anderer Menschenrechts- und Demokratiebewegungen steht. Nicht nur ist bei ihr – genau wie bei de Gouges – eine direkte Verbindung zur ersten europäischen Menschenrechtserklärung deutlich zu erkennen. Wollstonecraft vertritt darüber hinaus auch moderne demokratische Ideen. Und ihre Verbindung zu dem Anarchisten William Godwin zeigt, was wir später noch öfter sehen werden, besonders bei Emma Goldman und Fatima Mernissi: Feminismus ist eine herrschaftskritische Bewegung.

Das kann gefährlich sein.

BÜRGERRECHTE: DIE »ERSTE FEMINISTISCHE WELLE«

Louise Otto-Peters

Es ist früher Morgen, als heftige Schläge gegen die Tür des Leipziger Hauses donnern. Louise Otto wird aus dem Schlaf gerissen, fährt hoch. Das ist nicht irgendein Betrunkener. Das sind Gewehrkolben. Raue Stimmen befehlen, zu öffnen.

Polizei!

Verschlafen schlüpft sie in ihren Morgenmantel, rückt ihr Nachthäubchen zurecht. Sie will zur Tür, aber da wird sie schon aufgebrochen. Splittern, ein letztes heftiges Donnern, und die Wohnungstür fliegt ihr entgegen. Bewaffnete Männer in Uniform stürmen herein, bevölkern den Flur, Küche und Schlafzimmer. Während Louise noch versucht, langsam wach zu werden, wird sie brutal mit dem Gesicht gegen die Wand gedrückt. Im Genick spürt sie etwas Kaltes: den Lauf einer Waffe.

So könnte sich die Hausdurchsuchung im Jahr 1849 abgespielt haben. Louise Otto (sie heiratet erst später und fügt dann den Nachnamen ihres Mannes an) ist damals dreißig Jahre alt. Im Zuge der

Märzrevolution hat sie die sogenannte *Frauen-Zeitung* gegründet. Sie nahm damit eine Idee von Mathilde Anneke auf, die bereits ein Jahr zuvor ein aufklärerisches Blatt unter dem Titel *Frauenzeitung* herausgegeben hatte. Unter dem Druck der Zensur war Anneke in die USA ausgewandert – wie so viele Deutsche in dieser Zeit, die den Herrschaftsmief nach der gescheiterten Revolution nicht mehr ertrugen und sich nach Freiheit sehnten.

Doch eine neue Zeit bricht an. Vormärz und Biedermeier hatten die Frauen zurück an den Herd gedrängt. Die neuen Technologien flößen vielen Menschen Furcht ein, und als könnte man dieses Unbehagen dadurch besiegen, schickt man die Frauen in die Küche. Als könne das die Verunsicherung besänftigen, die so manchen angesichts der Dampf spuckenden Lokomotiven und qualmenden Fabrikschlote überkommt. Aber ist das alles? Vielleicht ist es der aufkommende Kapitalismus, der die Männer zwölf bis vierzehn Stunden täglich von zu Hause fernhält und so die Frauen mehr und mehr zum Oberhaupt des Hauses werden lässt. Vielleicht die bereits erwähnte Entdeckung der Eizelle? Oder einfach das neue revolutionäre Klima?

Mit der Revolution von 1848/49 weht unversehens ein frischer Wind durch den deutschen Mief. In Sachsen kulminiert die Revolution mit dem Dresdner Maiaufstand. Nach der Februarrevolution 1848 in Frankreich ist der Funke nach Deutschland übergesprungen. Zu erbärmlich sind die Lebensbedingungen der Arbeiter (schon 1844 haben die schlesischen Weber revoltiert). Zensur und Unterdrückung legen ihren erstickenden Dunst über das Land. Am 3. Mai 1849 bricht offen aus, was seit Langem geschwelt hatte. Dresdner Bürger versuchen, den König zu stürzen. Unter den Aufständischen befinden sich unter anderem der Komponist Richard Wagner und sein Freund, der Architekt Gottfried Semper (der die Semperoper erbaut hat, hier allerdings für die Barrikaden zuständig ist. Sie sollen übrigens von ausgezeichneter Qualität gewesen sein) sowie der russische Anarchist Michail Bakunin.[68] Bakunin stammt aus einer russischen

Adelsfamilie und wurde zu einem der wichtigsten Denker des Anarchismus – und zum antiautoritären Gegenspieler von Karl Marx. In dieser Phase des Umbruchs spüren die Frauen dieselbe Wut wie die Arbeiter: Wie diese werden auch sie ausgebeutet. Gemeinsam leisten sie Widerstand, verlangen mehr Rechte. Frauenvereine schießen aus dem Boden wie Pilze nach einem Regen.

In dieser aufgeheizten Atmosphäre gründet Louise Otto ihre Zeitschrift. Sie hat zu diesem Zeitpunkt bereits einige Texte veröffentlicht. Durch ihre Gedichte ist sie nicht ganz unbekannt. Auch politische Artikel verfasst sie, die sie unter dem Pseudonym Otto Stern publiziert: Eine weibliche Autorin politischer Texte war in Deutschland offenbar noch problematischer als in Frankreich. Unter eigenem Namen schreibt sie 1847 *Über die Theilnahme der Frauen am Staatsleben* und entwirft darin das Programm einer organisierten Frauenbewegung. Auch sie fordert vor allem die Gleichberechtigung von Männern und Frauen und den Zugang für Frauen zu Bildung, insbesondere zu den Universitäten. Parallel hat sie bereits Arbeiterinnen- und Dienstbotenvereine gegründet. »Dem Reich der Freiheit werb' ich Bürgerinnen«, schreibt sie stolz.[69]

Für die Regierung ist – wie es eben für Regierungen typisch ist – Kritik verdächtig. Mit massiver Zensur und offener Gewalt wird die Revolution niedergeschlagen, soll der demokratische Funke erstickt werden. Arbeiterverbände und die Frauenbewegung werden zu Staatsfeinden erklärt – wie alle, die sich ihrer zunehmenden Versklavung widersetzen. Auch Ottos Freund, der Schriftsteller August Peters, muss nach der niedergeschlagenen Revolution eine mehrjährige Gefängnisstrafe verbüßen. Und so kommt es zu der Hausdurchsuchung bei Louise Otto. Wer sich für Bürgerrechte einsetzt, ist eben gefährlich!

Man springt nicht gerade sanft mit Louise um. Hausdurchsuchungen, Verhöre. Ihre Vereine werden aufgelöst. Doch unbeirrt bringt sie weiter ihre *Frauen-Zeitung* heraus. Sie schafft es länger als ihre Vorgängerin: Annekes Blatt wurde schon nach der dritten Ausgabe von der Zensur kassiert. Otto hält drei Jahre durch. Zuerst von

Leipzig aus. Anfang 1851 wird in Sachsen ein Verbot für Frauen erlassen, Zeitungen herauszugeben. Eigens für Otto wird das Pressegesetz um die sogenannte »Lex Otto« erweitert. Louise zieht mit ihrer Redaktion nach Gera um, das zum Fürstentum Reuß gehört und nicht unter das sächsische Presserecht fällt. Doch zwei Jahre später kommt auch hier das Aus – durch ein ähnliches Gesetz. Eine einzelne Frau macht derart Dampf im feministischen Kessel, das gleich zwei Regierungen ihretwegen ein eigenes Gesetz erlassen – nur, um ihr Berufsverbot erteilen zu können.[70]

Otto selbst beschreibt, wie in dieser Zeit diverse Frauenvereine und auch Zeitschriften gegründet werden. Doch durch die Unterdrückung der demokratischen Bestrebungen sei es letztlich so, dass nur solche überlebten, die sich auf Oberflächliches konzentrierten und somit ungefährlich seien: Mode und Wohltätigkeit.[71] In der ersten Ausgabe ihrer eigenen Zeitung hat sie die Ausgrenzung der Frauen kritisiert. Stand die Revolution nicht für Demokratie und liberale Ideen? Sind die Frauen kein Teil davon? »Wo sie das Volk meinen, da zählen die Frauen nicht mit«, konstatiert sie.[72]

Nach dem Verbot der *Frauen-Zeitung* arbeitet Otto bei der *Mitteldeutschen Volkszeitung* ihres Mannes mit. Peters ist 1856 aus der Haft entlassen worden, und Ende 1858 heiratet das Paar. Louise darf keine eigene Zeitung mehr leiten – nicht einmal als Mitherausgeberin genannt werden. Doch immerhin untersteht ihr hier das Feuilleton. Dennoch wird sie erst ein Jahr nach dem Tod ihres Mannes 1864 wieder politisch aktiv. 1865 gründet sie den *Leipziger Frauenbildungsverein* und den *Allgemeinen deutschen Frauenverein*, dessen erste Vorsitzende sie wird. Damit entsteht eine überregionale Frauengruppe.

Ziele des Vereins sind das Recht auf Bildung, insbesondere Hochschulzugang, sowie Erwerbstätigkeit. Eine Frauenbewegung, die nicht die wirtschaftliche Unabhängigkeit der Frauen betont, sei wertlos, meint Otto: »Jeder Emancipationsversuch, der auf einer anderen Basis ruht, ist – Schwindel.«[73]

Wieder arbeitet Otto-Peters auch publizistisch, dieses Mal in der Vereinszeitung *Neue Bahnen*. Gezielt spricht sie auch Arbeiterinnen an. Sie sieht in ihnen nicht nur Empfängerinnen philanthropischer Bemühungen, sondern erstmals auch aktive Verbündete im Kampf um Frauenrechte. Hier findet eine Allianz statt, welche die Frauenbewegung prägen wird und der Grund für den lange Zeit fast ausschließlich linken Charakter des Feminismus ist: Die Erkenntnis, dass die gemeinsame Erfahrung von Entrechtung Arbeiterklasse und Frauen zu Verbündeten macht, dass Arbeiterinnen doppelt diskriminiert werden: als Angehörige ihrer Klasse und als Frauen. Anders als viele andere nimmt Otto-Peters die Arbeiterinnen ernst und fordert sie zu gesellschaftlicher Teilhabe auf. Der enge Zusammenhang von Frauenrechten und Demokratie wird auch hier wieder überdeutlich.

Louise Otto-Peters ist sich der gesamtgesellschaftlichen Verantwortung der Frauen durchaus bewusst: Auf Robert Blums Anfrage schreibt sie: »Die Teilnahme der Frauen an den Interessen des Staates ist nicht allein ein Recht, sie ist eine Pflicht der Frauen.«[74]

Hedwig Dohm

So ein hübsches Köpfchen sollte man nicht mit zu viel Verantwortung beschweren! Das dachten sicher manche Herren beim Anblick des Porträts der beiden Schwestern Schleh: Anna, die Malerin, mit Schläfenlöckchen zur Rechten, ihre Schwester Hedwig, verheiratete Dohm, mit einem Buch im Schoss zur Linken. Große, grünbraune Augen, edel geschwungene Lippen, langes, schwarzes Haar. Das schulterfreie, tief ausgeschnittene Kleid wirkt attraktiv und unschuldig zugleich. So adrett, so artig sitzt sie da. Inbegriff einer Biedermeier-Schönheit.

Der Schein trügt, meine Herren. Ganz gewaltig.

Wenn sie den Mund aufmachte, wurde so manchem anders zumute. Ihre Feder war spitz, ihr Verstand messerscharf. Hedwig Dohm ist eine bis heute massiv unterschätzte Autorin, nicht nur, was ihre feministischen Texte anbelangt. Die Herren der Schöpfung konnten sich warm anziehen. Mit einer enormen Portion Witz und Scharfsinn demaskiert sie das Gejammere der »Herrenrechtler« über die angebliche Unterjochung durch Feministinnen als Verteidigung alberner Machtansprüche (*Die Antifeministen*) und die »naturgegebene« Art der Frauen als anerzogen. Als eine der Ersten in Deutschland fordert sie das Recht auf freie Liebe und volle Anerkennung als Bürgerin mit allen Rechten – einschließlich des Wahlrechts. Berühmt ist ihr Satz: »Menschenrechte haben kein Geschlecht.« Auch sie fordert das Recht auf gleiche Bildung und Erwerbstätigkeit ein. Dazu sollte jede Frau die Möglichkeit haben, die Kindererziehung an Institutionen auszulagern, um Kapazität für eigene Erwerbstätigkeit zu haben (*Die Mütter*). Ihre lange Lebensspanne (1831–1919) reicht vom Biedermeier bis zum Ende der Monarchie in Deutschland.

Hedwig Dohms Scharfsinn und beißender Sarkasmus dürften – insbesondere in einem Land, das nicht gerade für seinen Humor berühmt ist – mitverantwortlich dafür sein, warum sich selbst manche Feministinnen mit ihr schwertun. Denn sie greift ihre Lieblingsgegner, die Antifeminist*innen, nicht nur an und destruiert sie gnadenlos nach allen Regeln der Kunst, sie nimmt sie darüber hinaus nicht ernst und macht sich in jedem Satz über sie lustig. Diesen Ton war in Deutschland niemand von einer Frau gewöhnt!

Heute kennt man sie vor allem als Vorkämpferin für das Frauenwahlrecht – und als Großmutter von Katia Mann, der Ehefrau von Thomas Mann. Dabei steht sie für weit mehr. Ihre Forderungen klingen unwahrscheinlich modern: wie das Recht auf Abtreibung, frühzeitige Sexualaufklärung, sexuelle Freiheit und männliche Beteiligung am verhassten Haushalt. Damit war sie vielen zu radikal (Frauenrechte standen damals wie heute nicht für jede Frauenrechtlerin an erster Stelle). Ihre hochintelligente Art tut ein Übriges: Immer bürstet sie gegen den Strich.

Bis zuletzt. Als der Erste Weltkrieg ausbricht und alle Welt im

Kriegshurra aufgeht und nach immer mehr Waffen und Soldaten schreit, bleibt diese beeindruckende Erbin der Lysistrate ihrer pazifistischen Haltung treu und äußert sich als eine der ganz wenigen dagegen. Natürlich wird sie niedergebrüllt, aber eine Frau wie Hedwig Dohm ist nicht so leicht kleinzukriegen. Am Ende bekommt sie eine gewisse Genugtuung: Kurz vor ihrem Tod wird in Deutschland das Frauenwahlrecht eingeführt.[75]

Sie hinterließ ein umfangreiches Œuvre von Romanen, Novellen, Gedichten und Theaterstücken, eine spanische Literaturgeschichte und Märchen. Bekannt ist sie für ihre feministischen Schriften, für die man die Redensart »mit dem Kopf durch die Wand« eigentlich noch einmal neu erfinden müsste. Besonders revolutionär sind ihre Artikelsammlungen *Die Mütter* (1903) und *Die Antifeministen* (1902), denen wir hier den größten Teil der Aufmerksamkeit widmen wollen. In *Die Mütter* entlarvt sie das insbesondere in Deutschland verbreitete Klischee von der angeborenen Mütterlichkeit als kulturelles Konstrukt. Sie plädiert für weibliche Berufstätigkeit und männliche Hilfe im Haushalt. Nur so, meint Dohm, wird es zu einem respektvollen Miteinander kommen – nicht nur zwischen Mann und Frau, sondern auch zwischen Mutter und Kindern.

Scharf geht sie mit der Madonnenverehrung der Mutter ins Gericht. Diese sei verlogen und schade letztlich nicht nur der Frau, sondern auch dem Kind. »Die Emanzipation des Weibes ist das Recht des Kindes«, lässt sie wieder eines ihrer berüchtigten Bonmots vom Stapel.[76] Stattdessen würden Frauen die meisten Berufe verwehrt – reine Willkür, meint Dohm. Wo der Haushalt neben dem Beruf nicht zu bewältigen ist, soll eben der Mann helfen. Ironisch stellt sie fest, dass das hehre Ideal der Mutterschaft immer dann besonders gepriesen werde, wenn es um Dinge gehe, die Männer für sich beanspruchen.[77] Es folgt ein Feuerwerk von Fallbeispielen schlecht erziehender Mütter – ein Kaleidoskop damaliger Erziehungsfehler von schwarzer Pädagogik bis hin zu inkonsequenten, nachgiebigen Müttern, die kleine Tyrannen heranziehen. Das Aufwachsen allein mit der Mutter, schließt Dohm, ist nicht immer die beste Wahl. In vielen dieser Fälle könnte ein Kindergarten oder eine gute Kinderfrau einiges ausgleichen. Dieser hochmoderne und von zeitgenössischen Untersuchungen bestätigte[78] Gedanke ist allerdings bis heute in Deutschland vielerorts ein Tabuthema, insbesondere in konservativen Kreisen.[79]

Schließlich widmet sie auch noch – für damalige Verhältnisse revolutionär – der Sexualität einige Aufmerksamkeit. Dabei steht zuerst im Raum, wie man denn junge Frauen an die Zeugung von Kindern heranführen könne. Hier plädiert sie für eine sachliche, von Moral befreite Aufklärung. Diese werde Mädchen vorenthalten. Offenbar fürchteten damals nicht wenige Eltern, ihre Tochter würde der Ehe mit dem von den Eltern gewünschten Kandidaten nicht zustimmen, wenn sie wüsste, was dabei auf sie zukommt. Schließlich geht Dohm auf die Rolle der älteren und alten Frau ein. Sie prangert an, der Wert einer Frau werde rein an Optik und Gebärfähigkeit geknüpft, und zitiert einen Mann, der ihr gesagt habe, Frauen über vierzig seien Ballast für die Gesellschaft und möchten doch baldmöglichst sterben.[80] Das erinnert an Thomas Malthus, nur dass hier der Wert eines Menschen nicht ans Geld, sondern an die Nutzung als Gebärmaschine geknüpft wird. Wer übrigens denkt, so etwas sei in einer modernen Gesellschaft nicht mehr zu hören, irrt. In den 1980er-Jahren bekam meine Mutter diesen Satz in einem bayerischen Dorf zu hören. Der männliche Sprecher gestand Frauen sogar nur fünfunddreißig Jahre Lebenszeit zu (also noch fünf weniger als im 19. Jahrhundert) und begründete das erwünschte vorzeitige Ableben damit, dass der Mann dann wieder heiraten könne.

Den Grund für diese und ähnlich menschenverachtende Äußerungen ist für Dohm in der Geschlechterhierarchie zu finden. Diese wiederum habe ihre Wurzel in anderen gesellschaftlichen Hierarchien sowie schlichtweg in einem Minderwertigkeitskomplex dummer Männer: »Der wirkliche Paria aber hatte gewiß auch Herrschergelüste und wollte wenigstens Oberparia sein, da machte er das Weib zum Unterparia [...]. Die Motive derer, die das Pulver nicht erfunden haben, liegen zutage. Wenn die Frau nicht dümmer wäre als sie, wer wäre es denn? [...] Sein schönes Bewußtsein als Mann gleicht dem des Ariers dem Juden gegenüber. Ist er auch nichts, aber gar nichts anderes als ein Arier, so ist er doch wenigstens kein Jude [...].« (*Die Antifeministen*)[81]

Dohm greift das Zentrum männlicher Machtausübung an: das hierarchische Bedürfnis, das, auch wenn es noch so sehr nach oben buckeln muss, irgendein Unten haben möchte, nach dem es treten kann. Und dieses Unten ist eben die Frau. Hierarchien aufgrund von Geburt ermöglichen es Menschen, auf andere herabzusehen, selbst wenn sie noch so wenig Grund dazu in ihrer eigenen Persönlichkeit haben.

Akribisch zerlegt Dohm ein Scheinargument nach dem anderen. Die Dienste von Krankenschwestern nimmt man gern in Anspruch, lobt sogar ihre Aufopferung. Aber wenn dieselbe Krankenschwester als Ärztin arbeiten wollte, heißt es, dass sie dazu leider nicht zuverlässig genug wäre: Sie fiele bestimmt immer wieder wegen ihrer Menstruation oder wegen Geburten aus. Eine Hebamme darf nachts über Stock und Stein zu einer Geburt gerufen werden. Aber wollte dieselbe Hebamme als Ärztin arbeiten, heißt es auf einmal, solche nächtlichen Krankenbesuche wären viel zu anstrengend für eine Frau. Dohm zeigt schonungslos, dass sich hinter der vorgeschobenen Kavaliershaltung vieler Männer nichts weiter verbirgt als der Versuch, die eigenen Privilegien und alles, was Ansehen und Geld bringt, für Frauen unzugänglich zu halten.

Genussvoll zerlegt sie die Schrift eines gewissen Paul Julius Möbius *Über den physiologischen Schwachsinn des Weibes* (damals ein »wissenschaftliches Standardwerk«). Auch hier taucht wieder die berühmte Größe bzw. das Gewicht des Gehirns auf. (Wie üblich, wenn man eine Personengruppe diskriminieren will, finden sich schnell ein paar Wissenschaftler, die »beweisen«, dass es sich bei diesen um in irgendeiner Weise »andere«, also: »minderwertige« Wesen handelt.

So auch bei Möbius.) Dohm hält dagegen, dies sei keineswegs einheitliche wissenschaftliche Meinung. Es gäbe vielmehr klare Hinweise darauf, dass Größe und Gewicht für die Intelligenz keine Rolle spielen. (Da gibt ihr die moderne Hirnforschung recht. Anders als Möbius, der so tut, als könne man der Wissenschaft folgen wie einer Religion, betrachtet Dohm differenziert alle – auch die weniger verbreiteten – wissenschaftlichen Ansichten, analysiert sie und zieht ihre eigenen Schlüsse. Ihr Vorgehen ist damit weit wissenschaftlicher als das des Wissenschaftlers.).

Das zweite Argument von Möbius ist die angeblich natürliche Bestimmung der Frau. Er diffamiert jede Diskussion darüber als lächerlich, unter Aufbietung all seiner wissenschaftlichen Autorität. Schließlich sei es immer und überall so gewesen. Dohm hält dagegen: Erstens wissen wir gar nicht, ob es immer so war, denn schriftliche Überlieferung gibt es noch nicht sehr lange. Zweitens ist die Rolle der Frau weltweit sehr unterschiedlich. Und drittens: Selbst wenn etwas immer so war, warum sollte es ewig so bleiben müssen? Mit dieser Haltung würde man heute noch in Pfahlbauten hausen.

Das Weib, so Möbius weiter, sei tierhaft und gar nicht für Bildung geeignet. Dohm zeigt genüsslich auf, wie er kurz darauf als Laster der Frauen anführt, dass sie sich für nichts außer dem häuslichen Bereich interessieren. »Was? Das steht in ihrem Sündenregister? Komisch. Die Möbiusse setzen doch Himmel und Hölle in Bewegung, damit sie sich für anderes nicht interessieren soll«, kommentiert sie ironisch den logischen Widerspruch. Auch dass die Frauen im Vergleich zu Männern weniger leisteten, wie Möbius behauptet, widerlegt sie entsprechend umgehend. »Man verwehrt den Frauen Gehirnarbeit, entzieht ihnen die Möglichkeit, Willens- und Tatkraft zu üben, und nähern sie sich dann in ihren schwächeren Exemplaren – auf dem Wege der Anpassung – dem Schafideal, so ruft man triumphierend: »Seht da – die Natur des Weibes!«« Dohm vergleicht ebenfalls die Lage der Frauen mit der der Proletarier. Genau wie Frauen bekämen auch sie meist keine Bildung und keine Möglichkeit, irgendetwas zu leisten. In den wenigen Fällen, in denen jemand doch den Aufstieg schaffe, sei es ein Mann, der einen Mäzen gefunden habe. Aber welcher Mäzen hätte je ein Mädchen gefördert? (Angesichts der Tatsache, dass Dohm noch immer nicht in den Kanon der Schullektüre vorgedrungen ist, sollte man noch hinzufügen: Wenn Frauen dennoch, trotz all dieser Widrigkeiten, etwas leisten, werden sie aus dem kollektiven Gedächtnis meist in Rekordgeschwindigkeit aussortiert und dem Vergessen anheimgegeben.)

Schließlich befasst sie sich in den *Antifeministen* nicht nur mit den männlichen, sondern auch mit den weiblichen Gegnern des Feminismus. Sie nennt drei Schriftstellerinnen, die trotz großer Verdienste doch den Frauen einen Bärendienst erwiesen, indem sie ihren Daseinszweck entweder an Mann oder Kind knüpften oder aber zu sehr von sich selbst ausgingen. Neben Laura Marholm und Ellen Key ist die dritte übrigens die von Nietzsche vergeblich angehimmelte Lou Andreas-Salomé. Dohm kritisiert an ihr, ihr Frauenbild sei zwar goldduftend, aber ebenso klischeehaft wie das der beiden anderen Autorinnen. Und keine berücksichtige die ältere Frau, in allen Beispielen sei die Frau jung und schön. Dohm hingegen knüpft den menschlichen Wert an das Individuum: »Gleichgültig, ob ich Mann, Weib oder Neutrum bin – das Geschlecht ist Privatsache – vor allem bin ich Ich, eine bestimmte Individualität, und mein menschlicher Wert beruht auf dieser Individualität.« Damit nimmt sie bereits Simone de Beauvoir vorweg. Mutig prangert sie an, wie fehlende Bildung und Dummheit bei einer Frau als Voraussetzung für Eheglück dargestellt werden. Alles mit angeblich »wissenschaftlichen« Beweisen. Da müsse man sich nicht wundern, dass es mit den Rechten der Frauen nicht vorangehe. Das beträfe nicht nur die konservative Rechte, sondern alle politischen Richtungen:

»Selbst die Sozialisten, die die völlige Gleichberechtigung der Geschlechter proklamieren, stehen dieser Emanzipation nicht sympathisch gegenüber. Mir liegt die Broschüre eines englischen Sozialisten vor, der Front gegen die Frauenbewegung macht. Bebel ist der erste, der die Emanzipation der Frau in sein Programm aufgenommen hat. Für Marx, Engels, Lassalle existierte die Frauenfrage nicht.

Mehr Stolz – Ihr Frauen! Der Stolze kann mißfallen, aber man verachtet ihn nicht. Nur auf den Nacken, der sich beugt, tritt der Fuß des vermeintlichen Herrn.«

Dies ist einer ihrer berühmtesten Sätze. Hedwig Dohm nimmt damit auch die Frauen in die Pflicht. Wo ihnen die Männer ihr Recht nicht einfach geben – wann hätten Herrscher den Beherrschten je mehr Rechte einfach so gegeben? – müssten sie sie eben einfordern. Die devote Haltung gegenüber Männern sei der Hauptgrund für die Unterdrückung. Da ist sie wieder: die Angst der Frauen, zu missfallen.

Hedwig Dohm belässt es nicht bei der Kritik. Sie zeichnet auch eine Vision, wie die Beziehung zwischen Mann und Frau aussehen könnte, wenn die Hierarchie einmal wegfällt und Frauen als Gleichberechtigte auftreten. Das Ende der Zwangsehe werde der Beginn einer neuen Beziehung zwischen Mann und Frau sein.

Liest man ihre Texte, begegnet man einer hochintelligenten, humorvollen Stimme, die dem gelehrten Unsinn ihrer Zeit den gesunden Menschenverstand und eine nicht zu unterschätzende Menge autodidaktisch erworbener Bildung entgegensetzt. Sie liest alles, was ihr in die Finger kommt, Nietzsche, Lassalle, Ibsen, Tolstoi und Stirner (den Anarchisten, mit dem sich Karl Marx kritisch auseinandersetzt), lernt eigenständig Spanisch und Italienisch. Dohm denkt unglaublich modern, und viele der Probleme, die sie anspricht, sind noch heute aktuell. Man sieht, mit welch absurden und lächerlichen Argumenten die Antifeministen ihrer Zeit verzweifelt versuchten, die Frauen von Bildung fernzuhalten. Die *Antifeministen* besteht aus mehreren Essays und wurde in einer Zeit geschrieben, in der die Frauenbewegung an Fahrt aufnahm. Frauen strebten an die Universitäten, was ihnen zumindest theoretisch die Möglichkeit eröffnete, mit Männern um Ressourcen in Form der gut bezahlten Berufe oder gar Professuren zu konkurrieren. (In der Realität sah es freilich anders aus. Wir erinnern uns: Marie Curie wurde erst nach ihrem ersten Nobelpreis Professorin, und dies auch nur, weil sie den Lehrstuhl ihres verstorbenen Mannes »erben« durfte.)

Rassismus und Sexismus entstammen für Dohm derselben Wurzel: dem Bedürfnis, sich irgendjemand schon qua Geburt überlegen zu fühlen. Die Unterwerfung der Frauen ist der der Proletarier*innen vergleichbar, die ebenso um das Recht auf Bildung betrogen werden. Auch Hedwig Dohm behandelt die Frauenfrage nicht als nur Frauen betreffende Angelegenheit. Sie ist überzeugt, die eigentliche Geschichte der Menschheit beginne erst, wenn die Frauen gleichgestellt seien – und der letzte Sklave befreit sei.[82]

Dohms Verteidigung der Frauenbewegung gegen die Antifeminist*innen argumentiert nicht in Form einer Menschenrechtsdeklaration. Sie analysiert vielmehr die Interessenkonflikte der Wissenschaftler, die den Frauen einreden wollen, sie seien ohne Bildung und Wahlrecht besser dran. Aber dennoch ist unübersehbar, was sie dazu motiviert.

Wer sie liest, darf eigentlich nie wieder den Ausschluss bestimmter Personengruppen – egal aus welchen Gründen, und es gibt immer welche, die überzeugend klingen! – von Universitäten und anderen Bildungseinrichtungen fordern. Allen Fans von *Annabelle*, die immer noch glauben, beim Feminismus ginge es um die Unterdrückung der Männer, schreibt sie ins Stammbuch: »Wenn ich trotzdem mit glühender Überzeugung die Gleichberechtigung der Geschlechter fordere, so geschieht es auf Grund langer Erfahrungen und Beobachtungen, auf Grund des einfachen gesunden Menschenverstandes, der nicht verstehen kann, daß man Menschen, die ihre fünf Sinne haben, in Zwangsjacken steckt. Es geschieht auf Grund der ethischen Forderung einer Aufwärtsentwickelung, die nicht nur das Recht, sondern auch die Pflicht jedes Menschen ist. Und es geschieht endlich auf Grund eines tiefen Seelenschmerzes. [...] Wer so des Weibtums ganzen Jammer in der eigenen Brust gefühlt, der ermißt an dem Schmerz der nie vernarbenden Wunden die tödliche Ungerechtigkeit der bisherigen Weltordnung. [...] Dieses Buch der Verteidigung ist mit Herzblut geschrieben.«

Die Suffragetten

London, 1908. Eine junge Frau geht eine Straße entlang. Scheinbar auf dem Weg zu den zahllosen Geschäften, Einkaufen vielleicht für eine große Familie. Sie trägt nur ihre Tasche. In der Nähe eines Geschäfts bleibt sie kurz stehen. Blickt über die Schulter. Kein Bobby weit und breit.

Sie greift in ihre Tasche, holt einen Hammer heraus. Und dann zertrümmert sie mit einem gezielten Schlag die Scheibe des Ladens. Ehe der überraschte Besitzer herausgestürmt kommt, ist sie an der nächsten Straßenecke verschwunden.

Wütend starrt der Besitzer ihr nach. »Verfluchte Suffragetten!«, faucht er.

Suffragetten – ursprünglich war das eine abwertende Bezeichnung für die Frauen, die sich für ihr Wahlrecht einsetzten. Jahrzehntelang hatten sie das friedlich getan. Immer wieder hatte man sie hingehalten, sie nicht ernst genommen. 1906 prägte der Journalist Charles E. Hands in der Zeitung *Daily Mail* den Ausdruck »Suffragetten«. Wie so oft machten sich die Medien zu Steigbügelhaltern der Regierung, anstatt diese zu kontrollieren: erfanden abwertende Bezeichnungen für alle, die es wagten, Bürgerrechte einzufordern. Frauen das Wahlrecht zu geben, schien vielen undenkbar. Was, wenn sie das Falsche wählten? Was, wenn durch ihre Stimmen womöglich die Sozialisten stärker wurden? Diese Weibsleute waren doch jetzt schon radikal, was würde erst passieren, wenn man sie ganz legal wählen ließe?

»Wenn solche Dinge von hochgebildeten Frauen angestellt werden, wozu mögen dann erst die weniger Gebildeten fähig sein? Wie sollten wir sie da für vernünftig genug erachten, ihnen das Wahlrecht zu geben?«, fragte die *Daily Mail.*[83] Oder andersherum gedacht: Wozu Frauen das Wahlrecht geben, sie wählen doch sowieso dasselbe wie ihre Männer. Außerdem wäre es ein verhängnisvoller Sonderweg, schließlich gab es Frauenwahlrecht nur in ein paar abtrünnigen Kolonien am Ende der Welt (nun gut, und neuerdings auch in Finnland, aber das gehörte zu Russland, und das konnte man sich ja wohl kaum zum Vorbild nehmen). Die Sitten würden verfallen, Geschlechtskrankheiten sich ausbreiten. England würde untergehen!

So oder ähnlich klangen die Begründungen, die von Männern gegen die Suffragetten vorgebracht wurden. In den ersten Jahren des 20. Jahrhunderts setzte die Frauenbewegung, die bis dahin friedlich und diplomatisch gewesen war, zunehmend auf öffentlichkeitswirksame Aktionen. Zu lange hatte man sie hingehalten, gar – wie Königin Victoria – mit der Peitsche disziplinieren wollen.[84] Doch das Privileg der Männer bröckelte. Neuseeland und die Cookinseln hatten 1893 als erste Länder der Welt Frauen das aktive Stimmrecht zugestanden. 1902 folgte Australien mit dem ersten vollständigen (auch passiven) Wahlrecht für Frauen und 1906 als erstes europäisches Land Finnland (das damals tatsächlich noch zum Russischen Reich gehört; Russland wird 1917 als erste Großmacht Frauen das Wahlrecht gewähren). Die Suffragetten sehen sich bestätigt, doch man hört ihnen nicht zu. Nach mehreren gewalttätigen Auseinandersetzungen mit der Polizei, die Demonstrationen gewaltsam auflöst, Demonstrantinnen verhaftet und verprügelt, verlieren sie die Geduld. *Deeds not words!* – »Taten statt Worte!« ist nun ihr Motto. Das Ziel: die Menschen auf der Straße aufbringen, damit sie Druck auf die Regierung ausüben. Dazu gehörten neben Postkarten, Fahnen, Flugblättern und Demonstrationen seit Kurzem auch zertrümmerte Scheiben.

Die Frau, die für den Slogan und den neuen, lauten Kurs der Suffragetten verantwortlich zeichnet, ist eine honorige Anwaltswitwe. Doch wer versucht, Emmeline Pankhurst (1858–1928) herauszufordert, merkt schnell: Diese Dame lässt sich nicht die Butter vom Brot nehmen.

Pankhurst ist gebildet, wie die meisten Suffragetten, die gewöhnlich aus der Mittel- oder Oberschicht stammen. Geboren in eine liberale, radikaldemokratische Mittelstandsfamilie besuchte sie schon mit vierzehn ihre erste Veranstaltung zum Frauenwahlrecht. »Radikaldemokratisch« nannte man damals so radikale Ideen wie die, dass alle Menschen wählen dürfen – nicht nur wohlhabende weiße Männer. »Radikal« war es auch, für die Abschaffung der Sklaverei zu sein und gegen die britischen Getreidezollgesetze: jene Gesetze, die mit dafür verantwortlich waren, dass in den 1840er-Jahren Tausende Iren verhungert waren oder in die USA hatten emigrieren müssen.

Dabei sah es zunächst aus, als würde aus Emmeline Goulden, verheiratete Pankhurst, eine ganz normale britische Mittelstandsfrau werden. 1879 kehrt sie aus dem Mädcheninternat in Paris nach Manchester zurück und heiratet noch im selben Jahr den vierundzwanzig Jahre älteren Rechtsanwalt Dr. Richard Pankhurst (1834–1898). Dieser ist ebenfalls ein Freidenker: Schon 1870 hat sich der Sozialist für das Frauenwahlrecht starkgemacht. Die Ehe ist, nach allem, was Emmeline darüber sagt, glücklich. Immer wieder betont sie, dass ihr Mann sie nicht als »Haushaltsmaschine« sehen wollte.[85] Fünf Kinder haben sie zusammen, zwei Jungen (die beide sehr jung sterben, einer mit erst fünf Jahren an Diphterie) und drei Mädchen. Als Richard Pankhurst 1898 stirbt, hält Emmeline die Familie mit ihrer Arbeit als Standesbeamtin über Wasser. Natürlich ist die Stelle schlecht bezahlt – wie alle, die für Frauen zugänglich sind.

Wie Hedwig Dohm wird sie erst nach dem Tod ihres Mannes so richtig aktiv. 1903 gründet sie in ihrem Reihenhäuschen aus roten Backsteinen in der Nelson Street 42 in Manchester die *Women's Social and Political Union* (WSPU). Gründungsmitglieder sind unter anderen ihre Töchter Sylvia (1882–1960) und Christabel (1880–1958). Von Anfang an arbeitet die Gruppe mit modernen Marketingmethoden: Ihr Motto *Deeds not words* (»Taten statt Worte«) ist kurz und eingängig. Die oft finanziell gut gestellten Mitglieder finanzieren Fahnen und Flugblätter. Und mit den Farben Violett, Grün und Weiß sind die Anhängerinnen überall sofort zu erkennen. Die Farben sind symbolisch aufgeladen: Weiß steht für die Unschuld, Grün für die Hoffnung und Violett für die Würde und den Anspruch auf das Wahlrecht. Mithilfe dieser Erkennungszeichen sehen die Suffragetten, wie viele sie eigentlich sind. Hutbänder, Schals und sonstige Accessoires sind Verkaufsschlager. Vielleicht haben sie aus der Geschichte gelernt: Im alten Rom waren Sklaven nicht als solche zu erkennen. Sie sollten nicht wissen, wie viele es von ihnen gab, damit sie nicht auf die Idee kamen, sich zu erheben. Die Suffragetten wissen nun, wie viele Sympathisantinnen sie haben.

Die WSPU ist stark von Pankhurst und ihren Töchtern kontrolliert. Sie sind es, die den lauten Kurs bestimmen, die Politik unter Druck setzen. Anfangs bemühen sie sich, auch in Kreisen der Arbeiterinnen zu werben. Sylvia Pankhurst ist eine überzeugte Sozialistin, und sicher spielt auch der Gedanke mit, so zu einer Massenbewegung zu werden. Die Gruppe pflegt Kontakte zur *Labour Party*, bemüht sich um Verbindungen zur Arbeiterbewegung. Doch da die meisten Suffragetten aus der Mittel- und Oberschicht kommen, zeichnen sich bald Konflikte ab. 1906 wird das Hauptquartier nach London verlegt, und es kommt zum Bruch. Auslöser war offenbar die Frage der Gewalt – Sylvia Pankhurst war gegen Brandanschläge –, doch nicht das allein. Die elitär orientierte Christabel Pankhurst leitet mit ihrer Mutter weiter die WSPU, während ihre sozialistische Schwester Sylvia die Gruppe verlässt. Sie gründet die *East London Federation of Suffragettes* (ELFS)[86] und wendet sich zunehmend der Arbeiterbewegung zu.

Emmeline und Christabel hingegen führen den bisherigen provokanten Kurs der WSPU fort. Immer wieder lassen sich die Frauen gezielt verhaften und treten dann in Hungerstreik, um Aufmerksamkeit zu generieren. Insgesamt achtmal ist Emmeline in Haft. Unter üblen Bedingungen. Die Suffragetten werden als gewöhnliche Kriminelle behandelt, obwohl sie immer wieder darauf bestehen, politische Gefangene zu sein. Das hat konkrete Gründe: Ein Gefängnisaufenthalt aus politischen Gründen gilt nicht als ehrenrührig – anders als ein normaler. Außerdem ist die Behandlung von politischen Gefangenen besser: Sie haben beispielsweise Anspruch auf Zugang zu Büchern, auf Besuch, müssen keine Gefängniskleidung tragen. Viel schlimmer allerdings ist die »Zwangsernährung«, die gewöhnlich bei Suffragetten im Hungerstreik angewandt wird. Die Frauen werden mit Schläuchen durch Mund, Nase oder gar After traktiert – de facto nichts anderes als eine anale Vergewaltigung und eine Art der Folter. Innenminister Gladstone nutzt 1909 die öffentliche Meinung gegen die Suffragetten, um diese harten Maßnahmen zum Standardprozedere zu machen. Erst nachdem sich die Suffragetten davon nicht abhalten lassen, ordnet er schließlich an, dass Gefangene im Hungerstreik entlassen werden müssen. Allerdings müssen sie, sobald sie wieder bei Kräften sind, den Rest ihrer Strafe absitzen.[87]

Ab 1908 stößt eine damals durchaus prominente Freundin von Emmeline Pankhurst zu den Suffragetten. Ethel Smyth (1858–1944) ist eine in Deutschland ausgebildete Komponistin. Frauen als Schöpferinnen von Kunst sind damals fast undenkbar, und insbesondere die Komposition ist eine reine Männerdomäne. Ethel Smyth hat sich nicht nur das Studium in Leipzig erkämpft, an einer der wenigen Hochschulen, die Frauen überhaupt ausbilden. Sie hat auch Gönner gefunden, die sie förderten. Darüber hinaus pflegt sie einen unkonventionellen Lebensstil, hat Affären mit Männern und Frauen. Eine lange Beziehung führte sie mit dem anfangs noch verheirateten Henry Brewster (dem Ehemann einer Schwester ihrer Gönnerin). Später wird sie sich in Virginia Woolf verlieben. Zeitgenossen sprechen bewundernd von ihrer Musik. Der Einfluss Wagners und die deutsche Schule seien durchaus erkennbar, doch sie imitiere nicht, sondern habe ihren eigenen Stil. Als erste und für gut hundert Jahre auch einzige weibliche Komponistin wird sie an der MET gespielt.

Als Brewster 1908 stirbt, gibt Smyth endlich Pankhursts Bitte nach, zur Frauenbewegung zu stoßen. Und sie komponiert das Stück, für das man sie heute noch am ehesten kennt: den *Women's March*. Er wird zur inoffiziellen Hymne der Frauenbewegung. Der Dirigent

Thomas Beecham berichtet beeindruckt, wie die Suffragetten im Gefängnishof den *Women's March* intonierten, während die ebenfalls inhaftierte Smyth oben im Fenster mit einer Zahnbürste den Takt schlug.[88]

Nach und nach finden sich Unterstützer*innen auch an prominenter Stelle. Als Emmeline Pankhurst wieder einmal einsitzt, schickt ihr ein Parlamentsangehöriger über das Londoner Savoy Hotel ein elegantes Dinner – samt Silbergeschirr und Damasttüchern zum Servieren.[89] Doch für die meisten sind die Suffragetten gefährliche Aufrührerinnen. Der Kommunismus gilt damals als die schlimmste vorstellbare politische Richtung, und in diese Richtung werden die Suffragetten geschoben. In Fällen wie Sylvia Pankhurst durchaus zu Recht, doch viele wehren sich auch nachdrücklich dagegen. Für die Regierung sind sie Staatsfeindinnen und ebenso für die Medien. Als die Fronten sich verhärten und die Methoden der Suffragetten um 1913 radikaler werden, sprechen die Zeitungen von einem »Terrorregime« *(reign of terror)*, das die Frauen errichtet hätten.

Vorausgegangen waren Demonstrationen. Bis zu einer halben Million Menschen gehen auf die Straße, so wie im Juni 1908, als die Frauen im Londoner Hyde Park demonstrieren. Immer wieder gehen sie zum Parlament und verlangen ein Gespräch mit Premier Herbert Henry Asquith (1852–1928). Die Diffamierung durch die Medien hat versagt, die Frauen lassen sich nicht abhalten. 1910 wird ein Gesetzesvorschlag eingebracht, der zumindest einigen Frauen Wahlrecht gegeben hätte. Die Suffragetten warten ab, doch als der Entwurf – gegen den auch der spätere Premier Winston Churchill stimmt, er nennt ihn »antidemokratisch«[90] – auf Eis gelegt wird, marschieren sie wieder zum Parlament.

Asquith nimmt sie nun als Bedrohung wahr. Er setzt auf Polizeigewalt.

Am »Schwarzen Freitag«, dem 18. November 1910, kommt es zu beklemmenden Szenen. Anstelle der gewohnten Polizeidivision, welche die Suffragetten bereits kennen, erwartet sie Polizei aus anderen

Stadtteilen. Nicht nur gewalttätige Zuschauer – möglicherweise Polizisten in Zivil, wie schon damals viele Frauen vermuten – gehen auf die Demonstrantinnen los, rund tausend Polizisten rücken gegen die unbewaffneten Frauen an. Ada Wright berichtet, wie sie immer wieder aufgehalten, ihr die Arme auf den Rücken gedreht und sie zu Boden geworfen wird – und wie sie immer wieder aufsteht und erneut versucht, ins Parlament einzudringen. Nach vier Stunden Straßenschlacht ziehen die Frauen ab. 115 werden verhaftet.[91] Auch Sylvia Pankhurst[92] beschreibt die Methoden der Polizei in ihrem Buch über die Suffragettenbewegung: Berittene jagen die Frauen auseinander, Polizisten schleifen sie am Genick die Straße entlang, um sie vor die Pferde zu werfen, oder zerrten sie die Treppenstufen in den Hauseingängen hinunter. Es wird auch von sexualisierter Gewalt durch Polizisten berichtet: Teilnehmerinnen wurden auf die Brust geschlagen, bzw. ihre Brüste wurden verdreht. Dreitausend Polizisten sind im Einsatz, zusätzlich offenbar noch organisierte Schlägertrupps, die, wie Sylvia Pankhurst schreibt, die Frauen mit »jeder Art Demütigung« behandeln. Frauen seien »in die Seitenstraßen« gezerrt worden. Es braucht nicht viel Fantasie, um sich die Details vorzustellen; sexualisierte Gewalt ist seit jeher ein beliebtes Mittel, um Frauen von Männerdomänen fernzuhalten.

Die betroffenen Frauen berichteten, die Polizisten hätten sie begrapscht und dies ganz offensichtlich genossen, wie die Kommentare bewiesen. Aussagen wie: »Du hast das doch schon lange gewollt«, werden berichtet. Einer Frau sei die Unterwäsche ausgezogen worden, man habe sie an den Haaren und auf Knien die Stufen hochgezerrt, eine andere sei am Boden liegend geschlagen worden. Die öffentliche sexualisierte Demütigung sei der Zweck des Einsatzes gewesen: Die Frauen sollten mit Gewalt daran erinnert werden, dass der öffentliche Raum nur Männern zustehe.[93] Churchill bestreitet vehement, den Polizisten entsprechende Anweisungen gegeben zu haben. Allerdings verweigert er auch eine öffentliche Untersuchung der Vorfälle und unterstellt den Betroffenen, ihre Aussagen seien nicht wahr.[94]

Diese Polizeigewalt und die Regierungsschläger sind nach Sylvia Pankhurst einer der Auslöser, warum die Suffragetten zunehmend zu Sachbeschädigungen und Brandanschlägen übergehen. Gezielte Anschläge schonen die Gesundheit der Aktivistinnen und helfen, Polizeigewalt aus dem Weg zu gehen. Da sie ohnehin ins Gefängnis müssen, versuchen sie, auf diese Art Aufmerksamkeit zu generieren. Die Suffragetten schlagen Fensterscheiben ein, kappen Telegrafenleitungen, schütten Säure in Briefkästen oder zünden sie an. Am 10. Februar 1913 – wie immer so geplant, dass möglichst keine Personen verletzt werden – verüben sie einen Sprengstoffanschlag auf das noch unbewohnte Landhaus von Schatzkanzler David Lloyd George. Um sechs Uhr morgens, ehe die Arbeiter kommen, detoniert der Sprengsatz. Ein Schornstein ist zerstört, die Fenster geborsten, die Mauer bröckelt. Emmeline Pankhurst legt Wert darauf, mit dem Leben anderer nicht leichtfertig umzugehen – höchstens mit dem eigenen.[95]

Immer wieder gibt es Verletzte und sogar Tote, wenn die Polizei gewaltsam Demonstrationen unterbindet oder den Zugang zu politischen Veranstaltungen verhindert. Nach dem »Schwarzen Freitag« sind Suffragetten mit einiger Wahrscheinlichkeit an den Folgen der Polizeigewalt gestorben.[96] Olympe de Gouges hätte gesagt, dass damit spätestens das Wahlrecht der Frauen besiegelt sei: Vielleicht hätte sie geschrieben, wer von der Polizei misshandelt eine Gefängniszelle betreten darf, darf auch eine Wahlkabine betreten.

Nicht so Premier Herbert Asquith. Er ist ein erklärter Gegner des Frauenwahlrechts. Immer wieder lässt er Anträge scheitern. Der Kreis der männlichen Wahlberechtigten wurde innerhalb von hundert Jahren von etwa drei Prozent auf zwei Drittel erweitert. Die Frauen hingegen hat man immer wieder vertröstet.[97]

1913 eskaliert die Gewaltspirale, und es kommt zu einem dramatischen Vorfall: Auf der Galopprennbahn beim hochangesehenen Epsom Derby wirft sich die etwas über vierzigjährige Emily Davison am 4. Juni vor das Pferd des Königs. Die in vollem Galopp heranjagenden Reiter können nicht mehr halten, sie wird niedergeritten.

Ist es ein bewusst öffentlichkeitswirksam inszenierter Selbstmord? An der Stelle, wo sie auf die Rennbahn läuft, stehen Kameras und Fotojournalisten. Es ist bis heute nicht geklärt, ob Davison einen Wimpel am Pferd des Königs anbringen oder ob sie sich umbringen wollte, wie sie es bei einem Hungerstreik im Gefängnis schon einmal versucht hatte. Doch schon im Vorfeld war die Devise der Frauen gewesen: Wenn sie uns kein Wahlrecht geben, sollen sie uns doch umbringen.

Emily Davison stirbt vier Tage später an ihren Verletzungen. Der anwesende König soll sich nach dem Befinden des Pferdes und des Jockeys erkundigt haben – nicht nach dem der Frau, die lieber sterben als rechtlos leben wollte.[98]

Ebenso wie viele andere herausragende Figuren der Frauenbewegung stehen auch die Pankhursts und ihre Mitstreiterinnen nicht im leeren Raum. Sie hatten enge Verbindungen zur britischen Arbeiterpartei Labour, Sylvia Pankhurst später auch zu den Bolschewiki, Lenin und den italienischen und niederländischen Kommunist*innen. Sylvia nahm auch an mehreren Treffen der Internationale teil. Später engagierte sie sich für den Antikolonialismus, besonders in Äthiopien, wo sie auch begraben ist.

Auch die Methoden der Suffragetten sind von der Arbeiter- und anderen Widerstandsbewegungen inspiriert. Die Organisation der WSPU weist durchaus Parallelen zu Gewerkschaften auf. Emmeline Pankhurst orientiert sich ganz offen an solchen Bewegungen, wenn sie schreibt: »Männer stellen den Moralkodex auf und erwarten von den Frauen seine Annahme. Sie haben entschieden, dass es für Männer völlig richtig ist, um ihre Rechte zu kämpfen, aber für Frauen nicht.«[99]

Immer wieder bezeichnet sie ihren Kampf als »Guerillakrieg«. Sie sieht sich also als Widerstandskämpferin. Charakteristisch für Guerillakriege sind die Taktik der gezielten Anschläge auf die Infrastruktur der Machthaber, die Unterstützung im Volk und der zielgerichtete (also nicht terroristisch gegen das Volk, sondern gegen Vertreter der

Unterdrücker gerichtete) Einsatz. Man könnte beispielsweise auch Robin Hood als einen Guerillero *avant la lettre* bezeichnen. Guerillas sind eine Form der asymmetrischen Kriegsführung und kommen beispielsweise in Unabhängigkeitskriegen gegen die Besatzungsmacht oder in Diktaturen gegen die herrschende Regierung zum Einsatz. Für Emmeline Pankhurst ist der Kampf um die Frauenrechte also eine politische Unabhängigkeitsbewegung – ein Freiheitskampf gegen ein unterdrückerisches Regime, nicht anders als der Kampf der Iren um Unabhängigkeit.

Minna Cauer und Anita Augspurg

Widerstand beginnt oft unauffällig. Minna Cauer (1841–1922),[100] geborene Schelle, hat eine Bilderbuchjugend hinter sich: eine Pfarrerstochter, die trotz bester Noten nach der Töchterschule zu Hause bleibt, heiratet und ein Kind bekommt. Damals ist nicht abzusehen, dass sie einmal das Gesicht der deutschsprachigen Frauenbewegung sein und zahlreiche junge Frauen dafür begeistern wird. Nach dem Tod ihres kleinen Sohnes und ein Jahr darauf ihres Mannes beginnt sie 1866 eine Ausbildung zur Lehrerin. Bis zu ihrer zweiten Heirat 1869 mit dem ebenfalls verwitweten Eduard Cauer arbeitet sie in diesem Beruf.

Dass so viele Frauenrechtlerinnen der ersten Welle Lehrerinnen sind, hat praktische Gründe. Einerseits ist es einer der wenigen Berufe, die intellektuelle Entfaltung ermöglichen und Frauen offenstehen. Außerdem ermöglicht er gesellschaftlich anerkannte Berufstätigkeit – und nicht zuletzt eine gute Entschuldigung für Ehelosigkeit, da Lehrerinnen ledig sein müssen. Somit können Lehrerinnen eine ökonomische und soziale Unabhängigkeit erreichen, die sonst für eine Frau kaum möglich ist.

Auch Minna Cauer konzentriert sich erst nach dem Tod ihres zweiten Mannes (Cauer stirbt 1881) auf die Frauenbewegung. Sie setzt sich für eine verbesserte Mädchenbildung ein und gründet 1888 den

Verein *Frauenwohl* mit, den sie bis 1919 leitet. Der Verein hält nichts von dezentem, rücksichtsvollem Auftreten, sondern vertritt seine Forderungen zur Gleichstellung von Frauen laut und offen. Vor allem geht es Cauer um eine Verbesserung des Schulwesens für Mädchen: Koedukation und Vorbereitung auf die Universität statt »mädchenspezifischer«, im Klartext: schlechterer Bildung. Die Forderung nach Koedukation richtet sich vor allem gegen die unterschiedlichen Lehrpläne: Während Jungen Latein und Griechisch beigebracht werden, die für die Universität notwendig sind, erhalten Mädchen Unterricht in Fächern wie Haushaltsführung, Religion und Handarbeit. Das Ergebnis ist, dass die meisten Studienfächer für sie nicht zugänglich sind, selbst wenn die Universität formal Frauen aufnimmt, da beispielsweise Latein und oft auch Griechisch dafür vorausgesetzt werden. Der Einsatz für Koedukation ist damit auch ein Einsatz für gleiche Bildung. Zu diesem Zweck begründet der Verein die Reformschule: Mädchen und Jungen erhalten hier gemeinsam einen Unterricht, der sie für die Universität qualifiziert.

Außerdem setzt sich der Verein für den Zugang zu Berufen in Medizin, Wissenschaft und anderen gut bezahlten Bereichen ein. Durch das Engagement bei der Reintegration von Gefängnisinsassen schafft er sich ein wohltätiges Image. Er verlangt eine Reform des Vereinsrechts, da das damals gültige Frauen die Mitgliedschaft in politischen Vereinen untersagt: Frauen wurde also durch geltendes Recht die Möglichkeit genommen, sich für ihre Interessen zu organisieren. Minna Cauer engagiert sich darüber hinaus auch für das Frauenwahlrecht und die Unterstützung lediger Mütter. Seit 1892 ist sie auch Mitglied der von Bertha von Suttner gegründeten *Deutschen Friedensgesellschaft*. Auch bei ihr ist also – wie bei Hedwig Dohm und Clara Zetkin – ein enger Zusammenhang von Frauenrechten, Bürgerrechten und Pazifismus zu erkennen.

Die Gründung eines politischen Frauenvereins war damals weit revolutionärer, als es sich heute anhört. Nach geltendem Recht war sie streng genommen illegal – ein Grund, warum sich die meisten Frauenvereine einen unpolitischen, wohltätigen Anstrich gaben und sich von den sozialistischen Arbeiterinnenverbänden abgrenzten. Die damalige Gesetzgebung zielte darauf ab, Frauen das politische Engagement so schwer wie möglich zu machen. Die entscheidende Bildung enthielt man ihnen vor, indem man sie in Mädchenschulen mit gesellschaftlich irrelevanten Lehrplänen abschob. Die gut bezahlten, angesehenen Berufe waren ihnen nicht nur über fehlende Bildung, sondern auch per Gesetz verschlossen. Sie durften nicht wählen, konnten also auch auf diesem Weg nichts an den Zuständen ändern. Wenn sie dann für das Wahlrecht kämpfen wollten, konnten sie das mancherorts weder in eigenen Zeitungen (Lex Otto) tun, noch sich in Vereinen organisieren (zumindest nicht legal). Kurz: Gesellschaftspolitisch standen die Frauen auf dem Abstellgleis.

Cauer leitet auch die Vereinszeitung *Die Frauenbewegung*, die sie 1895 gegründet hatte (nicht überall sind Zeitungen von und für Frauen verboten). Auch hier steht sie für einen gesamtgesellschaftlichen Ansatz, diskutiert frauenrelevante Probleme mit breitem Aufmerksamkeitsspektrum. Zentrales Thema der Zeitschrift ist das Frauenwahlrecht; als es 1919 endlich erreicht ist, stellt Cauer die Zeitschrift ein. Die Mitbegründerin Lily von Gizycki (später Lily Braun) ist vor allem als Sozialistin bekannt. Nachdem sie ihr Engagement dorthin verlagert, übernimmt Anita Augspurg ihre Position. Auch Hedwig Dohm beteiligt sich und bis etwa 1900 auch die Abolitionistin (Anti-Prostitutions-Aktivistin) Anna Pappritz.

Aufgrund der größeren Offenheit linker Parteien für frauenspezifische Themen ist auch diese Gruppe tendenziell links(liberal) geprägt. Allerdings zeigt Cauer auch durchaus nationale Tendenzen und setzt längere Zeit Hoffnungen in die erste bürgerliche Partei, die in Deutschland das Frauenwahlrecht in ihr Wahlprogramm aufnimmt: die *Demokratische Vereinigung*. Später ist es die *Sozialdemokratische Partei Deutschlands*, der sie Vertrauen schenkt. Insgesamt kann Cauer zum linken Flügel gerechnet werden. Als es zu einer Auseinandersetzung innerhalb der Frauenvereine über die Frage der Prostitution kommt, gründet sie 1899 den *Verband fortschrittlicher Frauenvereine*, der als »radikal« im Gegensatz zum »gemäßigten« *Bund deutscher Frauenvereine* wahrgenommen wird.

Was galt damals als radikal?[101] Anders als die Sozialdemokratie erhofften diese Vereine sich die Umsetzung ihrer Ziele nicht erst in einem sozialistischen Staat in der Zukunft, sondern erwarteten, dass es Gleichberechtigung auch in anderen Wirtschaftssystemen, einschließlich dem ihrigen, geben könne. Allerdings grenzte sich der *Verband fortschrittlicher Frauenvereine* nicht wie sonst üblich von den sozialistischen Arbeiterinnenverbänden ab, sondern arbeitete mit ihnen zusammen. Außerdem gab es Überschneidungen mit der Friedensbewegung: Viele »radikale« Frauenrechtlerinnen engagierten sich auch hier. Der Verband forderte volle Gleichberechtigung der Frau im privaten und öffentlichen Bereich, Frauenstimmrecht (also aktives Wahlrecht), Frauenbildung und Freiheit der Berufswahl, sowie – damals revolutionär – gleiche Moral. Die Doppelmoral in der Bewertung des Sexualverhaltens von Männern und Frauen hatte bereits Hedwig Dohm und dann Helene Stöcker (1869–1943) angeprangert: Während Männer »sich die Hörner abstoßen« durften und sogar sollten, wurden an Frauen Keuschheitserwartungen gestellt, die ihre psychologische Entfaltung behinderten und sie in ihrer Freiheit massiv einschränkten. Stöcker forderte deshalb eine »Neue Ethik«, die für beide Geschlechter gleichermaßen sexuelle Freiheit garantierte und ledige Mütter und ihre Kinder nicht aus der Gesellschaft ausstieß. Und schließlich gehörte dem Verband auch der deutsche Zweig der *Internationalen Abolitionistischen Föderation* an.[102]

Unter Abolitionismus versteht man Bestrebungen zur Abschaffung der Prostitution. Dazu gehört heute beispielsweise das sogenannte »Nordische Modell«: Es kriminalisiert nicht die Prostituierte, sondern die Nachfrage danach und soll so die Frauen vor Ausbeutung schützen und ihnen den Ausstieg erleichtern. Der Abolitionismus wurde aus Großbritannien übernommen, wo sich Josephine Butler gegen die damals gültigen Gesetze zur Verhinderung von Geschlechtskrankheiten wandte: Unter dem Vorwand des Gesundheitsschutzes wurden Prostituierte (nur sie, nicht ihre Kunden!) zu medizinischen Zwangsuntersuchungen genötigt und so die Doppelmoral verfestigt. Butler spielte mit dem Begriff »Abolitionismus« bewusst auf die amerikanische Anti-Sklaverei-Bewegung an: Prostitution verstand sie als rechtliche und sexuelle Sklaverei. Der deutsche Abolitionismus wurde vor allem von Anna Pappritz und Lida Gustava Heymann geprägt, die beide auch Mitglieder im *Verband fortschrittlicher Frauenvereine* waren. Ebenso wie andere abolitionistische Gruppen steht auch die deutschsprachige im engen Zusammenhang mit der Forderung nach ein und derselben Moral für beide Geschlechter. Die deutschen Prostitutionsgesetze sahen Prostitution als reine Frauensache, als wären Männer daran gar nicht beteiligt. Und auch hier wurden unter dem Vorwand des Gesundheitsschutzes medizinische Zwangsbehandlungen an den Frauen durchgeführt. Anders als Helene Stöcker setzten sich die Abolitionistinnen allerdings nicht notwendig für die Abschaffung der Ehe und des Paragrafen 218 ein. Stöcker ging davon aus, dass Prostitution von selbst verschwinden würde, wenn Menschen nur noch aus Liebe, dafür aber völlig frei ihre Sexualität ausleben würden.

Auch hier sind also wieder deutliche Bezüge zu anderen Bürgerrechts- und Menschenrechtsbewegungen erkennbar: zum Sozialismus (den wir hier historisch getreu unter die Bürgerrechtsbewegungen rechnen), zu den Wahlrechtsbewegungen (es waren ja nicht nur Frauen vom Wahlrecht ausgeschlossen, sondern auch manche Männer) und über die Abolitionistinnen auch zu den Gegnern der Sklaverei. Im *Verband fortschrittlicher Frauenvereine* war mit Lida Gustava Heymann eine Abolitionistin im Vorstand vertreten. Ein weiteres prominentes Vorstandsmitglied war deren langjährige Lebensgefährtin Anita Augspurg (1857–1943).[103]

Was für ein Haus! Die Fassade verschandelt ja die ganze Umgebung! Und dann auch noch direkt am Englischen Garten! Die Kurzhaarweiber müssen ja Geld wie Dreck haben, dass sie sowas in das altehrwürdige München bauen lassen. Was soll das überhaupt darstellen? Ist das ein Drache? Eine Welle? Ist das Kunst? Skandalös! Und dann fahren die auch noch Fahrrad, im Reformkleid – ohne Korsett, wie es sich für eine anständige Frau gehört! Na ja, aber schöne Fotografien machen sie halt schon. Sogar die königliche Familie lässt sich von denen ablichten. Und was soll's, es ist eben Schwabing. Da gelten andere Gesetze. Künstlerinnen!

So hörten sich vermutlich die Gespräche rund um Anita Augspurgs *Atelier Elvira* an. Innerhalb kurzer Zeit war die Frau mit der sonoren Stimme zu einer Institution geworden.

Anita Augspurg hatte bis zu ihrer Volljährigkeit in der Rechtsanwaltskanzlei ihres Vaters in Verden mitgearbeitet. Danach ließ sie sich zur Lehrerin ausbilden, nahm Schauspielunterricht und ging bald als festes Mitglied des Altenburger Hoftheaters auf Gastspielreisen. Der Drang zum Künstlerischen blieb, auch nach dem Ende ihrer Zeit als Schauspielerin: Augspurg lernte Fotografieren und gründete 1887 mit Sophia Goudstikker schließlich in München das *Atelier Elvira*. Goudstikker und Augspurg waren sich in Dresden begegnet und ein Paar geworden. Da München damals als relativ liberal galt, waren sie hierher umgesiedelt. Das *Elvira* wird schnell zu einer Institution in München. Goudstikker konzentriert sich zunächst auf die Fotografie von Kindern, die damals als schwierig galt. Doch bald fertigen die beiden Fotografinnen Porträts der bürgerlichen und adligen Gesellschaft an, Prominente und Hofbeamte werden vom skandalösen Ruf der beiden kurzhaarigen Frauen in ihren Reformkleidern angelockt. Bereits 1891 gründen sie eine Filiale in Augsburg, die Goudstikkers erst siebzehnjährige Schwester betreibt, ab 1894 darf sich das *Elvira* Hof-Atelier nennen, da auch die Königsfamilie zu ihren Kunden gehört. 1898 leisten sich die beiden Frauen nicht weit vom Englischen Garten einen Neubau mit spektakulärer Jugendstil-Fassade, der ebenso Missfallen wie Begeisterung erregt, in jedem Fall aber Kundschaft anzieht. Besonders das Fassadenrelief des

Stuckateurs Josef Hartwig war bald als »Drache« bekannt. August Endell zeichnet für den Ausbau verantwortlich.

Anita Augspurg engagiert sich spätestens seit 1889/90 in der Frauenbewegung. Sie wird Mitglied bei mehreren Verbänden, interessiert sich insbesondere für die Bildung von Frauen. Da in Deutschland ein Universitätsstudium noch nicht möglich ist, geht sie zum Jurastudium nach Zürich, das sie 1897 mit der Promotion abschließt. Sie ist damit die erste promovierte Juristin im Kaiserreich. Auch in Zürich engagiert sie sich weiter: Mit Rosa Luxemburg gehört sie zu den Gründerinnen des *Internationalen Studentinnenvereins.* Und 1894 gründet sie mit Goudstikker und Ika Freudenberg die *Liberale Gesellschaft zur Förderung der geistigen Interessen der Frau.* Die teils prominenten Mitglieder halfen auch, ihre Lebensgrundlage, das Fotostudio, bekannt zu machen.

Augspurg besucht Frauenkongresse und tritt Vereinen bei. So wird sie auch mit der fast zwanzig Jahre älteren Minna Cauer bekannt. Zwischen 1899 und 1907 redigiert sie für Cauers Zeitschrift *Die Frauenbewegung* die Beilage *Parlamentarische Angelegenheiten und Gesetzgebungen.* 1907 kommt es zu einem Zerwürfnis, und sie führt die Beilage eigenständig unter dem Namen *Monatshefte für Frauenstimmrecht* fort. Augspurg wurde mit ihrem wortgewandten Auftreten und ihrer klangvollen Stimme zu einer bald nicht mehr wegzudenkenden Figur der Frauenbewegung. Auch sie fürchtet sich nicht, allgemeine Empörung auszulösen. Die Methoden der deutschen Frauenrechtlerinnen sind ihr oft zu sanft, sie wünscht sich einen deutschen Ableger der englischen Suffragettenbewegung. Taten, nicht Worte! 1905 äußert sie sich in einem offenen Brief zum Thema Eherecht. Sie kritisiert die patriarchalische Ehegesetzgebung und ruft dazu auf, sich dieser durch freie Ehen (also ohne Trauschein) zu entziehen. Im Deutschland um die Jahrhundertwende stellt das nicht nur einen Tabubruch dar, sondern hat das Potenzial, sie zu einer gesellschaftlichen Außenseiterin zu machen. Hier hat jemand definitiv keine Angst, sich unbeliebt zu machen. Der »Aufruf zum Eheboykott«

brachte ihr Diffamierungen ein, die sie vermutlich nur deshalb nicht ihr ökonomisches Fundament kosteten, weil die Klientel des Fotostudios zu einem nicht unerheblichen Teil aus Künstler*innen und Prominenten bestand, die damals – anders als heute – durchaus kritische Distanz zur herrschenden Gesellschaft pflegten.

Um 1899 kam es zu einer Spaltung der Frauenbewegung in »Gemäßigte« und »Radikale«. Augspurg schloss sich den Radikalen an, ihre Lebensgefährtin Goudstikker den Gemäßigten. So kam es auch privat zur Trennung. Goudstikker begann eine neue Beziehung mit Ika Freudenberg, während Augspurg einige Zeit später eine gemeinsame Wohnung mit Lida Gustava Heymann bezog. Sie sollten den Rest ihres Lebens zusammen verbringen.[104]

In der Folge gründeten die beiden Frauen mehrere Vereine und Zeitschriften, die sich vor allem mit dem Thema Frauenstimmrecht befassten, etwa die *Zeitschrift für Frauenstimmrecht* (1907–1912). Nachdem das Frauenwahlrecht erreicht war, widmeten sie sich 1919 bis 1933 mit der Zeitschrift *Die Frau im Staat* der Verantwortung, die die neuen Rechte mit sich brachten.

Auch Augspurg war Pazifistin: Ebenso wie Hedwig Dohm lehnte sie die Kriegstreiberei des Ersten Weltkriegs ab, hielt illegale Treffen ab und verteilte Flugblätter. Der pazifistische Kurs brachte sie der neu gegründeten USPD näher: Augspurg kandidierte für die USPD und arbeitete mit Kurt Eisner zusammen, dem ersten demokratisch gewählten Ministerpräsidenten Bayerns, der Anfang 1919 auf offener Straße erschossen wurde. Auch hier findet sich – trotz anfänglicher Differenzen etwa mit Clara Zetkin – die Nähe der Frauenbewegung zur politischen Linken. Dazu passt auch, dass sie 1923 die Ausweisung Adolf Hitlers forderte: Da er österreichischer Staatsbürger war, hätte er nach Verbüßung seiner Haftstrafe in Landsberg/Lech eigentlich in sein Herkunftsland abgeschoben werden müssen, wie damals allgemein üblich (und wie es im Falle sozialistischer politischer Gefangener, etwa Ernst Toller, auch praktiziert wurde). Doch die auf dem rechten Auge blinde Justiz hatte versagt: Zunächst hatte ihm ein Richter das Bleiberecht zugestanden, dann hatte Österreich den verkrachten Postkartenmaler nicht zurücknehmen wollen. Am Ende hatte Hitler selbst in Österreich seine Ausbürgerung beantragt, um nicht abgeschoben zu werden.

In ihrer Zeitschrift *Die Frau im Staat* wies Augspurg auch auf die Gefahren des Notstandsparagrafen der Weimarer Verfassung hin. Notstandsgesetze sind immer gefährlich für Menschenrechte und entsprechend ganz besonders für Frauenrechte. Später sollte Hitler ebendiesen Notstandsparagrafen nutzen, um seine Diktatur zu errichten. Auch in einem Schreiben vom 27. September 1932, in dem sie der satirischen Zeitschrift *Simplicissimus* einen Artikel anbot, weist Augspurg auf »das Gespenst der Diktatur« hin, »das immer engere Kreise ziehend umgeht, ohne dass unser Völkchen einen Teufel merkt«.[105]

So hatten Heymann und Augspurg gute Gründe, 1933 von einer Reise in die Schweiz nicht zurückzukehren. Traurige Folge für die Frauenbewegung: Bei der Beschlagnahmung ihres Besitzes durch die Nazis gingen auch ihre Aufzeichnungen verloren. Augspurg und Heymann blieben in Zürich, wo sie 1943 im Abstand weniger Monate verstarben.[106] Mehrere Preise sind nach der streitbaren Juristin benannt, unter anderem der *Anita-Augspurg Preis Rebellinnen gegen den Krieg* der *Women's international league for peace and freedom*, mit dem Frauen ausgezeichnet werden, die sich in ihren Heimatländern für Frieden engagieren. Anita Augspurg erweist sich damit als würdige Nachfolgerin der Lysistrate – und der vielen Frauen, die die Frauenbewegung und den Pazifismus eng verbunden haben.

Emma Goldman

Der Staat hat nicht das Recht, über das Leben des Einzelnen zu verfügen, verkündet die pummlige kleine Mittfünfzigerin, die immer ein wenig düster wirkt. Die Konferenz der *War Resisters's International,* einer internationalen antimilitaristischen Gruppe, ist gut besucht. Mit ihrer Brille und ihrer dezenten dunklen Kleidung hat sie vorhin noch unscheinbar gewirkt. Aber der Eindruck verschwindet, sobald sie den Mund aufmacht. Sie spricht so ruhig, diese Emma Goldman. Beinahe, als rede sie gar nicht über Revolution und Aufstand und Anarchie. Doch jedes ihrer Worte ist purer Sprengstoff. Gegen den Krieg müsse Widerstand geleistet werden, stellt sie sachlich fest. Denn dieser sei nur der Kulminationspunkt staatlicher Unterdrückung. Der Staat an sich sei Unterdrückung.

Wer sie näher kennt, weiß, dass das nicht nur Worte sind. Diese ruhige, sachliche Person besitzt ein enormes revolutionäres Temperament. Dreimal hat Emma Goldman (1869–1940) im Gefängnis gesessen, einmal wegen »Verschwörung zur Verhinderung der Einberufung zur Armee«. Vor sechs Jahren hat man ihr die amerikanische Staatsbürgerschaft aberkannt und sie in die Sowjetunion deportiert. J. Edgar Hoover, der damals für das Justizministerium arbeitete und bei der Anhörung auftrat, hat sie als »eine der gefährlichsten Anarchisten in Amerika« bezeichnet. Hoover war damals gerade dabei, sich als Antikommunist einen Namen zu machen, was ihn 1924 auf den Chefsessel des BOI (das später in FBI umbenannt wurde) bringt. Die »rote Emma« kam dem aufstrebenden *Law-and-order*-Hardliner da gerade recht. Nicht nur als Antimilitaristin hat sie Anstoß erregt. Ein weiteres Mal hat sie zwei Wochen im Gefängnis verbracht, weil sie sich nach einem Vortrag über Geburtenkontrolle und Abtreibung weigerte, eine Geldstrafe zu zahlen. Zu ihrem ersten Gefängnisaufenthalt von einem Jahr hat man sie trotz der Fürsprache von zwölf Zeugen wegen Anstiftung zum Aufruhr verurteilt. Warum? In der Tradition des russischen Anarchisten Pjotr Alexejewitsch Kropotkin hatte sie Arbeitslose öffentlich aufgerufen, nach Beschäftigung zu verlangen: »Guckt euch die 5th Avenue an! Jedes Haus ist eine Festung des Geldes und der Macht. Wacht auf! Traut euch endlich, eure Rechte zu verteidigen! Geht hin und fordert Arbeit! Wenn sie euch keine Arbeit geben, fordert Brot! Wenn sie es euch verweigern, holt es euch! Es ist euer Recht!«[107]

Dafür kommt man 1893 in den USA für ein Jahr ins Gefängnis.

Geboren ist sie im heutigen Litauen, in Kowno (Kaunas), das damals zum Russischen Zarenreich gehörte, in eine jüdische Familie.[108] Mit dreizehn zieht sie nach Sankt Petersburg, wo sie der konservative, strenge Vater zum Arbeiten in eine Korsettfabrik schickt, um das karge Familieneinkommen aufzubessern. Als sie fünfzehn ist, will er sie verheiraten, doch Emma will nur aus Liebe einem Mann das Jawort geben. Eine frühe Erfahrung sexualisierter Gewalt verstört sie. Aber gebrochen ist sie nicht. Emma Goldman zu brechen, daran werden noch ganz andere scheitern.

Mit siebzehn setzt sie durch, dass sie zu ihrer älteren Schwester in die USA auswandern darf. In Rochester heiratet sie 1887 überstürzt einen Arbeitskollegen, mit dem sie die Liebe zu Büchern und Musik teilt. Dadurch wird sie Amerikanerin. Doch die Ehe hält nicht lange. Seit 1886 neigt sie zum Anarchismus, wird politisch aktiv. Sie lässt sich scheiden und geht nach New York. Da ist sie gerade mal zwanzig.

Ihr beachtliches Temperament bringt sie immer wieder in Schwierigkeiten. Mit dreiundzwanzig zieht sie ihrem ehemaligen Mentor Johann Most, von dem sie sich verraten fühlt, eine Peitsche durchs Gesicht, zerbricht sie dann überm Knie und wirft die Stücke nach ihm. Später tut es ihr leid.[109] Vielleicht hat die leidenschaftliche Leserin Nietzsches dessen berühmt-berüchtigten Ausspruch mit dem Weib und der Peitsche (»Wenn du zum Weibe gehst, vergiss die Peitsche nicht«) ein wenig anders interpretiert als die meisten ihrer Zeitgenossen. Vom Vater einst verprügelt, drehte sie als Erwachsene den Spieß um: Wer immer jedenfalls dieser heißblütigen Dame mit der Peitsche gekommen wäre, hätte sicher sein können, dass sie damit etwas anzufangen wusste. (Allerdings war sie vermutlich näher an Nietzsche, als man so denkt: Die meisten, die den berühmten Aphorismus mit der Peitsche zitieren, vergessen zu erwähnen, dass es dazu ein Foto gibt. Zu Lebzeiten arrangierte Nietzsche nämlich eine Fotografie, auf der er selbst gemeinsam mit seinem Freund Paul Rée vor einen Karren gespannt ist. Oben auf dem Karren sitzt das Weib mit der Peitsche: Lou Salomé, das Objekt der Begierde beider.)

Nietzsche und Tolstoi haben beide enormen Einfluss auf Goldmans Denken. Über Nietzsche schreibt sie bewundernd, er sei vor allem ein Dichter, ein Rebell und ein Anarchist. Außerdem liest sie die russischen Anarchisten Michail Bakunin und Kropotkin sowie den französischen Frühsozialisten Pierre-Joseph Proudhon, Sigmund Freud, Nikolai Tschernyschewski, Max Stirner, sowie Henrik Johan Ibsen. (Ihre Lektüreliste ähnelt also durchaus der von Hedwig Dohm.)

Vor allem aber verbindet sie anarchistische mit feministischen Positionen. Ihr ist klar, dass die Unterdrückung der Frau nur besonders auffällig ist in einer Gesellschaft, die generell nicht frei ist. Die Rolle der Frau ist für Goldman ein gesamtgesellschaftliches Problem, die Unterdrückung eines Geschlechts nur Ausdruck einer Gesellschaft, in der das Volk allgemein unterdrückt ist. Die Rechte der Frauen zu vertreten, liegt damit gleichermaßen im Interesse von Männern und Frauen. Natürlich ist auch das bei Emma Goldman nicht nur so dahingesagt. Gemeinsam mit ihrem langjährigen Lebensgefährten Alexander Berkman gibt sie 1906 die Zeitschrift *Mother Earth* heraus, in der sie ihre Perspektive deutlich macht. Und die Aufmerksamkeit der Behörden auf sich zieht.[110]

Nicht nur der Staat ist für sie Werkzeug der Unterdrückung, sondern auch die von ihm geschaffene Institutionen. Wie die Ehe. Goldman sieht sie als Werkzeug ökonomischer Abhängigkeit und tradierter Geschlechterrollen. Stattdessen befürwortet sie die freie Liebe, die wirtschaftliche Selbstständigkeit der Frauen und das Recht, über die eigene Reproduktion zu entscheiden. Ungewollte Kinder verstärkten nur die Ungleichheit. Ähnlich wie Clara Zetkin im Sozialismus sieht sie die Befreiung der Frauen nicht losgelöst von ihrem politischen Engagement, sondern als Teil desselben. Allerdings glaubt sie, dass dieses politische Engagement nur Erfolg haben kann, wenn es gelingt, auch die Frauen zu befreien.[111] Goldman lehnt es bewusst ab, die Befreiung der Frau innerhalb des kapitalistischen Systems zu definieren. Nur gleicher Lohn reicht nicht – umso weniger, wenn man dafür das natürliche Bedürfnis, Mutter zu sein und seinen weiblichen Körper zu lieben, zurückstellen muss. Entsprechend lehnt sie auch die Ehe als reines Wirtschaftsabkommen ab und plädiert dafür, dass Mann und Frau sich allein aufgrund von Zuneigung begegnen. Die Ehe macht, so Goldman, die Frau abhängig (»[...] aus der Frau einen Parasiten«). Überkommene Moralvorstellungen (etwa die, als Jungfrau in die Ehe gehen zu müssen) hinderten sie an einer autonomen Sexualität. Sosehr Goldman die Mutterschaft als natürliches Bedürfnis und Recht der Frau sieht, so sehr betrachtet sie auch die Entscheidung darüber (ob, wann und wie oft) als Angelegenheit der Frau und setzt sich deshalb für Aufklärung und Verhütung ein.

»Ich mag verhaftet werden, ich mag ins Gefängnis geschmissen werden, aber ich werde nie Ruhe geben! Ich werde nie Autoritäten dulden oder mich ihnen fügen, noch werde ich Frieden machen mit einem System, das Frauen zu nichts als einem Brutkasten degradiert!«[112]

Wo die Frau als Sexualobjekt betrachtet und nicht nach ihrer Arbeit beurteilt werde, sei es im Grunde dasselbe, ob sie sich in der Ehe einem Mann oder als Prostituierte vielen verkaufe. Damit ist Prostitution für Goldman nur eine von verschiedenen Spielarten der Unterdrückung, und Prostitution zu verteidigen, ist für sie entsprechend eine kapitalistisch-patriarchalische Position. Prostitution werde erst dann verschwinden, wenn die alte Moral und die wirtschaftliche Abhängigkeit der Frau verschwunden seien.[113]

Ein hochaktueller Gedanke.

1919 wird Emma Goldman wegen ihrer politischen Einstellung und der Gefängnisstrafen, die sie bereits verbüßt hat, in die Sowjetunion deportiert. An ihrer Seite ist ihr Lebensgefährte Alexander Berkman. Beide haben osteuropäische Wurzeln, so landen sie nach der Aberkennung der amerikanischen Staatsbürgerschaft in der Sowjetunion.

Vorausgegangen sind illegale Abhörungen und Durchsuchungen. Staatliche Repression, die auch Menschen mit weniger Temperament als Emma Goldman davon überzeugt hätte, dass jede Herrschaft über andere illegal ist. In der Sowjetunion hofft sie auf die Freiheit, die sie in den USA nicht bekommen hat.

Und sie wird wieder enttäuscht. Illusionen hat sie sich nicht gemacht: Schon im Vorfeld schreibt sie, dass sie Arbeit braucht, aber nicht in einem Sowjetbüro. Nach ihrer Kritik an der Partei kann sie nicht einmal mehr als Krankenpflegerin arbeiten. Anarchist*innen werden auch in der Sowjetunion verfolgt – so wie überall, wo Kritik an Herrschaft ungern gesehen wird. Trotz der Vermittlungsversuche einer anarchistischen Gruppe, zu der auch Goldman und Berkman gehören, schlägt die Rote Armee unter Trotzki den Kronstädter Matrosenaufstand blutig nieder. Als Begründung wird das tumbe Argument angeführt, es habe sich um einen gegenrevolutionären Aufstand gehandelt. Enttäuscht schreibt Goldman zwei Essays. Mit Trotzki bleibt sie bis zu ihrem Tod in Verbindung. Streitbarer, natürlich.

1921 verlassen sie und Berkman Russland in Richtung Deutschland – enttäuscht, dass ihre Hoffnung auf einen freiheitlichen Kommunismus sich zerschlagen hat.[114] Goldman hat Gewalt zur Durchsetzung politischer Ziele nicht per se abgelehnt. In jungen Jahren hat sie sich sogar explizit dafür ausgesprochen, dass Gewalt manchmal nötig sei. Jetzt differenziert sie: Gewalt gegen illegale Unterdrückung sei eine Sache, aber auf einem anderen Blatt steht, den Terrorismus selbst zum Staatsprinzip zu erheben. So werde die beste Revolution letztlich genau das, was sie ursprünglich bekämpft habe.

Weder in Deutschland noch in England, wohin es zwei Jahre später geht, kann Goldman richtig Fuß fassen. Wie auch – als Anarchistin in der britischen Monarchie, die insofern theokratisch zu nennen ist, als der König gleichzeitig auch Oberhaupt der Kirche ist. Sie steht zwischen allen Stühlen: Die bestehende Herrschaft kann sie nicht gutheißen, aber das alternative Modell der Sowjets auch nicht. Der drohenden Ausweisung entgeht sie durch Heirat mit dem Waliser Anarchisten James Colton (1860–1936), den sie in Glasgow kennenlernt. Dann finanziert ihnen Peggy Guggenheim ein Haus an der Côte d'Azur. 1936 stirbt Berkman durch Suizid. Nach seinem Tod – er und ihr Ehemann sterben im selben Jahr – reist Emma Goldman nach Spanien, um gegen die Franquisten zu kämpfen. 1940 stirbt die eigenwillige Freiheitskämpferin im Alter von 70 Jahren in Kanada.

Goldman steht für einen konsequenten Anarchismus: verstanden als Abwesenheit von *Herrschaft* (das bedeutet *An-Archie*), nicht von *Ordnung*. Dies beinhaltet selbstverständlich auch, dass Männer nicht über Frauen zu bestimmen haben. »Eine ehrliche Konzeption des Geschlechterverhältnisses wird nichts von ›Eroberer‹ und ›Eroberung‹ zulassen. Sie kennt nur eine große Sache: sein Selbst grenzenlos hinzugeben, um sich selbst reicher, tiefer, besser zu finden. Dies allein kann die Leere füllen und die Tragödie der Frauenemanzipation in Freude, grenzenlose Freude verwandeln«[115], schreibt sie in ihrem lebensbejahenden Ton, der sie so sympathisch macht. Die enge Allianz von Anarchismus und Feminismus war schon bei Mary Wollstonecraft und ihrem Mann William Godwin zu beobachten, und möglicherweise hat jeder echte Feminismus eine zugrunde liegende anarchistische Tendenz.

Charakteristisch für Goldman ist ihre lebensbejahende Haltung. Theater, Blumen, die schönen Dinge des Lebens – all das darf man lieben. Anarchismus ist für sie keine asketische Bewegung. Man kann auch für eine gerechte Welt einstehen, wenn man die Dinge liebt, die das Leben lebenswert machen. Sie sieht Anarchismus als *»social philosophy«*, als etwas, das auf die Emanzipation des Menschen zielt.[116]

Gewalt zur Selbstverteidigung ist für Emma Goldman legitim, und dazu zählt auch der Kampf gegen eine unterdrückerische Regierung. Was sie strikt ablehnt, ist Terrorismus als Staatsprinzip – ein Vorwurf, den sie der Sowjetunion macht –, Militarismus und Krieg. Sie zieht eine klare Linie zwischen dem legitimen Befreiungskampf gegen eine tyrannische, die Rechte des Einzelnen nicht achtende Regierung und dem von Profit- oder Machtinteressen getriebenen Krieg, der immer nur einigen wenigen nützt. In großer Konsequenz steht sie für das eigentliche Prinzip des Anarchismus, der im Grunde immer eine Freiheitsbewegung ist. Freiheit – wann immer dieses Wort in Verruf gerät, kann man sichergehen, dass Machtinteressen im Spiel sind. Emma Goldman war sich absolut bewusst, dass Freiheit nicht einfach da ist oder einfach bleibt, sondern dass sie immer wieder von Neuem erkämpft werden muss. Weil es immer Kräfte gibt, denen die Freiheit ein Dorn im Auge ist. Kräfte, die, unter welch moralischen Vorwänden auch immer, versuchen, die Freiheit abzuschaffen und andere wieder unter ihre Herrschaft zu zwingen. Deshalb begegnet sie jeder Regierung mit gesundem Misstrauen.

Auf ihrem Grabstein in Forest Park, Illinois, (heute ein Vorort von Chicago), der ihre Lebensdaten leider falsch angibt, stehen die Worte von Charles C. Colton: »*Liberty will not descend to a people, a people must raise themselves to Liberty.*« (»Die Freiheit kommt nicht herab zu einem Volk, ein Volk muss sich zur Freiheit hinauf erheben.«)

Ergebnisse der »ersten Welle«

Ein großer Teil der Frauenbewegung ist zwar von Anfang an um die volle Gleichheit von Männern und Frauen in jeder Hinsicht bemüht, doch viele versuchen auch, sich zu arrangieren, und stellen nur Minimalforderungen wie etwa das aktive (nicht aber passive) Wahlrecht oder kneifen bei der Frage der sexuellen Gleichberechtigung. Doch die konsequenten (»radikalen«) Feministinnen teilen schon damals das Engagement für volle Bürgerrechte. Sie betrachten es als selbstverständlich, dass zur Gleichberechtigung eben auch volle sexuelle Freiheit gehört und die Idee der Keuschheit als Herrschaftsmechanismus enttarnt werden muss. Viele von ihnen betrachteten die Ehe als ein Übel, das abgeschafft werden sollte – vielleicht auch aus der schmerzhaften Erfahrung heraus, dass sie selbst, obwohl sie meist mit liberalen Männern verheiratet waren, ihre politische Arbeit erst nach deren Tod aufnehmen konnten. Viele von ihnen waren Jüdinnen, ein Trend, der sich auch später fortsetzen wird. Einerseits geht Feminismus natürlich durch alle Religionen und Gesellschaftsschichten, andererseits stärkte gerade das Reformjudentum, das im 19. Jahrhundert aufkam, die Position von Frauen. So ist es nicht verwunderlich, dass sie diese Freiheit nutzten.

Das Frauenwahlrecht war ein Meilenstein. Aber von wirklicher Freiheit waren die Frauen noch meilenweit entfernt. Das Imperium schlug zurück mit der wohl perfidesten Waffe, die gegen Frauen eingesetzt wird, wenn sie um ihre Rechte kämpfen: ihre Kinder. Und vorne dabei als Verbündete des zurückschlagenden Patriarchats: das prominenteste Kindermädchen der Welt.

Als Walt Disney 1964 *Mary Poppins* als Musical verfilmt, erfahren wir zunächst, dass die beiden Kinder entsetzlich vernachlässigt werden. Nie ist die Mutter zu Hause, um ihnen Liebe und Geborgenheit zu geben. Und warum? Diese renitente Person ist eine Suffragette! Mary Poppins' Vorgängerin ist gerade dabei, das Handtuch zu werfen, aber die Rabenmutter hört ihr kaum zu, so beschäftigt ist sie mit ihrem Song *Sister Suffragette*. Gut, dass dann endlich Superweibchen Mary Poppins auftaucht und die gute alte patriarchalische Ordnung wieder stabilisiert!

Tatsächlich richtete sich diese abwertende Darstellung der Frau, die neben ihrem Mutterdasein auch noch für ihre Rechte kämpft, weniger gegen die nun historische Suffragettenbewegung als gegen die damals aufkommende »zweite Welle« der Frauenbewegung. Sowohl Disney als auch die Autorin der Mary-Poppins-Geschichten, P.L. Travers (1899–1996), standen dieser ablehnend gegenüber …

DIE UNABHÄNGIGE FRAU: DIE »ZWEITE WELLE«

»*Que sera, sera* …« – ist sie nicht eine Augenweide, diese Doris Day? Immer adrett, immer vorzeigbar mit ihrem blonden Bubikopf und ihren Petticoats. Und doch nie so auffällig, dass sie ihren Gatten aus dem Rampenlicht verdrängt. Die Schwiegermütter der Nation hoffen auf eine wie sie für ihren Sohn. Die Männer träumen, dass eine wie sie ihnen beim abendlichen Nachhausekommen die Schuhe ausziehen und einen Begrüßungsdrink servieren wird. Gebildet genug, um den Kindern bei den Hausaufgaben zu helfen, aber natürlich ohne Studienabschluss, wo käme man da auch hin? Klug genug, um eine interessierte Zuhörerin zu sein, aber natürlich nicht so klug, dass sie eine Konkurrenz darstellen würde. Ein Träumchen aus der amerikanischen Vorstadt.

Nur leider kommen jetzt schon wieder diese lästigen Frauenrechtlerinnen und spucken in die hausgemachte Suppe.

Simone de Beauvoir

Dass einer Tochter aus gutem Haus so etwas passieren würde ... Die Polizei in der Redaktion ihrer Zeitung! Hausdurchsuchung – das passiert offenbar nicht wenigen Feministinnen. Feminismus und Pazifismus machen einen bei den Behörden nicht gerade beliebt. Die Hausdurchsuchung wird so schon fast zum Qualitätsmerkmal, zumindest aber zum Gradmesser, wie es die jeweilige Regierung mit Demokratie und Menschenrechten hält.

Anders als bei Louise Otto-Peters ist es bei Simone de Beauvoir (1908–1986) – nein, eben nicht der Feminismus, sondern der Pazifismus, der ihr den Ärger einbrachte. Sogar bedroht wurde sie von einem Kommissar.[117] Seit 1954 kämpfte Algerien um seine Unabhängigkeit von Frankreich. Hauptakteur war der marxistisch orientierte *Front de Libération Nationale, FLN* (die algerische Befreiungspartei) und seine Befreiungsarmee *(Armée de Libération Nationale, ALN)*, Unterstützung ideeller Art kam aus Ägypten unter Nasser. In Frankreich war die Entlassung Algeriens in die Freiheit ein Tabu. Wer Sympathie für den Freiheitskampf zeigte, war schnell selbst verdächtig. Und genau das hatte die Zeitung *Les Temps Modernes*, in deren Redaktion neben Jean-Paul Sartre eben auch de Beauvoir saß, getan. Augenzeugenberichte von Soldaten waren ihnen zugespielt worden, in denen es um Menschenrechtsverletzungen ging. Folter. Massaker. Vergewaltigungen von Widerstandskämpferinnen, teilweise mit einer Eisenstange. Unbequeme Wahrheiten über die eigenen Streitkräfte zu veröffentlichen, brachte einem die Polizei ins Haus. Wieder einmal zeigt sich, dass sich das Erbe der Lysistrate bis in die Gegenwart zieht.

Les Temps Modernes erschien seit 1945. Vermutlich einer der berühmtesten Texte, der dort zuerst veröffentlicht wurde, ist Simone de Beauvoirs Klassiker *Das andere Geschlecht* (*Le deuxième sexe*; drei Kapitel daraus, um genau zu sein). 1949 wurde der vollständige Text in Buchform publiziert. Und stellte die Nachkriegsidylle, in der die Frauen zurück an den Herd geschoben worden waren, gehörig auf den Kopf.

Das wohl berühmteste Zitat daraus: »*On ne naît pas femme, on le devient.*« – »Man kommt nicht als Frau auf die Welt, sondern man wird dazu.«

Das meinte sie übrigens nicht im biologischen Sinn. De Beauvoir wendet sich mit diesem Satz gegen biologistische Zuschreibungen, wie etwa dass Frauen von Natur aus gern die wenig angesehene Hausarbeit machen, während Männer bezahlte und prestigeträchtige Arbeit vorziehen. Sie nimmt damit letztlich einen Gedanken auf, den wir auch schon bei anderen Frauenrechtlerinnen, etwa Hedwig Dohm, gesehen haben: Angeblich »weibliche« Vorlieben und Verhaltensweisen sind durch Erziehung, nicht durch das Geschlecht bedingt. Mädchen lieben nicht von Natur aus Rosa und Puppen, sondern man bringt ihnen bei, sie zu lieben – so wie kleine Jungen eben den Bagger geschenkt bekommen und nicht den Puppenwagen. Wenn man ein kleines Mädchen oft genug dafür lobt, wie hübsch es in seinem rosa Kleidchen ist, und es bestraft, wenn es sich schmutzig macht und auf Bäume klettert, wird es irgendwann natürlich gern das rosa Kleidchen anziehen und sich ungern schmutzig machen. Und was beim kleinen Mädchen das rosa Kleidchen ist, ist dann später für die Frau eben der Herd.

Aber natürlich lässt sie es nicht dabei bewenden. Simone de Beauvoir ist eine gebildete, intelligente Frau, die ihre Gedanken in ein komplexes theoretisches Gebäude fassen kann. Sie arbeitet mit Methoden aus der Philosophie – insbesondere des Existentialismus – und aus der damals noch relativ jungen Soziologie. So verweist sie immer wieder auf die Kulturgeschichte oder greift auf marxistische Theorien, etwa aus Engels *Ursprung der Familie,* zurück, die bereits davon ausgehen, dass Technik und die damit einhergehende geringere Bedeutung bloßer Körperkraft das Machtgefälle zwischen Männern und Frauen verändere. (Auch Clara Zetkin hat diesen Gedanken, allerdings kritisiert Beauvoir, dass Sozialist*innen Gleichberechtigung erst im Sozialismus verwirklicht sehen, genauso wie sie Freud für seine androzentrische Psychoanalyse kritisiert.) Heraus kommt eine umfassende Analyse, in welcher Situation sich Frauen befinden: in einer Welt, in der sie immer von Männern abhängig gedacht werden (eben als das andere, bzw. korrekter: das »zweite« Geschlecht), in der ihnen die Rolle des Objekts, nicht des eigenverantwortlichen Subjekts zukommt. Die an sich frei geborene Frau wird Stück für Stück dazu erzogen, sich über andere zu definieren, den Erwartungen anderer zu entsprechen. Existenzielle Erfahrungen definieren den Menschen, und für Frauen bedeutet das: die Erfahrung, sekundär zu sein, nach den Vorstellungen anderer geformt zu werden, nicht selbst für sich verantwortlich zu sein. Der Wunsch nach eigenverantwortlicher Entwicklung – im Existentialismus zentral – wird als »unweiblich« empfunden. »Transzendenz« – die Fähigkeit, sich selbst zu erkennen, indem man über sich reflektiert – wird Frauen allgemein abgesprochen. Sie werden als geistlose Dummchen betrachtet, nur über den Körper definiert: als Gegenbild zum Mann, als das Andere, in dem er sich spiegelt. Doch *die* Frau gibt es nicht: Weiblichkeit allein charakterisiert ein Individuum nicht. Es gibt kein spezielles »Wesen« der Frau. Statt Essenz nur Existenz.

De Beauvoir fasst die Kategorie »Geschlecht« über die Sozialwissenschaften: Die untergeordnete Position der Frau ist nicht naturgegeben, sondern beruht auf kulturgebundener wirtschaftlicher Abhängigkeit. Diese werde auch durch gesellschaftliche Erwartungen bestimmt: Eine finanziell erfolgreiche Frau werde als sexuell weniger attraktiv wahrgenommen. Das knüpft natürlich an ältere Vorbilder an, die de Beauvoir auch explizit nennt. Zugleich aber geht sie mit wissenschaftlicher Präzision auch ein Tabu an: den Geschlechtsakt als Ausdruck des asymmetrischen Machtverhältnisses der Geschlechter. De Beauvoir geht davon aus, dass der gewöhnliche Sexualakt den Mann in die Position des Subjekts, die Frau in die des Objekts versetze (allerdings nur, weil auch alle anderen Beziehungen zwischen den Geschlechtern asymmetrisch sind; sie geht davon aus, dass sich diese Interpretation in einer gleichberechtigten Gesellschaft ändern würde). Und schließlich noch das männliche Wahrnehmungsmonopol: Die Vorstellung von der Welt ist allein die von Männern. Die Konflikte zwischen Männern und Frauen sind vor allem als Reaktion auf die Erfahrung ständiger Unterdrückung zu verstehen und würden verschwinden, wenn Gleichberechtigung erreicht wäre. Das wäre auch für die Männer erstrebenswert, denn dadurch würde der Druck wegfallen, sich ständig behaupten zu müssen. Liebe auf Augenhöhe muss das Ziel sein – derzeit ist jede Liebe zwischen Mann und Frau eine zwischen Herr und Knecht. »Jede Unterdrückung schafft einen Kriegszustand. Unser Fall hier bildet keine Ausnahme.« Schließlich endet sie mit einem Zitat von Marx: Am Verhältnis von Mann und Frau zeige sich, wie das Verhältnis des Menschen zum Menschen sei. Und so endet das Buch versöhnlich: mit der Aufforderung an die Männer, der Freiheit zum Sieg zu verhelfen – und das, meint Beauvoir, gehe nur, wenn Männer und Frauen auf Augenhöhe zueinanderfänden.[118]

De Beauvoir versteht sich nicht als diejenige, die all diese Gedanken zuerst gedacht hat. Aber sie fasst Jahrhunderte weiblicher Auflehnung gegen die Vorherrschaft der Männer zusammen in ein philosophisch-soziologisches System, das zum ersten Mal eine wissenschaftliche Auseinandersetzung ermöglicht. Damit legt sie den

Grundstein für die Gender Studies. Simone de Beauvoir schreibt vor der Zeit, die gewöhnlich für die »zweite Welle« des Feminismus angesetzt wird (etwa ab den 1960er-, nach Ansicht mancher erst 1970er-Jahren). Ihr Buch erscheint 1949. Und dennoch ist es eine der wichtigsten Schriften der zweiten Frauenbewegung.

Zeitgenossen (kein generisches, sondern ein bewusstes Maskulinum) sahen das anders. »Gebildete Idiotin«[119] ist noch eine der netteren Bezeichnungen, die de Beauvoir sich gefallen lassen musste. Einer wie ihr die Bildung abzusprechen, wäre auch schwierig gewesen.

Nach Descartes und den Anarchisten springt hier ein weiteres Mal die Philosophie den Frauen zur Seite. Das ist durchaus bemerkenswert, wenn man bedenkt, dass jahrhundertelang die Beziehung zwischen Frau und Philosoph(ie) als eher toxisch gilt. Es ist umso interessanter, wenn man sich ansieht, welche Philosophie als Freund und Helfer des Feminismus in Erscheinung tritt. René Descartes (1596–1650) ist der wahrscheinlich wichtigste Philosoph der Aufklärung. Die Anarchist*innen und Sozialist*innen des 19. Jahrhunderts verhandeln die Beziehungen in der ökonomischen Sphäre neu. Und die Existenzialist*innen definieren den Menschen nicht mehr über Ideen von Gott oder Geschichte, sondern über die individuelle Erfahrung. So unterschiedlich sie sein mögen, all diesen philosophischen Strömungen ist gemeinsam, dass sie den Menschen als Individuum definieren und ein herrschaftskritisches Moment haben (zum Bereich der Herrschaftskritik wollen wir hier auch die Religionskritik zählen). Die Aufklärung betont die individuelle Vernunft, die Grenzen zwischen den Geschlechtern überwindet und Herrschaft und Religion herausfordert. Der Anarchismus lehnt Herrschaft ab, der Sozialismus kritisiert das Kapital und die Religion als Herrschaftsinstrument. Und der Existenzialismus stellt ebenfalls das Individuum mit seinen Erfahrungen in den Vordergrund und kritisiert Religion.

Wir werden später noch genauer sehen, dass nicht alle Feministinnen Religionskritikerinnen sind. Aber all diese Strömungen lassen sich als im mehr oder weniger engen Sinne als humanistische definieren. Als Philosophien also, die den Menschen als Individuum berücksichtigen und Macht kritisch sehen. Eine Betonung des Individuums über dem Gemeinwohl und ein humanistischer Grundansatz scheinen also charakteristisch für Feminismus zu sein.

Simone de Beauvoir (1908–1986)[120] ist nicht als Philosophin auf die Welt gekommen, sie ist es geworden. Sie stammt aus einer ursprünglich wohlhabenden Familie. Ihre Jugend ist geprägt vom intellektuellen Spagat zwischen ihrer streng katholischen Mutter und dem agnostisch denkenden, aber ebenfalls religiöse Konformität fordernden Vater. Später sagte sie, das habe sie gelehrt, dialektisch zu denken.

Durch den Ersten Weltkrieg verarmte die Familie, und ihr Vater musste in Betracht ziehen, dass seine Töchter nicht wie er selbst vom Erbe würden leben können. Für de Beauvoir bedeutete das, dass sie eine gute Ausbildung erhielt, was für Frauen damals noch keineswegs selbstverständlich war. Hatte sie anfangs noch Nonne werden wollen, verlor sie mit vierzehn ihren Glauben. Ein Skandal! Auch ansonsten zeigt sie in vieler Hinsicht das Verhalten einer Hochbegabten. Sie enttäuscht ihr Umfeld, das eine *fille rangée*, ein bürgerliches Mädchen aus gutem Haus, erwartet, steckt voller Konflikte und Depressionen und erhält sich eine gewisse Anerkennung in Familie und Schule nur durch gute Noten. Es folgen die übliche Ausbildung zur Lehrerin in Mathematik und Philosophie, erste Schreibversuche, enttäuschende Liebschaften – und eine gewisse Neugierde, die sie allerdings im Moment erst einmal in Bars führt.

Über die *École Normale Supérieur*, die französische Eliteinstitution für die Lehrerausbildung, wo sie neben dem Studium an der Sorbonne Kurse besucht, lernt sie Jean-Paul Sartre kennen. Die Beziehung der beiden wird auf der emotionalen und intellektuellen Ebene schnell sehr eng, bleibt aber sexuell vorerst offen. Ein Heiratsangebot, um am selben Ort arbeiten zu können, lehnt de Beauvoir ab. Paris bleibt beider Lebensmittelpunkt, auch wenn de Beauvoir vorübergehend in Marseille arbeitet, während Sartre in Le Havre seinen Militärdienst absolviert. 1937 sind sie wieder in Paris vereint. In dieser Zeit haben sie beide ein Verhältnis mit einer minderjährigen Schülerin de Beauvoirs.

Während der Nazi-Besatzungszeit nähern sich beide dem Widerstand an. Sartre tritt dem Schriftstellerbund CNE bei, doch de Beauvoir hat noch keinen Roman veröffentlichen können: Bisher hat sie nur Absagen erhalten. 1943 gelingt es: *L'invitée* (deutsch: *Sie kam und blieb*) wird ihr Durchbruch als Schriftstellerin. Es ist ein existenzialistischer Roman mit stark autobiografischen Zügen. Das Thema Othering – also sich von anderen aufgrund der Zugehörigkeit zu irgendeiner Gruppe (Frauen, Juden, Ausländer ...) abzusetzen – taucht auch hier schon auf und wird später *Das andere Geschlecht* prägen.[121]

De Beauvoir und Sartre beteiligen sich nun aktiv am Widerstand gegen die Nazis, arbeiten sogar einige Zeit mit de Gaulle zusammen. Albert Camus, der damals beim Verlag Gallimard arbeitet, unterstützt die Untergrundzeitung *Combat*. 1945 gründen de Beauvoir und Sartre mit einer kleinen Gruppe ihre eigene Zeitung: *Les Temps Modernes*. 1949 erscheint *Das andere Geschlecht* und macht sie zu einer der wichtigsten Intellektuellen Frankreichs. Endlich hat auch einer ihrer Romane Erfolg: *Les Mandarins* (*Die Mandarins von Paris*) wird 1954 mit dem Prix Goncourt ausgezeichnet. De Beauvoir reist viel, hat Liebesbeziehungen mit dem amerikanischen Schriftsteller Nelson Algren und dem französischen Filmemacher Claude Lanzman. Gleichzeitig führt sie ihre Dauer-Nicht-Beziehung mit Sartre fort, mit dem sie jedes Jahr vier Monate in Rom verbringt. Als Sartre schwer erkrankt, pflegt sie ihn bis zu seinem Tod 1980. Sechs Jahre später stirbt auch de Beauvoir und wird neben ihm bestattet.

De Beauvoirs Leben verbindet Motive aus der ersten und zweiten Welle der Frauenbewegung. Die frei gelebte Sexualität, die sorgsam bewahrte Ehelosigkeit, die Tendenz zur politischen Linken und zum Pazifismus sind allesamt Themen, die uns auch schon früher begegnet sind. Ihre Position im algerischen Befreiungskampf zeigt erneut eine Nähe zu anderen Menschenrechts- und Freiheitsbewegungen. Sie nimmt bereits privat einige Entwicklungen vorweg, die in der 1968er-Bewegung zu Forderungen werden, insbesondere das Modell der offenen Beziehung.[122] Auch wenn ihr vorgeworfen wurde, sie habe so vor allem einen beziehungsunfähigen Mann zu halten versucht, sollte man nicht vergessen, dass die Ehe damals für Frauen nach wie vor einen Verzicht auf entscheidende Rechte bedeutete. Einige ihrer Positionen, wie etwa ihre Unterschrift unter einer Petition eines pädophilen Schriftstellers zur Entkriminalisierung von Pädophilie, können heute nur kritisch gesehen werden. Doch sie ändern nichts daran, dass sie das Meisterwerk des Feminismus im 20. Jahrhundert verfasst hat. Der Kontrast zwischen der hochintelligenten Bilderstürmerin und dem zur gleichen Zeit von Doris Day verkörperten Sauberfrau-Image könnte jedenfalls nicht größer sein.

Betty Friedan

Aber war de Beauvoir wirklich der Albtraum aller amerikanischen Vorstadthausfrauen? Fragen wir eine, die es wissen muss: Betty Friedan (1921–2006). 1963, ein Jahr vor dem Disneyfilm *Mary Poppins*, erscheint ihr Buch *The Feminine Mystique (Der Weiblichkeitswahn)*. Mit dem Motiv des »Mysteriums« Frau (das in Wirklichkeit keines ist) schließt es direkt an Simone de Beauvoir an. Während des Zweiten Weltkriegs hatten die Frauen gezeigt, dass männliche Privilegien sich nicht ernsthaft aus dem Geschlecht begründen lassen. Sie hatten die Familien allein ernährt, oft sogar aktiv beim Kampf gegen die Nazis geholfen. Und nun, kaum war alles vorbei, sollten sie an den Herd zurück. Die 50er-Jahre – die oft verklärt als heile Welt dargestellt werden – müssen für kluge und erfolgreiche Frauen der Horror gewesen sein. Frauen, die bei der Entschlüsselung der Nazi-Codes wertvolle Dienste geleistet hatten, sollten nun in der Küche arretiert werden und Muffins backen. Und die Werbung half fleißig mit. Zigaretten wurden mit Männern beworben, Putzmittel mit Frauen.

Friedans eigener Werdegang ist zunächst ganz konventionell. Die Tochter eines wohlhabenden jüdischen Juweliers aus Illinois studiert Psychologie und schließt 1942 mit Bestnote ab. Danach geht sie nach Berkeley. Eine glänzende wissenschaftliche oder journalistische Karriere scheint sich aufzutun, doch es kommt anders: Sie heiratet. Von da an führt sie das Leben einer amerikanischen Mittelschichtshausfrau: Hemden bügeln, Brote schmieren, Wäsche waschen statt Kongresse und Vorträge. Und dabei zusehen, wie der Mann die Karriereleiter hinaufklettert, die einem selbst nicht mehr offensteht. Während Disneys *Mary Poppins* das Lob der behütenden Frau mit enormem Erfolg in die Welt hinausposaunt, wird sie immer unglücklicher. Dann kommt der Befreiungsschlag.[123]

1963 erscheint ihr Buch *Der Weiblichkeitswahn*, sechs Jahre später ist Betty Friedan geschieden. Ihr Ex-Gatte wirft ihr unter anderem vor, sie sei männerfeindlich. *Annabelle, ach Annabelle!*

Was war so männerfeindlich an diesem Buch?

Vermutlich zunächst einmal vor allem sein Erfolg. Mit einem Schlag ist Friedan weltbekannt. Plötzlich ist sie nicht mehr die Hälfte von Mr. Friedan, sondern er ist die Hälfte von Mrs. Betty. Unerträglich auch, dass sie mit Kritik an der Gesellschaft, an der Position der Frauen so bekannt wird – eine Position, die in diesen Tagen kaum jemand hinterfragt. Doch genau deshalb trifft sie einen Nerv.

Friedan ist nicht die einzige Mittelschichtshausfrau, die mit ihrem Dasein unglücklich ist. Es sind starke Worte, die sie da von sich gibt und die ins Herz der 50er-Jahre-Idylle treffen – der Zeit, in der die Mädchen aufs College gehen, um einen Mann kennenzulernen, und danach fröhlich Doris-Day-Songs summend staubsaugen, während sich Mann und Kinder an ihrem Selbstgebackenen laben. Zumindest dem Ideal nach. Bei Friedan liest sich das ganz anders. Männer wie Frauen, meint sie, entwickeln ihr Selbstgefühl durch das, was sie persönlich erreichen, etwa in einer Karriere. Frauen, die dazu verurteilt sind, ihre kreative und produktive Kraft auf ein schickes Heim zu reduzieren, werden dieser Möglichkeit beraubt. Das »grundlegende menschliche Bedürfnis, sich zu entwickeln« (*basic human need to grow*), bleibt ihnen versagt. So werden sie unzufrieden und neurotisch, und ihre Kinder sind verurteilt, mit unglücklichen, neurotischen Müttern aufzuwachsen.

Friedan sieht die Konzentration auf die Kernfamilie auch als Teil der ideologischen Strategie der USA gegenüber der Sowjetunion: Kleinfamilie versus Kommune. Anhand von Statistiken legt sie dar, wie das Heiratsalter, der Anteil von Frauen im Studium und schließlich im Beruf massiv gesunken sind. Hatten Frauen 1920 noch siebenundvierzig Prozent der Studienplätze besetzt, waren es 1958 nur noch fünfunddreißig Prozent. Und viele verließen die Universitäten ohne Abschluss, weil sie damit ihre Heiratsaussichten reduziert hätten.[124]

Friedan weist nach, wie viele Amerikanerinnen nach einiger Zeit an diesem »Traum« scheitern. Wie sie die Praxen von Therapeuten bevölkern oder sich mit Tabletten und Alkohol ruhigstellen. Manche machten sogar ihre Bildung für ihre Unzufriedenheit verantwortlich: Hätten sie diese nicht erhalten, wüssten sie auch nicht, was sie vermissen. Gebildete Frauen seien unglücklicher. Friedan zieht die gegenteilige Schlussfolgerung: Nicht mehr der Haushalt sollte die Zeit einer Frau in Anspruch nehmen, sondern sie sollte ihre eigene Karriere im Interesse ihrer psychischen Gesundheit verfolgen. Familie und Beruf schlössen sich nicht aus.

Nach der Trennung von ihrem Mann ist sie frei, sich auch politisch für ihre Ziele einzusetzen. 1966 gründet Friedan die *National Organization for Women* (NOW), der sie bis 1970 als erste Präsidentin vorsitzt. Die NOW fordert unter anderem verfassungsmäßig garantierte Gleichberechtigung, das Ende der Diskriminierung von Frauen in der Arbeitswelt, bessere Kinderbetreuung und gleiche Ausbildung.

Der erklärten Linken Friedan wurde später vorgeworfen, ihre Arbeit konzentriere sich auf weiße Mittelschichtsfrauen und schließe alle anderen aus.[125] Doch nicht jede Arbeit kann das gesamte Spektrum abdecken. Die USA sind eine heterogene Gesellschaft, und jede Studie hat Kapazitätsgrenzen. Das, worauf es ankommt, gelingt ihr jedenfalls: Friedans Werk bringt Amerika in Aufruhr. Sie legt den Grundstein, auf dem andere Arbeiten aufbauen können. Die Frauen, die sich nach dem Krieg hinter den Herd haben abschieben lassen, erwachen, erleichtert, endlich nicht mehr allein zu sein, von Neuem. Die zweite Welle des Feminismus ist ausgelöst.

Kate Millet und die 68er

Allein der Titel lässt Doris-Day-Fans schon bis zum Spitzenhöschen hinab erröten: *Sexual Politics* nennt diese Kate Millet (1934–2017) ihr Werk (1970, deutsch: *Sexus und Herrschaft,* 1971). Eine Dissertation wird zum Weltbestseller. Dabei hatte sie vor allem deshalb promoviert, weil sie Geld brauchte. 1968 hatte sie ihre Stelle als Englisch- und Philosophiedozentin verloren, weil sie die Proteste gegen den Vietnamkrieg unterstützt hatte. Ihr Mann, Fumio Yoshimura, war eigentlich Bildhauer, arbeitete aber in einer Fabrik unter ausbeuterischen Bedingungen und verdiente nicht genug. Ähnlich wie Christine de Pizans *Stadt der Frauen* entstand also auch dieses Meisterwerk der feministischen Literatur aus Geldnot.

Magna cum laude wurde die Arbeit, die dem Bestseller zugrunde liegt, bewertet – die zweitbeste von vier möglichen Noten. Millet geht von Simone de Beauvoirs Thesen aus, dass Weiblichkeit als soziale Rolle anerzogen und nicht biologisch festgelegt ist. Sie betrachtet nun einige Punkte, in denen das soziale Geschlecht anerzogen wird. Dabei konzentriert sie sich vor allem auf die Darstellung von Sexualität und Liebe in der von Männern dominierten Kunst. D. H. Lawrence, Henry Miller und andere namhafte Künstler etc. zeichnen Sex aus einer patriarchalischen Perspektive, meint Millet, und festigen so die Herrschaft der Männer. Kunst als Ausdruck und Akteur der Herrschaft – und über die Darstellung erotischer Beziehungen eben auch männlicher Herrschaft und Heteronormativität (also Heterosexualität als Norm).[126]

Die männliche Leserschaft schäumte. Ganz besonders Norman Mailer, dessen *An American Dream* (1965) Millet aufs Korn genommen hatte. Er ein Sexist? Natürlich nicht! Diese Feministinnen mit ihren Versuchen, den Männern gleichzukommen, seien doch zum Scheitern verurteilt, meint er, schließlich gäbe es nun einmal biologische Unterschiede. Wir seien alle Gefangene unseres biologischen Geschlechts. *The Prisoner of Sex* nennt er folglich seine Erwiderung und arbeitet sich an ihren Thesen ab.[127]

Abgesehen von der immanenten Ironie, dass jemand, der die untergeordnete Frauenrolle als angeboren betrachtet, sich allen Ernstes nicht als Sexist sieht, ist Mailers Reaktion typisch für den gekränkten Stolz derer, deren Herrschaftsanspruch infrage gestellt und deren – sicher oft unbewusste – Machtmechanismen aufgedeckt wurden. Man kann Millet sicher vorwerfen, dass ihr Buch nicht so intellektuell brillant ist wie Beauvoirs. Oder auch, dass ihre Lektüre von Freud durchaus hinterfragbar ist.[128] Dennoch legt sie den Finger auf einen entscheidenden Punkt: die Rolle von Kunst und Sexualität für die Herrschaft des Patriarchats.

(Nun sollte die Konsequenz aus dieser Erkenntnis natürlich nicht sein, alle »patriarchalische« Kunst zu verbieten oder zu zensieren. Das widerspräche nicht nur einer freien Gesellschaft und würde jede echte Kunst unmöglich machen, denn wie Schiller richtig sagt, ist die Kunst eine Tochter der Freiheit. Es wäre auch schlichtweg dumm. Schließlich generiert Kunst nicht nur Rollenbilder, sondern reflektiert sie auch. An der Darstellung von Sexualität in der Kunst kann man also sehen, wie es um die Geschlechtergerechtigkeit dieser Gesellschaft bestellt ist.)

Millet setzte sich nicht erst seit gestern für die Rechte von Frauen ein. 1966 wurde sie in den Vorstand der *National Organisation for Women* gewählt. Ihre Kritik, die Bildung von Frauen an den Universitäten erziehe sie zu Hilfstätigkeiten und nicht zu Eigenverantwortung, schlug Wellen. *Token Learning* (1968) hatte zur Folge, dass erstmals Exzellenzinitiativen zur Förderung von Frauen entstanden.

1978 gründete sie auf ihrer Farm die *Art Colony for Women*, wo sie Künstlerinnen förderte. Die Farm verschaffte ihr ein Einkommen, und auch selbst war sie als Künstlerin aktiv: zeichnete, schuf Skulpturen und bestritt mehrere Solo-Ausstellungen.

Zeitweise geriet sie in Vergessenheit, hatte Angst vor Altersarmut, musste beruflich ums Überleben kämpfen. Nicht nur dem oft feindlichen Umfeld, auch ihren eigenen Dämonen musste sie sich stellen. Mehrfach wurde sie in die Psychiatrie eingewiesen, einmal (1980 in Irland) sogar zwangsweise mit Psychopharmaka behandelt. Sie verarbeitet diese Erfahrungen in ihrem Buch *The Loony Bin Trip (Der Klapsmühlentrip)*. Es ist ein Aufschrei gegen die Macht der Institution – der Psychiatrie und der autoritären Gesellschaft – und für die Autonomie des Individuums.[129] Marilyn Yalom vergleicht das Buch in der *Washington Post* mit dem berühmten Klassiker *Einer flog übers Kuckucksnest.*[130] Der Fall Millet zeigt eine zu allen Zeiten gültige Wahrheit: Kritiker*innen bestehender Herrschaftsverhältnisse werden gern für geisteskrank erklärt – nicht nur in der DDR, die für diese Methode zum Ausschalten unbequemer Kritik bekannt war. Und oft sind begabte Menschen eben auch sehr sensibel und leiden besonders unter den Zwängen restriktiver Gesellschaftsformen. Alt geworden ist Millet übrigens trotzdem. Erst 2017 starb sie in Paris, wo sie sich gerade mit ihrer Lebensgefährtin Sophie Keir aufhielt. Sie wurde 82 Jahre alt.

Die temperamentvolle Millet, die sich auch in ihren wissenschaftlichen Arbeiten nicht vor Emotionen scheute, hinterließ ein Standardwerk.[131] Entsprechend geht es auch in *Sexual Politics* nicht nur um Sex, sondern auch um Politik. Konkret: um Geschlechterrollen und Verdienst. Noch immer war es die Norm, dass Frauen im selben Job weniger verdienten als ein Mann. Unbezahlte Arbeit wie Haushalt und Kindererziehung wurde als »Frauenarbeit« betrachtet. Millet betont insbesondere die Ungerechtigkeit, die durch diese Zuschreibung entsteht: Ein Großteil der Arbeit in der Gesellschaft werde unbezahlt von Frauen erledigt. Dadurch allein schon entsteht ein asymmetrisches Machtverhältnis. Die Debatte um den Wert von Care-Arbeit ist eröffnet.

Der zweite Schwerpunkt ihrer Arbeit ist die sexuelle Revolution: Millet datiert die erste sexuelle Revolution zwischen 1830 bis etwa 1930. (Das ist in etwa die erste Welle des Feminismus.) Sie stellt ein Machtungleichgewicht in heterosexuellen Beziehungen fest, das auch mit dem Konzept von Sexualität zu tun habe (Frau unten, Mann oben). Entsprechend müssten Frauen sich stärker vernetzen und unterstützen – auch als Sexualpartnerinnen. Millet, die ihre eigene Homosexualität entdeckt und sich in der Folge 1985 scheiden lässt, wird in den 1970er-Jahren zu einer entschiedenen Befürworterin der lesbischen Liebe.

Vor allem aber geht es um Unterdrückung. Alles, was Macht bedeutet, so Millet – Polizei, Militär, Regierung, Universitäten, Industrie –, befindet sich in den Händen von Männern. Für Millet ist es daher sekundär, ob eine Gesellschaft sich in Kasten, religiöser Ordnung oder ökonomischen Klassen organisiert, da es das Patriarchat sei, das sie bestimme. Das stieß marxistischen Leser*innen sauer auf: Sie müssen ihr zwar zugutehalten, dass sie den sexistischen Charakter von Religion, Mythologie und Literatur dargestellt habe, werfen ihr aber Chaos in ihrer Gesellschaftsanalyse vor. Bei näherem Hinsehen allerdings nur deshalb, weil Millet den Vorrang der ökonomischen Klasse vor allem anderen, also die Ansicht der marxistischen Orthodoxie, ablehnt.[132] Wenn wir uns Engels' Schrift über die »heilige Familie« ansehen, werden wir sehen, dass es hier durchaus Bezugspunkte gibt.

Im Titel *Sexual Politics* ist der Slogan der 1968er-Bewegung[133] gewissermaßen schon integriert: Das Private ist politisch! Die 68er hatten die sexuelle Revolution vorangetrieben: die Enttabuisierung von Sexualität generell, aber auch von Homosexualität im Besonderen. Es ging nicht nur um die Frage, mit wem man schlafen durfte, sondern auch um allgemeine Fragen der Demokratie. Insbesondere in Deutschland spielten auch die Frage nach der Aufarbeitung der Nazizeit und die »Entfaschisierung« der Polizei eine Rolle (tatsächlich waren nach dem Zweiten Weltkrieg viele ehemalige SS-Männer in der Polizei untergekommen). Weltweit war antiautoritäre Erziehung ebenso ein Thema wie der Protest gegen den Vietnamkrieg.

In den USA machte die Frauenbewegung mit Aktionen gegen Misswahlen, Brautmessen und Schönheitssalons von sich reden. Das öffentliche Verbrennen von BHs, die als Folterinstrumente des Patriarchats gesehen wurden, machte Schlagzeilen. Die 68er-Frauen sind erkennbar marxistisch beeinflusst, doch gleichzeitig ist ihnen der Widerspruch bewusst: Denn obwohl der Marxismus viel theoretisches Handwerkszeug liefert (wie wir sehen werden), ist er doch in der Praxis ebenfalls von Männern dominiert, und die Frauenbefreiung ist dort zwar integriert, aber dem Klassenkampf nachgeordnet. So ist Millet nicht die Einzige, die das kritisiert. Auch Shulamith Firestone (1945–2012) sieht bei Frauen die Klassenzugehörigkeit eher als sekundär, da sie in erster Linie als Frauen wahrgenommen würden und damit das Geschlecht Klassencharakter habe. So verdienstvoll auch die Arbeiten von Marx und Engels seien, seien sie doch geschlechtsblind. In ihrem Buch *The Dialectic of Sex* (*Frauenbefreiung und sexuelle Revolution)* sieht die damals erst 25-jährige Firestone im Konzept der Liebe den zentralen Mechanismus zur Unterdrückung der Frau. Durch Liebe werde Abhängigkeit erzeugt. »Ich weiß, dass dies eine erschreckende Frage beinhaltet: Wollen wir die Liebe abschaffen?«, zitiert Alice Schwarzer einen der zentralen Punkte in Firestones Buch. Eine Frage, die offenbar gefährlich war. Wie Kate Millet wurde auch Firestone massiv angegriffen, derart zermürbt, dass auch sie sich, wie Millet, psychiatrischen Behandlungen unterziehen musste. Für achtundzwanzig Jahre verschwand sie aus der Öffentlichkeit. Nicht nur von außen kamen die Angriffe, auch untereinander waren sich die Feministinnen uneins.[134]

Dabei ist die Rolle der Sexualität im Patriarchat eine, wenn nicht die zentrale Frage der 68er. Der vielleicht wichtigste Text dazu ist erstmals 1968 in der von Firestone herausgegebenen Zeitschrift der

New York Radical Women erschienen: Anne Koedts T*he Myth of Vaginal Orgasm (Der Mythos vom vaginalen Orgasmus).* Die gebürtige Dänin setzt hier auf den damals neuesten Stand der Forschung: auf die Arbeiten des 1956 verstorbenen Biologen Alfred Kinsey über das menschliche Sexualverhalten (der sogenannte Kinsey-Reports) und die Laboruntersuchungen von Masters und Johnson zum menschlichen Sexualverhalten (auf sie geht die Einteilung in vier Erregungsphasen beim Sex zurück). Beide Arbeiten waren damals aufgrund des skandalumwitterten Themas zuhöchst umstritten. (Als »umstritten« bezeichnet man wissenschaftliche Erkenntnisse, die nicht allen, insbesondere dem vorherrschenden Diskurs nicht, passen.) Koedt nimmt diese Forschungsergebnisse auf, und ihr 15-Seiten-Heftchen hat es in sich.

Als wäre es nicht schon skandalös genug, dass man(n) endlich zugeben musste, dass auch die Frau ihren Anteil an der Fortpflanzung hatte, jetzt rückte dieser lästige Feminismus noch einem anderen Pfeiler (Verzeihung, das Wortspiel war zu verlockend!) der Männlichkeit zu Leibe: der Idee, dass eine Frau auch ohne Mann einen Orgasmus haben könne! Denn Koedt schreibt da so skandalöse Dinge wie: Der Orgasmus wird über die Klitoris ausgelöst – und damit ist vaginaler Sex keineswegs Voraussetzung.

Wie bitte? Wer braucht denn dann noch Männer?, dachte sich da so mancher vielleicht schockiert. Aber lesen wir doch einmal hinein:

Koedt sieht die Vorstellung, dass Frauen vaginal zum Orgasmus kommen, als Mythos, der allein die Bedürfnisse des Mannes stütze. Sexualität werde an Penetration geknüpft, doch kämen Frauen nicht durch die Penetration, sondern über die Klitoris zum Orgasmus. Entsprechend führe der Mythos vom vaginalen Orgasmus dazu, dass Frauen – genauso wie im Berufsleben – nicht als Individuen mit eigenen Bedürfnissen gesehen würden. Sie blieben so meist unbefriedigt, lernten, Orgasmen vorzutäuschen. Es werde ihnen vorenthalten, dass sie gar nicht auf Männer angewiesen sein, um ihre sexuellen Bedürfnisse zu befriedigen – ein weiterer Unterdrückungsmechanismus, um sie in Abhängigkeit zu halten. Die Anerkennung der Klitoris als entscheidendes Organ für den Orgasmus sei für das gesamte Geschlechterrollenbild von Bedeutung – und eröffne nicht zuletzt Frauen auch die Möglichkeit der Homosexualität. Heterosexualität sei damit kein Zwang mehr, sondern eine Option.[135]

Der physiologische Aspekt ist inzwischen teilweise überholt. Die weibliche Klitoris besitzt mehr Nerven und hat eine geringere Erregungsschwelle als der Penis, Frigidität muss also nicht zwangsläufig organische Ursachen haben. Eine Unterscheidung zwischen vaginalem und klitoralem Orgasmus ist vor dem Hintergrund neuerer anatomischer Forschung fragwürdig[136]: Die Urologin Helen O'Connell veröffentlichte 1998 eine viel beachtete Abhandlung[137], die überhaupt erst zeigte, wie schlecht die Klitoris im Vergleich zum Penis anatomisch untersucht ist. Sie fand heraus, dass die Klitoris weit größer ist als bisher angenommen und mitnichten nur aus dem äußerlich sichtbaren Teil besteht. Der Schwellkörperanteil ist sogar größer als beim Mann. Und im Inneren des Körpers berührt die Klitoris die vordere Vaginawand, weshalb der berühmte »G-Punkt« tatsächlich kein Mythos ist (was die betroffenen Frauen natürlich auch schon vorher und ganz ohne Sexualwissenschaftler*innen wussten …). Die Orgasmusfähigkeit hat neben einer psychologischen mit hoher Wahrscheinlichkeit auch eine genetische Komponente, sodass die Frage, ob durch Penetration ein Orgasmus erreicht wird, individuell sehr unterschiedlich ausfallen kann.[138]

Auch wenn wir heute mehr über den anatomischen Aspekt wissen und manches fragwürdig ist, bleibt Koedts Text aktuell, da das Verständnis von Sexualität immer auch eine Aussage über Rollenhierarchien darstellt. Für die Lesbenbewegung war er von entscheidender Bedeutung. Texte wie dieser waren der Anlass dafür, den Feminismus als »Lesbenbewegung« zu titulieren. Tatsächlich ist er eher ein Beweis dafür, wie wichtig es ist, dass sich queere und nicht queere Gruppen nicht gegeneinander ausspielen lassen. Denn einerseits trug Koedt natürlich dazu bei, (weibliche) Homosexualität zu enttabuisieren.

Gleichzeitig aber half sie auch heterosexuellen Frauen. Einerseits, weil die zunehmende gesellschaftliche Akzeptanz von Homosexualität auch die Position heterosexueller Frauen verbesserte: Lesben konnte man nicht mit dem Argument abspeisen, ein Teilzeitjob genüge, da sie ja vom Mann ernährt würden. Das machte es auch schwieriger, dasselbe mit heterosexuellen Frauen zu tun. Andererseits: Dass Männer heute (im Normalfall) um die eigene Sexualität von Frauen und wie man diese stimuliert wissen, verdanken wir nicht zuletzt der Lesbenbewegung. Hier hat der Feminismus zweifellos auch die erotischen Fähigkeiten von Männern verbessert. Von wegen lustfeindliche Feministin!

Unbequeme Wahrheiten sind gefährlich: Auch Koedt war nach ihrem Text Anfeindungen ausgesetzt, zog sich zurück. Wie so oft, wurde alles, was den herrschenden Diskurs gefährdete, erst einmal niedergebrüllt.

Mitten in Europa rüttelte der 68er-Feminismus an einer besonders massiven Bastion des Machismo: In Deutschland war es noch nicht lange her, dass der Nazi-Faschismus zu Ende gegangen war. Hier verstand man sich als gesamtgesellschaftliche demokratische Bewegung, die vor allem eine Wiederholung der (Nazi-)Geschichte verhindern wollte. Dies wird besonders 1968 deutlich, als in Westdeutschland die Notstandsgesetze verabschiedet wurden. Zum ersten Mal, seit die Nazis mithilfe des »Ermächtigungsgesetzes« den Notstand benutzt hatten, um eine Diktatur zu errichten, war damit eine Einschränkung der Grundrechte wieder möglich. Entsprechend wurden die Gesetze in weiten Teilen der Bevölkerung äußerst kritisch gesehen und mit dem Nazi-Ermächtigungsgesetz verglichen. Der spätere Bundeskanzler und damalige Außenminister Willy Brandt (SPD), dessen Partei die Gesetze mit beschlossen hatte, gab sich überzeugt, dass ein Missbrauch auf massivsten Widerstand stoßen würde: »Wer einmal mit dem Notstand spielen sollte, um die Freiheit einzuschränken, der wird meine Freunde und mich auf den Barrikaden zur Verteidigung der Demokratie finden, und dies ist ganz wörtlich gemeint.«[139] Allerdings teilten die wenigsten seinen Optimismus, die Politiker*innen im Fall eines Missbrauchs durch die Politik auf den Barrikaden zu finden. Nach der Erfahrung des Nationalsozialismus kamen die Notstandsregeln vielen nur allzu vertraut vor. Insbesondere in den Reihen der 68er-Bewegung formierte sich massiver Widerstand. Die Studentenproteste waren Ausdruck eines eher distanzierten Verhältnisses zum Staat, was angesichts der massiven Polizeigewalt gegen die Demonstranten auch nicht überraschend ist. An den Universitäten nahm man kein Blatt vor den Mund. Ein Transparent an der TU Berlin bezeichnet den damaligen Bundeskanzler Kiesinger (CDU), der maßgeblich für die Notstandsgesetze verantwortlich war und während der Nazizeit Parteimitglied der NSDAP gewesen war, als »erst NS-Propagandist, jetzt Notstandsplaner« (wobei das N und das S in »Notstandsplaner« im selben Rot gehalten waren wie »NS«).[140]

Wieder sehen wir die enge Beziehung zwischen Frauenrechten und Menschen- bzw. Grundrechten allgemein. Denn die Personen, die gegen die Notstandsgesetze auf die Straße gingen, waren dieselben, die für freie Sexualität eintraten. Die Autoritätskritik der Frankfurter Schule war dabei durchaus eng verknüpft mit der Frage sexueller Befreiung: Herbert Marcuse und seine Arbeit *Triebstruktur und Gesellschaft* (1957, auf Englisch bereits zwei Jahre vorher) beeinflusste die Sichtweise der 68er, dass die Unterstützung autoritärer Diktaturen auch durch unterdrückte Triebe befördert worden sei. Allerdings war es natürlich nicht allein die Philosophie, welche die sexuelle Revolution beflügelte. Ganz praktische Gründe wie die Entwicklung der Pille 1960 spielten dabei auch eine Rolle. Der Bezug zum Pazifismus (in diesem Fall Ablehnung des Vietnamkriegs) lässt sich ebenfalls bei fast allen Feministinnen der zweiten Welle deutlich erkennen. Auch bei jener Feministin, die schon bald als moderne Hexe tituliert wurde:

Alice Schwarzer

Es ist die Show des Jahres 1975. Die »Hexe mit dem stechenden Blick hinter der Brille«[141], wie die Zeitungen schreiben, gegen die stets schicke Freundin der Männer! Nichts ist besser für die Quote als Frauencatchen. Lange vor der eigentlichen Erfindung des Fernsehduells haben diese beiden das Ganze schon durchexerziert: Esther Vilar und Alice Schwarzer.

Die Konstellation könnte nicht besser sein: Mit Esther Vilar (geboren 1935) steht die Autorin eines Bestsellers auf der Bühne, der sich seit 1971 in Deutschland wie geschnitten Brot verkauft: *Der dressierte Mann* geht davon aus, dass es nicht Männer sind, die Frauen unterdrücken, sondern umgekehrt! Subtil seien die Methoden, sirenenhaft, aber dennoch ungemein effektiv. Déjà-vu: Da ist es, das Meerschweinchen von Reinhard Mey! (»Du hast mich wie ein Meerschweinchen dressiert«, intonierte er genau ein Jahr später: Annabelle, ach Annabelle, dein Freund liest offenbar Esther Vilar!) Die in Argentinien geborene Tochter deutscher Auswanderer hat nicht viel übrig für die feministische Bewegung, ist der Ansicht, sie bestehe größtenteils aus Lesben und »männlichen Feministen« (*Das Ende der Dressur*, 1977). Und sowieso sei der Feminismus eine Erfindung der Männer![142]

Ihre Gegnerin, die 1942 geborene Alice Schwarzer, hat ebenfalls schon einige Bekanntheit erlangt. Die Journalistin hat in Paris gelebt und gearbeitet, wo sie vor allem über die Folgen der 1968er-Bewegung schrieb und Simone de Beauvoir und Jean-Paul Sartre kennengelernt hat. Ebenfalls 1971 hat sie mit einer internationalen Kampagne Aufsehen erregt: Der französische *Nouvel Observateur* hatte das Bekenntnis von 343 teils sehr prominenten Frauen veröffentlicht, abgetrieben zu haben. Schwarzer brachte die Kampagne nach Deutschland. Zwei Bücher hat sie bereits geschrieben, als der WDR das unmoderierte Gespräch zwischen ihr und Esther Vilar im Februar 1975 ausstrahlt.

Heftig wird im Nachgang diskutiert, wer das Fernsehduell nun gewonnen habe. Die *Hörzu* meint, die Frauen hätten für Schwarzer, die Männer für Vilar Partei ergriffen.[143] Nachvollziehbar ist die Position (vieler, aber sicher nicht aller) Männer nur vor dem Hintergrund der damals noch viel stärker ausgeprägten patriarchalischen

Ordnung. Fassen wir das Gespräch[144] einmal kurz zusammen (und kommentieren es in Klammern):

Ausgangspunkt ist Vilars Buch *Der dressierte Mann*, in dem sie die These aufstellt, das eigentlich unterdrückte Geschlecht sei der Mann. Die Frauen sollten nicht jammern (die »unterdrückten« Männer allerdings dürfen das schon). Die bedauernswerten Männer müssten schließlich arbeiten und Geld verdienen. (Wenn das Geldverdienen so unattraktiv war, warum benötigten Frauen dann damals noch die Erlaubnis ihres Ehemanns, um es zu tun? Dann hätte doch jeder Mann froh sein müssen, wenn seine Frau ihm diese lästige Aufgabe abnimmt und er es sich hinterm Herd bequem machen kann.) Gewalt, wie zum Beispiel das Schlagen der Ehefrau oder auch Vergewaltigung in der Ehe? Da sollen die Frauen sich nicht so anstellen. Entsprechend beginnt Schwarzer das Gespräch mit der diplomatischen Frage, ob Vilar das alles wirklich ernst meine oder es nicht einfach eine schlechte Satire sei. Oder schlichtweg Dummheit. (Also mit derselben Frage, die auch dem Autor von *Ob die Weyber Menschen sein?* gestellt wurde.)

Sie meine es ernst, bestätigt Vilar mit sanfter, etwas salbungsvoller Stimme. Sie stehe für einen weiblichen Feminismus. Der Feminismus wie Schwarzer ihn vertrete, sei ja eigentlich eine Männeridee. (Vilar erleuchtet das Publikum leider nicht, aus welchem Interesse heraus und mit welchem Ziel Männer den Feminismus hätten erfinden sollen.) Feminismus stamme von Männern, die Frauen so sähen, wie es ihnen ihre Mütter beigebracht hätten. (Moment: Wenn die Mütter es ihnen beigebracht haben, dann wäre der Feminismus ja doch wieder weiblich. Und wo genau sind die Männer mit den einschlägigen Texten, auf welche sich die Frauenbewegung beruft?) Aus den Nachfragen von Schwarzer ist zu entnehmen, dass sie sich dabei auf Engels und Freud bezieht. (Nun sind zwar beide in ihrem jeweiligen Bereich wichtige Denker, doch für die Frauenbewegung sind andere Autorinnen viel wichtiger.) Entsprechend führt Schwarzer an, dass auch Engels von Flora Tristan (1803–1844) inspiriert wurde.

Und in der Frauenbewegung gäbe es auch wichtige Texte von Frauen, etwa von Simone de Beauvoir. Vilar bleibt unbeeindruckt und weiß zu berichten, Beauvoir habe ihr Buch – das im Übrigen unoriginell sei – nicht selbst geschrieben (leider vergisst sie zu erwähnen, woher sie das weiß). Schwarzer kontert, das sage man jeder schreibenden Frau nach. Übrigens auch Frau Vilar. (De facto ist es indes meist umgekehrt. Die französische Schriftstellerin Colette [1853–1954] beispielsweise schrieb nachweislich Bücher unter dem Namen ihres ersten Mannes und blieb als sein Ghostwriter im Schatten, während er ihre Lorbeeren erntete.)

Auf die Frage nach ihrer Motivation erwidert Vilar, sie könne den »Quatsch« nicht mehr aushalten. Nicht Frauen, sondern Männer seien unterdrückt. (Die Frage kommt mehrmals. Vilar antwortet jedes Mal in fast denselben Worten, was einstudiert wirkt.) Schwarzer rechnet vor, dass heutzutage (1975) Frauen zwei Drittel der Arbeit erledigen (unbezahlte Care-Arbeit plus Lohnarbeit), für ihre Arbeit aber entweder gar nichts (Care-Arbeit) oder einen mit den Männern nicht vergleichbaren Lohn erhielten. Vilar hält dagegen, Frauen würden indirekt über die Männer bezahlt, da diese ihnen Haus und Kleider finanzieren. (Das ist in etwa so, als würde man den Arbeitern sagen, sie seien in Wirklichkeit doch die echten Unterdrücker ihrer bedauernswerten Arbeitgeber, weil sie diese ja die ganze Management-Arbeit machen ließen! Wenn das Unterdrückung ist, wer möchte da nicht unterdrückt werden? Hätte Vilar de Beauvoir etwas genauer gelesen, wüsste sie, dass diese genau auf dieses Argument zu sprechen kommt: auf die These vom *low class gain*, dass die Unterprivilegierten in Wahrheit privilegiert seien, da sie keine Verantwortung trügen. Ironisch kommentiert de Beauvoir, dass die Landstreicher, die in Lumpen auf dem Trottoir schlafen, wahrhaft beneidenswert seien![145])

Schwarzer, die immer wieder nachhakt, spricht Vilar auch auf ihr gewaltorientiertes Bild von Sexualität an. Für sie sei es also in Ordnung, wenn ein Mann seine Frau schlägt, weil sie einen Liebhaber hat? Vilar erwidert, Liebe zeige sich eben auch durch Eifersucht. (Eine klassische Rechtfertigungsstrategie gewalttätiger Männer. Kein Wort dazu, dass es ein Unterschied ist, ob jemand einfach nur eifersüchtig ist oder ob er deshalb gewalttätig wird.) Und als Schwarzer sie darauf anspricht, dass sie auch sexuelle Gewalt bagatellisiere – Frauen sollten sich nicht so anstellen, zweimal die Woche könne man ja wohl die Beine auseinanderbekommen, ob es nun Spaß macht oder nicht –, wird die Debatte hitziger. Schwarzer wirft Vilar vor, sie sei eine tragische Figur, die sich von Männern, die sie insgeheim für dumm halten, einspannen ließe. Vilar gibt zu, das »Jahr des Mannes« zu PR-Zwecken ausgerufen zu haben. Es ginge aber um die Idee. Diese Idee greift Schwarzer an: Vilar verrate ihr Geschlecht, ihre stereotypisierende, menschenverachtende Darstellung von Frauen sei faschistisch und des *Stürmers* würdig. Vilar (deren Eltern wegen der jüdischen Herkunft ihres Vaters unter den Nazis Deutschland verlassen mussten) gibt die Vorwürfe zurück: Die wahre Faschistin und Verräterin am eigenen Geschlecht sei Schwarzer. Auf die Gegenfrage, wo der Unterschied sei zwischen »Juden wollen nur Geld« und »Frauen sind dumm und wollen nur das Geld des Mannes« wechselt sie das Thema.

Der letzte Teil wird wieder etwas ruhiger. Wehrpflicht versus Schwangerschaften, Pensionsalter versus Care-Arbeit werden diskutiert. Vilar hält die Doppelbelastung arbeitender Frauen für einen Mythos. Schwarzer stimmt ihr zu, dass auch Männer Opfer des Systems seien. Aber Frauen würden nicht nur von den Zwängen der Gesellschaft, sondern zusätzlich noch von Männern zu Opfern gemacht. Ein Arbeiter, der schlecht behandelt werde, gehe nach Hause und lade seinen Frust bei seiner Frau ab. Manche Männer würden zwar im Haushalt »helfen«, aber eben nur wenig. Und das ändere nichts daran, dass Hausarbeit nach wie vor als Frauenarbeit betrachtet werde. Vilar hält dagegen, Frauen sollten nicht immer jammern. Zwei Drittel der Frauen, mit denen sie spreche, seien glücklich. Schwarzer hält dagegen, dass sich das angebliche Glück, wenn man länger mit diesen Frauen spreche, meist völlig anders anhöre. (Keine von beiden sagt allerdings, dass, selbst wenn nur eine einzige Frau unglücklich wäre, das schon genügen würde. Menschenrechte sind Rechte des Individuums, nicht irgendwelcher Gruppen, und spätestens seit Simone de Beauvoir wissen wir ohnehin, dass es »die« Frau nicht gibt!)

Die Debatte war damals insofern neu, als zwei Frauen ohne einen Mann auf der Bühne saßen. Und sich gegenseitig nichts schenkten. Aus heutiger Sicht ist sie ein Zeitdokument – und ein ziemlich unheimliches. Vilar ist eigentlich nur als Antwort des Establishments auf die 68er-Bewegung zu erklären, als Maskottchen des zurückschlagenden Patriarchats. Hochgejazzt von den Medien ist eigentlich nichts an Vilar neu: Sie sammelt im Grunde nur alle misogynen Stereotype der vorhergegangenen Jahrhunderte, von *Ob die Weyber Menschen seyn?* und Max Funke (zusammengefasst etwa: »Männer haben den Größeren!« … Kopf, natürlich) bis zu den von Hedwig Dohm demaskierten »Antifeministen«. Das allerdings mit einer Kombination aus Menschenverachtung und fehlender Logik, die gelinde gesagt befremdend ist:

1975 war die Allgemeine Erklärung der Menschenrechte schon fast dreißig Jahre alt. Und dennoch gelten Rechte auf freie Entfaltung der Persönlichkeit, auf Freiheit und Arbeit offenbar bei Vilar nicht. Gewalt in der Ehe hält sie für normal. In einer Zeit, in der Frauen gerade mal seit dreizehn Jahren ein eigenes Konto führen dürfen, in der sie Männer noch um Erlaubnis fragen müssen, wenn sie arbeiten möchten, und mehr oder weniger straflos von ihren Ehemännern vergewaltigt werden können, verkündet sie, das wahrhaft unterdrückte Geschlecht sei der Mann. Gleichzeitig zieht sie nicht den logischen Schluss aus dieser Feststellung: dass man die Männer, um sie von dieser Fron des Alleinverdieners zu befreien, konsequenterweise an den Herd schicken müsse. Ebenso wenig erklärt sie, ob der Mann denn nun in der konventionellen Hausfrauenehe der Dressierte sei (dann müsste er ja eigentlich Feministinnen die Hand küssen, weil sie die armen Männer vor dieser Hausfrauenehe retten) oder aber durch die moderne Emanzipation unterdrückt würde (dann aber wäre das Gejammer über die »Dressur« der Männer zum Alleinverdiener Unsinn, denn die Feministinnen traten schließlich vehement für das Recht der Frauen zu arbeiten ein). Fehlende Logik zieht sich durch jede ihrer Thesen, man könnte es auch schlichtweg »Doppelmoral« nennen. Denn die Behauptung, »Eifersucht (und dadurch motivierte Gewalt) zeugt von Liebe«, gilt natürlich nur für Männer. Was Vilar über Gleichberechtigung in diesem[146] Bereich denkt, lesen wir in einem weiteren Buch aus ihrer Feder: *Das polygame Geschlecht. Das Recht des Mannes auf zwei Frauen* (München 1974).

Esther Vilar sitzt heute (2023) übrigens im Beirat der Giordano-Bruno-Stiftung (der, wenig überraschend, zahlenmäßig auf geradezu absurde Weise von Männern dominiert wird).[147] Die atheistische Stiftung macht sich damit für Frauen auch nicht attraktiver als die Kirchen.

Für Schwarzer hat sich das Streitgespräch in jedem Fall gelohnt. Mit einem Schlag ist sie Deutschlands bekannteste Feministin. Ein Ruf, den sie mit ihrem dritten Buch, *Der kleine Unterschied und seine großen Folgen* (1975), und ihren Interviews mit Simone de Beauvoir (erschienen 1983) festigt.

Dabei hatte das Buch anfangs niemand drucken wollen. Die Verlage waren der Ansicht, für den *Kleinen Unterschied* gäbe es kein großes Publikum. Schwarzer setzt sich – wie vor ihr de Beauvoir, Millet und Koedt – mit Sexualität als Instrument der Unterdrückung von Frauen auseinander.[148] Wie schon ihre Vorläuferinnen im 19. Jahrhundert fordert sie freie Sexualität – eine Forderung, die nach der 68er-Bewegung natürlich eine ganz andere Schlagkraft entwickeln konnte als um die Jahrhundertwende. Sexualität sei der »Angelpunkt« der Frauenfrage, »Spiegel und Instrument« ihrer Unterdrückung. Genau wie Betty Friedan interviewt Schwarzer Frauen, und sie nimmt die Ergebnisse aus Kate Millets *Sexual Politics* und die von Anne Koedt auf. Und genau wie bei den Veröffentlichungen aus den USA erzeugt auch dieses Buch einen kleinen Donnerschlag, der die Mauern des Patriarchats erschüttert. Die meisten Leserinnen erleben ein Déjà-vu.

Ob es die Ehegattin ist, die ihrem Mann als kostenlose Sekretärin dient, diejenige, die von ihrem Gatten offenbar als fest angestellte Prostituierte betrachtet wird (er sieht nicht ein, sie zu versorgen, wenn sie nicht mit ihm schläft), oder auch die vielen Frauen, die beim Sex Schmerzen haben, sich unwohl oder als Objekt fühlen, weil sie einfach nur daliegen und es passieren lassen.[149] In ihrem Fazit prangert Schwarzer die Machtstrukturen beim klassischen Koitus an und definiert die »Zwangsheterosexualität«, so wie es vor ihr Koedt getan hatte, als kulturelles Konstrukt.[150] Schwarzer schreibt nicht als Wissenschaftlerin, sondern als Journalistin: Es geht ihr darum, eine große Öffentlichkeit für Themen zu erreichen, die früher als Privatsache von Frauen betrachtet wurden. Das gelingt ihr. Das negative Bild von Sexualität, das viele Frauen haben, und Gewalt in Beziehungen werden plötzlich diskutiert.

Neben dem *Kleinen Unterschied* ist Schwarzer vor allem über ihre Zeitschrift *Emma* bekannt. Mit der Gründung im Jahr 1977 will sie Frauenspezifisches, das damals sonst schwer in den Medien unterzubringen ist, einem größeren Publikum zugänglich machen. Seither greift sie hier immer wieder teils heftig diskutierte Themen auf – auch solche, die von anderen Medien tabuisiert werden. Heute ist Alice Schwarzer beispielsweise für ihre Ablehnung des islamischen Kopftuchs bekannt, ebenso wie für ihren Pazifismus (2023) oder ihre Position zur Transgeschlechtlichkeit. Bereits 1979 reiste sie in den Iran, nachdem iranische Frauen einen Hilferuf veröffentlicht hatten. Khomeinis Regime hatte weibliche Hilfe beim Sturz des Schahs zwar gern in Anspruch genommen, wandte sich jetzt aber mit Zwangsverschleierung gegen die Frauen und schloss sie zunehmend vom öffentlichen Leben aus. Margaret Atwood setzte einige Jahre danach mit ihrem Roman *The Handmaid's Tale* (deutsch *Der Report der Magd*) das Unbehagen vieler Frauen angesichts der Rückkehr radikalpatriarchalischer Kräfte künstlerisch um (sie nennt explizit den Iran als eines der Vorbilder für ihren dystopischen Unrechtsstaat Gilead).

Ein Gedanke wurde in der Diskussion Schwarzers mit Vilar übrigens nicht ausgesprochen: Das Argument, Gleichberechtigung liefe auf eine Unterdrückung der Männer hinaus, ist eines der ältesten Argumente des Patriarchats, die schon in Hedwig Dohms *Antifeministen* entlarvt wird: als Manipulationstechnik, um Frauen, die für gleiche Rechte kämpfen, zu diskreditieren und als »nicht liebenswert« und »tyrannisch« zu entmutigen. Esther Vilar erweist sich hier als Kopistin misogyner Kreise des 19. Jahrhunderts. Ihre These ist 1971 weder neu noch korrekt.

Antifeminist(inn)en gibt es eben zu jeder Zeit.

Fatima Mernissi

Feministinnen können überall geboren werden. Aber dass eine aus einem Harem kommt, das war doch starker Tobak für den sogenannten Westen. Und doch ist es so – auch wenn man sich die Sache farbenfroher vorstellt, als sie ist. In Fez in Marokko erblickte Fatima Mernissi (1940–2015) das Licht der Welt. Sie sollte nicht nur eine der wichtigsten Intellektuellen der arabischsprachigen Welt werden, die Grande Dame der Demokratiebewegung in Marokko, sondern auch eine ihrer bedeutendsten Feministinnen.

Ja, schön und gut, aber was ist nun mit dem Harem? *Harem* ist eigentlich nur das arabische Wort für den Privatbereich eines Hauses, also den Teil, zu dem Fremde keinen Zutritt haben. Wie viele Ehefrauen (plus Schwiegermütter, Mütter, Schwestern, Töchter, und je nach Rechtslage Sklavinnen etc.) dort leben, ist völlig egal. Im Fall von Mernissis Vater gab es nur eine Ehefrau. Aus dem Harem zu kommen, ist also eigentlich gar nichts Besonderes; es trifft für alle muslimischen Feministinnen der älteren Generation zu. Mernissi hat das Stereotyp des Harems zwar gern belächelt, aber auch genauso gern damit kokettiert, in einem geboren zu sein.

Ursprünglich wollte sie Schauspielerin werden. Ihre Familie erlaubte keine Bühnenkarriere, also studierte sie in Paris und in den USA. Nach dem Tod ihres Mannes kehrte sie in den 1980er-Jahren nach Marokko zurück, wurde Professorin für Soziologie in Rabat. Und landete zeitweise auf dem Index. Das brachte ihr auch eine Bühne ein – allerdings ganz anderer Art. Hatte Filmstar Asmahan damals im Dreivierteltakt die »Nächte der Geselligkeit in Wien« besungen, sorgte Frau Professor Mernissi für Tage der Unruhe in Rabat. Der Stein des Anstoßes: ihr Werben für eine moderne Koran-Interpretation und ihre offenen Worte über die Rolle der Frau und über Sexualität. Und natürlich, wie könnte es anders sein, ihr Einsatz für mehr Demokratie. Wut statt Walzer.

Ähnlich wie in Europa und den USA hatte sich die Stellung der Frauen in der islamischen Welt seit den 1920er-Jahren verbessert. Aber auch hier gab es konservative Kreise, denen das Frauenwahlrecht und die neue Freiheit vom Schleier missfielen. In vielen Ländern hatten Frauen gemeinsam mit den Männern gegen die Kolonialherrschaft gekämpft und erwartet, dass sie nun – seit den 1950er- und 1960er-Jahren – mehr Freiheiten haben würden. Und wie so oft wurden sie enttäuscht. Dazu kam noch der fundamentalistische Backlash, der vor allem seit den 1980er-Jahren, nicht zuletzt durch die Förderung westlicher Mächte, insbesondere den Frauen das Leben schwermachte. Die vermehrte Benachteiligung der Frauen ging mit einem zunehmend autokratischen Regierungsstil einher. Für Fatima Mernissi hängt beides zusammen.

Mernissi sieht die Rolle der Sexualität im Islam – anders als im Christentum – im Grunde positiv. Traditionell ist Sexualität natürlich auch im Islam, wie in allen patriarchalisch geprägten Religionen, vor allem für Frauen reglementiert. Aber anders als im Christentum wird Sex per se nicht als etwas Negatives betrachtet, sondern als natürliches menschliches Bedürfnis. Mernissi betont immer wieder, dass die Frauen im Islam nicht von Beginn an verschleiert und den Männern untergeordnet waren (womit sie recht hat, wie wir noch sehen werden). Dass es vor allem die Koran-Exegese sei, die das restriktive Frauenbild geprägt habe. Die Frauenbewegung der islamischen Welt will sie als gemeinsames Projekt mit Männern verwirklichen. Einerseits, weil Männer wie Qasim Amin, der sich um 1900 für ein Ende der Verschleierung einsetzte, viel für die Frauenbewegung getan hätten (genüsslich zitiert sie seine Einschätzung, Männer verschleierten Frauen, weil sie Angst vor ihnen hätten), andererseits und vor allem aber deshalb, weil die Trennung der Sphären von Männern und Frauen in der islamischen Welt schon viel zu lange institutionalisiert worden sei und es Zeit wäre, das zu ändern.[151]

Wie viele Feministinnen verbindet auch Mernissi Frauenrechte und Demokratie aufs Engste miteinander. Der Ruf nach dem Schleier ist für sie immer ein Zeichen, dass sich autoritäre Tendenzen breitmachen. Wo Männlichkeit zum Privileg wird, das einem Freiheiten garantiert, die andere – hier Frauen – nicht haben, da ginge es darum, die Rechte aller zu beschneiden. Man begänne mit Einschränkungen von jenen, die ohnehin schon schlechter gestellt sind. So sichere man sich die Unterstützung derer, die (noch) privilegiert seien. Aber dann, früher oder später, werde man auch ihre bürgerlichen Rechte beschneiden. Der Ruf nach dem Schleier ist für sie außerdem ein Versuch, die Frauen aus der Arbeitswelt zu entfernen. Hinter dem Schleier stecken also knallharte kapitalistische Interessen: Mit seiner Hilfe könne man von einem Tag auf den anderen die Zahl der Arbeitslosen halbieren.[152] Deshalb sieht sie ihn enorm kritisch. Für Mernissi ist klar: Der Schleier bedeutet, die Trennung der männlichen und weiblichen Sphäre wieder salonfähig zu machen. Wo diese Forderung aufkomme, ginge es im Grunde darum, die Frauen wieder ins Haus zu verbannen. »Im Namen der Tradition gegen die zivile Gesellschaft« überschreibt sie deshalb das Vorwort zu ihrem Buch *Die vergessene Macht*. Bei Schleier wie Terrorismus gehe es darum, gewaltsam autokratische Prinzipien durchzusetzen. Insbesondere die Ölstaaten förderten mit Unsummen konservative Bewegungen, welche alte, frauenfeindliche Traditionen neu beleben wollten, um letztlich gegen alle demokratischen Formen Krieg zu führen und jeden Ansatz einer zivilen Gesellschaft zu schwächen. Der Schleier ist daher in ihren Augen auch eine Botschaft an die Männer: die Aussage, dass bürgerliche Teilhabe nicht selbstverständlich ist. Er verschleiere die realen Probleme wie Arbeitslosigkeit und Perspektivlosigkeit und gewöhne die Menschen an eine antidemokratische Gehorsamsethik. Insbesondere der ägyptische Präsident Sadat habe diese Politik mit Mitteln aus Saudi-Arabien gefördert. Das Verschleierungsgebot sei eine Form des Terrorismus, weil es jede persönliche Entfaltung unterdrücke. Die Frauen sollen, schreibt sie, »in der Öffentlichkeit eine Maske tragen, um zu zeigen, dass sie Ausgestoßene sind«. Das habe Auswirkungen auf die Wahrnehmung des eigenen Körpers: Er werde als negativ, als gefährlich konnotiert. Doch die Unterdrückung der Frauen sende auch den Männern eine Botschaft: Haltet euch aus der Politik heraus, sonst geht es euch genauso! Das Argument, so sei eben »die« islamische Kultur, sei Unsinn. Auch die Befürworter der Sklaverei hätten sich auf die Kultur berufen.[153]

Nicht jeder Schleier ist aus Stoff. Eine Frau, die sich versteckt, ist verschleiert, meint Mernissi, ob sie ein Tuch trägt oder nicht. Deshalb legt sie Wert darauf, dass die Frauen den Mund aufmachen. Dass sie selbst neu definieren, wie sie Weiblichkeit verstehen wollen. Dass Mernissi so offen über die Rolle von Religion bei der Diskriminierung von Frauen sprach, machte sie zum Hassobjekt der Fundamentalist*innen – und weltweit zu einer Inspiration für Frauen, eigene Wege zu gehen, anstatt sich über Männer und deren Ziele zu definieren. Nicht Mittel zum Zweck sein. Die eigene Leistung macht eine Frau aus. Wovor die religiösen Fanatiker am meisten Angst hätten, schreibt Mernissi, sei die Akademikerin, die moderne Mittelschichtsfrau, die mit unbedecktem Haar am Steuer ihres eigenen Autos sitzt, in der Handtasche den eigenen Pass, und die den Mund aufmacht. Immer wieder nennt sie die Verschleierung eine Maske: Autokraten und Fundamentalisten wollten die Frau eingesperrt und maskiert.[154] »Aber Weiblichkeit darf nicht länger gleichbedeutend mit Gehorsam und Hingabe sein. Es ist Sache der Frauen, den Begriff durch Initiative, Leistung und schöpferische Kritik neu zu bestimmen.«[155]

Also genau wie überall auf der Welt.

Ergebnisse der zweiten Welle: Recht auf sexuelle und reproduktive Selbstbestimmung, ökonomische Unabhängigkeit

Die zweite Welle des Feminismus reagiert auf den Backlash der 1950er-Jahre, der die hart erkämpften Rechte in Gefahr brachte. Fortschritte bei der Befreiung der Frauen waren zum Stillstand gekommen, sogar Rückschritte hatte es gegeben. Denn die heile Welt der amerikanischen Vorstadt, des deutschen Heimatfilms hatte eine düstere Kehrseite: Gewalt gegen Frauen, Abhängigkeit und Unmündigkeit, Verzweiflung. Welche Frau will schon ihren Lebenssinn allein in der Erfüllung der Bedürfnisse anderer finden? Depression und Abhängigkeiten waren für viele die Folge.

Erlauben wir uns zum Abschluss noch eine Fortführung der von Kate Millet initiierten Kunstanalyse und machen einen Ausflug in die Populärkultur!

Das Maskottchen der alten weißen Männer, Esther Vilar, bekommt nämlich bald nach dem Streitgespräch noch eine cineastische Gegenspielerin: Carrie Fisher (1956–2016)! Bis in diese Zeit sah man nur selten wirklich starke Frauen im Kino, und wenn, dann waren sie meist entweder die Gegenspielerin des Helden (wie Milady de Winter in *Die drei Musketiere)*, oder sie starben einen unzeitigen Tod (gern auch beides). Ansonsten mussten sie gewöhnlich früher oder später vom Helden gerettet werden. Das ändert sich nun. Gerade mal zwei Jahre nachdem Vilar im deutschen Fernsehen verkündet, der Mann sei das wahrhaft unterdrückte Geschlecht und Frauen sollten sich nicht so haben, wenn sie vergewaltigt oder geschlagen werden, kam *Eine neue Hoffnung* für die Frauenbewegung: Der Mythos vom weißen Ritter, der Prinzessinnen rettet, fand ein jähes und reichlich ironisches Ende mit Prinzessin Leia aus dem Kultfilm *Star Wars*: *Eine neue Hoffnung* (1977)! Während in den Wohnzimmern noch die alten Doris-Day-Filme über die Bildschirme flimmerten, ballerte im Kino ein winziges Fräulein mit Laserkanonen herum und schnauzte ihren fast doppelt so großen weißen Ritter an: »Ab in den Müllschacht, Flieger-ass!«

Zugegeben, die finale Sympathie der Männer gewann sie wohl auch auf die altmodische Art: mit ihrem goldenen Metallbikini 1983. Doch zum Ende der 1970er-Jahre ist die unabhängige Frau, die sich selbst retten kann, zum ersten Mal massentauglich.

Was wir hier mit einem Augenzwinkern bemerken, hat ernste Hintergründe. Die zweite Welle des Feminismus richtet ihre Aufmerksamkeit auf die noch immer bestehende rechtliche Ungleichheit der Geschlechter. Das alte Thema reproduktive Selbstbestimmung bleibt aktuell (erlaubt wird zwar Verhütung, nicht jedoch Abtreibung; die Kirchen ächten auch Verhütung weiterhin). Das Schlagwort »Mein Bauch gehört mir!« macht Furore. Und schließlich richtet die zweite Welle ihre Aufmerksamkeit auf das Thema sexualisierte und häusliche Gewalt. Themen, die bis dahin entweder unter den Tisch gekehrt wurden oder sogar als »normal« galten: Vilars Aussagen dazu hinderten die Medien nicht, sie zu hofieren. Vergewaltigung in der Ehe war in Deutschland kein Straftatbestand. Die ersten Frauenhäuser gaben betroffenen Frauen eine Perspektive. Vor ihrer Einrichtung waren es nicht nur finanzielle Zwänge, sondern auch fehlende Alternativen, die eine Frau zwingen konnten, bei einem gewalttätigen Mann zu bleiben – schlichtweg, weil sie nicht wusste, wohin. In Deutschland wurde das erste Frauenhaus 1976 in Berlin gegründet, finanziert vom Familienministerium: Hier ging es zunächst um den konkreten Schutz von Frauen, die geschlagen wurden. 2011 wurde die Istanbul-Konvention vom Europarat angenommen. Sie verpflichtet die unterzeichnenden Länder, Hilfe für misshandelte Frauen zu finanzieren und Frauenhäuser in ausreichender Zahl (ein Platz pro zehntausend Einwohner) bereitzustellen. Deutschland hat auch im Jahr 2023 noch rund zweitausend Plätze zu wenig. Hintergrund ist das Gewaltschutzgesetz von 2002, das es erlaubt, Gewalttäter der Wohnung zu verweisen. Gerade Frauen, die von stark gewalttätigen Männern bedroht werden, suchen allerdings lieber Zuflucht im Frauenhaus, weil der Täter dann ihre Adresse nicht kennt. Noch 2013 mussten neuntausend Frauen abgewiesen werden, weil die Plätze in den Frauenhäusern und Schutzwohnungen nicht ausreichten.

Zum Ende der zweiten Welle der Frauenbewegung können die Feministinnen auf hundert erfolgreiche Jahre zurückblicken. Von einem nur beschränkt geschäftsfähigen, nicht wahlberechtigten und dumpfen Prüderiediktaten unterworfenen Wesen haben sie sich zu voll berufstätigen, wahlberechtigten und zunehmend sexuell selbstbestimmten Frauen gemausert. Die einst knöchellangen Röcke reichen inzwischen gerade mal über den Po. Weibliche Homosexualität, so lange ein Tabu, wird zunehmend akzeptiert. Die Konterrevolution verliert an Fahrt, die Frauen lassen sich nicht mehr mit dem »dressierten Mann« einschüchtern. Eigentlich können sie sich einen Moment zurücklehnen und *Annabelle* und ihrem Meerschweinchen eine neue Strophe verpassen. Wie wäre es mit dieser?

Annabelle, ach Annabelle,
'ne Scheidung geht doch heute wirklich schnell.
Wie hältst du es nur mit ihm aus?
Mach endlich Schluss, und wirf ihn raus!

WIDER NEUE MACHTMECHANISMEN: DIE »DRITTE WELLE«

»An neunzig Prozent der Verkehrsunfälle sind Männer schuld. Weil sie ihrer Frau den Autoschlüssel gegeben haben.« Heute bringen diese Witze zum Glück keinen mehr zum lachen, allenfalls zum Gähnen. Aber in den 1980er-Jahren waren sie Standard. Nun, da die Frauen wählen, gewählt werden und sogar ihr eigenes Geld verdienen durften, da sie mit Frauenhäusern eine Zuflucht vor gewalttätigen Partnern hatten, nahm die gekränkte Männlichkeit zu subtilen Methoden des Mobbings Zuflucht. Insbesondere wer blond war, durfte sich über Herrenwitze freuen, wie etwa über dieses Glanzstück misogynen Esprits: »Was ist der Unterschied zwischen einer Blondine und einem Kühlschrank? Ein Kühlschrank ist ein Dingsbums, eine Blondine ein Bumsding.« Oder für die studierende Blondine: »Was macht die Blondine am Computer, wenn es brennt? – Sie drückt auf ›Löschen‹«.[156]

In den 1970er-Jahren hatten die Frauen die Berufswelt erobert. Sie waren nun nicht mehr nur Lehrerinnen und Sekretärinnen, sondern Journalistinnen, Orchestermusikerinnen und sogar Professorinnen. Sie drangen in männliche Bereiche ein, und Männer mussten sich plötzlich an den Gedanken weiblicher Konkurrenz gewöhnen. Mit Anne-Sophie Mutter schaffte eine Geigerin (und Blondine) eine internationale Solokarriere, etwas, das vorher fast ausschließlich Männern vorbehalten war. Die Wiener Philharmoniker, eine Bastion des Patriarchats, nahmen 1997 mit Anna Lelkes erstmals eine Frau auf – an einem traditionell »weiblichen« Instrument, nämlich der Harfe. Auch an den Universitäten erhöhte sich der Frauenanteil. 1982 lag der Frauenanteil bei Professorinnen in Deutschland bei vier Prozent (13 C4-Professorinnen, sieben C3) – während 45 Prozent der Studienanfänger*innen Frauen waren. Die Zahlen von 2022 sind zwar besser, doch auch hier zeigt sich: Je höher (und damit gesellschaftlich angesehener und besser bezahlt) eine Position ist, desto mehr ist sie noch immer eine Männerdomäne: 52 Prozent der Studienanfänger*innen sind im Wintersemester 2021/22 Frauen, 53 Prozent der Absolvent*innen. Bei den abgeschlossenen Promotionen sind es nur noch 46 Prozent, bei den Habilitationen 34 Prozent und bei den Professuren schließlich 27 Prozent, die meisten in den »weiblichen« Geisteswissenschaften.[157] Das bedeutet, dass rund drei Viertel aller Professor*innenstellen, insbesondere in den angesehenen naturwissenschaftlichen Disziplinen, nach wie vor mit Männern besetzt sind, obwohl mehr Frauen als Männer das Studium abschließen. Und dies trotz unleugbarer Bemühungen, den Frauenanteil zu erhöhen. Zu diesen Versuchen zählt auch die Idee einer Frauenquote, die von Beginn an heftig diskutiert und kritisiert wurde. »Quotenfrau« wurde in Deutschland zum Schimpfwort für das Stereotyp der unfähigen, nur dank der Quote an ihre Position gekommenen Frau. Ein vergleichbares Schimpfwort für Männer, die ihre Position nur der Tatsache verdanken, keine Frau zu sein, gibt es nicht.

In den 1980er-Jahren war das vorherrschende Männerbild verkörpert in der Serie *Magnum*: Lässig mit Schnurrbart, Hawaiihemd und Revolver düste der Privatdetektiv im roten Ferrari durch Hawaii. Frauen kam meist die Rolle der um Hilfe Bittenden zu – und natürlich sahen alle aus wie Models.

Rebecca Walker und die »dritte Welle«:

Zeit, das zu ändern. Eine junge Frau in den USA spricht aus, was viele denken: Eine dritte Welle des Feminismus ist nötig! Auf jede Welle war ein Backlash gefolgt, der die gerade errungenen Rechte wieder in Gefahr brachte. Das musste gekontert werden.

Rebecca Walker[158], die erst seit ihrem achtzehnten Lebensjahr den Nachnamen ihrer Mutter trägt, gilt als die Person, welche den Begriff *Third Wave Feminism* prägt. 1999 gründet sie gemeinsam mit Shannon Liss die *Third Wave Action Foundation*. Neben Geschlechtergerechtigkeit setzen die Aktivistinnen auch auf Rassengerechtigkeit, soziale und ökonomische Gerechtigkeit. Rebecca Walker ist die Tochter der Feministin und Autorin Alice Walker, einer der bedeutendsten afroamerikanischen Autorinnen. (*Die Farbe Lila* wurde 1983 als erstes Buch einer Afroamerikanerin mit dem Pulitzer-Preis ausgezeichnet und 1985 von Steven Spielberg verfilmt). 1989 steigt Rebecca in das Magazin *Ms* ein, in dem auch ihre Mutter veröffentlicht.

Sie reagiert auf den Eindruck eines erstarkenden Antifeminismus. Nun, da die Frauen wählen und arbeiten dürfen, ist es ja wohl genug, meinen viele. Was wollen sie denn noch? Walker und ihre Mitstreiterinnen geben sich damit nicht zufrieden. Arbeiten ist ja schön, meinen sie, aber Frauen wollen nicht mit den schlecht bezahlten Stellen abgespeist werden. Volle Gleichberechtigung ist alles andere als verwirklicht. Aber es geht auch um mehr. Anfang der 1990er-Jahre ist der Feminismus in Verruf geraten. Junge Frauen finden keinen Zugang mehr dazu: Die Stereotype von der verbiesterten, unattraktiven Feministin zeigen Wirkung und schrecken ab. Die Forderung nach dem Recht, lesbisch zu sein, erweckt bei manchen den Eindruck, man müsse lesbisch sein, um Feministin sein zu können.

Walker und ihre Mitstreiterinnen sprechen die junge Generation an. Die Latzhose wird eingemottet. Sie bringen auch andere Themen wieder auf, die auch schon früher in der Frauenbewegung eine Rolle gespielt haben, wollen weg vom Ethnozentrismus, die Männer ins Boot holen. Und sie stellen die Frage nach der Geschlechtsidentität neu, die von der Philosophin Judith Butler aufgeworfen wurde. Denn zwei Fragen, die bis heute diskutiert werden, kommen in dieser Zeit auf: Ist Sex Arbeit, oder handelt es sich bei Prostitution um Ausbeutung? Und dann die Frage nach dem, was Judith Butler *Das Unbehagen der Geschlechter* nennt: Was ist eigentlich eine Frau? Die erste werden wir im Kapitel über sexualisierte Gewalt behandeln, die zweite in dem über die Rolle der Sozialwissenschaften anreißen. Dies sind allerdings vor allem Themen industrialisierter Länder. Insbesondere in den von Religionen stark geprägten Regionen (Katholizismus, Islam, aber auch Hinduismus und andere) kämpfen Frauen nach wie vor um elementare Rechte: dass sie im Fall einer Vergewaltigung nicht als Mittäterin verurteilt werden (wie in diversen islamischen Ländern möglich, in denen kein Straftatbestand »Vergewaltigung«, sondern nur »nicht ehelicher Geschlechtsverkehr« besteht, etwa in den Vereinigten Arabischen Emiraten), das Recht auf Abtreibung, insbesondere dann, wenn ihr eigenes Leben gefährdet ist (Polen, Malta), das Wahlrecht (in Saudi-Arabien noch immer nicht erreicht, aber auch hierzulande als »fortschrittlich« wahrgenommene Länder wie die Vereinigten Arabischen Emirate führten es erst 2006 ein). Hier gab es durch das Erstarken religiöser fundamentalistischer Ideen deutliche Rückschritte. In den »westlichen« Ländern werden die Machtmechanismen nun subtiler.

Machtmechanismen des Patriarchats: Naomi Wolf und Rebecca Solnit

»Heroin-Chic« nannte man es: Abgemagerte Models mit Ringen unter den Augen, strähnigem Haar und bleicher Haut posierten in Kleidern, die keine normalgewichtige Frau hätte tragen können. Kate Moss war das Aushängeschild dieser Modebewegung der 1990er-Jahre. Gleichzeitig wurden Supermodel zu Stars.

Das Ergebnis: Tausende Mädchen und junge Frauen wurden magersüchtig. Die Sehnsucht, schön zu sein, trieb sie in eine Krankheit, die ihre Körper nach und nach zerstörte.

Angefangen hatte dieser Trend mit dem zunehmenden Heroinkonsum der späten 1980er und frühen 1990er. Waren zuvor durchtrainierte Aerobic-Körper schick gewesen, bevölkerte die Laufstege bald darauf das Kranke, Zerbrechliche. Hatte im 19. Jahrhundert die Tuberkulose eine Frau erst so richtig sexy gemacht (wie etwa die *Kameliendame* von Dumas bzw. ihre Opernversion *La Traviata*), war es jetzt die Sucht. Das konnte nicht gut gehen, und eine Feministin nahm sich der Sache an – in einem Buch, das zum Standardwerk der dritten Welle wurde. 1990 erscheint *Der Mythos Schönheit*, und die *New York Times* kürt es zu einem der siebzig einflussreichsten Bücher des 20. Jahrhunderts.

Der Titel erinnert nicht von ungefähr an Betty Friedan. Die 1962 geborene Naomi Wolf beschäftigt sich hier mit einem alltäglichen Machtmechanismus, der schon von den Feministinnen der ersten Welle, etwa Hedwig Dohm, angesprochen und als eine Form des Antifeminismus bezeichnet wurde: der Vorstellung, dass eine Frau immer schön zu sein hat, auch wenn das gesellschaftliche Ideal von Schönheit noch so krank ist. Über hundert Jahre später ist man noch nicht viel weiter. Noch immer wird über Schönheitsnormen Macht ausgeübt.

Naomi Wolf ist damals mit einem Journalisten und Mitarbeiter von Bill Clinton verheiratet (2005 werden sie geschieden) und quasi eine Insiderin, was Macht und Machtmechanismen betrifft. Studiert hat die praktizierende Jüdin Literaturwissenschaft, sie ist Tochter einer Anthropologin und eines Schriftstellers. Wolf hält fest: Vor der Industrialisierung spielte Schönheit keine vergleichbare Rolle. Schönheit wurde erst mit der Frauenbewegung so richtig bedeutsam. Der Druck, der über Schönheit ausgeübt werden konnte, war ein neues Mittel, um Frauen kleinzuhalten, ihre zeitlichen und finanziellen Ressourcen zu binden, vor allem aber ihr Selbstbewusstsein gering zu halten.[159]

Denn was schön ist, ist sozial konstruiert – von Männern. Schönheit als normativer Wert (also Vorgabe, der man gerecht werden muss) wird vom Patriarchat definiert. Er ist keineswegs biologisch festgelegt (denn Schönheitsideale unterscheiden sich kulturell sehr stark), sondern eine »Währung«. Ein Machtmechanismus.[160] Der Druck, schön zu sein (und zu bleiben), versetzt Frauen in einen ständigen Wettkampf, den sie nicht gewinnen können. Unrealistische Schönheitsideale, das Altern, das nun einmal ein biologischer Fakt ist, der implizite Wettbewerb mit anderen Frauen, all das lenkt ab und führt dazu, dass Frauen sich unsicher und unzureichend fühlen und sich nicht miteinander verbünden. Sind sie doch erfolgreich, verstärkt sich der Druck noch, denn sie werden nicht an ihren Leistungen gemessen, sondern vor allem an ihrem Aussehen. Egal, ob sie Präsidentin eines Landes sind, Professorin oder Künstlerin, immer geht es nur darum, wie sie sich auf Fotos machen. Sie können Weltklasseleistungen erbringen, wenn sie nicht aussehen wie die Models, interessiert sich niemand dafür.[161] Das, meint Wolf, hängt direkt mit dem Vordringen der Frauen in die Arbeitswelt zusammen. Nachdem die Geburtenrate sinkt und insbesondere wohlhabende Frauen sich Hilfe bei Kindererziehung und Haushalt kaufen können, bedrohen sie die Position der Männer. Deshalb erlegt man ihnen nach Feierabend und nachdem der Haushalt erledigt ist, noch eine dritte Schicht auf: die Arbeit an der eigenen Schönheit. Frauen sind auf dem Arbeitsmarkt willkommen, doch vor allem als gewerkschaftlich nicht organisierte

Niedriglohnempfängerinnen mit Toleranz für unattraktive Arbeit und niedrigem Selbstwertgefühl. In den mittleren Etagen duldet man sie, solange sie sich über Männer identifizieren, mehr arbeiten als diese und die »gläserne Decke« weitgehend akzeptieren, die ihnen den Aufstieg verwehrt. Ganz oben gibt es dann nur noch ein paar Alibi-Frauen, die brav nach patriarchalischen Regeln spielen.[162] Ansonsten sind sie vor allem als Konsumentinnen gefragt. Nachdem der Markt der gelangweilten Hausfrau (Betty Friedan) versiegt sei, hätten die Unternehmen den Schönheitsmarkt entdeckt.[163] Das führt dazu, dass Frauen sich ständig mit ihrem Aussehen beschäftigen und ein gestörtes Körpergefühl entwickeln. Sie hungern, um schlank zu sein, geraten in Magersucht und Bulimie und haben so auch weniger Spaß am Sex – weniger als Frauen in Entwicklungsländern, die ja meist noch unter stärker ausgeprägten patriarchalischen Strukturen leben.[164] Diäten hätten religiösen Stellenwert, und deren Verkäufer würden wie Gurus alleinige Wahrheiten predigen, insbesondere die Tugend, aufs Essen zu verzichten.[165] Das passe dazu, dass Mädchen generell schlechter ernährt seien und Hungersnöte sie immer zuerst träfen. Dabei hätten weibliche Körper von Natur aus mehr Fett als männliche. Fett spiele für ihre Sexualentwicklung eine bedeutende Rolle, sowohl für die Fruchtbarkeit als auch für die Libido: Der Hass auf Fett sei somit nichts anderes als Frauenhass.[166] Die Zellulitis wurde erst 1973 erfunden; vorher hieß sie einfach weibliches Fettgewebe und wurde nicht als Krankheit betrachtet.[167] Heute unterzögen sich Frauen schmerzhaften Schönheitsoperationen, weil ihnen eingeredet werde, dem Ideal nicht zu entsprechen sei krank. Insbesondere Massenmedien und Werbung, schreibt Wolf, prägen diese unrealistischen Schönheitsideale, die dazu beitragen, dass Frauen trotz vieler Verbesserungen noch immer Männern nicht gleichgestellt seien. Seit Ende der 1980er-Jahre sei darüber hinaus ein überdurchschnittlich hoher Anteil von Darstellungen sexualisierter Gewalt in Werbung und Fernsehen zu erkennen – Ausdruck des männlichen Ärgers, dass Frauen in Machtpositionen vorrückten.[168] Dabei hält Wolf fest: Schlanksein oder Kosmetik sind an sich nicht verwerflich, sie werden nur dann zum Problem, wenn man seinen Job oder seinen Mann verliert oder sich selbst hasst, weil man sie nicht besitzt.[169]

Wolf gilt wegen dieses Buchs als eine der Begründerinnen der dritten feministischen Welle. Ihre Beobachtung, dass der Schönheitswahn mit der Frauenbewegung synchron verläuft, hat einiges für sich. Tatsächlich kommen mit der ersten Frauenbewegung unglaublich unpraktische Moden auf, die allein schon eine Berufstätigkeit massiv erschweren. Das Korsett, das schnell zum Keuschheitssymbol avancierte, erschwerte das Atmen. Manche Frauen brachen sich gar im Bemühen um die begehrte Wespentaille die Rippen. In den pathologischen Instituten liegen Präparate von massiv deformierten Lebern und Nieren der Korsettträgerinnen. Vergleichbar mit den Models des Heroin-Chic, die teilweise wegen ihres Untergewichts noch mit achtzehn nicht menstruierten.

Wolfs Feststellung, dass Schönheitsideale Machtmechanismen sind, war revolutionär und hat die Frauenbewegung geprägt. Essen als Machtmechanismus: Wer hochwertig speisen darf, ist gesellschaftlich angesehen. Wir haben gesehen, dass sich der Übergang zum Patriarchat auch durch unterschiedliche Speisezettel für Männer und Frauen manifestierte. Auf einmal fiel auf, dass niemand über die Arbeit von Politikerinnen redete, sondern nur über ihre Frisuren. Und dass bei einem Mann niemand auf diese Idee gekommen wäre. Wolf hat sich außerdem mit Totalitarismusforschung beschäftigt und autoritäre Elemente immer wieder offen benannt und angeprangert – auch da, wo man dafür keinen Kranz gewunden bekommt. Sie führt somit die herrschaftskritische Tradition des Feminismus fort.

Mit einem Ruck zum Einsturz gebracht hat Wolfs Buch den Magerwahn nicht. Er wurde sozusagen langsam ausgehungert: Irgendwann wollte einfach niemand mehr Models sehen, die eher für Drogenentzugskliniken zu werben schienen als für Mode. Nicht immer gibt es den großen Knall bei feministischen Entwicklungen. Wolf wurde teilweise Schlamperei bei den Zahlen vorgeworfen; einige ihrer

Angaben wurden daraufhin in späteren Auflagen korrigiert. Dennoch ist es einer der letzten Klassiker des Feminismus, der eine umfassende intellektuelle Auseinandersetzung mit einer Problematik darstellt. In der Folge dominieren schnell hingeworfene Philippiken oder Aktionen.

Eine der ersten dieser Philippiken nahm einen weiteren Machtmechanismus des Patriarchats aus einer ganz anderen Richtung aufs Korn. Einen, den jede Frau ebenso kennt wie die Problematik des Schönheitswahns. Auch ich.

In meinem Buch über Hochbegabung gibt es ein längeres Kapitel über die besonderen Schwierigkeiten, denen sich hochbegabte Frauen stellen müssen: Sie sind nicht nur Frauen, sondern gehören auch einer Minderheit an, noch dazu einer, die traditionell mit Männlichkeit assoziiert wird (Geist gilt als männlich). So ecken sie noch immer oft wegen ihrer intellektuellen Interessen an, und es kommt vor, dass von ihnen erwartet wird, sich mehr für Apfelkuchenrezepte zu interessieren als für wissenschaftliche Themen. In seiner Rezension für *Labyrinth*, das Magazin der Deutschen Gesellschaft für das hochbegabte Kind (DGHK) stört sich Martin Wadepohl an diesen »feministischen« Elementen und erklärt mir: »Auch gelegentliches Kuchenbacken kann eine für Hochbegabte sinnvolle Tätigkeit sein.«[170]

Vermutlich kennt fast jede Frau die Situation, in der ihr ein Mann die Welt erklärt, in diesem Fall sogar ihre eigenen Vorlieben. Deshalb bin ich dankbar, dass die amerikanische Publizistin Rebecca Solnit (*1961) in ihrem Essay *Men explain Things to me* (deutsch: *Wenn Männer mir die Welt erklären)*[171], diesem Phänomen auf den Grund gegangen ist.

Anlass für Solnit war 2003 genau die Situation, in die auch ich geriet: Ein Mann erklärt ihr ihr eigenes Buch. Auf einer Party kommt sie mit dem Gastgeber ins Gespräch. Sie erwähnt, dass sie kürzlich ein Buch über Eadweard Muybridge geschrieben habe. Er empfiehlt ihr daraufhin ein Buch über dieses Thema. Solnits Begleiterin macht ihn darauf aufmerksam, dass ihre Freundin das Buch kennt: Es handelt sich nämlich um ihr eigenes. Den Mann beeindruckt das nicht, er redet einfach weiter. Erst nach drei oder vier Einwänden nimmt er überhaupt zur Kenntnis, dass er der Autorin des Buchs gegenübersteht, über das er sich auslässt. Aber auch das stört ihn offenbar nicht. Selbst als sich zeigt, dass er das Buch nicht einmal gelesen hat, sondern nur aus Rezensionen kennt, belehrt er sie immer noch.

Im Englischen nennt man dieses Verhalten »Mansplaining« (aus *man* und *explaining*). Der Begriff ist zwar nicht von Solnit, geht aber auf ihren Essay zurück. Hintergrund ist die noch immer weitverbreitete Vorstellung, dass Männer mehr verstehen, intelligenter und weitsichtiger seien als Frauen. Solnit findet den Begriff zwar insgesamt etwas vage, und natürlich betrieben nicht alle Männer Mansplaining, doch da ihnen die Gesellschaft suggeriere, dass Männer kompetenter seien als Frauen, fiele es den meisten gar nicht auf, dass ihr Verhalten für ihre Gesprächspartnerin beleidigend und diskriminierend sein könne.

Solnits Essay traf einen Nerv. Sofort fühlten sich Tausende Frauen angesprochen. Solnit sieht dieses Verhalten als Ausdruck genereller Missachtung von Frauen. Manche Männer redeten einfach, ob sie eine Ahnung vom Thema hätten oder nicht. Frauen würden in die Position derer gerückt, denen man die Dinge erklären muss. Das führe zu Selbstzweifeln. Zum Verstummen. *»Every Woman knows what I'm talking about«* (Jede Frau weiß, wovon ich rede), schreibt Solnit. Selbst sie, eine erfolgreiche, selbstsichere Frau, habe sich einen Moment lang irritieren lassen und geglaubt, dass sie ein wichtiges Buch verpasst habe. Der Vorfall zeige: Man höre Frauen nicht zu, man unterstelle ihnen, sie hätten weniger beizutragen, seien einfach insgesamt weniger glaubwürdig als Männer. Sie führt dazu Beispiele aus der islamischen Welt an, spricht (nicht ganz detailkorrekt, doch von der Tendenz her richtig) davon, dass die Aussage einer Frau vor Gericht, etwa über eine Vergewaltigung, nicht zähle, es sei denn, ein Mann bestätige sie.[172]

Glaubwürdigkeit sei allerdings überlebenswichtig. Solnit führt ein Beispiel an, in dem eine Frau nachts nackt aus dem Haus gerannt kam und schrie, ihr Mann wolle sie umbringen. Der Nachbar lachte nur und hielt es für wahrscheinlicher, dass sie verrückt als tatsächlich in Gefahr sein könne. Dabei sei Gewalt gegen Frauen allgegenwärtig. Es sei nicht dasselbe wie das männliche Erklären der Welt, doch Teil desselben »Archipels der Arroganz«.

Männer, schließt Solnit, erklären ihr noch immer Dinge. Und keiner habe sich je entschuldigt. Ob sie den Tag noch erleben wird, an dem das passiert? Bis dahin betrachten Männer offenbar Frauen als leeres Gefäß, das mit ihrer Weisheit gefüllt werden müsse (eine absichtlich auf Sexualität verweisende Metapher). Frauen kämpfen so immer an zwei Fronten gleichzeitig: einerseits für das Thema, um das es ihnen geht, andererseits für das Recht, überhaupt den Mund aufzumachen und gehört zu werden. In der Printversion ihres Textes geht Solnit noch auf die Reaktionen zu ihrem Text ein. Unter anderem distanziert sie sich vom Begriff »Mansplaining«, weil er unterstelle, dass Männer generell zu diesem Verhalten neigten. Ihr gehe es um das Machtverhältnis. Dinge zu erklären, sei nur ein Ausdruck dieses Machtverhältnisses, eine Variante, um im höflichen Gespräch Macht auszuüben. Doch andere Ausdrucksformen derselben Haltung seien weniger höflich. Hier werde dann mit Einschüchterung und Gewalt gearbeitet. Frauen sollten ausgelöscht werden, nicht partizipieren – und viel zu oft nicht einmal leben.

So weit Solnit. Auch wenn ihr das Wort zu generalisierend war, »Mansplaining« machte Karriere. Zu viele Frauen wussten ganz genau, wovon sie sprach. Allen späteren Verwendungen gemeinsam ist, dass sie den Aspekt der Herablassung und der Machtausübung betonen. Kritik am »Mansplaining«-Begriff kommt vor allem (aber nicht nur) aus der antifeministischen Ecke: Männer würden durch den Begriff abgewertet, ihnen würde geschlechtsspezifisch Fehlverhalten unterstellt. Allerdings sind eingängige Schlagwörter selten differenziert. Natürlich ist auch Solnits Text im Vergleich zu früheren, oft anspruchsvollen intellektuellen Auseinandersetzungen eher schnell ins Netz geworfen. Fakt ist aber auch, dass dieser Text und der Begriff »Mansplaining« geholfen haben, einen subtilen, doch ungemein wirksamen Machtmechanismus aufzudecken, der vor allem – wenn auch nicht nur – zum Nachteil von Frauen eingesetzt wird und Teil patriarchalischer Machtausübung ist.

Nach der zweiten Welle des Feminismus sind Frauen ins Berufsleben in traditionelle Männerbastionen vorgedrungen. Im Film tauchen sie jetzt sogar als Actionheldinnen auf. Es ist kein Wunder, dass Magerwahn und Mansplaining genau jetzt ausgemacht werden. Schönheit und Dummheit sind die beiden Eigenschaften, die im Patriarchat eine Frau attraktiv machen. Kristallisiert ist dieses »Ideal« im Blondinenwitz.

Dem Mann, der mir als hochbegabter Frau erklärte, Kuchenbacken sei eine für eine Hochbegabte sinnvolle Tätigkeit, habe ich übrigens über die Redaktion der Zeitschrift geantwortet. Da er ja offenbar weit mehr Interesse am Kuchenbacken zeige als ich, schlug ich ihm vor, könne *er* gerne *für mich* einen Kuchen backen. Reagiert hat er darauf nicht.

Aktionsfeminismus: Von den Riot Grrrls zu den Femen, Slutwalks und zu MeToo

»*Der KGB-Chef ist euer oberster Heiliger, / Er steckt die Demonstranten ins Gefängnis. / Um den Heiligsten nicht zu betrüben, müssen Frauen gebären und lieben. / Göttlicher Dreck, Dreck, Dreck! Göttlicher Dreck, Dreck, Dreck!*

Mutter Gottes, du Jungfrau, werde Feministin, werde Feministin, werde Feministin! [...]«[173]

Das sangen die vier Frauen, die am 21. Februar 2012 in der Moskauer Christ-Erlöser-Kirche in den Altarbereich vordrangen und dort ein Punk-Gebet von einundvierzig Sekunden aufführten.[174]

Die Mitglieder der Band *Pussy Riot* riskierten damit jahrelange Haftstrafen. Sie wandten sich gegen den zunehmend autoritären Regierungsstil von Präsident Putin (er ist mit dem »KGB-Chef« gemeint), gegen Überwachung und Polizeigewalt gegen Demonstrant*innen, das Bündnis von Kirche und Staat – und gegen die Unterdrückung der Frauen, verkörpert in der kirchlichen Forderung nach einem Abtreibungsverbot.

Auch wenn der Feminismus mit Büchern und theoretischen Ansätzen begonnen hat, die dritte Welle lebt stärker vom Aktivismus als die vorhergehenden. Performance-Kunst und Protest gehen oft ineinander über, und das Internet, das in den 1990er-Jahren aufkommt, eröffnet neue Möglichkeiten. Feminismus wird schneller, massentauglicher, aber auch oberflächlicher. Der Hashtag-Feminismus kommt auf.

Den Anfang hatten in den 1990ern die sogenannten »Riot Grrrls« in den USA gemacht. Anfangs eine reine Subkultur, gelang es ihnen und ihren Nachfolgerinnen, Feminismus wirklich massentauglich zu machen. Die Riot Grrrls (»Aufstandsmädchen«) kommen vom Punk her und etablierten sich zunächst als feministische Bewegung innerhalb der Musikszene. Frauen kamen in der Rock- und Punkszene damals nur als Groupies und Fans vor, höchstens vielleicht einmal als Sängerin, damit das meist männliche Publikum etwas fürs Auge hatte. Damit sollte Schluss sein! Die Riot Grrrls gründeten reine Frauenbands in den Männerdomänen Rock und Punk. Das war weit riskanter, als es sich anhört: Die Sängerin der Band *The Slits* war bei einem Auftritt von einem Mann mit einem Messer angegriffen und am Oberschenkel verletzt worden. Sie ließ die Wunde versorgen – und ging direkt zurück auf die Bühne. Dieser Vorfall war Anlass für das Gründungsmanifest der Riot Grrrls, initiiert von der Band *Bikini Kill.* Eine der Frontfiguren war Kathleen Hannah (*Bikini Kill, Le Tigre*), die feministische Inhalte standardmäßig in ihre Texte aufnahm. Neben *Bikini Kill* spielte vor allem die Band *Bratmobile* eine wichtige Rolle für die Entwicklung der Riot Grrrls. Der Slogan der

Bewegung lautete: *»Revolution Girl Style Now!«* (»Revolution auf Mädchenart – jetzt!«)

Das Manifest der Riot Grrrls listet als Ziele unter anderem auf: Musik und Filme schaffen, die die eigene Lebensrealität widerspiegeln, in denen sie sich verstanden fühlen. Sie wollen selbst definieren, was gute Musik ist, und sich keinen männlichen Vorgaben unterwerfen. Im Alltag wollen sie eine Alternative zu der »scheiß christlichen kapitalistischen Lebensweise« finden. Und sie wollen sich nicht mehr einschüchtern lassen von dem Vorwurf, sie seien »umgekehrte Sexistinnen« – »die wir ja tatsächlich sind (?)«.[175]

Die Riot Grrrls wurden auch in Deutschland rezipiert. Ein Riot Grrrl war eine Frau, die keine Lust mehr hatte, hübsch und artig und niedlich zu sein. Ein rotziges, wütendes Mädchen, das zurückfand zu dem, was ihr seit Kindertagen abtrainiert worden war: laut, unhöflich zu sein und mit Jungssachen zu spielen.[176]

Die systemkritische Haltung des Feminismus ist also auch hier noch zu erkennen. Auch bei der russischen Band *Pussy Riot,* die sich auf die Riot Grrrls bezieht und 2012 mit der eingangs erwähnten Aktion weltweit in die Schlagzeilen kam, ist dieser Aspekt zu erkennen. *Pussy Riot* ist ein loser Zusammenschluss von etwa zehn Frauen, die mit spontanen, kostenlosen Auftritten an öffentlichen Ort in bunter Kleidung und mit Sturmhauben Aufsehen erregten. Auch hier besteht ein Bezug zum Anarchismus, obwohl auch linksliberale Positionen vertreten sind. *Pussy Riot* versteht sich als feministisch und tritt auch für die Rechte von Minderheiten ein: Wie viele Feministinnen setzen also auch sie sich allgemein für Menschenrechte ein. Auch das herrschaftskritische Moment ist deutlich zu erkennen: Kritisch wird die Machtkonzentration der Regierung Putin gesehen, ebenso die orthodoxe Kirche mit ihrer Nähe zur Regierung und ihrem rückständigen Frauenbild. Drei Mitglieder wurden nach dem Auftritt mit dem Punk-Gebet wegen »Rowdytums« angeklagt und zu drakonischen Haftstrafen verurteilt. Das Urteil wurde sowohl innerhalb Russlands als auch international heftig kritisiert. Im

Jahr ihrer Freilassung 2013 klagten die betroffenen Frauen wegen Menschenrechtsverletzung und bekamen recht.[177]

Gleichzeitig brodelt der feministische Kessel aber auch anderswo.

2013, während der Weihnachtsmesse im Kölner Dom: In der ersten Reihe springt eine junge Frau auf. Sie klettert auf den Altar und wirft den langen Mantel ab, unter dem sie nur einen Slip trägt, und ruft: »Ich bin Gott!« Auf ihren nackten Oberkörper sind die Worte »*I am God*« gemalt.[178]

Dieser Vorfall macht die Studentin Josephine Witt (Pseudonym) bekannt. Auch ihr ging es, wie Pussy Riot, um das Frauenbild der Kirche und deren Haltung zur Abtreibung. Auch ihr hätte eine Haftstrafe drohen können; letztlich kostete sie der Sprung auf den Altar sechshundert Euro.

Nackte Brüste – die Älteren denken da an das berüchtigte »Busenattentat« auf Theodor W. Adorno, das sogar für dessen vorzeitiges Ableben verantwortlich gemacht wird. Kapitalismuskritische Studentinnen waren im Hörsaal auf den Professor eingestürmt und hatten ihm die nackten Brüste entgegengereckt, worauf er, die Aktentasche schützend vor das Bild des Grauens haltend, floh. Dass die mörderischen Nippel dem Philosophen allerdings den Garaus gemacht hätten, gehört ins Reich der Legende. Der fatale Herzinfarkt trat erst später ein.

Tatsächlich hat die nackte Brust als Waffe durchaus Tradition und ist von Heike Hiltmann gar als anthropologische Konstante bezeichnet worden. So sollen nach Tacitus (*Germania*, Kapitel 8) die germanischen Frauen den Kampfesmut ihrer Männer angestachelt haben, indem sie ihnen die bloßen Brüste entgegenreckten. Tacitus interpretiert dies als Mahnung der Frauen, sie vor der drohenden Sklaverei zu beschützen. Allerdings kann das Zeigen der Brust auch eine Geste der Drohung oder Schmähung sein oder zu Irritation eingesetzt werden. Nicht selten erzeugte das weibliche Blankziehen veritable Furcht beim Gegner, nicht nur beim waffenlosen Philosophen Adorno: Die *Eiríks Saga rauða* berichtet über die Tochter Eriks des

Roten, Freydís, folgendes Nippelgate: Als die Wikinger in Amerika von indigenen Kriegern angegriffen werden und fliehen wollen, stellt sie sich den Angreifern mit blankem Schwert und blanker Brust entgegen, worauf diese es mit der Angst zu tun bekommen und umgehend abziehen.[179] Die Szenerie ist also ganz ähnlich wie bei den Germaninnen: Das Entblößen der Brust schmäht die Männer als Feiglinge (wenn die Männer nicht kämpfen, müssen die Frauen es für sie tun, selbst wenn sie, wie Freydís in der Geschichte, gerade schwanger sind!) und jagt den Gegnern Schrecken ein. Tacitus hat das Verhalten der Germaninnen vermutlich aufgrund seines eigenen kulturellen Hintergrunds falsch interpretiert. In Rom hatten die Frauen eine viel schwächere Position, kämpfende Frauen (außerhalb von Amazonensagen) schienen ihm womöglich zu absurd. Deshalb dachte er lieber um ein paar Ecken (nackte Brust, Vergewaltigung, Sklaverei für die Frauen, wenn die Männer nicht kämpfen). Doch damit sind wir wieder bei der Gruppe, die sich zum Kölner Weihnachts-»Busenattentat« bekannte.

2008 gründet die Ukrainerin Hanna Huzol (sie selbst schreibt sich Anna Hutsol, also nach englischer Transkription) die feministische Organisation *Femen*. Der Gedanke ist zuerst, dass der Feminismus frischen Wind brauche, in der Welt der Bücher und Konferenzen stecken geblieben sei.[180] Thematisch richtet sich Femen zunächst nur innerhalb der Ukraine gegen Sextourismus und Prostitution, gehört also zu den abolitionistischen Bewegungen. »*Ukraina – ne Bordel!*« (»Die Ukraine ist kein Bordell!«), lautete ihr Slogan. Gleichzeitig ergreift auch Femen politisch Partei und beschreibt sich als »europäisch, feministisch und ein bisschen anarcho«. Ab 2010 beginnen die Aktivistinnen, ihren Protest mit nackter Brust und Blumenkränzen im Haar zu inszenieren – und sich Parolen auf die nackte Haut zu schreiben. Femen selbst gibt als Begründung an, ohne solche auffälligen Bilder würde niemand ihren Protest zur Kenntnis nehmen. »Die Medien wollen Brüste, also kriegen sie Brüste«, meint eine Aktivistin trocken. Männer bekämen Angst, wenn Frauen den eigenen Körper benutzen – anstatt ihn von Männern benutzen zu lassen.[181]

Seit 2011 ist die Gruppe auch in anderen Ländern aktiv, auch in Deutschland. 2012 wurde in Paris ein Übungsraum für Aktivistinnen eröffnet. Paris wurde ein Jahr später auch zum Zentrum von Femen: Mehrere Frauen aus der Führungsebene verließen die Ukraine und beantragten politisches Asyl in Frankreich. Genau wie im Fall *Pussy Riot* und wie in so vielen anderen vor ihnen sind Feministinnen und der Staat nicht die besten Freunde.

Was erbost die Staatsgewalt so sehr? Dass die Ukraine kein Bordell ist?

Femen ist laut und undiplomatisch. Und sie pfeifen auf das, »was nicht gesagt werden darf«. Vor der italienischen Botschaft in Kiew protestierten sie gegen den damaligen italienischen Präsidenten Berlusconi. (Keine Show auf seinen Sendern kam ohne die *sventole* aus: leicht bekleidete Frauen, die nichts zu tun hatten, außer herumzustehen und hübsch zu sein. Bekannt wurde er auch durch seine »Bunga-Bunga-Partys« mit minderjährigen Prostituierten.) Die Femen stellten sich auf die Seite von *Pussy Riot*, und Inna Schewtschenko zersägte deshalb ein Gedenkkreuz für die Opfer des Stalinismus (danach beantragte sie Asyl in Frankreich). In Deutschland blitzten die Nippel vor Bordellen ebenso wie bei der Islamwoche, vor der iranischen Botschaft und in Kirchen: Prostitution einerseits, aber eben auch das restriktive Frauenbild der Religionen stehen im Fokus der Kritik. Und als IKEA 2012 für die saudische Kundschaft einen eigenen Katalog mit retuschierten Bildern ohne Frauen herausbrachte, protestierten die Femen auch dagegen. Ebenfalls 2012 wurde eine Aktion in Davos gegen das Weltwirtschaftsforum organisiert.

Femen stellen vor allem den Kampf gegen Prostitution und Leihmutterschaft (als Ausbeutung des weiblichen Körpers) in den Vordergrund. Femizide sind nach wie vor ein Thema, generell sexualisierte Gewalt.[182] Auch hier ist ein starkes religions- und herrschaftskritisches Moment zu erkennen: bei den Aktionen gegen das Frauenbild und die Frauenunterdrückung in Religionen, aber auch gegen konkrete Staatspräsidenten oder gleich das Weltwirtschaftsforum mit seiner Versammlung alter weißer Männer, in deren Händen sich Macht und Geld konzentrieren (und Medienberichten zufolge auch jede Menge Prostituierte, siehe das Kapitel über sexualisierte Gewalt).

2018 erregte der Selbstmord von Oksana Schatschko Aufsehen. Die Femen-Aktivistin war einige Jahre vorher nach Angaben von Femen durch KGB-Leute entführt und misshandelt worden. Gewalt gegen Femen-Aktivistinnen ist offenbar keine Seltenheit:

»Ich bin 29 und wurde dreimal fast getötet. Und warum? Ich habe mein Top ausgezogen und Sprüche auf meinen Körper geschrieben, wie lächerlich ist das?«, sagt Inna Schewtschenko dem *Spiegel.* Das ist im Frühjahr 2020, und sie unterweist Aktivistinnen, am Weltfrauentag gegen das *virus patriarchale* zu demonstrieren.[183]

Die »Sextremistinnen« von Femen beteiligten sich auch an einer anderen Protestform, die sich ganz konkret gegen sexualisierte Gewalt richtet: an den sogenannten »Slutwalks«.

Auslöser war eine Veranstaltung der Osgoode Hall Law School an der York University of Toronto. Zwei Polizeibeamte sprechen über präventive Verbrechensbekämpfung, und um das Referat seines Kollegen zu ergänzen, wirft der Beamte Michael Sanguinetti ein: »*I've been told I'm not supposed to say this – however, women should avoid dressing like sluts in order not to be victimized.*« (»Mir wurde mitgeteilt, dass ich das nicht sagen sollte – dennoch, Frauen sollten sich nicht wie Schlampen anziehen, damit sie nicht zum Opfer werden.«) Sanguinetti hat sich für seine Äußerung entschuldigt.[184] Die Polizei bestätigte, Polizist*innen werde beigebracht, dass Aussehen und Kleidung einer Frau für eine Vergewaltigung keine Rolle spielten.[185] Auch an der Universität gab es diverse Reaktionen, die sich vor allem gegen das »Victim Blaming« richteten – also dagegen, Opfer für die Tat verantwortlich zu machen – und hervorhoben, dass Vergewaltigungen überall vorkommen und selbst Verschleierung nicht davor schützt.[186] Die Wanderausstellung *What were you wearing*, welche die

Kleider zeigt, die Frauen trugen, als sie vergewaltigt wurden, zeigt entsprechend eine Bandbreite von Kinderkleidung über Jogginghosen bis hin zur Polizeiuniform.[187]

Bereits am 3. April 2011 fand der erste Slutwalk in Ontario statt: »Die Vorstellung, dass eine Schlampe eine Person zweiter Klasse ist (*a lesser person*) und dass sie einen sexuellen Übergriff verdient, gibt es ja nicht nur bei der Polizei«, sagten die Organisatorinnen. Sie wollten den Begriff »Schlampe«, den der Polizist verwendet hatte, bewusst aufgreifen und zurückwerfen: Er solle umgewertet werden. »Je mehr Menschen so etwas ohne pejorative Konnotation verwenden, desto mehr verliert so ein Wort seine Kraft«, meinen sie.[188] Die Slutwalks wurden weltweit aufgegriffen. Mancherorts wurde die Verwendung des Begriffs *slut* kritisiert, und teilweise wurde er durch andere Begriffe ersetzt. So wurde beispielsweise gesagt, der Begriff ordne sich in den männlich aufoktroyierten Dualismus von Heiliger und Hure ein[189] – ohne zu begreifen, dass es ja genau dies ist, wogegen die Slutwalks demonstrierten. In den traditionell prüden USA wurde auch die freizügige Kleidung mancher Teilnehmerinnen kritisiert.

Die Reaktionen zeigen vor allem, dass zu viel akademische Phrasendrescherei beim Verständnis der einfachsten Konzepte stört. Für jedermann ist offensichtlich, dass die Slutwalks darauf zielen, das Konzept der »Schlampe« zu problematisieren. Sie sagen: Wenn ein Minirock schlampenhaft ist, dann sind wir alle Schlampen. Es ist eine Solidaritätsaktion mit den Frauen, die gefragt wurden, ob sie denn bei ihrer Vergewaltigung sexy gekleidet gewesen seien. Das spielt keine Rolle, sagen die Slutwalks: Und wenn wir alle Schlampen sind, heißt das noch lange nicht, dass unsere Körper zur Verfügung stehen! Das ist alles so offensichtlich, dass man schon sehr viel gelehrte Dummheit an den Tag legen muss, um das nicht zu verstehen.

Sexualisierte Gewalt, Belästigung und allgemein Gewalt gegen Frauen sind auch oft Themen einer weiteren aktivistischen Variante des Feminismus: des sogenannten Hashtag-Feminismus.

Nachdem 2013 die deutsche Journalistin Laura Himmelreich über eine sexistisch anzügliche Bemerkung des FDP-Politikers Rainer Brüderle berichtet hatte (»Sie können ein Dirndl auch ausfüllen«), erstellen mehrere Frauen um Anne Wizorek den Hashtag #aufschrei. Tausende Frauen greifen den Hashtag auf und berichten über ihre Erfahrungen mit Sexismus im Alltag. Die Aktion trendet und wird schließlich auch in den großen Medien aufgegriffen. Ganz ähnlich verfahren südamerikanische Frauen 2015 unter dem Hashtag #niunamenos (*ni una menos*: »nicht eine weniger«) oder auch #niunamas (*ni una más*: »keine weitere mehr«): In Argentinien gehen damals unter dem Motto *»Ni una menos«* die Frauen auf die Straße. Es geht um Gewalt gegen Frauen und Femizide: Morde an Frauen, weil sie Frauen sind. Früher als »häusliche Gewalt« oder »Mord aus Leidenschaft« verharmlost, sind Femizide Ausdruck eines patriarchalischen Verständnisses, nach dem die Frau dem Mann gehört – und er mit seinem Eigentum verfahren kann, wie es ihm gefällt, es eben auch umbringen kann, wenn es ihn beispielsweise verlassen will. Gegen dieses Frauenbild richtete sich die Aktion, die dann im Internet als Hashtag ein riesiges Publikum erreichte. Heute ist *Niunamenos* eine länderübergreifende Bewegung, die später noch ausführlicher vorgestellt wird.

2017 schließlich kommt es zu einem Erdbeben in Hollywood. Keines von den gewöhnlichen, die für Kalifornien typisch sind und fast schon zum Alltag gehören. Ein Erdbeben anderer Art. Einer der erfolgreichsten und bekanntesten Filmproduzenten der Welt, ein Mann, der quasi unangreifbar war, muss sich wegen sexueller Übergriffe verantworten. Harvey Weinstein war bis zum 5. Oktober 2017 jemand, mit dem sich niemand angelegt hätte. Dann wird er in der *New York Times* der sexuellen Belästigung beschuldigt. Die Frau sagt die Wahrheit. Und es gibt noch weitere Opfer. Am 15. Oktober fordert Schauspielerin Alyssa Milano auf Twitter Frauen auf, *»me too«* auf ihren Post zu antworten, wenn sie ebenfalls schon sexuell belästigt wurden. Tausende folgen dem Aufruf. #MeToo löst eine weltweite Debatte über sexuelle Belästigung und sexualisierte Gewalt, über Macht und Abhängigkeit aus.[190]

Männer, die sexualisierte Gewalt ausüben, bauen auf die Scham des Opfers, sodass sich für sie keine Konsequenzen ergeben. Wenn der Vorfall für das Opfer schlimmere Konsequenzen hat als für den Täter, wird es schweigen. Mit #MeToo ändert sich das. Zum ersten Mal sprechen Frauen in einer derart überwältigenden Zahl über die Erfahrung sexualisierter Gewalt und Belästigung, dass niemand mehr einer einzelnen die Schuld zuweisen oder ihre Aussage kleinreden kann. Das tatsächliche Ausmaß sexueller Übergriffe wird erstmals wirklich sichtbar. #MeToo war auch deshalb so erfolgreich, weil die Frauen lernten, über sexuelle Übergriffe zu sprechen. Egal, ob Muslimin oder Atheistin, ob Amerikanerin oder Südafrikanerin, ob Mutter oder Single: Frauen weltweit teilen diese Erfahrung.

Angesichts der pandemischen Verbreitung sexueller Belästigung (und einer entsprechend hohen Anzahl mutmaßlicher Täter) überrascht es nicht, dass insbesondere #MeToo heftiger Kritik ausgesetzt war. In der Tat ist ein Hashtag natürlich keine intellektuelle oder juristische Auseinandersetzung mit gesellschaftlichen Problemen – das will er auch gar nicht sein. Es ist eine Form des Aktivismus. Problematischer ist die Kritik, die sich gegen den Inhalt richtet, denn sie verrät ungewollt, wie verbreitet die Akzeptanz von Übergriffen gegen Frauen noch immer ist: Eine Gruppe von rund hundert Künstlerinnen, Wissenschaftlerinnen und Journalistinnen um die Schauspielerin Catherine Deneuve veröffentlichten einen Gastbeitrag in *Le Monde*[191] und schrieben: »Als Frauen erkennen wir uns nicht in diesem Feminismus, der über die Anprangerung von Machtmissbrauch hinaus das Gesicht eines Hasses auf Männer und die Sexualität annimmt.« Zudem sahen sie die Redefreiheit in Gefahr, vor allem jedoch den Flirt. »Aber hartnäckiges oder ungeschicktes Flirten ist kein Delikt und eine Galanterie auch keine chauvinistische Aggression«, konstatierten sie. In Deutschland folgte Svenja Flaßpöhler dieser Argumentation; sie schrieb in ihrem Buch *Die potente Frau*: »Wer eine Welt ohne Belästigung will,

will in letzter Konsequenz eine Welt ohne Verführung. Kein Mensch kann eine solche Welt ernsthaft wollen.«[192] Frauen müssten vielmehr die weibliche Sinnlichkeit, das eigene Begehren aufwerten.

Annabelle, ach Annabelle! Da ist es wieder, das Stereotyp von der verkrampften, sexfeindlichen Feministin! Als gäbe es keinen Unterschied zwischen Sex und Vergewaltigung, zwischen Flirt und Belästigung! Als wäre es eine Einschränkung der Redefreiheit, wenn man einer Frau nicht nachbrüllen darf, dass man sie ficken will.

Natürlich geht es nicht um die Rechtfertigung von Willkür (gesellschaftliche Vernichtung aufgrund ungeprüfter Vorwürfe, also Aufgabe von Rechtsstaatlichkeit) oder gar von Zensur. Sexuelle Belästigung findet immer zwischen Personen statt, sie geht nicht von Kunstwerken, wissenschaftlichen Veröffentlichungen etc. aus. Wo in solchen Fällen der Schutz vor sexueller Belästigung vorgeschoben wird, geht es in Wahrheit um ganz andere Dinge: etwa darum, in der Tat Zensur und Einschränkungen der Redefreiheit salonfähig zu machen. Barbara Sichtermann[193] bringt es auf den Punkt: Sexuelle Belästigung hat das Ziel, die Frau als ernst zu nehmende Kollegin etc. zu desavouieren und auf die häusliche Sphäre zu verweisen. Wer eine Frau in ihrem Arbeitsumfeld in die erotische Sphäre verweist, spricht ihr implizit die Kompetenz ab und verweist auf einen eigenen Führungsanspruch: Du bist die Hübsche, ich der Boss. Es ist ein Unterschied, ob der Satz: »Du bist so sexy«, vom Partner im Bett geäußert wird oder von einem Arbeitskollegen, den man sonst nicht weiter kennt, in der Teeküche. Insofern ist die Aussage mancher Männer, sie würden aus Angst vor #MeToo-Anschuldigungen keine Frauen einstellen, nur eine faule Ausrede. Solche Männer wollen generell keine Frauen in ihrer Arbeitswelt, und entweder sie vergraulen sie durch sexuelle Belästigung, oder sie stellen sie gar nicht erst ein. Das Ziel ist dasselbe: keine weibliche Konkurrenz, die womöglich intelligenter und erfolgreicher sein könnte.

Im Grunde ist die Sache recht einfach. Männer, die sich nicht sicher sind, ob sie gerade mit einer Frau flirten oder sie belästigen, sollten sich einfach die Frage stellen: Wäre es für mich in Ordnung, wenn ein anderer Mann das, was ich gerade sagen oder tun will, zu meiner Frau, Schwester, Mutter oder Tochter sagen würde? Das dürfte in den meisten Fällen die Frage ganz schnell klären. Und falls nicht, verhält man sich eben wie bei jeder anderen versehentlichen Beleidigung auch. Zum Beispiel indem man sich entschuldigt.

Wenn eine Welt ohne sexuelle Belästigung eine Welt ohne Verführung wäre, wie Flaßpöhler meint, fragen wir doch einmal, was sie eigentlich unter Verführung versteht. Wir erfahren es: eine Art Manipulation, etwas, das gegen den eigentlichen Willen stattfinde. Daher sei nichts am sexuellen Akt harmlos.[194] Nun, »Pick-up-Artists« (denen wir uns im Kapitel über sexuelle Gewalt widmen) mögen diese Definition von Verführung wohl teilen: als Trick, um jemanden gegen seinen Willen ins Bett zu bekommen. Diese Art von Verführung braucht dann allerdings wirklich kein Mensch, und die Welt wäre sehr viel besser ohne sie. Für gewöhnlich bezeichnet Verführung aber etwas ganz anderes: jemanden zu etwas bewegen, das dieser eigentlich sehr wohl will, sich aufgrund sozialer Konventionen und Verbote aber nicht zu wollen traut. Verführung ist eng mit gesellschaftlichen (meist patriarchalischen) Konventionen verbunden. Wir werden sehen, dass das in matrifokalen Gesellschaften völlig anders ist. Da ist der sexuelle Akt nämlich ziemlich unproblematisch.

Flaßpöhlers Grundgedanke, dass weibliche Sinnlichkeit und Begehren aufgewertet werden sollten, ist absolut richtig – aber Begehren bedeutet eben gerade, dass frau selbst entscheidet, welchen Mann sie attraktiv findet und welchen nicht. Flaßpöhler hingegen scheint sich weibliches Begehren nicht unabhängig von den Wünschen eines Mannes vorstellen zu können. In bester Absicht reproduziert sie damit eines der schlimmsten Stereotype des Patriarchats: Weibliche Freiheit wäre dann nichts weiter als die Freiheit, für Männer erreichbar zu sein. Das zeigt, wie tief patriarchalische Stereotype noch immer auch bei Frauen verwurzelt sind.

Flaßpöhler meint schließlich, dass es Ausdruck eines schwachen, passiven Frauenbildes sei, über eigene Erfahrungen sexualisierter Gewalt oder Belästigung zu sprechen.[195] Das könnte fast von Esther Vilar sein. Schließlich ist es ja allein das Sprechen über solche Erfahrungen (eine im übrigens durchaus aktive Handlung), das zur Ahndung strafbarer Taten führt bzw. dazu, dass sich so etwas nicht wiederholt. Und nur indem man die Tat öffentlich macht, kann die Scham vom Opfer auf den Täter gelenkt werden. So richtig auch die Idee ist, dass Aktivität, nicht Passivität Frauen stark macht, Flaßpöhlers Konklusionen führen genau zum Gegenteil einer »potenten« Frau. Schweigen, nicht Sprechen über Belästigung wäre Passivität: weil man den Täter einfach machen ließe. Das uralte Argument, der bessere Feminismus sei der, der den Mund nicht aufmacht, begegnet uns also auch hier. Am Ende flüchtet Flaßpöhler sich in eine blasse Neuauflage des Existenzialismus – aber ohne dessen intellektuelle Durchschlagkraft.

Dann lieber ein Hashtag.

Der dritten Welle des Feminismus wird gern der Fokus auf Individualität und Vielfalt zugeschrieben. Bisweilen wird die Zeit ab 2010 als eigene vierte Welle geführt, mit dem Fokus auf sexueller Gewalt. So oder so: Feminismus ist längst kein Nischenthema mehr.

Feminismus massentauglich: Chimamanda Ngozi Adichie

Als sie vierzehn ist, bezeichnet sie ein Freund in einer Diskussion als Feministin. Er meint es nicht als Kompliment. Sie muss das Wort erst einmal nachschlagen (heimlich, natürlich) und erfährt, eine Feministin sei eine Person, die die soziale, politische und ökonomische Gleichheit der Geschlechter befürworte. Was soll daran verwerflich sein?, fragt sich die junge Chimamanda. Und beschließt, fortan Feministin zu sein. So schildert sie 2012, wie sie zum Feminismus kam. Den Talk wird sie später unter dem Titel *We should all be feminists* (»Wir sollten alle Feminist*innen sein«) auch als Buch veröffentlichen.[196]

Das Bekenntnis zum Feminismus ist schwierig, berichtet sie. Als sie einen Roman schreibt, in dem es um einen prügelnden Ehemann geht, rät man ihr, sich nicht als Feministin zu bezeichnen. Das käme beim Publikum nicht gut an, schließlich seien Feministinnen unglücklich und bekämen keinen Mann ab. (*Annabelle, ach Annabelle!*)

Von klein auf, meint Ngozi Adichie, werden Mädchen dazu erzogen, ihr Verhalten zu kontrollieren. Denn alles, was sie tun, hat Auswirkungen auf die männliche Bevölkerung. Muss das sein? Sie beschließt, sich dennoch »Feministin« zu nennen. Und um das Klischee zu unterlaufen, nennt sie sich *»happy feminist«*. Natürlich ist im Feminismus immer der Zorn über das, was nicht fair ist, sagt sie. Aber das ist nicht alles. Neben dem Zorn sind da vor allem Träume. Träume von einer faireren Welt. Von glücklicheren Menschen. Mehr Ehrlichkeit.

Ngozi Adichies Erfolg mit dieser kleinen Rede hängt sicher auch damit zusammen, dass sie – in ihrem charmanten Tonfall – immer wieder von Glück redet. Feminismus kann in ihren Augen Männer wie Frauen glücklicher machen. Sie betont, dass auch Männer von einer gerechteren Gesellschaft profitieren würden. Im Moment würden Jungen zur Angst erzogen: Angst vor Verwundbarkeit, Angst, nicht maskulin genug zu sein. Dieser Druck äußert sich auch in dem Anspruch, dass der Mann die Familie zu ernähren hat. Das schafft fragile Egos. Entsprechend lernen Mädchen, dass »feminin« bedeutet, sich klein machen. Nie zu viel Ehrgeiz zu haben, vor allem nicht so viel, dass sie eine Bedrohung für Männer darstellen würden. Ihnen sagt man, sie sollten heiraten. Alte Jungfern gelten als gescheitert, während ein älterer Junggeselle sich eben noch die Hörner abstößt.

Ngozi Adichie spricht eine Problematik an, die wir bereits in der Auseinandersetzung zwischen Esther Vilar und Alice Schwarzer gehört haben. Wie Vilar bewertet sie es als negativ, dass der Druck des Geldverdienens noch immer zu einseitig auf Männern laste. Aber die Schlüsse, die sie daraus zieht, haben mit Vilars Doppelmoral nicht das Geringste gemein. Ngozi Adichie zieht die Schlüsse, die logisch sind. Wenn die Rolle des Alleinverdieners die Männer belastet, dann profitieren beide Geschlechter davon, wenn die Frau ebenfalls erfolgreich einen Beruf ausübt. Ngozi Adichie argumentiert ohne philosophische Schnörkel und mit dem gesunden Menschenverstand. Ähnlich wie Hedwig Dohm versteigt sie sich nicht in Fachjargon, sondern setzt auf Vernunft und intelligente Bonmots.

Geschlecht (*gender*, also soziales Geschlecht) und Klasse sieht sie als Formen der Unterdrückung. Alle Seiten hätten mehr davon, wenn keine geschlechtsspezifischen Erwartungen gestellt und Frauen nicht immer um die Aufmerksamkeit von Männern buhlen müssten. Dabei komme nichts heraus außer Schuldgefühlen, künstlich erzeugter Asexualität und Heuchelei bei den Frauen. Mit einem Augenzwinkern wischt sie über die Jungfräulichkeitserwartung hinweg: Als ob die Männer da mitmachen würden! Biologistischen Stereotypen hält sie entgegen: Wenn etwas früher so war oder in der Natur so ist, heißt das noch lange nicht, dass man es auch so machen muss. Die Affen sollten nicht unser Vorbild sein, meint sie schnippisch: Die leben auf Bäumen und essen Würmer!

Mit sichtlichem Spaß geht sie auch auf den Vorwurf ein, ihr feministisches Engagement sei Ausdruck einer »Verwestlichung«. Sie habe sich von ihrer Kultur entfernt. (Das gute alte Kulturargument, das vor allem muslimische Frauen so gut kennen – hier an eine Nigerianerin aus dem christlichen Teil des Landes gerichtet.) Was ist denn Kultur, hält Ngozi Adichie dagegen, und wozu ist sie gut? Natürlich schafft sie Kontinuität – aber ändert sie sich nicht ständig? Wenn die freie Frau kein Teil unserer Kultur ist, hält sie ihren Kritiker*innen vor, dann müssen wir sie eben dazu machen! Und fügt der Selbstbezeichnung als *»happy feminist«* noch ein weiteres Adjektiv hinzu: *»happy African feminist«!*

Feminist*in ist, wer an die soziale, politische und ökonomische Gleichheit der Geschlechter glaubt, so stand es in dem Wörterbuch, das die vierzehnjährige Chimamanda einst konsultierte. Heute kommt sie zu dem Schluss: Es gibt viel mehr Feminist*innen als nur die, die sich so nennen. Auch ihre Urgroßmutter glaubte an diese Gleichheit und lebte danach. Sie hat sich nie als Feministin bezeichnet, aber sie war eine. Und deshalb, weil es Gleichheit bedeutet, Gerechtigkeit, Ehrlichkeit, vor allem aber, weil alle glücklicher wären: Deshalb sollten wir alle Feminist*innen sein.

Der Auftritt schlug ein. Die Sängerin Beyoncé nahm ihre Gedanken auf und zitierte sie in ihrem Song *Flawless* (nicht ganz zu Ngozi Adichies Begeisterung). Übrigens: Fragen, wie sie Judith Butler stellt, ob auch das biologische Geschlecht ein rein soziokulturelles Konstrukt sei, kommen in Ngozi Adichies Feminismus nicht vor.

Vielleicht ist es einmal an der Zeit, sich zu fragen, ob die Projektion eigener Schwerpunkte auf andere Kulturen nicht der eigentliche Imperialismus ist. Wo man schon darum kämpfen muss, nicht gegen seinen Willen verheiratet zu werden, stehen akademische Fragen weniger im Vordergrund. Es zeugt schon von einiger Ignoranz, wenn man von Afrikanerinnen, die gegen die Unterdrückung aufgrund des biologischen Geschlechts kämpfen, verlangt, beim Feminismus dieselben Schwerpunkte zu setzen wie privilegierte Kalifornier*innen.

Formen und Themen des Feminismus

FEMINISMUS ALS LINKE BEWEGUNG: AUSBEUTUNG UND UNTERDRÜCKUNG

Historisch haben wir uns dem Feminismus inzwischen ein wenig angenähert. Wir haben gesehen, dass Feministinnen alles sein können, von der Wäscherin bis zur höheren Tochter. Sie können aus den unterschiedlichsten Religionen kommen, wachsen im deutschen Biedermeier ebenso auf wie im heutigen New York oder einem Harem des 20. Jahrhunderts. Aber was Feminismus ist, das wissen wir immer noch nicht. Zeit, ein paar inhaltliche Fragen unter die Lupe zu nehmen.

In meiner Kindheit im katholisch geprägten Bayern hörte man oft: Feminismus zerstöre Familien. Und überhaupt, Feministinnen seien allesamt Kommunistinnen! Dann kam die Wende – und mit ihr die Gelegenheit, Frauen aus der ehemaligen DDR zu fragen, was es damit auf sich hatte.

Als ich Anfang der 1990er eine um einiges ältere Frau kennenlernte und wir uns anfreundeten, erzählte sie mir von ihrem Berufsleben im Osten. Ich staunte nicht schlecht. Hausfrauen waren in der DDR alles andere als die Regel gewesen. Unabhängig von den unstrittigen massiven Defiziten in Sachen Freiheit und Demokratie: Frauen hatten dort sehr viel bessere Aufstiegschancen gehabt als im Westen. Und anders als hier gestand man ihnen auch Erfolg zu – und nicht nur Hilfsjobs, um die Familienkasse aufzubessern.

Wir haben gesehen, dass nicht wenige Feministinnen politisch links stehen. Von Clara Zetkin, Emma Goldman, Louise Otto-Peters über Anita Augspurg bis hin zu Betty Friedan verstanden sich Feministinnen explizit als links. Das liegt insofern ein Stück weit in der Natur der Sache, als sich der konservative Flügel stark über die Beibehaltung traditioneller Geschlechterrollen definiert. Das macht es für Feministinnen schwerer, wenn auch natürlich nicht unmöglich, dort eine politische Heimat zu finden. (Christabel Pankhurst beispielsweise fand die ihre dort.) Es hat durchaus auch im konservativen Kontext feministische Aktivität gegeben. Einige werden wir uns noch genauer ansehen. Dennoch fällt die Nähe zum linken politischen Spektrum auf. Und tatsächlich ist die erste Welle der Frauenbewegung eng mit der Arbeiterbewegung verbunden.

Wie bitte? Karl Marx, ein Feminist? Hatte er nicht auf das Liebesleben seiner Töchter Einfluss zu nehmen versucht? Und hatte er nicht selbst eine Ehe gepflegt, in der er nach außen repräsentierte und sich auch mal eine Affäre gönnte, während seine Jenny hinter den Kindern herrannte? Und Engels – hatte er nicht die Bewunderung hübscher Frauen genossen und auf ihre Intelligenz weniger Wert gelegt?

Wie so oft ist die Sache teilweise wahr. Aber eben nur teilweise. Während manche sie als klassische viktorianische Männer sehen, betonen andere, trotz einiger sexistischer Ausfälle gegen politische Gegnerinnen hätten sich Marx und Engels für die Gleichberechtigung eingesetzt und diese auch in ihrem Privatleben umzusetzen versucht. Die Marx-Töchter waren gebildete Frauen. Hedwig Dohm warf Marx und Engels vor, die Frauenfrage habe für sie gar nicht existiert. Doch unstrittig hat die Arbeiterbewegung, anders als viele andere, die Frauen von Beginn an integriert. Marx und Engels bezogen sich bei ihren Arbeiten zur Stellung der Frau insbesondere auf den französischen Frühsozialisten Charles Fourier und auf die Studien zum Mutterrecht von Bachofen und Morgan (zu beiden noch mehr im Kapitel über das Matriarchat). Ihre Kritik an der Familie bezog sich konkret auf die Funktion bei der Unterdrückung von Frauen (anders als bei späteren Versuchen, Sozialismus in der Praxis umzusetzen, ging es also nicht um die Zerstörung sozialer Bindungen zwecks Macht und Kontrolle durch den Staat, sondern um das Gegenteil).

In ihrer ersten gemeinsamen Schrift *Die heilige Familie* (1845) zitieren die beiden beispielsweise Charles Fourier mit den heute noch gültigen Worten: »Die Veränderung einer geschichtlichen Epoche läßt sich immer aus dem Verhältnis des Fortschritts der Frauen zur Freiheit bestimmen, weil hier im Verhältnis des Weibes zum Mann, des Schwachen zum Starken, der Sieg der menschlichen Natur über die Brutalität am evidentesten erscheint. Der Grad der weiblichen Emanzipation ist das natürliche Maß der allgemeinen Emanzipation.«[197]

Wir erinnern uns: Fourier hat den Begriff »Feminismus« 1837 überhaupt erst geprägt. Die Ehe war für ihn Ursache der Unterdrückung der Frau. Kritisch sah er die Tendenz von Staaten, die Lebensweise zu vereinheitlichen. Menschen, hielt er dagegen, hätten unterschiedliche Leidenschaften, denen sie folgen wollten und sollten, Talente und Interessen, die verwirklicht werden wollten. Dabei sollten diese Talente, nicht das Geschlecht den Ausschlag geben. In Analogie zur Gravitationslehre ging er davon aus, dass ein Ausleben der Leidenschaften nicht wie von den Kirchen verkündet zu Gewalt und Chaos führen würde. Die unterschiedlichen Kräfte würden sich vielmehr aufheben wie Gravitation und Fliehkraft. In einer klosterähnlichen (aber säkularen und nicht zölibatären) Gemeinschaft sah er die ideale Form menschlichen Zusammenlebens – ein wenig wie bei der säkularen Abtei Thélème des Renaissance-Philosophen Rabelais. Befreit von der Notwendigkeit des Geldverdienens müsse das Recht auf Nahrung (früher das allgemeine Recht auf Jagen, Fischen, Sammeln etc.) garantiert sein.[198]

In der familiären Praxis war Jenny Marx allein für die Erziehung der Kinder verantwortlich – trotz ihrer aktiven Mitarbeit an den Standardwerken ihres Mannes: Marx benutzte sie als kostenlose Sekretärin, wie noch hundert Jahre später Männer es taten und tun. Und tatsächlich wandte er sich gegen die Beziehung seiner Tochter Eleanor.

Die Begründung allerdings klingt überraschend modern: Marx meint, das Einzige, was er an seinem Leben ändern würde, hätte er noch einmal die Wahl, wäre: Er würde nicht mehr heiraten. Und direkt darauf folgt: »Soweit es in meiner Macht steht, will ich meine Tochter vor den Klippen bewahren, an denen das Leben ihrer Mutter zerschellt ist.«[199] Marx' Sensibilität für die Frauenfrage sei besser als ihr Ruf, meint Heather Brown, die vor allem seine weniger bekannten Texte heranzieht, in denen er die Entfremdung der Frau in der Ehe und ihre Ausbeutung in der Fabrikarbeit kritisiert.[200]

Engels führte eine zwanzig Jahre währende nicht eheliche Beziehung mit der irischstämmigen Arbeiterin Mary Burns (auch: Byrne), die erst durch ihren unerwarteten Tod beendet wurde. Burns war an der Entstehung seines Werks über die *Lage der arbeitenden Klasse in England* beteiligt (was vermutlich ebenfalls heißt, dass er sie beitragen ließ, ohne es in irgendeiner Form zu honorieren) und soll, obwohl sie keinerlei Schulbildung besaß, klug und schlagfertig gewesen sein.[201] Allerdings war sie auch ärmer und weniger gebildet als er und stellte somit keine ernsthafte Konkurrenz dar – vielmehr konnte er sich die Arbeiterin im eigenen Haus wie eine Trophäe seines Engagements ans Revers heften.

Dennoch lesen wir den Namen der vermutlich wichtigsten Frau des Frühsozialismus und der wahren Begründerin der Internationalen – wie Hélène Brion sie zu Recht nennt – fast ausschließlich in der feministischen Literatur. Die männlich dominierte sozialistische Literatur macht einen großen Bogen um sie und ignoriert ihren Beitrag bis heute.

Flora Tristan

Die peruanisch-französische Frühsozialistin Flora Tristan (1803–1844) hat Marx und Engels vermutlich einige Ideen geliefert, welche die beiden Männer dann weltweit bekannt machten. Die Großmutter des Malers Paul Gauguin ist die Tochter eines peruanischen Adligen.

Der Vater stirbt, als sie erst vier Jahre alt ist, sodass sie in Armut aufwächst. Mit siebzehn Jahren heiratet sie ihren Arbeitgeber, trennt sich aber vier Jahre später von ihm. Da Scheidung seit 1816 in Frankreich verboten ist, gilt sie damit als Ehebrecherin. Nicht nur ihr gewalttätiger Exmann verfolgt sie, auch die Justiz. Mit Mühe kann Flora Tristan sich und ihre Kinder als Gesellschafterin ernähren (von dreien überlebte nur eines), auch ihre Mutter unterstützt sie noch. 1833 macht sie sich nach Peru auf. Die Familie ihres Vaters ist reich und angesehen, doch schnell zeigen sich unüberbrückbare Gegensätze: Mit Abscheu beschreibt sie den Zynismus der ausbeutenden Klasse auf Kosten der Sklaven auf den Plantagen. Ihre Familie reagiert entsprechend *not amused*, und so schifft sie sich bereits 1834 wieder nach Europa ein. Eine kleine Rente ihres Onkels sichert wenigstens ihre Grundversorgung. In Frankreich macht sie sich allmählich einen Namen als Publizistin, entwirft Konzepte für einen feministischen Interessenverband und bezeichnet Frauen als »benachteiligte Klasse«. Sie fordert Bildung und die Möglichkeit zur Scheidung, prangert die Ungleichbehandlung und Unfreiheit der Frauen an. Aus konkretem Anlass. 1838 schießt ihr Exmann mehrfach mit einer Pistole auf sie. Sie überlebt nur knapp, kann sich aber endlich legal scheiden lassen: Ihr Mann wird endlich verurteilt. Die folgenden Jahre verbringt sie auf Reisen. Auch in England, stellt sie fest, ist die Lage der Frauen miserabel. Ihr Interesse gilt insbesondere den demütigenden und brutalen Praktiken in der Prostitution, wo die Frauen oft nur wenige Jahre überleben. Ihre Beschreibung der Situation von Arbeiter*innen in der aufkommenden englischen Industrie, *Promenades dans Londres ou l'aristocratie et le prolétaire* (»Spaziergänge in London, oder: die Aristokratie und der englische Proletarier«), erscheint fünf Jahre vor Engels' *Lage der arbeitenden Klasse in England.* 1843, wieder fünf Jahre vor Marx' und Engels' berühmtem *Kommunistischen Manifest*, fordert sie in ihrem Hauptwerk *L'union ouvrière (*»Die Arbeiter*innenunion«*)*, diese auf, sich zu vereinigen, da ihre einzige Stärke ihre bloße Anzahl sei. Der Ausspruch: »*Sortez de votre isolement; unissez-vous! L'union* *fait la force. Vous avez pour vous le nombre, et le nombre, c'est beaucoup*!« (»Verlasst eure Isolation, vereinigt euch! Die Vereinigung macht euch stark. Ihr seid zahlreich, das bedeutet viel!«) kann als direktes Vorbild für das berühmte »Proletarier aller Länder, vereinigt euch!«[202] betrachtet werden. Schon Hélène Brion nahm 1919 daher an, dass Tristan als die wahre Begründerin der Internationale gelten müsse. Auch Historiker wie Michel Winock sehen das so, und in Deutschland bekräftigte Isabel Heinemann diesen Standpunkt in einer Untersuchung[203]: Marx und Engels müssen ihre Bücher gekannt haben, Tristan war damals – anders als heute – eine bekannte Frau. Marx war beinahe ihr Nachbar in Paris, und sie stellte ihre Bücher in Salons und bei Vorträgen vor. Nicht zuletzt führen Marx und Ruge sie als mögliche Autorin für ihre *Deutsch-französischen Jahrbücher* 1843/44 auf, und zumindest Ruge hatte sie nachweislich auch persönlich getroffen. Die Erstauflage von Tristans *Union Ouvrière* lag zwar nur bei viertausend Stück, das war allerdings immer noch das Doppelte der Erstauflage des *Kommunistischen Manifest*s. 1844 hatte Tristan bereits 24000 Stück verkauft. Der Wikipedia-Artikel zu Flora Tristan behauptet indes – obwohl er Heinemann in der Literatur anführt –, es gäbe keine Beweise, dass der Ausspruch auf Tristan zurückgehe!

Anders als Marx und Engels fordert Tristan nicht offen die Revolution, sondern schreibt als Reformerin. (Im persönlichen Gespräch konnte sie radikaler sein. Sie war aber der Ansicht, es sei unklug, öffentlich zu poltern, wenn man nicht sicher sei, auch Erfolg zu haben.) Anders als die beiden Männer spricht sie explizit beide Geschlechter an. Sie plädiert für bessere Bildung für Arbeiterkinder, Genossenschaftswohnbau (allerdings hofft sie auf so viele Mitgliedsbeiträge, dass sie dafür die besten Architekturbüros verpflichten will – also keine Plattenbauten, sondern *palais des ouvriers*: »Arbeiter*innenpaläste«, ähnlich den Phalanstères bei Fourier). Zentralkomitees sollen die Organisation übernehmen. Sie fasst die damals völlig uneinheitlichen Arbeiter*innen als eine Klasse und plädiert für ein Recht auf Arbeit. Anders als die meisten Sozialist*innen ihrer Zeit hat sie persönlichen

Kontakt zu Arbeiter*innen, besucht sie und redet mit ihnen. Und sie sagt, dass es ohne die Befreiung der Frauen auch für die arbeitende Klasse keine Freiheit geben wird. Frauen seien die »letzten Sklaven«, die noch befreit werden müssten. Als Arbeiterinnen seien sie doppelt diskriminiert. Absolute Gleichberechtigung ist ihr Ziel. Deshalb will sie alle männlichen Arbeiter die Deklaration der Frauenrechte unterzeichnen lassen.[204] Da hörte für den einen oder anderen dann doch der Spaß auf.

Dabei waren solche Forderungen unter französischen Frühsozialist*innen keineswegs übermäßig radikal. Henri de Saint-Simon oder Charles Fourier, mit denen Tristan korrespondierte, verbanden beide die Arbeiterbewegung eng mit den Rechten der Frauen. Die Saint-Simonistinnen der Zeitschrift *La femme libre* (ab 1832) forderten unter anderem das Recht auf Scheidung und Matrilinearität (also Mutter- statt Vatername). Auch mit dem britischen Frühsozialisten Robert Owen, der sie ins Englische übertragen ließ, stand sie im Austausch.[205] Im Herbst 1844 stirbt Flora Tristan nach einem Schlaganfall. Sie ist erst Anfang vierzig.

Angesichts dieses offensichtlichen – aber weder von Marx noch von Engels je erwähnten – Einflusses von Flora Tristan stellt sich die Frage: Was ist da passiert?

Es ist ja nicht so, dass Frauen in der Arbeiterbewegung nicht präsent gewesen wären. Mathilde Anneke (die Vorläuferin von Louise Otto-Peters, wir erinnern uns), Emma Herwegh und viele andere beeinflussten die Wahrnehmung von Frauen als aktive, nicht nur passiv unterstützende Mitglieder. Bei der Gründung der Ersten Internationale 1864 förderte Marx die Mitgliedschaft von Frauen, was keineswegs eine Selbstverständlichkeit war – es gab auch Gegenstimmen. Einige dieser Frauen traten später im Rahmen der Pariser Kommune aktiv auf. Die zweite Internationale beschäftigte sich dann mit der Gleichstellung: Clara Zetkin und Adelheid Popp sind hier besonders zu erwähnen. Auch Engels korrespondierte mit Frauen aus der Arbeiterbewegung und setzte sich für Gleichheit, etwa bei der

Lohnzahlung ein.[206] Solche Forderungen gab es damals außerhalb sozialistischer Kreise nur unter Radikalfeministinnen. Selbst vielen »gemäßigten« Feministinnen schienen sie zu radikal.

Dennoch: Auf Kosten der männlichen Vorherrschaft sollte das Engagement für die Frauen dann doch nicht gehen. Heinemann bemerkt, dass Marx und Engels in einem Punkt vollkommen bürgerlich blieben: bei der Geschlechterhierarchie. Sie hätten die bürgerliche Trennung von privat (Frauen) und öffentlich (Männer) übernommen. Nach vielversprechenden Anfängen im französischen Frühsozialismus sei der Sozialismus in der zweiten Hälfte des 19. Jahrhunderts wieder patriarchalisch geworden. Ganz offensichtlich seien die traditionellen bürgerlichen Geschlechterrollen auch instrumentalisiert worden, um Frauen und ihre Gesellschaftsentwürfe zu diskreditieren – etwa im Fall von Victoria Woodhull Martin, die 1872 mit ihrer zwölften Sektion auf dem Kongress der internationalen Arbeiterassoziation ausgeschlossen und als »bürgerliche Schwindlerin« diffamiert wurde, wobei William West, der Vertreter der zwölften Sektion, in seiner Rede fast wörtlich Flora Tristan zitierte: Solange die Frauen nicht frei seien, würden es auch die Männer nicht sein. Der Sozialismus selbst breitete Vergessen über eine seiner bedeutendsten Denkerinnen. Erst Clara Zetkin widmet Tristan ein Kapitel in ihrer *Geschichte der proletarischen Frauenbewegung*.[207]

Dennoch glimmt der feministische Funke im Sozialismus weiter. Neben August Bebel, der zwar rechtliche Gleichstellung forderte, aber von einer grundlegenden Verschiedenheit der Geschlechter ausging (*Die Frau im Sozialismus*), ist vor allem Engels' Schrift *Über den Ursprung der Familie, des Privateigenthums und des Staates* (1884) von Bedeutung, die er gemeinsam mit Marx begonnen, nach dessen Tod aber allein fertiggestellt hat. Engels rezipiert hier die Arbeiten insbesondere von Johann Jakob Bachofen und Lewis H. Morgan zum Mutterrecht (dazu später mehr).

Bis zu diesen Studien hatte die patriarchalische Familie allgemein als natürliche Lebensform des Menschen gegolten. Bachofen und später Morgan hinterfragten das, indem sie andere Organisationsformen menschlichen Zusammenlebens untersuchten: Bachofen historische mutterrechtlich organisierte Kulturen, Morgan die der Haudenosaunee (bekannt als Irokesen, die damals übliche Bezeichnung, die auch Engels verwendete). Beide betrachten allerdings die patriarchalische Organisation als »höher« entwickelt und gehen von einer Evolution auch im Bereich der Kultur aus. Dieser Kulturevolutionismus wurde schon früh wegen seines impliziten Rassismus von manchen abgelehnt und gilt heute als überholt. Dennoch waren die Studien von Bedeutung, denn sie brachten die Überzeugung ins Wanken, es gäbe eine »natürliche« patriarchalische Ordnung. Sie bewiesen: Es geht auch anders.

Engels hebt an Morgans Studie hervor, dass das Konzept von Familie bei den Irokesen anders definiert sei: Die Kinder zweier Schwestern würden nicht zwischen Mutter und Tante unterscheiden, sondern beide »Mutter« nennen, entsprechend auch die Kinder zweier Brüder. Auch gäbe es keine strenge Monogamie, die insbesondere von der Frau stets Keuschheit erwarte. Engels kontrastiert dieses Konzept mit dem antiken Griechenland, wo die Frauen streng abgeschlossen und quasi als Sklavin und Werkzeug zur Kinderzeugung gehalten wurden. Die Monogamie sei eine Folge der Konzentration von Reichtümern beim Mann und damit des Patriarchats. Um die eigene Vaterschaft sicherzustellen, werde von der Frau Treue erwartet, während dem Mann in Form der Prostitution eine Form der Polygamie zugestanden werde. Die rechtliche Ungleichheit der Frau sei eine Folge ihrer ökonomischen Ungleichheit. Im Patriarchat entspräche somit der Mann dem Bourgeois, die Frau dem Proletarier.

Das waren markige Worte für die damalige Welt. Wir befinden uns im viktorianischen Zeitalter. Die allseits goutierte und ebenso leidenschaftlich verleugnete Prostitution eine Folge des edlen Patriarchats, jener höchsten Kulturstufe? *Shocking!* Die gottgegebene Hierarchie zwischen Mann und Frau nur die Folge ökonomischer Ungleichheit und nicht etwa biologischer Konstanten? *Devastating!*

Wir dürfen nicht vergessen, dass sich damals die Aussagen eines gewissen Thomas Malthus im britischen Adel großer Beliebtheit erfreuten: Es gäbe zu viele »nutzlose Esser« (gemeint waren die Arbeiter*innen!), meinte der britische Ökonom, und wer sich nicht selbst ernähren könne, möge doch bitte sterben. (Zugegeben, hier etwas zugespitzt, aber keineswegs übertrieben.) Diese empathielose, menschenverachtend sozialdarwinistische und später natürlich von den Nazis genüsslich rezipierte These wurde auch von Charles Dickens massiv kritisiert, beispielsweise in seinem *Weihnachtsmärchen in Prosa*. Wenn der Adel fand, es gäbe zu viele Menschen, so bezog sich das natürlich nur auf den »Pöbel«. Vergleichbar mit in Privatjets fliegenden und Steaks speisenden »Klimarettern« zeugte man in den Palästen selbst fröhlich weiter Nachwuchs: Überflüssig sind immer nur die anderen. Engels fand hingegen, da die Kapitalisten nicht selbst produzierten, seien sie die eigentlich überflüssige Klasse. Vor diesem Hintergrund gewinnt die Aussage, die Frau sei in der Ehe der Proletarier, eine enorme Schlagkraft. (Was Engels allerdings nicht hinderte, die Arbeit von Flora Tristan auszubeuten.)

Droht nun das Chaos, wenn es anders ist? Da kommt Morgan mit den Haudenosaunee ins Spiel. Die Haudenosaunee sind ein nordamerikanischer Stammesverband mit Tausenden Mitgliedern. Wie organisieren sie sich? Morgan hatte herausgefunden: Es gibt einen Anführer für Friedensangelegenheiten und einen Häuptling für Kriegsangelegenheiten. Beide haben im Bereich des anderen nichts zu sagen. Beide haben keine Zwangsmittel: Sie müssen also alle anderen davon überzeugen, dass sie das Richtige tun. Es gibt weder Polizei noch Soldaten, Adel, Könige, nicht einmal Richter. Und dennoch »geht alles seinen geregelten Gang«. Kein Chaos, kaum Gewalt – im Gegenteil, die Irokesen gälten als tapfer, würdevoll und äußerst charakterstark.

In dieser – bereits um matrifokale Elemente wie die Clanmutter reduzierten – Darstellung findet Engels eine kommunistische Gemeinschaft. Was man selbst herstellt, gehört einem, ansonsten gibt es nur gemeinsamen Besitz. Da man nicht mehr herstellt, als man braucht, gibt es auch kaum Besitzunterschiede und damit keine Armut. Erst durch Besitzunterschiede und die damit verbundene stärkere Arbeitsteilung entstehen Reichtum und dann Klassen. Krieg, der in Stammesgesellschaften nur selten geführt wurde, dient dann als Mittel, um Besitz zu erobern. So entstehe schließlich ein Staat. Dabei muss es aber nicht bleiben. Wo Klassen sich als Hindernis für die Produktion erweisen, kann – und muss – der Staat auch wieder wegfallen. Hier gönnt sich Engels tatsächlich einen Flirt mit dem Anarchismus.

Engels höchstpersönlich parallelisiert also die Ausbeutung der Arbeiter*innen mit der der Frauen. Damit stellt sich die Frage: Ist Gleichberechtigung ausschließlich in einer klassenlosen Gesellschaft möglich? Diese Frage beschäftigte die meisten sozialistischen Frauenrechtlerinnen, denn die Frage, welchen Stellenwert die Frauenfrage innerhalb der sozialistischen Bewegung einnahm, war damit direkt verknüpft. Musste frau auf die klassenlose Gesellschaft warten, ehe sie die eigenen Rechte selbstbewusst einfordern konnte? Fragen wir eine, die es wissen muss.

Clara Zetkin

»Ich werde kommen – tot oder lebendig!« Fünfundsiebzig war sie, als sie diese Zeilen aus Moskau schrieb. Als Alterspräsidentin hatte sie das Recht, vor dem deutschen Reichstag die Eröffnungsrede zu halten. Man schreibt das Jahr 1932. Die Nationalsozialisten strecken die Hände nach der Macht aus. Aber Frau Zetkin wird Hitler nicht kampflos das Feld überlassen!

Wie Emmeline Pankhurst sah auch Clara Zetkin (1857–1933) die Frauenbewegung als Kampf um Bürgerrechte. Insbesondere die Frauen aus dem Proletariat, meinte sie, könnten nur im Rahmen eines allgemeinen Klassenkampfs befreit werden. So knüpft sie ihr Engagement für die Frauenrechte eng an die Arbeiterbewegung. Und was sie von den Nazis hält, die sie als Verbündete des Großkapitals sieht, sagt sie ihnen mehr als deutlich: »Der Reichstag tritt in einer Situation zusammen, in der die Krise des zusammenbrechenden Kapitalismus die breitesten werktätigen Massen Deutschlands mit einem Hagel furchtbarster Leiden überschüttet«, donnert die kleine alte Frau der männerbundseligen NSDAP unter Adolf Hitler entgegen. »Trotz der Allmacht des Präsidialkabinetts hat es gegenüber allen innen- und außenpolitischen Aufgaben der Stunde gänzlich versagt. Seine Innenpolitik charakterisiert sich genau wie die des vorausgegangenen durch die Notverordnungen, Notverordnungen im ureigensten Sinne des Wortes; denn sie verordnen Not und steigern die schon vorhandene Not. [...] Sozial Hilfsbedürftige und Hilfsberechtigte erblickt die Regierung nur in verschuldeten Großagrariern, krachenden Industriellen, Bankgewaltigen, Reedern und gewissenlosen Spekulanten und Schiebern. [...] Anklagen müßte der Reichstag auch erheben gegen den Reichspräsidenten und die Reichsminister wegen Verfassungsbruchs und noch weiterer geplanter Verfassungsbrüche vor dem Staatsgerichtshof zu Leipzig. Doch eine Anklage vor dieser hohen Instanz hieße den Teufel bei seiner Großmutter zu verklagen.«[208]

Die Nazis werden kurz darauf Frauen de facto das passive Wahlrecht entziehen, für das sie so sehr gekämpft hat. Als Clara Zetkin 1933 stirbt, scheint es, als wäre ihr Lebenswerk zertrümmert. Und was für ein Lebenswerk!

Clara Eißner kommt aus einer kleinbürgerlichen Familie, ihr Vater ist Lehrer. Auch die junge Clara ergreift zunächst diesen Beruf. Da lehrende Frauen damals nicht heiraten dürfen, verspricht die Stelle einerseits ein kleines Einkommen, bedeutet andererseits aber auch Ehelosigkeit – keine seltene Entscheidung für Frauen, die unabhängig bleiben wollen. Ihre Mutter ist mit Louise Otto-Peters bekannt.

Clara kommt bereits als Teenager in Kontakt mit der Arbeiterbewegung, 1878, mit etwas über zwanzig, tritt sie der *Sozialistischen Arbeiterpartei Deutschlands* (später SPD) bei. Hier lernt sie in einem Studentenzirkel ihren ersten Lebensgefährten kennen: Ossip Zetkin. Er entstammt einer jüdischen Kaufmannsfamilie aus Odessa und wird in seiner Heimat wegen seiner politischen Ideen verfolgt. 1880 wird er in Leipzig mit August Bebel und Wilhelm Liebknecht verhaftet und in der Folge ausgewiesen. Das sogenannte Sozialistengesetz (Gesetz gegen die gemeingefährlichen Bestrebungen der Sozialdemokratie, 1878–90) bedeutete de facto ein Verbot sozialdemokratischer Aktivität; nur als Privatpersonen konnten Sozialdemokraten gewählt werden und im Reichstag dank Immunität agieren. Auch Clara Eißner geht deshalb ins Exil, zunächst nach Zürich, dann nach Paris. Dort lebt sie mit Ossip Zetkin zusammen und bekommt von ihm zwei Söhne, Maxim (1883–1965) und Kostja (1885–1980). Sie übernimmt seinen Namen, obwohl sie nicht verheiratet sind. Die beiden sind arm, Clara muss als Wäscherin arbeiten, schreibt Artikel. Gemeinsam sind sie an der Vorbereitung des Internationalen Arbeiterkongresses 1889 beteiligt. Doch Ossip stirbt Anfang des Jahres an Tuberkulose.

Clara kehrt mit ihren Kindern nach Deutschland zurück, lässt sich in Stuttgart nieder und hält sich mit Redaktionsarbeiten über Wasser. Zehn Jahre nach Ossips Tod heiratet sie den achtzehn Jahre jüngeren Kunstmaler Friedrich Zundel. Zundel ist Sozialist wie sie. Seine Porträts sind bereits im sozialistischen Realismus angekommen, zeigen Menschen schnörkellos und ohne Hintergrund, herausgerissen aus Klasse und Lebenssituation. Die Ehe hält bis wenige Jahre vor Claras Tod. Zundels zunehmend religiöse Orientierung entfremdet die Ehepartner voneinander. Seine zweite Frau, Paula Bosch, wird später Mitbegründerin der Tübinger Kunsthalle, die damals vor allem sein Erbe bewahren sollte.[209]

Clara Zetkin legt auf die Frauenrechte einen Schwerpunkt ihrer politischen Arbeit. Zwar geht sie wie viele Zeitgenossinnen, insbesondere aus dem bürgerlichen Lager, davon aus, dass Männer und Frauen unterschiedlich veranlagt seien – ganz anders als beispielsweise Hedwig Dohm, die hier viel selbstbewusster auftritt –, gleichzeitig erkennt sie, dass wirtschaftliche Unabhängigkeit entscheidend für jede Emanzipation ist. Letztlich sieht sie aber die Verwirklichung einer sozialistischen Ordnung als zentral für die Geschlechtergerechtigkeit an, besonders im Fall proletarischer Frauen. Sie könnten nur mit den Männern gemeinsam Umstände schaffen, in denen sie gleichberechtigt sind. Folgerichtig sieht sie das Frauenwahlrecht auch als Möglichkeit, endlich ungehindert für eine bessere (sozialistische) Gesellschaft mitzukämpfen.

Zetkins Standpunkt hat bereits viele moderne Punkte: Die Verbindung der Frauenrechte mit einer allgemein gerechteren Gesellschaft, in der auch Arme nicht mehr diskriminiert werden. Die gemeinsame Anstrengung von Männern und Frauen für diese Gesellschaft. Doch ihre Position hat auch konservative Elemente: etwa bei der Idee, Frauen seien anders als Männer. Gleichstellung ist für Zetkin erst im Sozialismus möglich, beides ist für sie untrennbar miteinander verbunden. Das ist bisweilen als Unterordnung der Gleichstellung unter das Ziel des Sozialismus interpretiert worden. Doch sollte man sich bewusst machen, dass Zetkin viele ihrer Gedanken formuliert hat, *bevor* die Frauen enttäuscht feststellen mussten, dass auch unter ihren Mitstreitern Männer waren, die zwar ihre Hilfe gern in Anspruch nahmen, sie danach aber dann doch wieder gern an den Herd zurückgeschickt hätten. Außerdem schreibt Zetkin als Sozialistin, also *innerhalb* der sozialistischen Bewegung. So wendet sie sich beispielsweise gegen das von manchen Sozialisten geforderte Verbot der Frauenarbeit, wie in ihrer Rede *Für die Befreiung der Frau*! auf dem Internationalen Arbeiterkongress am 19. Juli 1889 in Paris. Hier stellt sie klar, dass Männer und Frauen einander nicht als Konkurrenz um Lohn und Arbeit wahrnehmen dürfen. Vielmehr sollten sie gemeinsam ihre Rechte gegenüber denen vertreten, die durch die gering entlohnte Frauenarbeit auch die Löhne der Männer drücken. Gemeinsam gegen den Kapitalismus, der Männer und Frauen erst zu Konkurrent*innen macht – nicht gegen das jeweils andere Geschlecht.

Die Industrialisierung ist für Zetkin der wichtigste Faktor für die Emanzipation der Frau. Durch die Einführung von Maschinen werde Arbeit einerseits geschlechtsneutraler, da die Bedeutung von Muskelkraft abnehme. Gleichzeitig lohne es sich nicht mehr, dass die Frauen alles Nötige für die Familie zu Hause herstellen. So sei ihnen der

Weg in die Öffentlichkeit geebnet worden. Dies sei auch der Grund, warum die Frauen bei ihrem Recht auf Arbeit keine Kompromisse machen sollten: Sie wissen ganz genau, dass ohne wirtschaftliche Unabhängigkeit auch keine Emanzipation möglich ist.[210]

Zetkins Rede ist als Dokument zu lesen, das *innerhalb* der sozialistischen Bewegung die Interessen der Frauen vertritt. Und zum Sozialismus, meint sie, kommen die Frauen so oder so, weil ihre ökonomische Lage sie dorthin führe. Auch sie trennt also nicht zwischen Frauenrechten und gesamtgesellschaftlichen Themen. Frauenrechte ergeben sich für sie logisch aus den Prinzipien des Sozialismus und führen die Frauen manchmal sogar wider Willen dorthin: Der Sozialismus, meint sie, ist für die Frauen die einzige politische Richtung, in der sie eine Chance haben. Denn eine Bewegung, die sich der Gleichheit der Menschen verschrieben hat, würde sich unglaubwürdig machen, wenn sie nicht auch für die Frauen einträte.

Und so schließt sie ihre fulminante Rede mit den trotzigen Worten: »Aber sie stehen nun unter diesem Banner, und sie werden unter ihm bleiben! Sie werden unter ihm kämpfen für ihre Emanzipation, für ihre Anerkennung als gleichberechtigte Menschen.« Die Frauen seien bereit, ihren Anteil an den Mühen und Opfern des Kampfes für eine gerechtere Gesellschaft zu tragen. Aber dafür verlangten sie auch dieselben Rechte.[211]

Zetkin ordnet also keineswegs die Frauenrechte dem Sozialismus unter. Sie fügt sie als unverzichtbares, organisches Element in diesen ein. Für Zetkin ist der Sozialismus die politische Bewegung, in der Frauen ihre Rechte erkämpfen können. Den Frauen einfach nur das Arbeiten erlauben reicht nicht; dann tauschen sie nur die Abhängigkeit vom Ehemann gegen die vom Arbeitgeber ein. Frauenrechte sind also der Grund, Sozialistin zu werden – nicht umgekehrt.

Clara Zetkin ist heute unter anderem für ihre Aussagen zum Faschismus berühmt: Wie viele andere sieht sie ihn vor allem als Bewegung des Finanz- und Großkapitals, berücksichtigt aber auch die unterstützende Rolle der enttäuschten Kleinbürger*innen. So wie sie es in ihrer Rede 1932 vor dem Reichstag noch getan hat. Zu Recht erinnert man sich an sie als sozialistische Denkerin. Doch der Grund, warum sie das wurde, war das Verlangen nach gleichen Rechten für Frauen. Noch in ihrer Rede vor dem Reichstag beschwört sie deren Rechte: »In der auch in Deutschland sich formierenden Einheitsfront der Werktätigen dürfen die Millionen Frauen nicht fehlen, die noch immer Ketten der Geschlechtssklaverei und dadurch härtester Klassensklaverei ausgeliefert sind.«[212]

Die patriarchalische Desillusion

Dieser anfängliche feministische Impetus des Sozialismus schwächte sich allerdings schon Ende des 19., spätestens aber in den ersten Jahrzehnten des 20. Jahrhunderts deutlich ab. Als die ersten sozialistischen Staaten entstanden, mussten die Frauen feststellen, dass auch hier Herrschaft etabliert wurde – ohne sie. Wie so oft in der Geschichte hatte man ihre Hilfe gern in Anspruch genommen. Sobald mann aber hatte, was mann wollte, schickte mann sie dankend an den Herd zurück.

Wie sah das in der Praxis aus? Das beschreibt Brigitte Studer kurz und prägnant: Die Sowjetunion als erster sozialistischer Staat garantierte den Frauen volles Wahlrecht. Die Gleichstellung der Geschlechter war gesetzlich verankert. Abtreibung war nicht nur straffrei, sondern auch kostenlos. Kinderhorte ermöglichten eine bessere Vereinbarung von Familie und Beruf. Auch die deutsche KP vertrat ähnliche Forderungen. Frauen waren in den kommunistischen Parteien durchaus vertreten. Allerdings kaum in der Führungsetage. Clara Zetkin in Deutschland oder Dolores Ibárruri (1895–1989) in Spanien (der Baskin wird der antifaschistische Schlachtruf des Bürgerkriegs zugeschrieben: »*No pasarán!*« – »Sie werden nicht durchkommen«) blieben Ausnahmen. Auch in der Sowjetunion waren Frauen vor allem als Schreibkräfte, Übersetzerinnen oder Kuriere tätig und nicht als Entscheiderinnen. Und schon Ende der 1920er- Jahre wurde auch dort das Frauenbild konservativer. Das Interesse galt der Arbeiterbewegung, eine davon unabhängige Frauenbewegung war nicht vorgesehen. Klassenbewusstsein definierte die Position; das Geschlecht interessierte niemanden mehr. Mehr und mehr verschob sich die Aktivität auf Männerdomänen wie Gewerkschaften und männerdominierte Branchen (Bauarbeit). Die Zentralisierung der Bürokratie bedeutete de facto, dass die Frauenabteilungen anderen Büros unterstellt oder gleich aufgelöst wurden. 1936 wurde Abtreibung in der Sowjetunion wieder strafbar – ein neues, konservativeres Familienbild kam auf.[213] Warum?

Es gibt noch einen Aspekt, den Studer nicht erwähnt, der jedoch nicht unterschätzt werden sollte: Seit 1927 ist Stalin an der Macht. Genau in der Zeit, in der die Frauen zunehmend aus einflussreichen Positionen verdrängt werden, wird die Sowjetunion insgesamt autoritär. In Revolutionen, also da, wo es um das *Stürzen* von Autoritäten geht, haben Frauen oft sehr prominente Positionen inne. Sie versinnbildlichen gewissermaßen durch ihre bloße Präsenz den Anspruch des Umsturzes: Die alte Ordnung bricht zusammen, sonst könnte eine Frau diese Position nie einnehmen. Die exponierte Frau ist quasi das lebende Symbol einer Veränderung und kann entsprechend inszeniert werden: wie die Allegorie der Freiheit von Delacroix, die mit der Fahne und amazonenhaft entblößter Brust der Französischen Revolution voranschreitet. Wer hingegen autoritäre Verhältnisse aufbauen will, macht das oft auch über ein Machtverhältnis zwischen den Geschlechtern sichtbar: So wie die Frauen euch gehorchen, Männer, so gehorcht auch ihr euren neuen Herren!

Deshalb ist die Zeit *kurz nach* einer Revolution meist für die Frauen entscheidend. Ihre Präsenz während des Umsturzes eines alten Systems sagt noch nicht viel. Wie ernst es ihren männlichen Verbündeten mit der Gleichberechtigung wirklich ist, zeigt sich erst, wenn die Revolution ihr Ziel erreicht hat.

Schließlich gab es auch innerhalb der Arbeiterbewegung Stimmen, die ein traditionelles Geschlechterrollenbild vertraten, wie der als Frauenliebling bekannte Ferdinand Lassalle. Aber es waren auch konkrete, praktische Gründe, die Arbeiter gegen ihre weiblichen Kollegen aufbrachten. Clara Zetkin spricht in ihrer oben zitierten Rede die Furcht vieler Arbeiter an, dass durch weibliche Konkurrenz die Löhne gedrückt würden. Das Problem, meint Zetkin, sei real – aber das solle nicht dazu führen, die Frauenarbeit abzulehnen, sondern dazu, gemeinsam gegen diese ausbeuterischen Verhältnisse anzugehen. »*Divide et impera*« – »teile und herrsche«, nach diesem Prinzip erfolgte selbstverständlich auch die Ausbeutung der Arbeiter*innen. Wenn man Männer und Frauen gegeneinander ausspielte, richtete sich deren Zorn aufeinander – und nicht auf die, die an den Zuständen so herrlich gut verdienten. Eine Erkenntnis, die auch heute noch nützlich ist.

Die Instrumentalisierung der Frauen durch den Kapitalismus wird bis in die Gegenwart betont. Monika Gärtner-Engel und Stefan Gärtner konstatieren in ihrer marxistischen Streitschrift *Neue Perspektiven für die Befreiung der Frau* (2000), dass nach wie vor die Arbeit der Frauen benutzt wird, um das allgemeine Lohnniveau niedrig zu halten (ebenso, möchte ich ergänzen, werden heute, insbesondere seit 2015, natürlich auch Geflüchtete für denselben Zweck instrumentalisiert). Die Autor*innen rechnen vor, wie Arbeitnehmer*innen ein Vielfaches ihrer Löhne erwirtschaften, während die Reallöhne kontinuierlich sinken: So erwirtschaftete 1997 ein*e Arbeitnehmer*in rund 350.000 DM, erhielt aber nur rund 65.000 DM Lohn. Das heißt, das rund Fünfeinhalbfache vom eigenen Lohn wurde erwirtschaftet. Der Umsatz pro Stunde stieg zwischen 1991 und 1997 von 218,40 DM auf 347,80 DM, wobei der Lohnanteil gleichzeitig von 11,9 Prozent auf 9,6 Prozent sank. Darüber hinaus wurden die Reallöhne durch Preissteigerungen entwertet: Statt den Lohn zu kürzen, macht man einfach alles teurer – das bringt dasselbe Ergebnis, ohne dass man sich für Lohnkürzungen rechtfertigen muss. Diese allgemeine Ausbeutung findet laut Gärtner-Engel und Engel im Fall von Frauen gleich doppelt statt. Nicht nur, weil sie die meiste unbezahlte Care-Arbeit erledigen. Diese Arbeit hat keinen Tauschwert, dennoch ist sie unverzichtbar, denn sie garantiert das Nachwachsen von Arbeitskräften, welche der Kapitalismus benötigt. Gleichzeitig dient sie als Rechtfertigung für die schlechtere Bezahlung der Frauen: Da sie ja noch anderweitig im Haus tätig seien, könnten sie sich nicht voll und ganz der Arbeit widmen! Außerdem werde die Arbeit von Frauen weiterhin vor allem als Zuverdienst betrachtet, nicht als vollwertiges Einkommen, wie die Autor*innen in Kapitel zwei ausführen.

Ein ähnlicher marxistisch-feministischer Ansatz ist auch bei der amerikanischen Philosophin Nancy Fraser zu erkennen. Fraser nennt den Kapitalismus explizit eine zutiefst unethische Form des Gesellschaftssystems, weil er sich am Elend anderer bereichere. Der Kapitalismus – dessen Interessen mittlerweile von allen Politikern vertreten würden, sodass er sich völlig schrankenlos ausbreiten könne – gehe fließend in andere Herrschaftsformen wie etwa die patriarchalische über. Klassenkampf werde heutzutage von oben nach unten geführt, nicht umgekehrt. Doch wie kommt das? Fraser setzt einen Schwerpunkt auf eine Neudefinition der Arbeit: als nicht nur ausgebeutete (bei Arbeiter*innen am Fließband), sondern auch domestizierte (bei der unbezahlten Care-Arbeit beispielsweise einer Hausfrau) und enteignete Arbeit.[214]

Insgesamt liest man in der marxistischen Kritik an feministischen Texten oft, dass es diesen an Klassenbewusstsein fehle. Die Befreiung der Frauen werde sich gewissermaßen automatisch ergeben, wenn erst einmal die Klassen überwunden seien. Es ist sicher richtig, dass insbesondere sehr große Besitzunterschiede der Frauenbefreiung nicht gerade förderlich sind und dass der extreme Kapitalismus mit einer Unterdrückung der Frauen einhergeht. Aber die marxistische Kritik versäumt es, nach den Gründen hierfür zu fragen. Warum unterdrückt denn der ausgebeutete Arbeiter seinerseits noch seine Frau? Weil sie als Einzige noch unter ihm steht. Und dass dies so ist, liegt am patriarchalischen System. Dieses teilt Menschen in zwei Klassen ein, die nicht über Besitz, sondern über Geschlecht definiert werden: Männer und Frauen. Und solange nicht *alle* Klassen aufgelöst sind – auch diese –, wird es eben keine klassenlose Gesellschaft geben. Solange man »Klasse« rein ökonomisch definiert (wie auch Fraser kritisiert und wie es, wie wir gesehen haben, bereits Millet, Firestone und schon Flora Tristan und sogar Engels getan haben), bleibt man blind für andere Formen der Hierarchiebildung. Klassenblind in diesem Sinne wären dann nicht die Feministinnen, sondern die noch immer im Patriarchat verwurzelten marxistischen Denker.

Vielleicht würde es einmal guttun, sich an Denkerinnen wie Flora Tristan zu erinnern, die systematisch dem kollektiven Vergessen übergeben wurden. Die Befreiung der Frauen an den Anfang zu stellen und zuerst diese älteste und hartnäckigste Form der Ausbeutung zu überwinden. Dabei meine ich wohlgemerkt nicht die Auflösung von Geschlecht an sich – nur die Auflösung der sozialen Unterschiede, die durch Geschlecht legitimiert werden. Kurz: Wie wäre es, die Überwindung des Patriarchats an den Anfang des Kampfs für mehr soziale Gerechtigkeit zu stellen – und nicht wie bisher ans Ende?

Wenn der Kapitalismus überhaupt erst auf dem Patriarchat beruht, wie Engels bereits suggeriert und die Soziologin Maria Mies annimmt (zu ihr später), dann wird er nicht verschwinden, ehe nicht auch das Patriarchat verschwunden ist. Legt man Mies zugrunde, dann sind Feminismus wie Sozialismus beide Widerstandsbewegungen gegen die Entrechtung durch den Kapitalismus. Vielleicht würden sich alle Klassenunterschiede leichter überwinden lassen, wenn man die älteste Spaltung zwischen Menschen abschafft und sich Männer und Frauen endlich wirklich auf Augenhöhe begegnen können. Aber vielleicht macht ja diese Vorstellung auch manchen marxistischen Männern mehr Angst, als ihnen bewusst ist.

Gegen jede Herrschaft: Die Rolle des Anarchismus

Wenn man sich das alles vor Augen führt, dann kann man schon auf die Idee kommen, dass Anarchismus nicht die schlechteste Antwort auf diese Probleme ist. Wer gegen jede Herrschaft ist, müsste doch eigentlich automatisch auch die Herrschaft von Männern über Frauen ablehnen. Oder?

Silke Lohschelder hat sich ausführlich mit der Verbindung von Anarchismus und Feminismus befasst, weshalb wir uns hier auf ihre Auswahl beziehen:

Der französische Anarchist Pierre-Joseph Proudhon (1809–1865) betrachtete jede Form von Herrschaft als Unterdrückung. Staat, Religion und Eigentum seien die Pfeiler der Herrschaft. Um sich vom Geldsystem zu lösen, gründete er eine Tauschbörse. Verträge sollten Gesetze ersetzen, dezentral. Doch wie hältst du's mit den Frauen, Proudhon? Hier erwartet uns Ernüchterung: Anarchie soll es nämlich laut Proudhon nur für Männer geben. Frauen, die er wie so viele seiner Zeit für minderbemittelte geborene Dienerinnen hält, dürfen sich gern frei entfalten, aber bitte schön zu Hause und außerhalb der Sphäre der Männer![215] Wer hätte das gedacht? Der Anarchist als Spießer!

Bei Proudhon werden wir demnach nicht fündig, also sehen wir einmal nach Russland. Dort begegnen wir dem berühmt-berüchtigten Anarchisten Michail Bakunin (1814–1876). Auch bei ihm finden wir die unheilige Dreifaltigkeit von Staat, Religion und Eigentum. (Bakunin wird der Satz zugeschrieben, wenn Gott existierte, müsse man ihn umbringen.) Er nimmt Ideen Proudhons auf, entwickelt sie aber – ungleich reflektierter und gebildeter – weiter. Auch er will staatliche Ordnung durch eine basisdemokratische Organisation und frei gewählte Verträge ersetzen. Bakunin wendet sich nicht generell gegen Privatvermögen, allerdings sollen alle dieselben Chancen haben. Deshalb will er das Erbrecht abschaffen. Gleichheit, Solidarität und die Achtung vor der Freiheit des Individuums sollen die Gesellschaft prägen. Tatsächlich finden wir hier ein Bekenntnis zur Gleichberechtigung von Mann und Frau und die Forderung nach der freien Ehe. Schwangere und Mütter sollen alles Nötige von der Gesellschaft erhalten. Aber das bedeute noch nicht, dass man die aktuellen Kämpfe der Frauen unterstützen müsse. Aha.[216]

Lassen wir uns nicht abschrecken, sondern suchen weiter: Pjotr Kropotkin (1842–1921), stammt wie Bakunin aus dem Adel und ist intellektuell gebildet. Auch er lehnt die parlamentarische Demokratie und das Rechtssystem ab. Denn die Grundrechte bestünden in einem solchen System nur, solange sie den Interessen der Herrschenden nicht im Weg stünden. Der Kapitalismus habe versagt: Er diene wenigen, zum Nachteil aller anderen. Der marxistische Sozialismus sei keine Alternative, da er die Kapitalisten nur durch den Staat ersetze und so zu noch schlimmerer Abhängigkeit führe. Als Ausweg bliebe der Anarchismus. (Eine erstaunlich hellsichtige Einschätzung zu einem Zeitpunkt, als noch gar keine marxistischen Systeme bestanden und auch das Großkapital noch nicht den Sozialismus als Feigenblatt entdeckt hatte.) Wie aber Anarchismus umsetzen? Kropotkin stellt ihn sich als Föderation basisdemokratischer Kommunen vor. In diesen würde ohne Profitstreben gearbeitet, wodurch die Arbeitszeit stark verkürzt wäre und somit mehr Freizeit bliebe. So wären auch Kunst und Wissenschaft keine Domänen weniger Spezialist*innen, sondern allen zugänglich. Und tatsächlich äußert er den naheliegenden Gedanken, dass es absurd sei, sich der Befreiung der Menschheit zu verschreiben, die Frauen aber nicht mitzudenken. Hausarbeit sei auch für Männer nicht ehrenrührig und könne zunehmend von Maschinen erledigt werden. Klingt großartig! Aber was ist mit Wahlrecht, Universitätszugang und all den anderen Männerprivilegien seiner Zeit? Nun, so weit möchte Herr Kropotkin dann doch nicht gehen. Seit wann bedeutet Gleichberechtigung auch, dass die Frauen dasselbe dürfen wie die Männer?[217] Emma Goldman beschreibt, wie sie mit Kropotkin hitzig über die Frauenfrage diskutierte. Er habe verkündet, wenn eine Frau intellektuell auf gleicher Höhe sei wie ein Mann, sei sie ihm auch gleichgestellt – während seine eigene Frau nähend im Hintergrund saß.[218]

Unter Anarchisten begegnet uns also derselbe Konflikt wie bei den marxistischen Sozialisten: einerseits eine für ihre Zeit beachtliche Offenheit für Themen der Gleichberechtigung; andererseits sind die großen Theoretiker eben vom 19. Jahrhundert geprägte Männer. Lohschelder ist auch vorgeworfen worden, von ihren wenigen Beispielen ausgehend zu sehr zu verallgemeinern.[219] Bei anderen, etwa dem bereits erwähnten William Godwin (dem Mann von Mary Wollstonecraft), finden wir auch liberalere Positionen. Werfen wir noch einen Blick auf die weiblichen Stimmen des Anarchismus:

Paris, 1871. Es wird geschossen in den Straßen der Stadt der Liebe. Barrikaden riegeln ganze Viertel ab, die Aufständischen der Kommune kämpfen erbittert gegen die kaiserlichen Truppen. Eine nachlässig gekleidete Vierzigerin feuert todesmutig in die heranrückenden Truppen.

Die französische Anarchistin Louise Michel (1830–1905) ist über die Großeltern noch den Idealen der Französischen Revolution verbunden. Sie liebt Literatur, korrespondiert mit Victor Hugo. Weil sie sich weigert, den Eid auf den Kaiser zu leisten, kann sie nicht in ihrem Beruf als Lehrerin arbeiten. Sie gründet mehrere freie Schulen mit innovativen pädagogischen Konzepten, schreibt unter einem männlichen Pseudonym Artikel, die sie mit den damals üblichen Tricks (zum Beispiel indem sie sie als historische Themen verkleidet) durch die Zensur schmuggelt, und engagiert sich für Frauenrechte. In der Pariser Kommune (1871) bekleidet sie verschiedene Posten, kämpft aktiv mit, wird verwundet und schließlich nach Neukaledonien verbannt. 1880 begnadigt und später erneut inhaftiert, überlebt sie ein Attentat und schreibt bis zu ihrem Tod teils in England, teils in Frankreich. Michel wünscht sich keine Revolution um jeden Preis, hält sie aber für unvermeidlich. Dann aber werde Anarchie das Gute im Menschen wieder zum Vorschein bringen: Frei von der Gier nach Macht, aber auch vom täglichen Kampf ums Überleben werde sich entfalten, was jetzt noch unterdrückt werde. Und die Frauen? Michel plädiert für ein gleichberechtigtes Verhältnis ohne Hierarchie. Die gleiche Bildung der Frauen werde zu einem Zuwachs an intellektuellen Ressourcen führen. Sie hat erlebt, wie Frauen auf den Barrikaden kämpften, ebenso entschlossen wie Männer, oft entschlossener. So einer Frau erzählt man nichts mehr vom »schwachen« Geschlecht. Michel will Anarchismus auch im Geschlechterverhältnis umgesetzt sehen: Genau wie überall soll auch hier zählen, was das Individuum ist –, und nicht, welches Geschlecht es zufällig hat.[220]

Dass der Anarchismus stark von Russ*innen geprägt ist, hat seine Gründe. Die autoritäre Zarenregierung forderte Widerstand heraus. Eine als »Nihilismus« bekannte Strömung brach das eiserne Korsett von Tradition, Religion und Herrschaft auf. Frauen erkämpften sich selbst Bildung und gingen dann aufs Land, um dort zu unterrichten. Eigene Vernunft und Aufrichtigkeit galten ihnen als Maßstab, nicht Regeln von anderen. Eine Frau beendete lieber eine unglückliche Ehe und stellte sich der Armut, als sich im goldenen Käfig selbst zu verleugnen.[221] (Mit dem eigentlichen Nihilismus hat diese Bewegung also nicht sehr viel zu tun, es ist eher ein aufgeklärter Humanismus. Nietzsche nennt sie deshalb »Petersburger Nihilismus«.) Ähnlich sehen es auch die Frauen der Narodniki-Bewegung wie Vera und Lydia Figner. Doch sie alle sind nicht primär Feministinnen. Erst Emma Goldman stellt die Befreiung der Frau an prominente Stelle.

Die in der frühen Phase des Spanischen Bürgerkriegs auftretenden *Mujeres Libres* (»freie Frauen«) können ebenfalls als anarchistisch-feministische Gruppe bezeichnet werden. Sie kommen einerseits aus dem Anarchismus, setzen sich andererseits aber auch für feministische Positionen ein (wirtschaftliche Unabhängigkeit, Gleichberechtigung, sexuelle Freiheit sowie Freiheit von sexistischen Fehlinterpretationen; sie kritisieren etwa, dass manche Männer die Forderung nach der freien Liebe so verstünden, dass Frauen Freiwild seien). Die *Mujeres Libres* halfen auch praktisch bei der Kinderbetreuung und veränderten das Bewusstsein traditioneller Geschlechterrollen im bis dahin erzkonservativen Spanien.[222] Ähnliche Bewegungen gab und gibt es auch in Italien, wo auch Fragen nach sexueller Gewalt und dem Schönheitswahn schon vor Naomi Wolf – etwa vom Collettivo Donne Libertarie di Millano – thematisiert werden.[223] Tatsächlich entdecken in den USA der 1970er-Jahre Peggy Kornegger und Carol

Ehrlich den Anarchismus für die Frauenbewegung. Sie formulieren in ihrer Grundsatzerklärung, dass Feminismus und Anarchismus sich gegenseitig ergänzen. Ihr Anspruch ist es, sich nicht auf weiße, bürgerliche Frauen zu beschränken, sondern jede Art von Unterdrückung abzuschaffen. Wie viele vor ihnen betrachten sie die freie Liebe als Grundlage und sehen in der Kleinfamilie als autoritär-patriarchalisch den Kern der Frauenunterdrückung. Freiwilligkeit, das Fehlen von Hierarchien und Konsensentscheidungen stehen im Mittelpunkt. Rotationsprinzip und Aufgabenteilung sowie die Ermutigung schüchterner Frauen sehen sie als geeignete Mittel. Anstatt Funktionärinnen in Positionen etwa bei bestehenden Krankenhäusern oder Medien zu bringen, sollten die Frauen selbst welche gründen. Bei der Umsetzung allerdings kommt es zu genau den Problemen, die auch vor anderem politischem Hintergrund bekannt sind. Silke Lohschelder konstatiert: »Feministische Forderungen werden nicht als solche ernst genommen, sondern sie werden als Teil eines übergeordneten Kampfes gesehen, für den man als Anarchist automatisch einsteht. Die Notwendigkeit, sich mit dem eigenen patriarchalen Verhalten und den patriarchalen Strukturen der eigenen Bewegung auseinanderzusetzen, wird dadurch verneint. Frauen, die dennoch den Sexismus in ihren Gruppen offensiv angehen oder sich in autonomen Frauengruppen organisieren, müssen sich als Separatistinnen diffamieren lassen, die (noch) nicht erkannt haben, daß die Männer ja auf ihrer Seite stehen.«[224]

Janet Biehls sozialer Ökofeminismus versucht zwischen 1987 und 2011, anarchistische und feministische Positionen zu einer explizit linken Position zu verbinden. Eine Befreiung der Frau ohne eine Befreiung der Menschheit ist für sie nicht möglich, sie sieht die Befreiung der Frauen als Teil eines allgemeinen Freiheitskampfs. Sie distanziert sich von spirituellen Ansätzen (zu denen wir noch kommen) und den Ökofeministinnen, die in ihren Augen letztlich nur patriarchale Geschlechterstereotype reproduzieren, indem sie wieder nach der Definition »der« Frau suchen (also wieder beim Essenzialismus ankommen).[225] Lohschelder sieht den Anarchismus trotz erkennbarer Defizite insgesamt als gute Basis für eine Erweiterung der feministischen Theorie.[226] Ich übrigens auch.

GÖTTERDÄMMERUNG DES PATRIARCHATS: ATHEISMUS UND FRAUENRECHTE

Die Schriften der christlichen Heiligen und Gelehrten lassen keine Zweifel aufkommen: Gott und die Frauen, das ist keine Liebesgeschichte. Nur zur Zeugung seien die Frauen gut, liest man da. Missglückte Männer. Und natürlich: verführbar, schuld an der Vertreibung aus dem Paradies. Zweitrangig aus Adams Rippe geschaffen. Auch das Judentum und der Islam haben ihre frauenfeindlichen Aspekte: das Dankgebet orthodoxer jüdischer Männer, nicht als Frau geboren zu sein. Die Benachteiligung im islamischen Ehe- und Erbrecht, die koranische Aussage, dass Ehemänner ihre Frauen schlagen dürfen, sowie der – zu Unrecht, wie wir unten sehen werden – meist religiös begründete Schleierzwang, der entweder explizit wie im Iran oder implizit über sozialen Druck Frauen aufoktroyiert wird.

Insofern sollte es nicht überraschen, wenn Feminismus oft auch eine religionskritische Note hat. Wo die Diskriminierung religiös begründet wird, liegt es nahe, die Religion zu kritisieren. Natürlich ist nicht jede Feministin auch Atheistin; wir werden sehen, dass man auch anders auf religiöse Diskriminierung reagieren kann. Doch oft sind sie es.

»Wenn öffentlich von Religion die Rede ist, geht es selten um Glaubensvorschriften, sondern vielmehr um Sexualität und Geschlechterrollen«, meint Barbara Stollberg-Rilinger. Die Historikerin beschäftigt sich mit dem Verhältnis von Religion und Geschlechterordnung und geht davon aus, dass die Geschlechterordnung insbesondere in monotheistischen Religionen von entscheidender Bedeutung ist und noch immer von diesen beeinflusst werde. »Mann und Frau sind in den meisten Religionen höchstens im Jenseits gleich vor Gott, aber nicht auf Erden.«[227]

Was war zuerst da: die Henne oder das Ei? Haben Religionen die Geschlechterordnung geprägt oder nur bestehende Ungleichheiten aufgegriffen und durch ihre Institutionalisierung verstetigt? Die Religionswissenschaftlerin Edith Franke meint: »Die historische und politische Umgebung war eine, die von patriarchalischen Strukturen und meist auch feudalistischen Strukturen geprägt war. Entsprechend waren auch die Rollenbilder für Frauen und Männer festgelegt und wiesen Frauen vor allem Aufgaben im Haus als Ehefrauen und Mütter zu.« Da Frauen von Führungsämtern ausgeschlossen seien, hätten sie auch keine Deutungsmacht (sie entscheiden also nicht, welche Texte der heiligen Schriften herangezogen werden). So sei es nicht verwunderlich, dass sich alles an männlichen Kriterien orientiere. Franke stellt fest, dass es in den meisten Religionen Texte gebe, die sich im Sinne der Gleichberechtigung interpretieren ließen – und andere, die sich eben für das Gegenteil heranziehen lassen. Deshalb sei es entscheidend, dass Frauen sich am Interpretationsprozess beteiligen. Und die katholische Theologin Marie-Theres Wacker sagt, dass es nicht nur im Islam Männer gebe, die Frauen nicht die Hand reichen, das könne man auch mit christlichen Bischöfen erleben.[228]

In der Tat verbinden Religionen das Thema Frau fast überall mit Körperlichkeit, Erotik, Fortpflanzung und Geschlechterrollen. Nicht immer ist es so extrem wie in manchen hinduistischen Tempeln, wo Mädchen ab dem Alter von etwa zehn Jahren »geweiht« und zur Prostitution für Männer der höheren Kasten gezwungen werden. Man redet ihnen ein, sie dienten so der Göttin Yellamma, und wenn sie es nicht täten, brächten sie Unglück über ihre Familien. Die Kunden beteuern, das sei nun einmal ihre Kultur. Tatsächlich handelt es sich um sexuelle Ausbeutung von Kindern der unteren Kasten bzw. der Dalit (früher: Parias), die später oft in Bordelle verkauft werden.[229]

Zwar kennen fast alle Religionen Mutterfiguren, die oft auch hohe Verehrung genießen, doch häufig sind diese gleichzeitig mit unerreichbaren Keuschheitsnormen verbunden: im Extremfall, wie der christlichen Maria, Jungfrau und Mutter zugleich zu sein. Das kann beim besten Willen die asketischste Frau nicht leisten. Verehrung von Frauen ist allerdings nicht die Norm in Religionen.

»Also schlecht ist das Weib von Natur, da es schneller am Glauben zweifelt, auch schneller den Glauben ableugnet, was die Grundlage für Hexerei ist.« So schreibt Heinrich Kramer alias Henricus Institoris im *Malleus Maleficarum*, auch bekannt in der deutschen Übersetzung *Der Hexenhammer* (1487). Der Hexenwahn ergriff, nicht zuletzt durch dieses Machwerk befeuert, große Teile der Bevölkerung. Buhlen des Teufels seien sie, könnten fliegen. Hexenzauber zerstöre Vieh und Felder, mache unfruchtbar und bringe Krankheiten, so glaubten bald viele. Besonders oft taucht der Vorwurf auf, dass Hexen es auf das männliche Geschlechtsorgan abgesehen hätten: Sie würden es einfach weghexen![230] (Die tiefenpsychologische Interpretation überlasse ich Ihnen.) Da bekanntlich noch im 18. Jahrhundert »Hexen« verbrannt wurden, ist es nicht verwunderlich, dass die frühen Feministinnen nicht immer viel mit der Religion der Täter*innen anfangen konnten.

Die US-amerikanische Aktivistin Elizabeth Cady Stanton (1815–1902) schrieb gar eine *Women's Bible* (1895 und 1898), in der sie Religionen als frauenfeindlich kritisiert. Auch die US-amerikanische Menschenrechtsaktivistin und Suffragette Matilda Joslyn Gage (1826–1898) sah das Christentum vor allem wegen seiner Haltung zu Frauen als Fortschritts- und Zivilisationshindernis, wie sie in ihrer Schrift *Women, Church and State* schreibt. Cady Stanton setzte sich gemeinsam mit Ernestine Rose (1810–1892) für gleiche Rechte, die Möglichkeit für verheiratete Frauen, Besitz zu haben, sowie das Frauenwahlrecht ein. Doch nicht nur Atheistinnen mit christlichem wie Cady Stanton oder jüdischem Hintergrund wie Rose sind zu nennen. Ayaan Hirsi Ali oder Taslima Nasrin, Feministinnen mit muslimischem Hintergrund, werden heute wegen ihres Atheismus und ihrer Religionskritik verfolgt und mit dem Tod bedroht. Hirsi Ali geriet spätestens mit dem Film *Submission* ins Visier gewaltbereiter Islamisten, in dem die Unterdrückung muslimischer Frauen mit provokanten Bildern in Verbindung mit dem Koran gebracht wird. Der Regisseur des Films, Theo van Gogh, wurde 2004 deswegen ermordet. Wie so viele muslimische Apostat*innen kritisiert Ali immer wieder die naive Haltung westlicher Feministinnen, die patriarchale Strukturen im Islam als »kulturbedingt« perpetuieren und Kritik daran als »rassistisch« diffamieren. Aber auch Inna Shevchenko (Femen) sagt: »Ich freue mich auf einen Tag, an dem Imame, Rabbiner, Priester, religiöse Fanatiker, Sexisten und Frauenfeinde, die sich aus monotheistischen Dogmen speisen, auf die Knie fallen werden. Doch nicht um ihre Götter um Hilfe zu bitten. Sie werden vor den Frauen der Welt auf die Knie fallen und sie um Vergebung bitten. Erst dann können wir in Frieden leben. Und erst dann können sie stolz auf ihre Götter sein.«[231]

Tatsächlich sind die meisten Feministinnen, die ich kenne, Atheistinnen. In atheistischen Gruppen allerdings sind kaum Frauen, insbesondere nicht in der Führungsebene. (Und falls doch, heißen sie Esther Vilar.) Wenn man sich die Namen auf den Webseiten der atheistischen Gemeinschaften – insbesondere der Giordano-Bruno-Stiftung – ansieht, fällt ein Übergewicht von Männern ins Auge, das dem der Kirchen kaum nachsteht. Und das, obwohl nur die katholische Frauen explizit untersagt, Priester zu werden. In der evangelischen Kirche gibt es mehr Frauen in einflussreichen Positionen als in atheistischen Gruppen! Als ich jemanden bei der Giordano-Bruno-Stiftung darauf anspreche und nach den Gründen frage, kommt ein Achselzucken. Und dann die Antwort, die selbst fast schon ein Klischee ist: »Die wollen eben nicht.«

Wirklich nicht?

Vermutlich werden jetzt einige Männer sagen: Selbst schuld, wenn sie keine Bücher schreiben können wie Richard Dawkins. Können sie aber.

Haben Sie schon einmal von Jennifer M. Hecht und ihrem Buch *Doubt* gehört? Oder von Susan Jacobys *Freethinkers*? Die Journalistin Katie Engelhart erinnert an sie – und daran, dass viele Atheisten sich im Wohlgefühl suhlen, Zweifel an Religionen seien männlich. Daran, dass für viele Atheisten die Atheistin fast noch schrecklicher ist als die Gläubigen, wofür sie eine beeindruckende Menge historischer Zitate anführt.[232] Die amerikanische *Freedom from Religion Foundation* wurde von Annie Laurie und Anne Nicol Gaylor gegründet – trotz ihrer zahlreichen Bücher beschwert sich Anne Laurie Gaylor indes, sei es ihr Mann, der zu Vorträgen eingeladen werde.[233]

Offenbar fehlt es also nicht an weiblichen Autorinnen. Sondern vor allem an Leser*innen. Richard Dawkins beispielsweise hat regelrechte Fans. Hingegen scheint es noch immer vielen schwerer zu fallen, eine Frau als intellektuelles Vorbild anzusehen als einen Mann. Es fehlen nicht die Frauen im Atheismus. Sondern die, die bereit sind, einer Frau zuzuhören.

Weibliche Ambitionen einfach zu ignorieren, ist schon schlimm genug. Offenbar bleibt es aber bisweilen nicht dabei. Die Atheistin Rebecca Watson beschreibt, dass sie auf ihrer religionskritischen Website immer wieder sexistischen Beleidigungen und Bedrohungen ausgesetzt war. Diese hätten sie wenig tangiert, weil sie von außerhalb ihrer Community kamen. Ihr war durchaus aufgefallen, dass auf den Atheismusveranstaltungen vor allem Männer sprachen, aber sie habe geglaubt, das werde sich mit der Zeit ändern. Sie fühlte sich unter ihresgleichen. Dann erfuhr sie von Situationen auf solchen Veranstaltungen, die so unangenehm waren, dass die betroffenen Frauen nicht wieder teilnehmen wollten. Watson selbst erhielt nun auch von Atheisten Drohungen. Auf ihre Bemerkung, dass die männliche Beschneidung, bei der ein Stück der Vorhaut entfernt wird, nicht ganz dasselbe sei wie die sogenannte weibliche »Beschneidung« (bei der der gesamte sichtbare Teil der Klitoris abgeschnitten und die Vagina nicht selten bis auf ein kleines Loch zugenäht wird!), schrieb mann ihr, sie verdiene es, vergewaltigt, gefoltert und getötet zu werden. Da wollte sich wohl einer direkt auf die Nachfolge von *Hexenhammer*-Heinrich bewerben.

2011 spricht Watson in Dublin bei einer Atheismuskonferenz mit Richard Dawkins das Thema offen an. Die Diskussion wird an der Hotelbar weitergeführt, und am Ende folgt ihr einer der Männer in den Aufzug und lädt sie auf sein Zimmer zu einem Kaffee ein. Watson bleibt höflich und lehnt ab. Doch als sie das Video zur Konferenz macht, merkt sie auch an, dass es doch etwas unsensibel ist, einer Frau, die gerade stundenlang über sexuelle Belästigung gesprochen hat, in den Aufzug zu folgen und sie auf einen Kaffee einzuladen – den man an der Bar, die man soeben verlassen hat, problemlos hätte bekommen können. Sie rät einfach nur den Männern, so etwas nicht zu tun.

Daraufhin wird sie millionenfach als »Fotze« beschimpft. Und Richard Dawkins, den sie so bewundert hat, spottet im Blog einer Freundin, die Musliminnen sollten sich nicht so haben. Was seien schon Genitalverstümmlung, Fahrverbot etc. gegen einen Mann, der einem einen Kaffee anbietet? Dawkins' Kommentar ist dabei besonders erbärmlich, denn er spielt nicht nur zwei Formen von Sexismuserfahrung gegeneinander aus (Watson hat schließlich nie behauptet, das, was ihr widerfuhr, sei schlimmer als eine Genitalverstümmlung!). Dawkins zeigt auch, dass ihn Sexismus offenbar nur dann interessiert, wenn er bei den »anderen« (also im Islam) vorkommt. Das klingt schon ziemlich rassistisch.

Dawkins muss immerhin auf seinen Ruf achten, weil er unter Klarnamen schreibt. Das gilt nicht für andere. Millionenfach prasselt Hass auf Watson ein. Ganze Blogs über sie entstehen, jede noch so kleine Dummheit aus der Vergangenheit wird breitgetreten, manche schreiben ihr Hunderte von Hassbotschaften. Und als sie sich für eine andere Konferenz anmeldet, twittert ein Mann namens Bill Jones, er sei auch dabei, und wenn er ihr im Aufzug begegne, werde er sie angreifen *(»I'm totally copping a feel«)*.[234]

Liebe Atheisten, vielleicht liegt es ja an solchen Erfahrungen, dass die Frauen keine Posten bei euch wollen.

Watson reagiert richtig: Sie macht alles öffentlich. Und es zeigt sich, sie ist nicht die einzige Frau, die schlechte Erfahrungen macht.

Offenbar denken Feministinnen zwar oft atheistisch, meiden aber organisierten Atheismus, weil er genauso frauenfeindlich ist wie die Religionen, denen sie abgeschworen haben. Freiheit, das zeigt sich auch hier, wird von vielen noch immer als männliches Privileg betrachtet. Und die Tatsache, dass mann selbst vor keinem Gott nach oben buckeln möchte, heißt noch lange nicht, dass mann nicht weiterhin gern nach unten (den Frauen) tritt.

Wir sehen also, dass selbst bei vielen dem Feminismus inhaltlich nahestehenden Richtungen misogyne Stereotype und Sexismus tief verwurzelt sind. Bei manchen weniger (Kropotkins Anarchismus), bei anderen sehr viel mehr (atheistische Gruppen).

Vielleicht sollte man einmal andersherum denken. Männer haben uns nun mehrere Jahrhunderte lang erzählt, die Freiheit der Frauen werde sich von selbst einstellen, wenn erst ihre Ziele verwirklicht seien. Die Frauen sollten einfach für die Ziele der Männer kämpfen, dann würden auch sie ihre Freiheit bekommen. Das hat bisher nicht geklappt.

Und deshalb sind jetzt wir an der Reihe. Vielleicht zeigt sich ja am Umgang mit dem vermeintlich schwachen, sicher aber diskriminierten Geschlecht, wie ernst es jemand wirklich mit Freiheit und Gleichheit ist. Vielleicht sind Freiheit und Gleichberechtigung im Verhältnis von Mann und Frau die Voraussetzung für jede andere Art von Freiheit.

DIE SOZIALWISSENSCHAFTEN ÜBER PATRIARCHALE UNTERDRÜCKUNGSMECHANISMEN

Religiöse, sexuelle und andere Unterdrückung haben Frauen schon im 19. Jahrhundert benannt. Aber damals fehlte ihnen das wissenschaftliche Handwerkszeug, um sie zu analysieren. Das ändert sich im 20. Jahrhundert. Die Sozialwissenschaften gelten insbesondere nach dem Zweiten Weltkrieg als Domäne der Linken, die, wie wir gesehen haben, Anknüpfungspunkte an den Feminismus bietet. Fragen von Herrschaft und Unterdrückung haben nach dem Nationalsozialismus Konjunktur. Man will verstehen, wie es passieren konnte, dass ein ganzes Land in einen derartigen Wahn abgleitet. In dieser Zeit erhalten die ersten Frauen Lehrstühle. So ist es nicht überraschend, dass auch die Frage nach der Herrschaft von Männern über Frauen wieder gestellt wird – und dieses Mal auf dem Terrain der Wissenschaft.

Wir wollen hier keinen kompletten Überblick über die Frauen- und Geschlechterforschung bieten, sondern vor allem einige für den Feminismus besonders bedeutsame Themen herausgreifen. Hier geht es darum zu zeigen, welche Rolle Wissenschaft für feministische Anliegen spielt.

Das Thema Gendern ist der derzeit vermutlich bekannteste Fall, der im akademischen Bereich, aber auch außerhalb davon Wellen schlägt. Mit dem Argument, Gendern verschandele die Sprache und schränke die Freiheit ein, entsteht hier vielerorts ein geradezu kreuzzüglerischer Impetus. Einerseits ist das Thema ein klassischer Symbolkonflikt: Es geht weniger um die Sprache, sondern um die Rolle von Feminismus allgemein. Das Gendern wurde ja eingeführt, um Frauen sichtbar zu machen: Sagen wir: »Ich gehe zum Arzt«, stellt man sich automatisch einen Mann vor. Das generische Maskulinum ist also keineswegs eine wertfreie Sache der Linguistik, sondern Ausdruck von Machtverhältnissen. Sprache und Freiheit sind hier also nur der Vorwand, hinter dem sich die Verteidigung männlicher Dominanzansprüche verbirgt. Andererseits muss aber auch gesagt werden, dass eine repressive Einforderung nicht immer nachvollziehbarer Sprachregeln den Eindruck von Zensur vermittelt. So wird eine Möglichkeit geschaffen, unter dem Vorwand des Kampfs für die Freiheit reaktionäre Muster wieder einzuführen. Übrigens: In Ägypten setzten sich Feministinnen andersherum für die Abschaffung der weiblichen

Endung im Arabischen ein, da sie gerade das ständige Betonen des Geschlechts als sexistisch empfanden (im Arabischen wird z. B. selbst bei »du« zwischen Maskulinum und Femininum unterschieden). Die Literaturwissenschaftlerin und Koran-Kommentatorin Bint al-Shati mokierte sich seinerzeit darüber.[235] Auch die amerikanische Philosophin Susan Neiman sieht das Gendern vor dem Hintergrund des zumeist geschlechtsneutralen Englischen eher negativ.[236] Persönlich denke ich, dass Frauen sichtbar sein sollten, wie das aber geschieht, sollte jede*r nach eigenem Wunsch handhaben. *In dubio pro libertate*, im Zweifel für die Freiheit. Ein Sternchen (oder was auch immer) wird das Patriarchat weder stützen noch zum Einsturz bringen.

Wissenschaft ist noch immer eine Männerdomäne. Ein sozialer Wandel macht sich hier langsam bemerkbar, etwa in der Geschichte: Jahrhundertelang war Geschichte eine Wissenschaft, in der es nur um Männer ging. Dass sich Historiker*innen mit Frauen befassten, wurde noch bis in die frühen 1990er-Jahre belächelt. Das Geschichtsmagazin *Geschichte mit Pfiff* brachte im Mai 1991 (Nummer 5/91) eine Ausgabe, in der es um Frauen in historischer Zeit ging. Das Grußwort des Herausgebers Dr. Franz Metzger beginnt:

»Liebe Leser, wenn diese Ausgabe […] bei Ihnen eintrifft, können wir uns recht gut zwei spontane Reaktionen vorstellen: ›Das war aber auch Zeit!‹ und ›Jetzt fangen die auch noch damit an …!‹«[237] Beide Ausrufe, meint der Herausgeber im erkennbaren Bemühen um Versöhnlichkeit, hätten ihre Berechtigung. Man habe sich schon immer um Ausgewogenheit bemüht, und die Unterrepräsentation von Frauen in der Geschichtsschreibung sei eine Tatsache. Andererseits wolle man nicht ins andere Extrem verfallen, in »jene militant-feministische Geschichtsschreibung«, die spöttisch (sic!) als »Herstory« bezeichnet werde und genauso einseitig sei wie die auf Männer zentrierte.[238] Heute liest sich das wie ein Scherz, und die Anrede »Liebe Leser« (nur Maskulinum) wirkt beinahe grob – vor allem angesichts des Themas. Damals allerdings war es ziemlich mutig, überhaupt ein ganzes Heft eines historischen Magazins frauenspezifischen Themen zu widmen. Ich bezog dieses Heft als Schülerin und besitze es heute noch.

Geschichte war Männergeschichte. Den meisten fiel nicht einmal auf, dass so gut wie keine Frauen vorkamen. Die von Frauen überquellenden historischen Romane der Gegenwart sind auch eine Reaktion auf dieses Phänomen. Wir haben einiges nachzuholen. Natürlich hat *history* nichts mit *his story* zu tun, das ist ein Wortspiel. *History* kommt bekanntlich aus dem Griechischen, was Robin Morgan vermutlich bekannt war, als sie den Begriff »Herstory« 1970 prägte.[239] Es ging einfach darum, auf diesen Umstand aufmerksam zu machen. Denn tatsächlich war es vor allem die Akademisierung der Geschichte im 19. Jahrhundert, die sie zu einer reinen Männergeschichte machte. Das ist nicht überraschend. Einerseits standen in dieser Zeit die Universitäten nur Männern offen, das heißt, diese kontrollierten, was Geschichte und berichtenswert war und was nicht. Andererseits war die Geschichtswissenschaft ein wichtiger Pfeiler der entstehenden Nationalstaaten und setzte entsprechend dort Schwerpunkte. Frauen wurden in den »unwissenschaftlichen« Bereich des Anekdotischen, Privaten abgeschoben, in andere Disziplinen wie die Gynäkologie – oder gleich als »naturhaft« ausgeklammert. Dass die methodischen Innovationen der Geschichtswissenschaft sämtlich ohne die Kategorie Geschlecht gemacht wurden, erschwerte den Zugang. Bis ins frühe 21. Jahrhundert blieb die Geschichte männerdominiert.[240] Deswegen ist es auch nicht überraschend, dass feministische Denkerinnen so gut wie gar nicht in den Geschichtsbüchern der Schulen auftauchen und man sie förmlich mit der Lupe suchen muss.

Da war es natürlich hilfreich, dass im Zuge der zweiten Frauenbewegung ein erhöhtes Interesse an der Geschichte von Frauen bestand. Waren sie wirklich »geschichtslose Wesen«, wie mancherorts vermutet? (Weil sie sowieso immer zu Hause hockten und es ihnen egal sein konnte, was in der großen Welt so passierte.) Oder konnte man ihnen ihre Geschichte zurückgeben? Biografien über bedeutende Frauen wurden nun verlegt, allerdings war es tatsächlich noch nicht möglich, sich als Wissenschaftler*in ausschließlich mit Frauen zu befassen. Nahm diese Frauengeschichtsschreibung Frauen noch als eigene, durch das Geschlecht definierte Gruppe wahr, konzentrierte man sich später auf das Ineinandergreifen verschiedener Prozesse und fasste die Untersuchungen als komplexer auf. Frauen sind nicht allein durch Weiblichkeit definiert, was konnte sonst noch eine Rolle spielen? Das Verhältnis der Geschlechter betrifft nicht nur Frauen, es sagt auch etwas über allgemeine Machtverhältnisse. Auch kam man vom Gedanken ab, dass Frauen immer nur Opfer seien: Sie können Diktaturen ebenso stützen wie stürzen. Und natürlich stand das Verhältnis von Privat und Politisch im Fokus des Interesses: Ist die Frau tatsächlich immer an den privaten Bereich gebunden gewesen, während der öffentliche Raum Männerraum war? Manche Ansätze sehen sogar die Durchsetzung des Frauenwahlrechts als Ergebnis einer Annäherung dieser beiden Bereiche.[241]

Neben der Geschichtswissenschaft ist vor allem die Soziologie von entscheidender Bedeutung für den Feminismus. Doris Lucke hebt den Umstand hervor, dass die Soziologie erst nach fast zweihundert Jahren auf die Idee kam, die Beziehung zwischen den Geschlechtern zum Thema zu machen – und das, obwohl ihre wichtigste Funktion ja gerade die ist, scheinbar »natürliche« und »gottgewollte« Strukturen als kontingent zu entlarven und damit als hinterfragbar. Lucke spricht hier von säkularer Geschlechtsblindheit.[242] Aus diesen Anfängen entwickelten sich die *Gender Studies* (die anfangs noch *Women's Studies* hießen) als soziologische Teildisziplin, die sich einerseits historisch, andererseits aber auch systematisch mit Frauen, ihrer Wahrnehmung und ihrer Funktion in der Gesellschaft auseinandersetzte. Das Anliegen war zunächst, Frauen sichtbar zu machen. Sie nicht mehr über Männer zu definieren, sondern als Subjekte zu betrachten, beispielsweise ihre Rolle auf dem Arbeitsmarkt, sowie Geschlechterstereotype und Geschlechterrollen zu dechiffrieren, war das Ziel. Erst unter dem Einfluss von Judith Butler und der Queer-Theorie traten Theorien vom Geschlecht als soziales Konstrukt in den Vordergrund.

Geschlechterrollen wurden dank soziologischer Forschung als fundamentale Rollen erkannt, als Rollen, die über die primäre Sozialisation erlernt werden. Es wurde klar, dass sie bei der Unterdrückung von Frauen eine zentrale Funktion haben. Abgeleitet von der soziologischen Rollentheorie wurde auch deutlich, welche Funktion sie haben: Über Geschlechterrollen wird die Trennung von privatem und öffentlichem Raum aufrechterhalten. Die Zuschreibung bestimmter Rollen an Frauen hängt also mit der Trennung dieser beiden Bereiche zusammen. Kurz: Geschlechterrollen halten Frauen aus dem öffentlichen Raum fern. Mit der Geschlechterrolle verbunden sind entsprechende Stereotype. Feldmann und Hartmann-Tews kommen zu dem Schluss, dass das weibliche Stereotyp als defizitäres Gegenbild zur positiven männlichen Norm konzipiert ist.[243] Sexualität hat beim Erlernen von Geschlechterrollen eine wichtige Funktion: einerseits für die Identifikation mit Geschlechterrollen (z. B. Mädchen gleich passiv), aber auch für die gesamte Entwicklung der Persönlichkeit. Die Tabuisierung von Sexualität, wie sie insbesondere in konservativ-patriarchalischen Gesellschaften (egal, welcher Religion) üblich ist, behindert Mädchen in ihrer Selbstentfaltung und verfestigt über die Behaftung mit Scham Stereotype von der »schlechteren« Weiblichkeit.[244] Insbesondere im Überschneidungsbereich mit der Psychologie wurde und wird hier wertvolle Arbeit geleistet. Geschlechterstereotype wurden als Machtmechanismen enttarnt und ihre massiven Folgen für Frauen und ihre psychische Gesundheit aufgezeigt – etwa im Fall unterdrückter Sexualität (aber wie wir im Kapitel über Intelligenz sehen werden, lässt sich das auch auf unterdrückte Intelligenz übertragen). Sehen wir uns einige dieser Stereotype einmal genauer an.

Madonna, Hure und die »natürliche Bestimmung«

Der Komponist Richard Wagner ist nicht gerade als Feminist bekannt. In seinen Opern geht es meistens darum, dass ein seine Sexualität nach Herzenslust auslebender narzisstischer Mann durch die Liebe einer selbstlosen (ko-narzisstischen) Frau erlöst wird. Für gewöhnlich hat er reichlich Zeit, sich auszutoben, ehe die besagte Erlösung dem Spaß an der Freud ein Ende setzt. Exemplarisch verdichtet in *Tannhäuser*, jener Geschichte rund um den »Sängerkrieg auf der Wartburg«: Hier verlässt der Protagonist, der Minnesänger Tannhäuser, zu Beginn den Venusberg. (Ja, das heißt dort wirklich so! Gemeint ist allerdings ein mythischer Berg aus Fels und nicht das als »Venushügel« bekannte Gebiet der weiblichen Anatomie. Allerdings sind die Übergänge fließend.) Im Venusberg haust die Venus, laut Regieanweisung Wagners nur mit einem Gürtel bekleidet, in deren Armen Tannhäuser zu Beginn der Oper gerade ein ganzes Jahr verbracht hat. Endlich aus dem Lusthügel entfleucht, erinnert er sich, dass er zuvor zarte Bande mit Elisabeth, der Tochter des Thüringer Landgrafen, geknüpft hatte – platonischer Art, wie schon durch ihren Namen, der an die katholische Heilige erinnert, suggeriert wird. Allerdings fliegt sein Lotterleben auf, und er wird zur Buße nach Rom geschickt. Da der Papst sich weigert, ihm zu verzeihen, bittet Elisabeth die heilige Jungfrau um den Tod (ihren, nicht seinen!). Sie wird erhört und stirbt. Am Ende wird Tannhäuser doch noch vergeben, und er ist frei für neue, gesellschaftlich anerkannte Liebschaften.

In Wagners Oper ist der Madonna-Hure-Komplex so zugespitzt, dass es schon komisch ist – und sich hervorragend eignet, um den Begriff zu erklären. Die Handlung beruht tatsächlich auf der Unterscheidung zwischen hoher und niederer Minne: also platonische Liebesbeziehung versus das Ausleben sexueller Lust. Etwa ab dem 12. Jahrhundert entwickelt sich in Südwesteuropa, vermutlich unter dem Einfluss des islamischen Spanien, die Troubadourlyrik und mit ihr das Konzept der höfischen Liebe. Bereits in den ersten islamischen Jahrhunderten war in Syrien und dem Irak das Konzept des *zarf* aufgekommen, der feinen, höfischen Lebensart, in das schnell die Liebe als charakterbildendes Element aufgenommen wurde. Über die islamische Expansion erreichte das Konzept Spanien, wo *zarf*-Lyrik auch von Frauen verfasst wurde. Bis ins 10. Jahrhundert wird die sinnliche Liebe als »städtisch«, die platonische als »beduinisch« wahrgenommen. Während in der islamischen Welt die platonische Liebe erst im 10. Jahrhundert unter dem zunehmenden Einfluss religiöser Kreise an Bedeutung gewinnt, ist die Asexualität im Christentum von Anfang an zentral. Bei den nun im Grenzgebiet zum islamischen Spanien auftauchenden Troubadouren und Trobaitritz (also weiblichen Troubadouren) wird die Liebe ebenfalls als charakterbildend und typisch für die »besseren Kreise« gesehen. In der Lyrik und dem höfischen Roman des 12. und 13. Jahrhunderts hat die höfische Liebe ihre große Zeit, wird aber schnell von dem als »niedere Minne« bekannten sinnlichen, oft obszönen und bisweilen mit klaren misogynen Stereotypen angereicherten Gegenbild konterkariert, das den unteren Ständen zugeschrieben wird.

Bei Wagner ist dieser Gegensatz zwischen hoher und niederer Minne exemplarisch dargestellt: Auf der einen Seite steht Venus persönlich, die römische Liebesgöttin, Inbegriff der sinnlichen Lust. Mit ihr, der vorchristlichen Ketzerin, lebt mann ohne kirchlichen Segen, unterirdisch (also verborgen vor den Augen der Öffentlichkeit). Kurz: die Hure. (Wie die meisten Opern-Huren singt sie Mezzosopran.)

Auf der anderen Seite haben wir Elisabeth, die Heilige. Schon ihr Name und die Verortung in Thüringen assoziieren sie mit der gleichnamigen Asketin, die zuerst von ihrem Beichtvater, dem brutalen Inquisitor Konrad von Marburg, in die Magersucht getrieben und später, nachdem dieser sie in ein frühes Grab gebetet hatte, heiliggesprochen wurde. Elisabeth liebt Tannhäuser von fern, er liebt sie aus sicherer Distanz (dem Venusberg) zurück. Am Ende opfert sie ihr Leben, während er sich nun geläutert eine andere keusche Ehefrau suchen kann. Natürlich singt Elisabeth Sopran.

Tatsächlich teilen insbesondere Männer mit konservativem Geschlechterrollenbild Frauen nicht selten in diese beiden Kategorien ein: die gute und die böse Frau. Die, welche man liebt, und die, mit der man schläft. Im Extremfall hat man die Situation des Troubadours:

die von fern angeschwärmte, meist höhergestellte Frau – und dann die Hure, bei der man die solcherart angestauten Triebe dann ohne emotionale Bindung loswird. Allerdings nicht die Heilige für die höheren Stände, die Hure für die niederen, sondern beide für denselben Mann.

Es gibt verschiedene psychologische Interpretationen des Madonna-Hure-Komplexes, etwa von Richard Tuch, aber auch schon von Sigmund Freud.[245] Dabei ist die augenfälligste Komponente des Phänomens eine soziale: Der Madonna-Hure-Komplex tritt nur in patriarchalischen Gesellschaften auf und verliert mit zunehmender Gleichberechtigung an Bedeutung.

Das ist nicht überraschend. Die Trennung von Sexualität und Liebe hängt mit der Tatsache zusammen, dass in patriarchalischen Gesellschaften sexuelle Beziehungen zwischen Mann und Frau immer von einem Machtgefälle geprägt sind. Sexuelle Beziehungen, ob mit der Ehefrau oder der Hure, sind immer Machtbeziehungen, da der Mann die Kontrolle über Sexualität und Fortpflanzung beansprucht. Logischerweise kann sich in einer derart asymmetrischen Beziehung keine Liebe entwickeln, denn letztlich wird die Frau immer dafür verachtet, dass sie sexuell aktiv ist – selbst wenn es mit einem selbst ist. Liebe setzt voraus, dass sich beide Partner auf Augenhöhe befinden. Entsprechend wird die Liebesbeziehung asexuell ausgelebt. Läge die ferne Geliebte im eigenen Bett, verlöre sie ihre »Reinheit« und würde ebenfalls verachtet.

Das ist in der islamischen Welt genauso wie in der christlich geprägten. Fatima Mernissi bezieht sich ganz selbstverständlich auf Freud, wenn sie auf das Problem eingeht. Die Idee der Jungfräulichkeit zeige eine tief sitzende Angst der Männer vor Frauen, weil diese allein Leben geben können. Männer fürchteten, dass Frauen sich nur unterwürftig gäben, insgeheim aber auf Rache sinnen. Liebe und Sexualität seien unvereinbar, weshalb sich Männer für Sex Frauen suchten, auf die sie herabsehen können, während sie ihre Ehefrauen frigide machten. Das führe bis hin zur Impotenz, sobald ein Mann eine Frau nicht mehr verachten oder kaufen könne. Vor diesem Hintergrund analysiert Mernissi die in der islamischen Welt verbreitete Sitte, das Hymen vor der Hochzeit operativ wiederherstellen zu lassen, und andere Heucheleien, und fragt, warum sich Frauen auf dieses »tragikomische Spiel« einließen, »das ihnen wie den Männern nur peinliche Rollen bietet«.[246]

Im Patriarchat kann eine Frau nichts richtig machen: Die Ambiguität der Heiligen und der Hure ist nichts anderes als die der Kontrolle und Ablehnung weiblicher Sexualität. Weibliche Sexualität bedeutet eine immanente Gefährdung des männlichen Fortpflanzungsmonopols. Und damit der Kontrolle über die Ressource menschliche Reproduktion.

Da das Bedürfnis nach Liebe aber offenbar zum menschlichen Dasein gehört, entwickelten sich in patriarchalischen Kulturen Formen der asexuellen »Frauenverehrung«. Etwa auch im italienischen Petrarkismus, der auf Francesco Petrarcas Poesie an eine von fern angehimmelte (möglicherweise nicht einmal reale) Geliebte rekurriert: Laura. Heute haben wir für dieses Phänomen einen etwas profaneren Namen: narzisstisches »Love Bombing«. Natürlich ist die Verwendung dieses Begriffs hier ein wenig polemisch gemeint, doch tatsächlich zeigen Menschen mit einer narzisstischen Persönlichkeitsstörung ein ähnliches Verhalten. Der Narzisst (hier der Mann) unterwirft sich scheinbar seinem Opfer (hier der Frau). So wird eine psychische Abhängigkeit hergestellt, welche die Frau gefügig machen soll (in Anspielung auf den *Zauberer von Oz* sprechen manche von »Flying Monkeys«: jenen fliegenden Affen, die willenlos wie ferngesteuert, alles tun, was die Hexe ihnen befiehlt). Um weiterhin in den Genuss dieser Verehrung zu kommen, tut das Opfer alles, was von ihm erwartet wird, egal, wie missbräuchlich sich der Mann von nun an verhält. Die Verlogenheit der Frauenverehrung wurde in ganz unterschiedlichen (aber allesamt patriarchalischen) Kulturen kritisiert. In der arabischen Welt kam es, nachdem die freien Frauen durch Verschleierung und Absonderung ab dem 9. Jahrhundert zunehmend aus dem öffentlichen Raum entfernt wurden (also erst rund hundertfünfzig Jahre nach dem Tod des Propheten Muhammad und keineswegs von Beginn an!), zu einer zunehmenden Verehrung von Sklavinnen. Diese waren schlichtweg die einzigen Frauen, die noch in aller Öffentlichkeit zugänglich waren. Allerdings galten sie auch als flatterhaft, und flugs entstehen jede Menge Geschichten, in denen romantisch veranlagte Bagdader Poeten zum Gaudium der Zuhörer in frauenverehrender Liebe zu einer Sklavin entbrennen. In einer dieser Geschichten schildert der Poet seiner Angebeteten in Versen sein Leid in allen Tonarten: wie ihr Bild ihn im Traum verfolgt und tausend Schmerzen ihn peinigen. Die Antwort ist kurz und pragmatisch: Sie hat etwas für ihn, schreibt die Angeminnte zurück, das besser ist als ihr Traumbild: Gegen zwei Golddinar käme sie persönlich![247]

Hier ist die Heilige und die Hure in ein und derselben Person verbunden – als Witz. Genauso macht es übrigens der italienische Philosoph Giordano Bruno: In seinem Theaterstück *Il Candelaio* verliebt sich ein petrarkistisch verbildeter Trottel in eine Kurtisane und schickt ihr ebensolche Verse. Dass die allseits käufliche Hure zur fernen (madonnenhaften) Geliebten erhöht wird, ist der Witz bei diesen Karikaturen des Madonna-Hure-Komplexes: Eine Hure als madonnentauglich zu lieben, macht einen Mann zum Trottel. Bruno ist ein erklärter Gegner der petrarkistischen Frauenüberhöhung.

Eheliche Sexualität tut der Madonnentauglichkeit übrigens keinen Abbruch. In patriarchalischen Kulturen, im Christentum wie im Islam, gilt sie als »erlaubte« und damit die »Reinheit« einer Frau nicht beeinträchtigende Sexualität. Warum? Weil bei der ehelichen Sexualität die Kontrolle über die Fortpflanzung beim Mann liegt. Die Vaterschaft ist geklärt.

Beim Madonna-Hure-Komplex geht es also vor allem um die Kontrolle der weiblichen Reproduktion und damit der Ressource Nachwuchs. Die Botschaft an die Frauen lautet: Du kannst nur entweder Sex oder Liebe haben, nicht beides. Willst du geliebt werden und einen Platz in der Gesellschaft, verzichte auf das freie Ausleben deiner

Sexualität, und übernimm die Rolle der Madonna. Jungfräulichkeit bzw. Keuschheit und Prostitution bzw. sexuelle Gewalt sind damit die beiden Seiten der patriarchalischen Münze.

Betrachtet man die Mythologie patriarchalischer Gesellschaften, fällt auf, dass Frauen, sofern sie darin auftauchen, oft ausdrücklich als Jungfrauen charakterisiert sind: Athene/Minerva in der Antike, Maria im Christentum. Dies hängt einerseits mit einer generellen Körperfeindlichkeit und damit Ablehnung der Sexualität zusammen, verweist aber auch auf die schlechtere Stellung von Frauen in der Gesellschaft[248], da an Männer keine vergleichbaren Anforderungen gestellt werden (das Christentum mit seinem monastischen Ideal und der Manichäismus stellen hier eine Ausnahme dar). Jungfräulichkeit und damit Asexualität ist sozusagen die Eintrittskarte in eine Welt, die ansonsten Männern vorbehalten ist. Auch hier braucht man nicht viel Fantasie, um sich zu erklären, warum: Da eine asexuelle Jungfrau (noch) nicht für die Produktion von Nachwuchs infrage kommt, spielt sie für die Kontrolle dieser Ressource keine Rolle. So kann sie mehr Freiheiten haben als eine Frau, die zur Zeugung von Nachwuchs bereit ist.[249]

Die Kehrseite der Jungfräulichkeit ist sexuelle Gewalt: Wenn der Wert einer Frau an ihre »Reinheit« geknüpft ist, geht es darum, die weibliche Reproduktionsfähigkeit zu kontrollieren. Nur da, wo Frauen letztlich Besitz sind und der Vater-, nicht der Mutterschaft die entscheidende Rolle zukommt, ist »Reinheit« von Bedeutung: für den »Besitzer« der Frau nämlich, der sicherstellen will, dass der Nachwuchs auch von ihm ist – und für seine Gegner, die dieses Privileg und damit die »Ehre« des Mannes in Gefahr bringen. Das war im christlichen Europa nicht anders, als es heute noch in vielen islamischen Ländern ist. Selbst Ehrenmorde sind im christlichen Kontext durchaus bekannt. Als Opernfan kann ich versichern, dass es in ziemlich vielen Opern um nichts anderes geht.

Die Verantwortung für sexuelle Gewalt wird in patriarchalischen Gesellschaften meist dem Opfer angelastet. Im Strafrecht mancher islamischer Länder gibt es beispielsweise keinen Straftatbestand Vergewaltigung – nur nicht ehelichen Geschlechtsverkehr. Das bedeutet, dass einerseits freiwilliger Sex ohne Ehe strafbar, Vergewaltigung in der Ehe aber straffrei ist. Nicht Freiwilligkeit ist das Kriterium, sondern ob der Sex ehelich ist. In der Vergangenheit kam es mehrfach zu aufsehenerregenden Prozessen, wenn etwa in den Golfstaaten Touristinnen eine Vergewaltigung anzeigten – und dann dafür bestraft werden sollten. Europäer*innen und Amerikaner*innen sollten allerdings die Nase nicht zu hoch tragen. Hierzulande war das früher nicht sehr viel anders. Vergewaltigungen wurden lange bagatellisiert oder als eine Art Eigentumsdelikt behandelt. Es ist das Verdienst der Sozialwissenschaften, auf die Bedeutung der Konzepte von Jungfräulichkeit und sexueller Gewalt für patriarchalische Gesellschaften hingewiesen zu haben.

Sexuelle Gewalt als Machtmechanismus funktioniert übrigens nur da, wo die »Befleckung« und die damit verbundene Scham dem Opfer angelastet wird. Sobald der Täter bestraft wird und nicht das Opfer, verliert sie zunehmend ihre Bedeutung.

Von der Femme fatale zum Poststrukturalismus und zurück

Wer über einen sizilianischen Markt läuft, wird vielleicht die Puppen bemerken, die in Gestalt einer schönen Frau angeboten werden und mit einem Schild »*na mafiosa*« beschriftet sind. Das sizilianische Dialektwort *mafia* bedeutet ursprünglich keine Verbrecherorganisation, sondern einfach »Macht«. Eine *mafiosa* ist also im Sizilianischen nicht zwangsläufig eine Verbrecherin, sondern kann auch einfach eine verführerische Frau bezeichnen: Sie hat Macht (*mafia*) über Männer.

Die sizilianische Gesellschaft ist stark patriarchalisch geprägt. Wie wir gesehen haben, ist im Patriarchat das Geschlechterverhältnis immer ein Machtverhältnis. Liebe auf Augenhöhe ist nicht vorgesehen.

Ganz ähnlich wie in der islamischen Welt wird auch in der »westlichen« Liebespoesie die angebetete Frau mit manchmal fast schon dämonischer Macht über Leben und Tod versehen: Ihre Blicke verwunden, ihre Locken töten usw. In einem italienischen Salonlied heißt es: »*Se mi guardi, un' ebbrezza m'assale/ se mi parli, mi sento morir!* «– »Wenn du mich ansiehst, befällt mich Trunkenheit/ wenn du mit mir sprichst, glaube ich, ich sterbe.«

Man nennt dieses Stereotyp eine »Femme fatale« (verhängnisvolle Frau) – modern auch »Vamp«. Das Motiv ist seit der babylonischen Zeit bekannt und steht meist in Verbindung mit einer offen ausgelebten weiblichen Sexualität. Die Frau wird (in der ausschließlich männlichen Wahrnehmung) als verführerisch und begehrenswert, aber auch als dämonisch und gefährlich erlebt. Oft ist sie klug, und meist erweckt sie Leidenschaft, ohne selbst welche zu empfinden. Der Mann gerät durch seine Leidenschaft für sie in eine missliche Lage, oft an den Rand des Ruins. Dadurch bekommt die Geschichte manchmal auch einen moralisierenden Beiklang[250]: Lass dich nicht mit selbstbewussten Frauen ein, Junge! Meinetwegen stoß dir die Hörner ab, aber heiraten wirst du gefälligst eine brave, angepasste Jungfrau! Die Femme fatale ist damit eine Variante des Madonna-Hure-Komplexes, eine abgewandelte Form der Hure – oder, für Hilmes, der Hexe: eine Frau, welche die Rollenmuster für kurze Zeit durchbricht und mit ihrer aus der Sinnlichkeit stammenden Macht das Bedürfnis des Mannes nach Erfüllung verkörpere. Da es unmöglich ist, muss sie sterben.[251] Und jetzt wird es interessant: Mythologische Femmes fatales sind beispielsweise auch Lilith und Pandora. Beide sind mit dem Typus der Großen Göttin verwandt, jener Magna Mater, auf die wir nachher noch zu sprechen kommen. Lilith ist eine sumerische Göttin, die mit dem Wind assoziiert ist, möglicherweise auch mit der Unterwelt. Später wird sie negativ als kindermordende Dämonin und verderbliche Verführerin bezeichnet. Sowohl der babylonische Talmud als auch die kabbalistische Überlieferung kennen sie. Im Midrasch tritt sie als Ehefrau Adams auf, die jüdisch-feministische Theologie macht sie zur starken, selbstbewussten Frau, die sich, anders als Eva, nicht unterordnen will. Pandora ist in der griechischen Mythologie die Frau des Epimetheus (nach anderen Texten des Prometheus, also des Titans, der sich gegen die Götter auflehnt und den Menschen erschafft), aus deren Büchse (eine kaum verhohlene Umschreibung der Vagina) alle Übel der Welt kommen, nachdem sie sie trotz des expliziten Verbots der Götter geöffnet hat (also sexuell aktiv gewesen ist).

Es stellt sich damit die Frage, ob das Stereotyp der Femme fatale verstärkt in Übergangszeiten auftritt[252]: in Zeiten, in denen sich die Stellung von Frauen in der Gesellschaft verändert, und zwar entweder verschlechtert oder verbessert. In beiden Fällen ist das Stereotyp der Femme fatale Ausdruck des Versuchs, das patriarchalische Frauenbild zu festigen und Männer davon zu überzeugen, selbstbewusste, sexuell aktive und kreative Frauen – wie viel interessanter sie auch sein mögen – seien einfach nichts für sie und würden nur Unglück bringen. Dazu passt, dass das Motiv in der Literatur um die Wende vom 19. zum 20. Jahrhundert präsent ist, also in der Zeit, als die Debatte um das Frauenwahlrecht Fahrt aufnimmt – und dann wieder im Film der 1940er- und 1950er-Jahre, also zur Zeit des Backlashs.

Hier kommt die Literaturwissenschaft ins Spiel. Denn sie hat die Femme fatale eigentlich erst ausgemacht. Benannt wurde sie nämlich zuerst als literarischer Topos: Klassische Femmes fatales sind Nixen wie die Loreley, Undine oder Rusalka oder flatterhafte Verführerinnen wie Carmen aus der gleichnamigen Oper. Frauen, die einen Mann durch die Leidenschaft für sie ruinieren (dass sie, wie im Fall von Carmen, dabei selbst Opfer eines Femizids werden können, wurde großzügig ignoriert). Reale Frauen bekamen das Etikett verpasst, wenn sie als verführerisch und gleichzeitig gefühlskalt wahrgenommen wurden, etwa weil sie als Tänzerin oder Schauspielerin entsprechend inszeniert wurden wie Mata Hari, oder wenn sie viele Liebesverhältnisse mit ihnen hörigen Männern hatten wie etwa Alma Mahler-Werfel. Aber historisch lässt sich der Vamp in vielen (patriarchalischen) Kulturen beobachten: von der altorientalischen Lilith bis hin zu Marilyn Monroe oder Megan Fox.

Die Femme fatale spiegelt die Angst des patriarchalisch geprägten Mannes vor starken, sich ihrer Sexualität bewussten Frauen. Da im Patriarchat Beziehungen zwischen Mann und Frau nur als asymmetrisches Machtverhältnis vorgesehen sind, ist jedes Gefühl von Machtverlust oder auch nur Gleichberechtigung mit der Angst konnotiert, selbst beherrscht zu werden. Die Femme fatale ist also Ausdruck patriarchalischer Impotenz.

Auch den Philosophen fiel auf, dass menschliche Beziehungen von Macht geprägt sind. Da sie allesamt in patriarchalischen Gesellschaften lebten und diese meist nicht hinterfragten, hielten sie das für eine Konstante, die nun einmal zum Menschsein gehörte. Bestenfalls analysierten sie, wie Macht zustande kommt (zum Beispiel bei Marx: übers Kapital, bei Nietzsche: über den »Willen zur Macht«) und wie man sich davon befreit (etwa durch Revolution). Im Fall des Feminismus werfen wir noch ein Schlaglicht auf den Poststrukturalismus: eine philosophische Strömung, die auf der Basis aus der Linguistik stammender Konzepte entstanden ist und sich ebenfalls mit Macht befasst. Wenn der Name Judith Butler fällt, sind meistens poststrukturalistische Konzepte im Spiel.

Der wahrscheinlich bedeutendste Poststrukturalist, der französische Philosoph Michel Foucault (1926–1984), hat zwar eine ausgefeilte Analyse von Macht, auch in Verbindung mit Sexualität, hinterlassen, es aber bemerkenswerterweise geschafft, alles, was mit Frauen zu tun hat, fast vollständig zu ignorieren. Das haben dann später Feministinnen nachgeholt, allerdings, wie leider gesagt werden muss, getreu dem Satz, dass der Weg zur Hölle mit guten Absichten gepflastert ist. Und, wie in diesem Fall hinzuzufügen ist, mit reichlich handwerklichen Schnitzern.

Worum geht es? Der Poststrukturalismus hat – wie der Strukturalismus, den er überwinden will – seine Basis in der Linguistik, also der Sprachwissenschaft. Der Schweizer Linguist de Saussure hatte gesagt, dass Sprache die Realität nicht abbilde, sondern konstituiere. Wenn wir beispielsweise »Rose« sagen, bezeichnen wir keine reale Rose, sondern unsere Vorstellung davon. Ein wenig knüpft die ganze Sache an den mittelalterlichen Universalienstreit an, in dem es um die Realität oder Flüchtigkeit von Allgemeinbegriffen (Universalien) ging. Charakteristisch für den Poststrukturalismus ist der Gedanke, dass es die Sprache ist, die das Subjekt erst hervorbringt. Anders als etwa bei Descartes (»ich denke, also bin ich«) ist es also nicht das eigene Bewusstsein, sondern ein Konglomerat aus kulturellen, historischen etc. Kontexten, die über Sprache erfahren werden, durch die das Subjekt sich konstituiert. Poststrukturalist*innen nennen diese Kontexte »Diskurse«. Ziel des Poststrukturalismus ist es, die Beziehungen zwischen Sprache, Gesellschaft und Individuum zu erfassen.

Der Hintergrund ist einfacher zu verstehen, als es angesichts des Sondervokabulars den Anschein hat. Nach der Erfahrung von zwei Weltkriegen, von Nazi-Terror und Diktatur hatte man in der Philosophie genug von absoluten Wahrheiten, gegen die man nichts sagen durfte. Nachdem ein Verrückter es geschafft hatte, eine Herde fanatisierbarer Autoritätsgläubige hinter sich zu bringen und ganz Europa mit Terror zu überziehen, kam das Bedürfnis nach Dezentralisierung auf. Genau das macht Foucault mit dem Subjekt: Er dezentralisiert es, indem er es aus dem Diskurs erst entstehen lässt. Er denaturalisiert den Körper: Nicht für alles ist die Natur verantwortlich, nicht alles ist »naturgegeben«. Jacques Derrida (1930–2004) führt diese Ideen weiter. Auch er geht davon aus, dass Sprache erst Werte und Normen produziert. Durch das, was er »Dekonstruktion« nennt, will er hierarchische Diskursformationen aufbrechen. Anstatt der einen Wahrheit also ein Spiel ständig wechselnder Bedeutungen: Freiheit.[253] In der historischen Wissenschaft führten diese Gedanken zum sogenannten »*linguistic turn*«: Geschichtsschreibung verrät uns nicht, wie es wirklich war, sondern welche Diskurse herrschten. Und hier kommt die Macht ins Spiel.

Denn damit wird die Beherrschung des Diskurses zu einer Machtfrage. Und Wissen(schaft) ist ein mächtiger Verbündeter bei der Bestimmung eines Diskurses. Wenn man also lernen will, nicht regiert zu werden, muss man verstehen, wie Wissen und Macht zusammenwirken. Foucault legt deshalb Wert darauf, dass immer gegen den gerade als »wissenschaftlich« angesehenen Diskurs argumentiert werden muss, um die einseitige Machtausübung einer dominanten Stimme zu verhindern. Er ist gegen eingeengte Meinungskorridore[254], und bei dem Satz: *»Believe the science«,* hätte er vermutlich Brechdurchfall bekommen. Denn für ihn hätte das geklungen wie: »Unterwerft euch!«

Anders als andere Gesellschaftstheorien, etwa der Marxismus, geht Foucault nicht davon aus, dass man Macht besitzen kann. Für ihn ist Macht immanent (also überall) und nicht binär (zwischen Herrscher und Beherrschten).[255] Überwachung ist damit besonderer Ausdruck dieser immanenten Macht: Mit ihr schaffe man fügsame Körper, die sich sogar selbst und ohne äußeren Zwang kontrollieren – weil sie nie sicher sein können, ob sie nicht überwacht werden. Demokratische Freiheiten, warnt Foucault, werden so außer Kraft gesetzt, verhaltenskonforme Körper produziert. Moderne Machtausübung greift nach dem Körper, insbesondere ist sie biopolitisch aufgestellt: Sie ziele auf Überwachung der Bevölkerung und auf die Verstaatlichung des Biologischen. Insbesondere Sexualität werde zum zentralen Machtanliegen, da sich hier beide Bereiche überschneiden: Über sie kann man sowohl das Bevölkerungswachstum kontrollieren als auch den Einzelnen disziplinieren.[256] Sex werde verwissenschaftlicht, und wo früher über die Tabuisierung von Sexualität geherrscht worden sei, werde Macht heute gerade durch das Gegenteil ausgeübt: nämlich durch die Vermehrung spezifischer Sexualitäten. Eine Vielzahl sexueller Heterogenitäten produziere die gewünschten sexualisierten Körper. Lust, Wissen und Kontrolle verketteten sich, die Techniken der Macht schlichen sich als Wissenschaft verkappt in den intimsten Bereich des Körpers. »Unterdrückung der Sexualität« sei der Diskurs einer nach Hegemonie strebenden Klasse.[257]

Foucaults Gedanken sind in manchen Bereichen noch unausgereift. Gerade wer Macht so eng mit Sexualität verknüpft, sollte Geschlechterhierarchien doch zum Thema machen. Außerdem unterscheidet Foucault nicht zwischen sexuellen Präferenzen (etwa Homosexualität) und sexueller Gewalt (etwa Pädophilie). Er fasst alles unter »anormal« und zeigt sich hier als Kind seiner Zeit.[258] Die Philosophin Susan Neiman wirft ihm vor, er biete keine Lösungen an und lasse einen im Gefühl zurück, dass man Macht nicht entgehen könne – nihilistische Hoffnungslosigkeit, Sophismus, Antiliberalität.[259] Tatsächlich bietet Foucault keine Lösungen an (das war in seiner Zeit etwas aus der Mode gekommen), doch seine Analyse ist beängstigend aktuell. Wir leben heute in einer Überwachungsgesellschaft, und tatsächlich vergreift sich der Staat immer öfter an der Biologie. Debatten verkommen allzu oft zu einseitigen Stuhlkreisen staatlich alimentierter Expert*innen. Und immer öfter wird »die« Wissenschaft zur Legitimation politischer Entscheidungen herangezogen, ohne wie von Foucault gefordert auch Minderheitenmeinungen zu hören – als würde Wissenschaft nicht gerade vom Streit der Meinungen leben. Hätten Physiker*innen und Naturphilosoph*innen auf »die« Wissenschaft und die jeweils gerade allgemein anerkannte Position gehört, würden wir heute noch annehmen, dass sich die Sonne um die Erde dreht.

Was hat das aber nun mit Feminismus zu tun? Es ist wichtig, die poststrukturalistische Basis zu kennen, auf der die feministischen Entwürfe aufbauen. Tatsächlich arbeiten auch diese mit dem Zusammenhang von Sprache, Macht und Gesellschaft, betrachten auch sie das Subjekt als von Diskursen bestimmt und übernehmen das Konzept der Denaturalisierung. Das Handwerkszeug wird allerdings leider nicht immer beherrscht.

Bekannt ist der feministische Poststrukturalismus für die Position, dass die Aufteilung in *sex* und *gender*, also in biologisches und soziales Geschlecht, nicht ausreiche. Auch der Körper sei Produkt gesellschaftlicher Machtverhältnisse. Frausein definiere sich nicht nur über die Fortpflanzung, dies impliziere, dass nur heterosexuelle Frauen »richtige« Frauen seien (Heteronormatvität).[260] Die Produktion von Binärität sei Teil solcher Machtverhältnisse. Für Judith Butler bricht diese Macht zusammen, sobald die binäre Struktur von Geschlecht aufgehoben wird. Butlers 1990 erschienenes *Unbehagen der Geschlechter* knüpft an de Beauvoirs Unterscheidung vom biologischen und sozialen Geschlecht an. Allerdings zieht sie daraus Konsequenzen, die de Beauvoir natürlich nicht impliziert. Bei de Beauvoir geht es um biologistische Zuschreibungen und die Stereotypisierung der »Frau an sich«. Butler stellt die Frage: Ist nicht die ganze binäre Geschlechterordnung nur sozial konstruiert? Kritiker*innen werfen Butler vor: Die Taliban und andere Frauen diskriminierende Gruppen haben eine sehr klare Vorstellung davon, was eine Frau ist. Ein wegen seines Geschlechts abgetriebenes Mädchen fragt niemand, ob es eines sein möchte. Die Idee, dass Geschlecht eine Frage der Einstellung sei, ignoriere nicht nur die naturwissenschaftliche Basis, die nun einmal nachweisbare Unterschiede kennt, sondern sie zementiere darüber hinaus genau die Geschlechtervorurteile, die de Beauvoir überwinden wollte. Wenn Weiblichkeit nicht biologisch, sondern rein sozial konstruiert ist, dann ist »Frausein« wieder genau das, wogegen de Beauvoir anschrieb: nämlich eine Idee, wie »die Frau an sich« so ist. Dann aber ist das Stereotyp der »Frau an sich« wieder da, und wir landen genau bei der Essenz, von der sich der Feminismus mühsam befreit hat.

Butler pflegt die akademische Unsitte, eine populäre Theorie auf alles anzuwenden, was nicht bei drei auf den Bäumen ist, ob es nun sinnvoll ist oder nicht. Auch bei ihrem Standpunkt zur Konstruktion des »anderen« greift sie de Beauvoir auf. Allerdings kommt Butler zu dem Schluss, dass eigentlich kein Außenstehender das Anderssein beurteilen könne. Diese Position wird einerseits kritisiert, weil – ins Radikale übersteigert – dann im Grunde nur noch Frauen über Frauen und People of Color über ihresgleichen schreiben dürften – eine neue Form von Zensur und letztlich eine Förderung genau der Gettoisierung des »anderen«, die ja eigentlich bekämpft werden soll. Problematisch ist diese Haltung aber auch rein logisch: Denn wer definiert, ob jemand Anderssein beurteilen darf, wenn zur Wahrnehmung als »anders« nun einmal mindestens zwei Parteien gehören? Dann gibt es gar keine »anderen« mehr – und die Diskussion über deren leider nach wie vor reale Diskriminierung ist verboten. Das aber macht es dann unmöglich, sie zu beseitigen.

In Deutschland kritisiert Alice Schwarzer sowohl Judith Butlers Queer-Theorie als auch ihren Kuschelkurs in Richtung Islamismus. Butler wiederum wirft Schwarzer »Hatespeech und Rassismus« vor. Schwarzer hält dagegen, dass eine Frau sehr wohl von anderen als solche wahrgenommen und entsprechend behandelt wird (das Taliban-Argument), egal, ob man nun die binäre Geschlechterordnung als sozial konstruiert betrachte. Dieser Kulturrelativismus sei eine Doppelmoral: Butler verteidige Systeme, in denen sie selbst wegen ihrer Ehe mit einer Frau schwerste Bestrafung und massive Gewalt riskieren würde. Die Auflösung des Begriffs »Frau« sorge außerdem dafür, dass auch über Sexismus nicht mehr geredet werde. Besonders kritisiert sie eine Aussage Butlers zur Verschleierung. In *Krieg und Affekt* hatte Butler geschrieben: »Die Burka symbolisiert, dass eine Frau bescheiden ist und ihrer Familie verbunden; aber auch, dass sie nicht von der Massenkultur ausgebeutet wird und stolz auf ihre Familie und Gemeinschaft ist.«[261] Diese Aussage ist in der Tat hochproblematisch, wie wir später noch sehen werden, und könnte so aus einem islamistischen Werbeflyer stammen. Umgekehrt vereinfacht auch Schwarzer Butlers Argumentation. Insgesamt aber wird Butler aus diesen Gründen von einigen dem Antifeminismus zugerechnet.

Es ist vielleicht nicht ganz zufällig, dass Butlers Theorie gerade in diesen Jahren besonders populär ist, in denen die Entwicklung künstlicher »Intelligenz« voranschreitet. Nicht nur, weil sie naiv-technokratischen und radikalkapitalistischen Weltbildern wie dem Transhumanismus, der »Religion des Silicon Valley«, in die Karten spielt. Schon Mies und Shiva kritisieren: »Wer eine solche Ansicht vertritt, arbeitet jenen Kreisen in die Hände, die ja gerade dabei sind, tatsächlich alles Lebendige zu industrialisieren, zu konstruieren und zu kapitalisieren.«[262] Bekanntlich basiert die Computertechnik und damit jede künstliche »Intelligenz« derzeit auf einem binären System von null und eins. (Das wird sich erst mit der Quantencomputertechnik ändern.) Unser gesamtes Leben ist von Computern bestimmt, beinahe jeder Bereich davon durchdrungen, von einem binären System aus null und eins. Vielleicht ist Butlers Popularität schlicht eine Reaktion, die aus einem gewissen Unbehagen gegenüber einer Technik kommt, von deren schlichten Grundlagen man sich absetzen will. Um die eigene komplexe Subjektivität zu spüren.

Der Gedanke, Machtstrukturen aufzubrechen und Weiblichkeit nicht aufs Gebären und damit den Körper zu reduzieren, ist aller Ehren wert. Doch mit ihrer Methode begeht Butler den übelsten Schnitzer, den eine Wissenschaftlerin begehen kann: Sie überträgt eine Gesellschaftstheorie anthropomorphisierend auf die Biologie. Die Fähigkeit zum Gebären impliziert ja noch keine Wertung, denn man muss etwas nicht tun, nur weil man es kann. Heteronormativität ist ein gesellschaftliches Problem, kein biologisches. Foucault dekonstruierte gesellschaftliche Machtverhältnisse, für Butler ist alles Gesellschaft – selbst die Biologie. Diesbezüglich erinnert die Biologin und Nobelpreisträgerin Christiane Nüsslein-Vollhard daran, dass sich Geschlecht biologisch über den Chromosomensatz definiert und zwischen *sex* und *gender* zu unterscheiden ist. Die Aussage, es gebe mehr als zwei Geschlechter, kommentiert sie mit »*Das* ist unwissenschaftlich.«[263] Diese Ausweitung des menschlichen Selbsts auf alles Lebende ist in der Tat nicht nur anthropozentrisch (und willkürlich, denn warum bei der Biologie aufhören, schließlich bestehen wir alle aus Atomen, was ist mit der Binärstruktur von positiver und negativer Ladung bzw. Dipolen in Physik und Chemie?), sondern endet letztlich genau bei der Körperverneinung im Dienste einer ominösen Transzendenz wie das Christentum. Und damit beim Hauptwerkzeug geschlechtsspezifischer Unterdrückung. Letztlich geht es um eine Befreiung vom Körper – nicht viel anders als bei christlichen Nonnen, wenn sie durch die Absage an ihren weiblichen Körper eine transzendente Existenz nebst spiritueller »Ehe« als Braut Christi eingingen. Denaturalisierung mündet hier in schwammige Religiosität.

Woran liegt das? Butler unterscheidet nicht, wie es Foucault noch getan hatte, zwischen der Sache an sich und der Vorstellung, die wir uns davon machen. Sie wirft also eine der zentralen Grundannahmen des Poststrukturalismus über Bord. Und begeht damit die »Todsünde« des Poststrukturalismus: Sie nimmt eine (einzige) Wahrheit an. Abgesehen von diesen handwerklichen Fehlern ist es logisch mehr als fragwürdig, ob Unterdrückung aufhört, nur weil man den Grund dafür für inexistent erklärt. Und es ist in etwa so hilfreich, wie wenn ein kleines Mädchen, das aufgrund von Geschlechterrollen in der Küche helfen soll, trotzt: Dann bin ich eben kein Mädchen mehr! Auch einen Vergewaltiger dürfte die Aussage, Zweigeschlechtlichkeit sei eine Machtstrategie, wohl kaum von seinem Vorhaben abhalten. Nur weil beispielsweise die aristotelische Philosophie Frauen auf den Körper reduziert, muss man aber nicht den Körper abschaffen. Damit bleibt man im aristotelischen Diskurs, anstatt ihn zu überwinden. Aus feministischer Sicht ist es eine äußerst fragwürdige Position, dass man im Grunde erst das Geschlecht abschaffen muss, bevor Frauen, Queere etc. auf anständige Behandlung hoffen dürfen. Muss man dann auch die Hautfarbe erst abschaffen, bevor People of Color Anspruch auf Respekt haben? Dadurch verschiebt man Gerechtigkeit auf den Sankt-Nimmerleins-Tag.

Schließlich sollte festgehalten werden, dass Butler trotz aller farbenfrohen Fachbegriffe die patriarchalische Kontrolle über die Reproduktion nicht ernsthaft infrage stellt, weil sie das Thema letztlich aus dem feministischen Diskurs entfernt. Die kastrierte Frau und damit auch die kastrierte Feministin ist aber für das Patriarchat ungefährlich.[264] Das hat nicht nur auf Heterosexuelle Auswirkungen. In patriarchalischen Gesellschaften werden queere Lebensweisen meist sanktioniert. Nötig wäre, dass Frauen, ob queer oder nicht, gemeinsam für ihre Rechte eintreten, anstatt sich in genau den fragmentierten Identitäten einsperren zu lassen, vor denen Foucault gewarnt hatte.

Hier zeigt sich, wie scholastisches Kleben an großen Vorbildern dazu führen kann, dass berechtigte Kritik ins Gegenteil umschlägt und am Ende genau das stützt, was sie abschaffen will. Der Butler'sche Vulgär-Poststrukturalismus verliert sich in Begriffen und Gedankenspielen, die mit der realen Erfahrung von Millionen Frauen nichts mehr zu tun haben. Er dreht die Machtkritik um und wird selbst zur Macht – insbesondere da, wo er zum herrschenden Diskurs und jede Kritik daran diffamiert wird. Die Idee des Poststrukturalismus war es, abweichende Meinungen zu fördern, um genau dem vorzubeugen. Butler tut genau das, wovor Foucault gewarnt hatte: Sexualität wird zum Machtanliegen, das Biologische wird politisch. Mehr noch: Butler nimmt dem Feminismus sein eigentliches Fundament. Denn sie macht die Kategorie Geschlecht unsichtbar, um deren Sichtbarmachung Feministinnen mühsam gekämpft haben. Die Unterscheidung von *sex* und *gender* ermöglichte es erst, biologistische Stereotype auffliegen zu lassen. Butler hebt sie letztlich wieder auf. Besser kann man dem Patriarchat nicht in die Karten spielen.

Vielleicht war genau das Butlers Erfolgsgeheimnis. Die Philosophie ist bis heute männerdominiert, mehr als die meisten Geisteswissenschaften. Auch Butler hat sich nie wirklich aus dem Schatten der Männer aus den 1960er-Jahren gelöst, sondern Foucault – reichlich naiv – nicht als Warnung, sondern als Blaupause gelesen. Als Professorin ist sie Symptom einer nach wie vor patriarchalischen Dominanz über das Wissen und den wissenschaftlichen Diskurs. Offenbar kann man mit einer wirklich feministischen Theorie in der Philosophie bis heute keine akademische Karriere machen.

Kritik an ihrer Queer-Theorie wird manchmal mit Transfeindlichkeit gleichgesetzt. Das ist natürlich Unsinn, denn Kritik an Theorien ist das alltägliche Geschäft der Wissenschaft und hat nicht das Geringste mit der Ablehnung von Lebensentwürfen oder gar von Menschen zu tun. Die Berufung auf die – wie jede Naturwissenschaft wertfreie – Biologie seitens der Kritiker*innen bedeutet natürlich nicht, dass man nicht das Recht eines jeden Menschen unterstützt, so zu leben wie gewünscht. Zwar kommt es immer wieder zu heftigen, medial und juristisch ausgetragenen Debatten zu dem Thema. Dabei fallen seitens Einzelner aus der queeraktivistischen Szene bisweilen auch frauenfeindliche Wörter wie »Fotze«, »Feminazi« etc., oft in einem Atemzug mit »TERF« (»*Trans-excluding radical feminist*«). Die Feministin Inge Bell ging wegen ähnlicher Angriffe vor Gericht und setzte durch, dass die Bezeichnung TERF wegen der Nähe zu Beleidigungen wie »Fotze« auch juristisch als beleidigend gewertet wird.[265] Dabei fällt auf, dass diese Beleidigungen denen des radikalen Patriarchats auffallend ähneln – ebenso wie manche Forderungen, sofern diese darauf zielen, Frauen unsichtbar zu machen oder ihre Schutzräume zu streichen (ähnlich wie bei »Männerrechtlern«, die mit Vorliebe gegen Frauenparkplätze prozessieren). Es steht also die Frage im Raum, ob dies tatsächlich authentische Bedürfnisse von Transmenschen sind oder ob Einzelne hier schlichtweg benutzt werden, um patriarchalische Interessen wieder salonfähig zu machen.

Im Alltag ist das Verhältnis zwischen Feministinnen und Transmenschen nämlich deutlich entspannter (ich spreche bewusst nicht nur von Transfrauen, denn es wird oft vergessen, dass die meisten Transmenschen Transmänner sind). Die meisten Transmenschen wissen ganz genau, dass es »die« Frau nicht gibt und eine Transfrau deshalb nicht wissen kann, wie sich eine biologische Frau fühlt; sie weiß nur, dass sie mit ihrem Körper unglücklich ist und lieber als das jeweils andere Geschlecht leben würde.[266] Insofern wäre die Leugnung des biologischen Geschlechts der blanke Hohn für unzählige Transmenschen, denn genau aus der Divergenz zwischen ihrem biologischen und ihrem sozialen Geschlecht kommt ja ihr Leiden. Die meisten

Transpersonen würden auch nicht von Feministinnen erwarten, dass sie sich beim Kampf um ihre Rechte hinter ihnen anstellen. Umgekehrt respektieren auch die meisten Feministinnen selbstverständlich die Rechte von Transmenschen und treten aktiv für diese ein; sie halten nur fest, dass deren Diskriminierung sich von ihrer eigenen unterscheidet.

Menschenrechte sind keine begrenzte Ressource, um die man konkurrieren muss. Im Gegenteil: Je mehr davon für eine Gruppe existieren, desto mehr davon gibt es auch für alle anderen. Wo Feministinnen und Transmenschen gegeneinander ausgespielt werden, ist zu vermuten, dass es um ganz andere Machtinteressen geht. Zwei diskriminierte Gruppen gegeneinander auszuspielen, nützt nämlich nur einem: dem Patriarchat.

So gut der feministische Poststrukturalismus also auch gemeint gewesen sein mag, derzeit ist er eine Sackgasse. Es wäre sinnvoll, ihn noch einmal ganz von vorn neu zu denken. Dann könnte er das werden, was er sein sollte: ein wertvolles theoretisches Hilfsmittel, das tatsächlich etwas zur Verbesserung der Menschenrechtslage beiträgt.

Aus diesem Grund plädiert auch die amerikanische Philosophin Nancy Fraser in ihrer Kritik an Butler für eine Neuausrichtung des Feminismus auf das Soziale. In der gegenwärtigen Krise des Neoliberalismus sei der Feminismus von der Politik der Gleichberechtigung (*politics of equality*) abgerutscht in Identitätspolitik (*politics of identity*). Sie plädiert daher für ein Wiedererstarken des unterdrückten Radikalfeminismus, der sich vom Markt befreit und sich idealerweise mit anderen emanzipatorischen Bewegungen verbündet.[267]

Nicht alle feministischen Ansätze kommen aus der Philosophie. Nicht alle wollen gleich den ganzen (weiblichen) Körper aufgeben und zu einer Nonne des Vulgärpoststrukturalismus werden, um anständig behandelt zu werden. Es gibt auch einen völlig anderen Weg. Und dazu müssen wir noch einmal zurück zur Femme fatale. Das Patriarchat macht sie zu einem Stereotyp, doch ihre religionsgeschichtlichen

Wurzeln liegen ganz woanders. Eine der bekanntesten Femmes fatales ist Lilith – ein altorientalischer Dämon, dem Mythos nach die erste Frau von Adam. Kinderfressender Dämon – oder verdrängte alte Gottheit? Wir nähern uns dem Mysterium der Magna Mater.

MYTHOS MATRIARCHAT

»*Mother is the name for God in the hearts and on the lips of all children*« (»›Mutter‹ ist das Wort für ›Gott‹ in den Herzen und auf den Lippen aller Kinder«), sagt der Protagonist Eric Draven (Brandon Lee) in dem Gothic-Klassiker *The Crow* (1994) zu der drogensüchtigen Kellnerin, um sie an ihre Verantwortung für ihr eigenes Leben und das ihrer Tochter zu erinnern. Psychologisch gesehen liegt der untote Rächer (und nebenberufliche Familientherapeut) damit gar nicht so falsch. Kleinkinder halten ihre Bezugspersonen tatsächlich für unfehlbar und belegen sie mit Attributen, die in Religionen Gottheiten zukommen. Und in der Tat gibt es zahlreiche Hinweise, dass die ältesten religiösen Vorstellungen der Menschheit sich tatsächlich um die Mutter drehten. Gott war aller Wahrscheinlichkeit nach einst eine Frau. Im Zentrum der ersten Religionen stand das Mysterium von Geburt und Tod. Liegt die Wurzel der Religion also gewissermaßen im weiblichen Genital?

Die ältesten Funde von Abbildungen, die möglicherweise Götterbilder darstellen, sind Frauen. Mütter, genau genommen. Die Fat Ladies der Steinzeit zeigen keine Models, sondern Frauen mit breitem, gebärfreudigem Becken und großen, hängenden Brüsten: Die berühmte »Venus von Willendorf«, die fast 30 000 Jahre alt (aber keineswegs die älteste) ist, hat die dünnen Arme auf ihre schweren Brüste gelegt, der Bauch steht vor wie bei einer Schwangeren. Von Westeuropa bis Sibirien wurden solche Frauenidole gefunden. Der Stein der Willendorfer Venus stammt aus Norditalien, stilistisch steht sie den osteuropäischen Figuren nahe, mit ihrem nach vorn geneigten Kopf.

Auf Malta sind mit der »schlafenden Frau« und der Fat Lady von Tarxien gleich zwei der bedeutendsten Funde dieses Typs zu bewundern. Natürlich fehlen schriftliche Zeugnisse, die uns über die kulturellen Hintergründe etwas verraten könnten. Früher wurden sie als »Venus« bezeichnet, obwohl sie weniger auf Sex als aufs Gebären zu verweisen scheinen. Ähnlich argumentiert heute wieder Meike Stoverock, wenn sie sie als Pin-ups für sexuell frustrierte Steinzeit-Singles interpretiert[268] (warum diese Pin-ups offenkundig schwanger sind, verrät sie allerdings nicht). Da auf manchen maltesischen Figuren die Brüste nur angedeutet sind, vermuteten manche Forscher sogar Doppelgeschlechtlichkeit oder verweisen gar auf die Figur von Sumoringern! (Leider verraten sie nicht, wie ein Mann mit Steinzeitdiät zu so einer Figur kommen soll[269].) So mancher tut sich offenbar schwer mit dem Gedanken, dass vor allem weibliche Idole verehrt worden sein könnten – und dann auch noch mit Bezug aufs Gebären! Schon Uwe Wesel[270] hebt hervor, dass trotz der unübersehbaren Vormacht weiblicher Abbildungen eine frauendominierte Kultur von auffällig vielen kategorisch ausgeschlossen wird. Doch liegt es nahe, die Figuren als Verkörperung von Schwangerschaft und Geburt zu betrachten, möglicherweise auch als chtonische Gottheiten.

Chtonische Gottheiten sind solche, die mit dem Phänomen von Tod und Fruchtbarkeit in Verbindung gebracht werden, verkörpert in der Erde, die einerseits Pflanzen wachsen lässt, in die aber auch die Toten gegeben werden (der vom Griechischen abgeleitete Begriff verweist auf das Wort für »Erde«). Chtonische Gottheiten gibt es in zahlreichen Kulturen: Die griechisch-römischen Göttinnen Demeter/Ceres bzw. Persephone/Proserpina gehören ebenso dazu wie die vorderasiatische Kybele, die altorientalische Inanna und die hinduistische Kali. Spielt der gebärende Aspekt eine besondere Rolle, spricht man auch von einer »Magna Mater« (Große Mutter): Magna-Mater-Gottheiten haben meist einen chtonischen Aspekt.

Die Begriffe der »Magna Mater«, der »dreigestaltigen Göttin« und des »Mutterrechts« (Matriarchat) sind den meisten bekannt. Populär dargestellt in Marion Zimmer-Bradleys *Die Nebel von Avalon,* hat die Vorstellung einer untergegangenen frauendominierten Kultur in Europa Eingang in unser kollektives Gedächtnis gefunden. Archäologische Funde aus Knossos (Kreta) und Çatalhöyük (auch: Çatal Hüyük, Türkei) belegen eine starke Präsenz von Frauen. Auch in Asien, Afrika und Amerika gibt es frauendominierte Kulturen, sodass die Idee nicht abwegig ist, es könne auch andere Gesellschaftsmodelle als das Patriarchat gegeben haben und geben. Aber was genau wissen wir eigentlich wirklich?[271]

Joseph-François Lafitau berichtete bereits 1724 von amerikanischen Stämmen, die ihre Abstammung matrilinear (also über die Mutter, nicht den Vater) definierten. Er sprach diesbezüglich von »Gynaikokratie« (Frauenherrschaft), obwohl das streng genommen nicht zutrifft: Die Betonung der weiblichen Abstammungslinie ist nicht gleichbedeutend mit Frauenherrschaft. (Für einen patriarchalisch sozialisierten Mann war eben alles, was Frauen nicht unterdrückte, Weiberherrschaft.) Tatsächlich unterscheidet man zwischen Matrilinearität, Matrifokalität und Matriarchat. Matrilinearität bedeutet nichts weiter, als dass die Abstammungslinie über die Mutter, nicht den Vater definiert wird. Oft, aber nicht immer, geht das einher mit einer matrilokalen Kultur, was bedeutet, dass Kinder bei der Mutter wohnen und der Mann entweder zur Frau zieht oder aber die sogenannte Besuchsehe praktiziert wird: Der Mann wohnt bei seiner Mutter und besucht die Frau, die auch die Kinder hat. Er selbst kümmert sich eher um die Kinder seiner Schwestern. In matrifokalen Gesellschaften hat die Frau, insbesondere die Mutter, eine zentrale Position. Das bedeutet allerdings auch noch kein Matriarchat (Mutter-Herrschaft), da in allen derzeit bekannten matrifokalen Gesellschaften keine Herrschaft von Frauen über Männer auszumachen ist. Bei den chinesischen Mosuo beispielsweise ist der Haushaltsvorstand weiblich. Die Gesellschaft ist matrilokal, die Familie ist also über die Mutter definiert, Kinder leben bei ihr. Liebe ist nicht reglementiert: Beziehungen können kurzfristig sein, aber auch ein Leben lang anhalten. Besucher berichten, die Gesellschaft sei auffallend friedlich, Gewalt sei selten, für Vergewaltigung gebe es nicht einmal ein Wort. Nach außen werde die Gemeinschaft durch einen männlichen Bürgermeister repräsentiert, der intern aber weitgehend ohne Bedeutung sei. In manchen Berichten hört sich die Gesellschaft fast an wie eine Männerfantasie: Man(n) wohnt bei seiner Mutter und wird von ihr umsorgt, während er so viele Frauen haben kann, wie er will. Andere korrigieren das Bild: Beziehungen sind zwar nicht reglementiert, meist aber dennoch stabil, da sie auf gegenseitiger Zuneigung beruhen.[272] Manche dieser Beschreibungen sagen somit mehr über die patriarchalische Sozialisation der Besucher aus als über die beschriebene Gesellschaft. Die Vorstellung, eine Gesellschaft, in der Beziehungen nicht patriarchalisch reglementiert sind, neige zur Promiskuität ist typisch und lässt sich auch in anderen interkulturellen Kontakten beobachten: So beschreiben arabische Autoren insbesondere des Trivialromans Europa ganz ähnlich, und in der deutsch-französischen Kultserie *Raumpatrouille* – eine Art europäisches *Star Trek* – aus den 1960ern stößt das Team auf einen matriarchalisch organisierten Planeten – auf dem der Frauenheld der Truppe umgehend Urlaub machen will.[273] Tatsächlich unterscheidet sich eine Besuchsehe nicht allzu sehr von auch in »westlichen« Gesellschaften praktizierten Beziehungsmodellen, in denen die Partner getrennte Wohnsitze haben.

1861 veröffentlichte der Schweizer Gelehrte Johann Jakob Bachofen (1815–1887) seine Schrift *Das Mutterrecht*. Bachofen interpretiert antike Mythen als Spuren vergangener historischer Entwicklungen. Aus den Geschichten um griechische Götter und Helden zieht er Rückschlüsse auf gesellschaftliche Veränderungen. Bachofen geht davon aus, dass viele dieser Geschichten auf ein vorgeschichtliches Matriarchat verweisen. Von der Urpromiskuität über das Mutterrecht habe sich die Menschheit schließlich zum Patriarchat entwickelt.

Bachofen wird in der spirituellen Frauenbewegung intensiv rezipiert. Allerdings war er alles andere als ein Feminist. Für Bachofen stellte das Matriarchat eine weniger hoch entwickelte, naturhaftere

Zivilisationsform dar, die vom »geistigeren« Patriarchat überwunden wurde: eine evolutionäre Entwicklung von der niederen Materie zum höheren Geist.

Auch für den englischen Dichter Robert Graves (in Deutschland meist Robert von Ranke-Graves, nach seiner Mutter, 1895–1985) ist das Weibliche das Naturhafte, Ungeordnete, kurz: das andere. Dennoch hat er enormen Einfluss auf den spirituellen Feminismus. Graves war hauptberuflich Professor für englische Literatur bzw. Poetik. Bekannt ist er vor allem für sein Buch *Die weiße Göttin* (*The White Goddess,* London 1948, deutsch 1999), in dem er damals aktuelle Ansätze religionswissenschaftlicher Forschung, insbesondere von James Frazer und Jane Harrison, zu einer eigenen Interpretation zusammenfügt. Die matriarchalische Gesellschaft habe auf einer Art mystischer Beziehung zwischen der Großen Göttin und ihren Söhnen beruht. Die Große Göttin zeige sich dreigestaltig (»dreifaltig«) als Mädchen, junge Frau und altes Weib; diese Triade stehe für die Mondphasen.

Diese Idee stammt ursprünglich von Jane Harrison (1850–1928), einer der wichtigsten Vertreterinnen der *Cambridge Ritualists*, also einer Forscherschule in Cambridge, die versuchte, in antiken Ritualen Hinweise auf ältere Zivilisationsformen zu finden. Genau wie Bachofen gingen sie dabei spekulativ vor, so auch bei der Idee der Göttinnentriade. Ihr fiel auf, dass in den antiken Religionen oft dreifach auftretende Frauenfiguren zu finden sind: etwa die Parzen, oder, wie sie meinte, auch die drei Erscheinungsformen der griechischen Göttin der Magie, Hekate. Graves nimmt zur Göttin-Herrscherin noch einen männlichen Heros an, der vor allem durch seinen unzeitigen Tod gekennzeichnet ist. Dabei bezieht er sich auf James Frazers bekanntestes Werk, *The Golden Bough* (*Der goldene Zweig*) von 1890. Dort heißt es, dass im vorrömischen Nemi ein »Jahreskönig« regiert habe, und zwar jeweils ein Jahr lang bis zu seiner rituellen Tötung. Bei Graves begegnet dieser Jahreskönig den drei Stadien der Großen Göttin und wird am Schluss von ihrer alten Variante getötet.

Der Reiz dieser Gedankenspiele liegt natürlich darin, dass viele antike Mythen die Interpretation zu stützen scheinen: Kybele, Inanna, Isis, sie alle haben einen jugendlichen Geliebten, der stirbt und (bei Inanna und Isis) wieder auferweckt wird. Diese Mythen wurden schon früh mit dem Zyklus der Vegetation in Verbindung gebracht, die im Frühjahr aufblüht und im Winter stirbt. Und in enger Verbindung zu chtonischen Göttinnen steht.

Graves war kein Archäologe, seine Interpretation war rein literaturwissenschaftlich. Die Anthropologin Marija Gimbutas (1921–1994) hingegen versuchte, die Existenz eines untergegangenen Matriarchats archäologisch zu beweisen. Sie geht von Artefakten aus, die überall im europäischen Raum gefunden wurden: Fat Ladies, Darstellungen von Wassertieren, Spiralen, Zickzacklinien, Eiern, Phalli, Halbmond, Hörnern etc. Sie interpretiert die weiblichen Figuren als Darstellungen der Großen Göttin und ordnet die immer wieder auftauchenden Motive in drei Gruppen: Leben, Tod, Wiedergeburt. Gimbutas nimmt an, dass die Religion Europas in der Jungsteinzeit weiblich geprägt war: dass eine Muttergottheit verehrt wurde und eine weitgehend friedliche Zivilisation herrschte. Diese sei um 3500 vor unserer Zeitrechnung von kriegerischen Hirtenvölkern überrannt und verdrängt worden, den »Kurgan-Leuten« (abgeleitet vom Begriff für ihre Grabhügel).[274]

Obwohl diverse antike Mythen den Kampf eines Gottkönigs gegen eine mit dem Wasser verbundene weibliche Figur thematisieren und durchaus als mythische Erzählung über die Ablösung einer weiblichen Wassergottheit durch eine neue Gesellschaftsordnung interpretiert werden können, wurde Gimbutas heftig angegriffen. Es muss angemerkt werden, dass die Archäologie nicht immer so kritisch und Arbeitshypothesen gegenüber durchaus aufgeschlossen ist und dass sich die Heftigkeit eventuell auch daraus erklärt, dass Gimbutas an den Grundfesten des angeblich »biologisch bedingten« und »der Natur entsprechenden« Patriarchats rüttelte. Wie gesagt werden sogar Sumoringer bemüht, nur um die Fat Ladies nicht als ausschließlich weibliche Muttergottheiten interpretieren zu müssen.

Denn Feministinnen – auch wenn manche die These ebenfalls kritisch sahen[275] – griffen die Idee auf, dass das Patriarchat eben keine naturgegebene Ordnung, sondern historisch und damit kontingent sei. Nicht alle schaffen es über das rein Spekulative hinaus. Einer der bekanntesten Entwürfe in Deutschland – der von Heide Göttner-Abendroth – hat große handwerkliche Schwächen. In *Die Göttin und ihr Heros (*1980) teilt Göttner-Abendroth die Geschichte ein in ein Goldenes, Silbernes, Bronzenes und Eisernes Zeitalter: Von einer friedlichen, in Harmonie mit der Natur lebenden Zivilisation der Großen Göttin habe sich die Menschheit zu einer Ackerbau treibenden, noch immer mutterrechtlich organisierten Gesellschaft, dann jedoch zu einem patriarchalisch dominierten Gottkönigtum bis hin zum heutigen Zustand von Grausamkeit, Krieg und Machtgier gewandelt – eine Art negative Evolution also, vom höher entwickelten zum degenerierten Zustand. Angela Schenkluhn hebt hervor, dass es bei Matriarchatstheorien häufig weniger um objektive Fakten als um Mythenbildung gehe, welche eine Frauen-Kultur definieren sollen.[276] Das trifft für einige sicher zu, doch nicht für alle – zu gern wird die Matriarchatsforschung als »unwissenschaftlich« und »mythisch« (also irrationales Frauen-Gedöns) diffamiert, um unangenehme Erkenntnisse ignorieren zu können. Auch wenn gerade die frühere Matriarchatsforschung oft spekulativ ist, findet die neuere Forschung, wie etwa in Carel van Schaiks und Kai Michels *Die Wahrheit über Eva* (2020) zusammengefasst, mehr und mehr Hinweise darauf, dass die asymmetrischen Machtverhältnisse zwischen den Geschlechtern eher neueren Datums sind und in der Tat mit der Jungsteinzeit zusammenfallen. Rebecca Solnit würde an dieser Stelle vermutlich sagen: Offenbar müssen erst zwei Männer die Ewigkeit des Patriarchats infrage stellen, ehe die Theorie für glaubwürdig gehalten wird. Dennoch: Nicht jeder hört das gern.

Vermutlich stehen auch patriarchalische Gruselmythen wie der von der *vagina dentata* (»bezahnten Vagina«) oder der Büchse der Pandora im Kontext der Machtübernahme durch das Patriarchat. Die

Vagina als unheilbringend (Pandora) bzw. gefährlich (*vagina dentata*), gar als Eingang zur Hölle, spiegelt nach Freud vor allem Kastrationsängste: die Angst des Mannes, beim Geschlechtsverkehr kastriert zu werden (»gefressen« zu werden). Allerdings dürfte es eher eine Abschreckungslegende sein, die ältere Magna-Mater-Kulte diffamieren sollte und somit der interreligiösen Polemik im Übergang von matrifokalen zu patriarchalischen Kulturen zuzuordnen ist.[277]

Wer hat Angst vor Amazonen? Die kämpferische Frau

Denn da war ja noch was: eines dieser vorderasiatischen Matriarchate, das es in den Mythenschatz des gesamten Mittelmeerraums geschafft hat. Wir sprechen von jenen sagenhaften Kriegerinnen, welche die Griechen in Angst und Schrecken versetzten. Sie sollen sich die rechte Brust amputiert haben, um den Bogen besser spannen zu können. Männer brauchten sie nur zur Zeugung, nach dem Sex wurden sie abserviert. Gebaren die Amazonen Kinder, behielten sie nur die Mädchen. Die Jungen wurden zum Stamm der Väter gebracht und dort aufgezogen. Für die Griechen der absolute Horror! Gehörten Frauen doch ins Haus, in einen durchsichtigen Chiton gekleidet oder, sobald sie aus dem Haus gingen (was hoffentlich nicht allzu oft passierte) züchtig mit dem Himation verschleiert. Allzeit bereit für den Gatten, niemals für andere. Auf keinen Fall sollten sie auf Pferden reiten, Bogen spannen und Schwerter schwingen! Die Damen aus der heutigen Türkei waren für so manchen griechischen Mann der blanke Horror.

Der Horror faszinierte. Beschrieben werden die Amazonen von nicht wenigen antiken Autoren. Schon altägyptische Texte erwähnen ein riesiges Amazonenreich. Doch bereits zur Zeit des Trojanischen Kriegs – in dem sie der *Ilias* zufolge auf der Seite Trojas kämpfen – soll ihr Reich nicht mehr so mächtig gewesen sein wie einst. Diodor verortet sie in Nordafrika, Herodot spricht von matrilinearen Gesellschaften in Lykien (heute Türkei), Strabo lokalisiert die Amazonen im

Kaukasus und Pomponius Mela jenseits des Kaspischen Meers – also je später die Quelle, desto weiter im Osten. Sie gelten als Reiterinnen, die schon früh Eisenwaffen verwenden und wegen dieser militärischen Überlegenheit gefürchtet sind. Neben Bogen und Schwert werden sie auch mit der Doppelaxt dargestellt. Allerdings waren sie nicht nur Kriegerinnen, sondern sollen auch Städte in Kleinasien gegründet haben. Der Artemistempel in Ephesos, eines der sieben Weltwunder, soll auf sie zurückgehen; die Magna Mater-Göttin der Amazonen wurde von den Griechen mit der jungfräulichen Herrin der Tiere, Artemis (Diana), assoziiert.

Ob es die Amazonen wirklich gab, ist umstritten. »Umstritten«, wir erinnern uns, nennt man es in der Geschichtswissenschaft, wenn männliche Gelehrte sich mit Händen und Füßen sträuben gegen die immer stärker werdende Evidenz matrifokaler Kulturen in der Vergangenheit (also wenn sie zum Beispiel lieber Sumoringer in der Steinzeit annehmen wollen als eine frauendominierte Kultur). Wir wissen nicht, ob es *die* Amazonen gegeben hat. Was wir allerdings wissen, ist: Es gab in Kleinasien nicht nur rechtliche Gleichstellung, etwa bei den Hethitern, sondern auch explizit matrifokale Gesellschaften. Und es gab kämpfende Frauen.

Lange Zeit galten die Amazonen als Legende – als Angstprojektion griechischer Machos. Nichts als Psychologie. Bis man in Georgien, Südrussland und der Ukraine Gräber fand, in denen Frauen nicht nur Waffen beigelegt waren, sondern die Skelette auch Kriegsverletzungen aufwiesen. Anfangs waren Gräber mit Waffenbeigaben in der Archäologie automatisch als Männergräber eingestuft worden. Nun führten DNA-Tests zu Überraschungen: Kriegerische Frauen sind alles andere als selten. Einerseits im mediterranen Raum, wo nicht nur Amazonen, sondern auch Spartanerinnen eine militärtaugliche Ausbildung erhielten. Wie wir gesehen haben, wurden auch Gräber von Wikingerkriegerinnen gefunden. Die japanischen Onna Musha und afrikanischen Agojie (zu ihnen später mehr) waren Kämpferinnen, bei den Imazighen (Berbern), aber auch in Nordamerika gab es

Kriegerinnen, und der Amazonas hat seinen Namen von den kriegerischen Frauen, von denen die Konquistadoren berichteten. Selbst im Christentum nahmen Frauen an Kriegshandlungen teil, Jeanne d'Arc (1412–1431) ist keineswegs die einzige. Im Kreuzfahrerstaat Outremer, aber auch im italienischen Forlì unter Catarina Sforza (1463–1509) und vielerorts sonst befehligten Frauen die Verteidigung von Festungen und nahmen aktiv an Kampfhandlungen teil. Weltweit finden sich Belege für kämpfende Frauen. So setzte sich zögerlich die Erkenntnis durch, dass nicht nur Männer kämpfen können. Bei den Skythen und Sarmaten gab es nachweislich Reiterkriegerinnen (und Reiterkrieger). Und möglicherweise ist tatsächlich etwas dran an der Geschichte, dass die Amazonen immer weiter nach Osten verdrängt wurden. Genetische Untersuchungen bestätigten die direkte Verwandtschaft eines skythischen Kriegerinnenskeletts mit Frauen in der heutigen Mongolei.[278]

Kämpfende Frauen sind keine Seltenheit in antiken und spätantiken Texten. Für die benachbarten patriarchalischen Gesellschaften waren sie ein ebensolcher Horror wie heute die kurdischen Freiheitskämpferinnen für die islamischen Fundamentalisten. Übrigens: Nicht nur die marxistisch orientierte PKK in Kurdistan, auch andere sozialistische Gruppen in der islamischen Welt kennen kämpfende Frauen. So beschäftigte etwa Muammar al-Ghaddafi – neben den Asads in Syrien und Saddam Hussein im Irak einer der letzten sozialistischen und damit säkularen Machthaber in der arabischen Welt – in Libyen eine weibliche Leibgarde. Selbst der IS hat die Zeichen der Zeit erkannt und die weiblichen »Al-Khansa-Brigaden« geschaffen. (Was fast schon ein Witz ist, denn al-Khansas Poesie ist größtenteils vorislamische Trauerdichtung über ihren im Krieg gefallenen Bruder, also nicht gerade ein Aufruf zum Glaubenskampf. Dass sie darin auch seine Heldentaten lobt, ändert daran nichts.)

Apropos Horror für patriarchalische Gesellschaften. Da war ja noch das böse N-Wort. Den Matriarchatsforscher*innen wurde – wie inzwischen schon fast jeder herrschaftskritischen Äußerung irgendwann – natürlich auch vorgeworfen, sie sei faschistisch. Hatten nicht die Nazis den Muttertag eingeführt? War es also nicht faschistisch, über das Mutterrecht zu räsonieren, insbesondere als bessere Alternative zum Patriarchat?

Das ist natürlich absolut ärmlich. Man kann den Matriarchatstheorien vieles vorwerfen, aber ganz sicher keine Nähe zum Nationalsozialismus. Vielmehr stehen sie in krassem Gegensatz dazu. Das »Dritte Reich« war radikal patriarchalisch organisiert (wie selbst Vorschüler*innen angesichts des »Führer«-Kults sehen können) und wandte sich erklärtermaßen gegen die neuen, nach dem Ersten Weltkrieg errungenen Freiheiten der Frauen. Wir erinnern uns: Das bereits erkämpfte Frauenwahlrecht wurde unter Hitler wieder auf ein Stimmrecht eingedampft. Das Frauenbild der Nazis war konservativ und betonte traditionell patriarchalische Werte wie weibliche Monogamie und Unterordnung. Die Nazis betrachteten die Gebärfähigkeit nicht als verehrungswürdig, sondern instrumentalisierten sie technokratisch. Sie reduzierten Frauen auf eine Funktion als Gebärmaschine. Da Männer nicht gebären können, waren die Frauen notgedrungen für die *Produktion* der Ressource Nachwuchs verantwortlich. Sie waren aber dabei nur Mittel zum Zweck: Maschine, nicht Gottheit. Die *Kontrolle* über die Ressource Nachwuchs oblag Männern. Das ist ein enormer Unterschied, und zwar genau der zwischen patriarchalischer und matrifokaler Ordnung. In matrifokalen Gesellschaften sind Frauen zwar wie überall für die Produktion von Nachwuchs zuständig (aus naheliegenden Gründen), aber anders als in patriarchalischen Gesellschaften haben sie auch die Kontrolle darüber. Dieser Unterschied ist so logisch, dass es schon an Denkverweigerung grenzt, ihn nicht zu sehen.

Die Ursache für diese Zuschreibung dürfte andere Gründe haben: Feminismus an sich bedroht noch nicht zwangsläufig die männliche Kontrolle über die Fortpflanzung, insbesondere dann nicht, wenn Feministinnen Singles oder lesbisch sind oder allgemein von außen als nicht fortpflanzungsrelevant eingestuft werden (was früher für eine Feministin oft der einzige Weg war, wenn sie sich nicht unterordnen wollte, aber gleichzeitig die Idee einer gleichberechtigten Partnerschaft bei Männern noch nicht viele Freunde hatte). Matrifokalität verlangt mehr: die Abgabe der Kontrolle über die Fortpflanzung an die Frauen. Möglicherweise war die Idee einer Gesellschaft, die nicht auf der Herrschaft von Männern basieren könnte, für manche so beängstigend, dass sie in ihrer Verzweiflung sogar zu diesem wirklich albernen Vorwurf griffen.

Wo doch der Begriff »Hexe« nicht mehr zog.

SPIRITUELLE FORMEN UND KONSERVATIVER FEMINISMUS

Die Neudefinition der Hexe: Wicca-Kulte

Um das zu verstehen, müssen wir uns die bemerkenswerte Karriere der Hexe einmal etwas genauer ansehen.

Die böse Hexe, die Baba Jaga, die Zauberin Kirke, die kinderfressende Lebkuchenhausbesitzerin … Sagen und Legenden wimmeln nur so von gefährlichen, zauberkundigen Frauen. Weiblichkeit, Magie und Patriarchat passen nicht zusammen. Das warf früh die Frage auf: Warum nicht?

Sowohl bei den Wicca als auch bei anderen neureligiösen Bewegungen begegnen wir einer alten Bekannten wieder: der dreifaltigen Göttin von Harrison/Graves. *Maiden, mother, crone* – Jungfrau, Mutter, weise Alte. Zunehmender, voller und abnehmender Mond. Auch der Jahreskönig oder Heros begegnet uns hier wieder, meist in Form eines gehörnten Gottes (der, so die Interpretation, später zum »Teufel« umgedeutet wurde und die finstere Legende von der Walpurgisnacht als Teufelsorgie begründete). In der Populärkultur finden Wicca reichlich Niederschlag: In der Kultserie *Buffy – im Bann der Dämonen* ist die beste Freundin und wichtigste Verbündete der Protagonistin eine Wicca. Von Marion Zimmer-Bradleys *Nebel von Avalon* war bereits die Rede. Und selbst ein feministischer Ideen definitiv unverdächtiger Romanzyklus wie *Das Lied von Eis und Feuer* (aka *Game of Thrones*) kennt die dreifaltige Göttin. Sehen wir uns also noch einmal genauer an, wie aus dem Schreckbild von der bösen Hexe die Wicca wurde:

»Kommt mit Zacken, kommt mit Gabeln wie der Teufel, den sie fabeln!«

Ich war immerhin schon zwanzig Jahre alt, als ich zum ersten Mal eine Hexe war. Nur auf der Bühne (ich bin nicht religiös, weder so noch so): bei einer Aufführung von Felix Mendelssohn-Bartholdys *Die erste Walpurgisnacht* mit den Bamberger Symphonikern unter Claus Peter Flor, bei der ich damals im Chor sang. Das Stück interpretiert den Mythos von der Walpurgisnacht als Geschichte um das aufkommende Christentum: Die alte Naturreligion ist verboten worden von den christlichen römischen Besatzern. Die Feste von einst – tabu. Nicht mit uns, beschließen die Unterdrückten, die ihrer Religion heimlich weiter anhängen. Und sie tun, was Unterdrückte immer getan haben, um sich dem Nudging ihrer Herren zu entziehen: Was offen nicht möglich ist, wird eben heimlich gemacht. »Diese dumpfen Pfaffenchristen, lasst uns keck sie überlisten! Mit dem Teufel, den sie fabeln, wollen wir sie selbst erschrecken!«, gibt der Druide die Losung aus. Und so wird das Holzsammeln fürs heilige Frühlingsfeuer zu einem Katz-und-Maus-Spiel, bei dem die römischen Wachsoldaten Hexen und Teufel zu sehen glauben und schließlich verängstigt das Weite suchen. So können die Unterdrückten ein schönes Frühjahrsfeuer feiern.

Tatsächlich kursierten schon zu Mendelssohns Zeiten Ideen, dass die Angst vor Hexen in Wirklichkeit äußerst weltliche Hintergründe haben könnte: wie etwa die religiöse Flurbereinigung durch das Christentum, das andere Religionen in die Illegalität abdrängte. Diese anderen Religionen halten sich dann im Volks- und Aberglauben. Schon seit der Aufklärung hatte ein Umdenken in Sachen Hexenglaube eingesetzt: Hatte die Verfolgung von Hexen zuvor noch breite Zustimmung gefunden, kam schon bei Voltaire der Gedanke des Justizmords auf. In der Romantik war es Jacob Grimm, der die Hexen nicht nur als kinderfressende Monster, sondern auch als »weise Frauen« darstellte. Zunehmend wurde die Hexe als Opfer der Justiz und staatlicher Unterdrückung gesehen – schon vor der Umdeutung durch feministische und neureligiöse Bewegungen.[279] Auch Mendelssohn stellt das Hexenthema in den Kontext der allgemeinen Sehnsucht nach Freiheit unter einer tyrannischen Herrschaft: in diesem Fall nach der Freiheit, zu denken und zu feiern, was, wo und mit wem man möchte. Insbesondere in England gewann die Sympathie für die Hexen so viele Anhänger*innen, dass sich eine neureligiöse Bewegung daraus entwickelte.

Wicca bezieht sich zunächst nur auf das altenglische Wort für *witch* (»Hexe«). Angelsächsisch *wicca* (gesprochen: »witscha«) ist ein Zauberer, *wicce* (»witsche«) eine Hexe. Die Anhänger*innen der neureligiösen Bewegung betrachten sich selbst als Hexen und nennen sich auch so. Sie verstehen ihre Religion als Natur- und Mysterienreligion. Im Zentrum steht meist die Große Göttin, oft auch neben einem gleichberechtigten gehörnten männlichen Gott. Charakteristisch sind die Orientierung der Mythen am Mondzyklus sowie die mit dem Jahreszyklus verbundenen Feste. Die Wicca-Kulte sind nicht einheitlich, auch wenn sich, insbesondere in England, Strukturen herausgebildet haben. Manche Wiccas sind in einem sogenannten »Coven« organisiert, andere nennen sich einfach nur selbst »Hexe«.

Der Okkultist Gerald Gardner (1884–1964), der mit Robert Graves bekannt war, verwendete den Begriff *wica* erstmals 1954 in seinem Buch *Witchcraft Today*. Seit 1969 existiert die Schreibweise mit zwei c (gesprochen »wikka«). Gardner gilt als einer der Begründer der Wicca-Bewegung, auch wenn diese von Frauen maßgeblich geprägt war. Zwar hatte auch der berühmt-berüchtigte Okkultist Aleister Crowley Einfluss auf Gardners Beschreibung der Wicca-Religion, allerdings wurden die von ihm beeinflussten Passagen von Doreen Valiente redigiert und teilweise gestrichen. Gardner selbst war von einer Frau initiiert worden: Nach seiner Aussage nahm ihn 1939 die Hohepriesterin Dafo (Edith Rose Woodford-Grimes, 1887–1975) in den »New Forest Coven« auf.

Dass bereits eine Organisation des Kults existierte, sagt viel aus. Der Coven ist eine für die Wicca typische lokale Gruppe von meist dreizehn Personen, zumeist Frauen. Da die Organisationsstruktur bereits existierte, ist davon auszugehen, dass Gardner keineswegs der »Erfinder« war, sondern die Religion nur als Erster beschrieb. Da Hexerei damals in England noch strafbar war, veröffentlichte auch er seine erste Beschreibung getarnt als fiktive Erzählung (*High Magic's Aid*, 1949).

Wie aber kam man auf die Idee, sich in kleinen Gruppen von dreizehn Personen zu organisieren? Dazu müssen wir noch einen Schritt zurückmachen.

Vermutlich geht die Idee auf die Anthropologin und Ägyptologin Margaret Murray (1863–1963) zurück. Ihre bemerkenswerte (hundert Jahre umfassende) Lebensspanne reicht vom Biedermeier bis fast zur sexuellen Revolution. Als sie studierte, gab es nur wenige Universitäten, die überhaupt Frauen ausbildeten, und auch das nur in wenigen Fächern. Nicht umsonst engagierte sie sich in der Suffragettenbewegung. Anfangs leistete sie ägyptologische und anthropologische Grundlagenforschung: Sie war bei Ausgrabungen wie im ägyptischen Abydos dabei, untersuchte Mumien, entzifferte Hieroglyphentexte. In den zwanziger Jahren gräbt sie auch auf Malta – damals Teil des britischen Empire –, wo die Forschung zu den Megalithtempeln noch in den Kinderschuhen steckt, später auf Menorca. Eine hochintelligente, äußerst effiziente und seriöse Wissenschaftlerin, eine Art britische »Bones – die Knochenjägerin«. Nicht gerade das, was man sich unter dem Klischee der verrückten Esoterikerin vorstellt. Bis sie eine Kur in Somerset macht.

1915 wird Murray krank und muss Ägypten vorübergehend verlassen. In Glastonbury vergräbt sie sich in Legenden und Prozessakten zu Hexenprozessen. Und kommt zu einem Schluss, mit dem sie ihre akademische Reputation gefährdet und gewaltig Staub aufwirbelt.

The Witch-Cult in Western Europe (»Der Hexenkult in Westeuropa«), so heißt ihr Skandalwerk von 1921. Murray beruft sich auf Frazer: Wir erinnern uns, in seinem Werk *Der goldene Zweig* hatte Frazer dafür plädiert, dass sich alle Religion aus Magie, aus ursprünglichen Fruchtbarkeitskulten entwickelt habe. Vom Beispiel des heiligen Hains von Nemi (südlich von Rom) hatte er angenommen, dass der Priesterkönig, der von seinem Nachfolger rituell ermordet wurde, für einen vergöttlichten König stehe: den Jahreskönig, der eine »Heilige Hochzeit« (ritueller Sex) mit der chtonischen Göttin halte, dann zur Ernte getötet wird und im nächsten Frühjahr wieder aufersteht. Ähnlich also wie Osiris oder Adonis. Auf Frazers »Evolution« der Religion aus magischen Fruchtbarkeitsriten baut Murray nun ihre eigene Interpretation alter europäischer Religion auf. Sie geht davon aus, dass sich seit der Jungsteinzeit eine alte europäische Religion gehalten und als Subkultur unter dem Radar überlebt habe. Diese Religion – die ursprüngliche Religion Europas – sei gekennzeichnet durch die Anbetung eines männlichen gehörnten Gottes, weitgehende Gleichberechtigung der Geschlechter und freie Sexualität. Dies habe sie trotz ihrer blutigen Menschenopfer so attraktiv gemacht, dass sie, obwohl verfolgt, bis ins 15. Jahrhundert oder sogar noch länger überdauert habe.

Die Gottheit, so Murray, habe männlich, weiblich oder ein Tier sein können, wobei das Tier die älteste Entwicklungsstufe darstelle. Der enge Bezug zum Tier und zur Pforte (Di-Ianus: der zweiköpfige Gott der Tür; Murray sieht den Glauben, dass Hexen auf Besen durch den Kamin reiten als Verweis auf eine besondere Heiligkeit der Pforte) verweise auf die in Rom »Diana« genannte Gottheit. Deshalb will Murray vom »dianischen Kult« sprechen. (Auch bei Frazer geht es um einen heiligen Hain der römischen Göttin Diana.) Im Christentum sei der gehörnte Gott dann als religiöses Konkurrenzangebot zum »Teufel« erklärt worden – daher die Verbindung zwischen Hexen und Teufel.

Feste habe man entsprechend dem Fruchtbarkeitskult zu Beginn und zum Ende der Vegetationsperiode gefeiert: am 30. April und am 31. Oktober (also entsprechend der Walpurgisnacht und Halloween). Auch die vierteljährlichen Einschnitte am 2. Februar und am 1. August seien gefeiert worden. Eine Art Ältestenrat sei der Coven, der die Organisation auf lokaler Ebene in der Hand habe. Es gäbe männliche und weibliche Anführer, wobei die weiblichen früher offenbar als Verkörperungen der Großen Göttin betrachtet worden seien, inzwischen aber gegenüber den Männern an Bedeutung eingebüßt hätten. Auch die Gottheit sei inzwischen männlich dargestellt, anders als in älteren Zeiten. Dennoch werde die Älteste nach wie vor auch als Feenkönigin oder Elfenkönigin betrachtet.[280]

Murray geht, wie damals einige Wissenschaftler, davon aus, dass die europäische Urbevölkerung kleiner gewachsen gewesen sei und von Einwanderern in die unzugänglicheren Gebiete vertrieben worden sei – daher die Sagen um Zwerge. Christliche Inquisitoren seien geradezu besessen vom sexuellen Ritual der Hexen gewesen, das oft übertrieben worden sei. Auch wenn es später möglicherweise tatsächlich zu einer Orgie geworden sei, im Grunde sei es ein Fruchtbarkeitsritual. Die Christianisierung Englands habe zunächst nur die herrschenden Kreise betroffen und sei nach und nach erfolgt, bis im 15. Jahrhundert (in England) schließlich der vorchristlichen Religion endgültig der Krieg erklärt worden sei.[281] Murray zitiert einige Rechtsverordnungen, die sich mit dem Verbot von Hexerei und »Heidentum« befassen. Sie geht darauf ein, dass antike Berichte für Großbritannien von einer Diana-, Persephone- oder Demeter-Religion mit orgiastischen Riten berichten. Die Bulle von Papst Innozenz VIII. aus dem Jahr 1484 erwähnt, dass die Hexen vor allem eine Gefahr für die Fruchtbarkeit darstellten. Murray fühlt sich dadurch in ihrer Interpretation des Hexenglaubens als Fruchtbarkeitskult bestätigt. Es habe eine Umdeutung durch die Kirche stattgefunden: Von den Garanten der Fruchtbarkeit seien die Hexen umgedeutet worden zu einer Gefahr für die Fruchtbarkeit.[282] Der christliche Teufel sei nichts anderes als der Gott dieser Religion, der sich meist als Mann zeige, oft ausgesprochen gut aussehend. Auch als Frau, dann gewöhnlich als Elfenkönigin (Elfhame) werde »er« beschrieben, besonders in Schottland. Bei der Darstellung als Tier handle es sich um eine ältere Form: Als Tiere verkleidete religiöse Spezialist*innen (Murray sagt: Priester) bzw. Tiergottheiten seien auch aus anderen Religionen bekannt und hätten ebenfalls gewöhnlich mit Fruchtbarkeitskulten zu tun. Der Gott der Hexen wird, so Murray, als Stier, Hund, Katze, Schaf, Ziege oder Pferd dargestellt.[283] Murrays dann folgende Untersuchungen über gängige Stereotypen wie Teufelspakt, Teufelsmal, Hexensabbat etc. sind in der Tat sehr spekulativ und basieren auf Vorwürfen aus Prozessakten. Sie reflektiert aber beispielsweise nicht, ob diese Stereotypen die religiöse Praxis der Hexen beeinflusst haben oder umgekehrt oder ob sie überhaupt zutrafen. Auch die von Murray berichteten Rituale orientieren sich an den Prozessakten. Beim Teufelskuss – den Berichten nach auch auf »unzüchtige« Stellen wie Hintern oder männliches Geschlechtsteil[284] – erwähnt Murray nicht, dass derartige Vorwürfe ein Stereotyp in Ketzerprozessen darstellen, dass sie in ähnlicher Form zum Beispiel auch im Templerprozess als Initiationsritual berichtet werden. Auch der Kindermord, den sie als Opfer von Neugeborenen interpretiert[285], wird unreflektiert aus der religiösen Polemik des Christentums übernommen. Ritualmorde an Kindern wurden bekanntlich auch Juden unterstellt, obwohl sie rein der Fantasie der Autoritäten entsprangen. Solche Stereotypen werden in interreligiöser Polemik eingesetzt, um die Gegenseite zu diskreditieren – ob sie nun wahr sind oder nicht. Auch die Fruchtbarkeitsrituale und Regenmacherei sind direkt aus Prozessakten übernommen. Murray interpretiert diese Berichte vor dem Hintergrund eigener Forschung, etwa in Ägypten, als eine Art »heilige Hochzeit«, eventuell mit künstlichen Phalli, wie sie in Ägypten existierten. Männer und Frauen hätten beim Geschlechtsakt für den jeweils anderen den »Teufel« verkörpert (als Inkubus und Sukkubus), und nicht selten seien daraus auch Ehen entstanden. Die Organisation des Hexenkults wird bei ihr ausführlich beschrieben, und in der Tat begegnet uns hier bereits das Wort »Coven« (von *convene*: »Zusammenkunft«). Es habe sich dabei um eine Art Priesterschaft gehandelt, die jeweils lokal für die Rituale zuständig war.[286] Murray wurde vorgeworfen, bei den Zahlen hier teilweise manipuliert zu haben, um auf die von ihr angenommene Zahl von je dreizehn Mitgliedern eines Coven zu kommen.

Dabei hat Murrays Interpretation viel Interessantes. Die Idee, die vorchristliche Religion oder zumindest Elemente daraus hätten noch bis in die frühe Neuzeit überdauert, war natürlich faszinierend. Die methodischen Fehler, die bei ihr zweifellos zu finden sind, sind auch nicht größer als die bei Frazer. Murray selbst argwöhnte bereits, dass der heftige Widerspruch gegen ihre Thesen vor allem inhaltlich begründet sei. Ihren Zeitgenossen war die Idee einer »Untergrund-Religion« weiblicher Prägung zutiefst verdächtig. Wir befinden uns in der Zeit, als Möbius noch vom »physiologischen Schwachsinn des Weibes« faselte und die Idee einer weiblich geprägten Gesellschaft schon deshalb abgelehnt wurde, weil sie den Frauenrechtlerinnen ein wunderbares Argument für das Frauenwahlrecht lieferte, nämlich dass die weibliche Unterordnung eben nicht der »natürliche« Zustand des Menschen war. Wir sollten nicht vergessen, dass in Großbritannien seit 1918 Frauen eingeschränktes Wahlrecht hatten und erst ab 1928 gleiches Wahlrecht wie Männer. In der Zeit zwischen diesen beiden Gesetzen, im Jahr 1921, erscheint Murrays Buch.

Nüchtern betrachtet liefert Murray durchaus interessantes Material. Sie sucht in Mythen und Äußerungen der Gegner*innen nach Motiven einer postulierten untergegangenen Religion. Frazers Textbasis (der methodisch ganz ähnlich arbeitet) ist auch nicht größer als die von Murray. Natürlich sind beide heute widerlegt, aber Frazer steht in ungleich höherem Ansehen. Das hat sicher auch mit dem Inhalt zu tun. Es gab einfach kein Publikum für die Idee eines gleichberechtigten Kults mit freier Sexualität. Dabei waren diese Ideen Standardrepertoire der ersten Frauenbewegung. Diese entdeckte prompt auch die Hexen für sich. Und schuf eine Subkultur, die das christliche Hexenbild kreativ umdeutete.

Der New Forest Coven, den Gerald Gardner erwähnt, war möglicherweise kein auf graue Vorzeit zurückgehender, sondern ein erst in den 1930er-Jahren unter dem Einfluss von Murray gegründeter Coven. Gardner wurde dort von einer Priesterin namens Dafo initiiert. Hinter diesem Spitznamen versteckt sich die Dramaturgin und Lehrerin Edith Rose Woodford-Grimes (1887–1975). Wegen ihrer strenggläubigen christlichen Verwandtschaft bekannte sie sich nicht offen zur Hexerei – die damals in England mit Okkultismus verbunden und noch verboten war. Insgesamt sind Überschneidungen mit dem Okkultismus rund um Aleister Crowley, aber auch mit anderen neureligiösen nativistischen Bewegungen zu erkennen, etwa beim Besuch der Hexen in Stonehenge, von dem Doreen Valiente berichtet.[287]

In den 1950er-Jahren fand die Wicca-Bewegung zunehmend Anhänger*innen, erreichte die USA und in der 1970er-Jahren Deutschland. Wie oben berichtet wurde noch Alice Schwarzer Anfang der 1970er-Jahre als »Hexe mit dem stechenden Blick hinter der Brille« tituliert – damals noch negativ konnotiert. Genau in dieser Zeit wird der Begriff »Hexe« von Feministinnen von der kinderfressenden Unholdin umgedeutet zur weisen Frau. Zur Magierin, die ihr Wissen aus der Natur und im Einklang mit dieser bezog – anders als die »patriarchalische« Wissenschaft und Religion, welche die Natur nur auszubeuten trachteten und zerstörten. Magie wurde von den Feministinnen auch als konkret weibliche Spiritualität begriffen, als Erbe einer speziellen Frauen-Kultur. Die Rezeption der Hexen und die Wicca-Bewegung haben somit auch ein kulturkritisches Moment und sollen nicht nur Identität stiften, sondern auch einen sozialen Wandel schaffen.[288] Dinge wie Atomtechnologie, aber auch monotheistische Religion oder staatliche Unterdrückung werden als »patriarchal« kritisiert, und ihnen wird eine »weibliche« Tradition gegenübergestellt, die Impulse für eine gerechtere, umweltverträglichere und herrschaftsfreiere Gesellschaft geben soll. Zwar wurde diese Sicht innerhalb des Feminismus nicht allgemein geteilt und oft auch kritisiert, dennoch: In den 1990er-Jahren waren Hexensabbat und Hexerei endgültig in der Populärkultur angekommen.

Ist von der Wicca-Religion die Rede, fällt heute meist der Name Gerald Gardner. Dabei hat er die Religion nur bekannt gemacht. Die Leistung Margaret Murrays, die viel bedeutender ist, geht dabei oft unter.

Doch schon in der Romantik war die Idee von der verdrängten und im wahrsten Sinne des Wortes verteufelten ursprünglichen Religion lebendig. Als Mendelssohns Hexen am Ende schließlich ihr Frühjahrsfeuer entzünden, intonieren Druide und Kultgemeinde: »Die Flamme reinigt sich vom Rauch, so reinig' unsren Glauben! Und raubt man uns den alten Brauch: Dein Licht, wer kann es rauben?«

Die geheime Geschichte der Maria Magdalena: Christliche Versuche

Nicht immer ist Feminismus eine linke, religionskritische Bewegung. Gelegentlich versuchen auch Kräfte innerhalb monotheistischer Religionen, größere Identifikationsräume für Frauen zu schaffen. Insbesondere bei den monotheistischen Religionen, die stark patriarchalisch geprägt sind und mangels weiblicher Gottheiten auch keine speziellen Frauenkulte als Subkultur zulassen, findet sich dieses Bestreben. Wir werden uns den Islam später ansehen, hier widmen wir uns einem christlichen Beispiel: der Figur der Maria Magdalena und der diversen Deutungsversuche.

Maria Magdalena (Maria aus Magdala am See Genezareth) wird traditionell als geläuterte Sünderin dargestellt, als Ex-Prostituierte, die dann zum Glauben gefunden habe und schließlich als Erste dem wieder auferstandenen Jesus begegnet. Kurz: die Hure, das Gegenbild zur Heiligen (Maria). Dabei handelt es sich allerdings um eine Verschmelzung verschiedener biblischer Frauenfiguren: Eine nicht näher definierte »Sünderin«, die Jesus die Füße wäscht und mit ihrem Haar trocknet (Lukas 7), wird mit Maria Magdalena identifiziert, der zwar laut Evangelium sieben Dämonen ausgetrieben worden waren (Lukas 8,2), von der aber keine Vorgeschichte als Prostituierte bekannt ist. Vielmehr scheint Maria Magdalena wohlhabend gewesen zu sein, da sie unter den Frauen genannt wird, die für den Unterhalt der frühen Jesus-Anhänger*innen aufkamen (Lukas 8,3; Markus 15, 40 f.). Bisweilen wird auch Maria von Bethanien noch mit ihr verschmolzen (Johannes 11,1). Diese Interpretation taucht nicht vor dem sechsten Jahrhundert auf und geht auf Papst Gregor I. und eine seiner Predigten im Jahr 591 zurück.

Im 20. Jahrhundert wurden mit der Frauenbewegung auch patriarchalische religiöse Strukturen hinterfragt. Die historische Forschung, der mehr und mehr altorientalische Quellen zur Verfügung standen, warf die Frage auf, ob im frühen Christentum Frauen nicht eine weit stärkere Position innegehabt haben könnten als bisher angenommen – und damit die Idee, dass Maria Magdalena erst sekundär als Prostituierte diffamiert worden sei, um Christinnen auf ihre untergeordnete Position einzuschwören.

Tatsächlich wurden seit dem 19. und insbesondere um die Mitte des 20. Jahrhunderts beispielsweise im ägyptischen Nag Hammadi oder dem israelischen Qumran Texte gefunden, die traditionelle Bibelinterpretationen auf den Kopf stellten und das frühe Christentum in den religiösen Kontext seiner Zeit einordnen. Die apokryphen (also nicht zur offiziellen Bibel gehörigen) Evangelien nach Maria, Thomas, Philippus und Petrus betonen die besondere Beziehung zwischen Maria Magdalena und Jesus, die zu Spekulationen über ein Liebesverhältnis oder gar eine Ehe zwischen den beiden geführt hat. Das Evangelium nach Maria thematisiert auch ihre besondere religiöse Funktion als *Apostola Apostolorum* (»Apostelin der Apostel«), als Maria Magdalena die Nachricht von der Auferstehung überbringt und die Jünger nicht glauben wollen, dass Jesus sich zuerst einer Frau gezeigt habe.

Insbesondere in der koptisch-gnostischen Schrift *Pistis Sophia* und im Manichäismus hat Maria Magdalena eine bedeutende religiöse Funktion: als Auslegerin heiliger Texte oder auch als diejenige, die abtrünnige Getreue von Jesus wieder »einfängt«. Auffällig ist, dass diese Funktion besonders in den koptischen Texten (also der Sprache des christlichen Ägypten) zu erkennen ist und oft mit Gnosis oder Manichäismus assoziiert ist. Die Gnosis und der von ihr beeinflusste Manichäismus sind in spätantiker Zeit verbreitete religiöse Strömungen: Die Gnosis geht davon aus, dass der Aufstieg der unkörperlichen Seele aus dem »Gefängnis« der Materie durch religiöses Wissen erfolge. Der Manichäismus ist durch einen stark ausgeprägten Dualismus gekennzeichnet (also zwei Grundprinzipien, ein gutes und ein böses, anstatt einem, wie bei den monotheistischen Religionen, wo alles aus Gott kommt). Offenbar spielte Maria Magdalena vor allem in der ägyptischen Spätantike eine bedeutende Rolle. Ob diese Rolle charakteristisch für das gesamte Frühchristentum ist, ist freilich nicht eindeutig belegbar.[289]

Diverse Versuche feministischer Theologie richten sich auf ihre Gestalt. Nicht alle sind so fantasievoll wie die These von Michael Baigent, Richard Leigh und Henry Lincoln in *Holy Blood, Holy Grail* (1981), wo sie als Ehefrau von Jesus und Mutter seiner Kinder auftritt und nach Frankreich auswandert, wo ihre Erben die Dynastie der Merowinger begründen. Die Legenden um den Heiligen Gral werden hier als Folge einer Verballhornung von »Sang Real« (königliches Blut) zu »San Greal« (Heiliger Gral) gedeutet: Der »Heilige Gral« ist somit die Nachkommenschaft von Jesus und Maria Magdalena. Diese Geschichte greift unter anderen Dan Brown in seinem Bestseller *The Da Vinci Code* auf. Auch ansonsten beflügelt Maria Magdalena die Fantasie. Sie gab in den Jahrhunderten zuvor Malern wie Tizian die Gelegenheit zur Darstellung nackter Brüste, wird in Roman und Film zur »letzten Versuchung« für Jesus (Nikos Kazantzakis, Martin Scorsese) oder bei Luise Rinser in *Mirjam* (1983) zur Chronistin seines Lebens.

Feministische Deutungen konzentrieren sich weniger auf die Frage ihrer privaten Beziehung zu Jesus. Meist interessieren sie sich für Maria Magdalena als Beispiel für die stärkere Position von Frauen in der frühchristlichen Gesellschaft. Auch hier steht also wie bei den Wicca der Gedanke im Vordergrund, eine Form »weiblicher Spiritualität« zu finden: eigene weibliche Identifikationsfiguren. Während die Wicca diese in einer religiösen Tradition suchen, die vom Christentum verdrängt worden sei und die ursprüngliche Religion Europas darstelle, suchen feministische Theologinnen sie im Christentum selbst.

Feministische Theologie zielte anfangs zunächst auch auf andere Figuren. Doch heute steht Maria Magdalena zunehmend stärker im Zentrum als Maria, die Mutter von Jesus. Das mag auch damit zusammenhängen, dass die Marienverehrung bereits in der katholischen Kirche eine breite Basis hat – und natürlich die Figur Maria immer nur in ihrer Funktion als Mutter wahrgenommen wird und durch das Jungfräulichkeitsdogma vom realen Leben abgerückt ist. Maria Magdalena bietet zudem die Möglichkeit, Jesus nicht nur als Frauenfreund darzustellen, wie in der feministischen Theologie üblich, er kann darüber hinaus auch menschlich dargestellt und so zugänglicher werden: als Mann, der sterblich verliebt ist. Kurz: Maria Magdalena ist weniger heilig, sie ist kein unerreichbares Ideal wie Maria. Außerdem kann sie als religiöse Autorität auch die eigene Position stärken. Und als Frau mit eigenem Vermögen steht sie dem modernen Frauenbild schlicht näher als die »hauptberufliche Mutter« Maria.

Die traditionelle Religion stellte Maria als rühmliche Ausnahme dar und betrachtete die Frau als Erbin Evas ansonsten als Gefahr für die Hingabe des männlichen Menschen zu Gott. Stattdessen betont die feministische Theologie Jesus als »Feministen«. Da Frauen ebenso wie Aussätzige, Sklaven etc. zu den Unterprivilegierten gehörten, richtete sich seine Ansprache an die Außenseiter*innen der Gesellschaft auch an sie. Gern wird betont, dass sich unter den frühen Christ*innen schon zur Zeit Jesu viele Frauen befanden. Dass Jesus, indem er die lebenslange Einehe proklamierte, den Frauen Respekt erwiesen habe. Und natürlich, dass es im christlichen Kult dank ihm keine Geschlechtertrennung – wie im konservativen Judentum und Islam – gebe und so eine nicht sexuelle Begegnung zwischen Männern und Frauen möglich sei. (In der Praxis sah es freilich jahrhundertelang anders aus: Die katholische Kirche sah eine räumliche Trennung zwischen Männern und Frauen in der Kirche vor und schrieb bis 1917 sogar noch Schleier vor.) Die Betonung Maria Magdalenas als religiöser Autorität fügt sich nahtlos in das Bemühen insbesondere katholischer Theologinnen ein, religiöse Ämter ausüben zu dürfen, die ihnen noch immer aufgrund ihres biologischen Geschlechts verwehrt sind. Dies erklärt vielleicht auch die neue Prominenz Maria Magdalenas, da Religion Gesellschaft ja nicht nur gestaltet, sondern auch abbildet: So wie die »Mütterlichkeit« Marias im 19. Jahrhundert das christliche Frauenbild prägte[290], ist es heute eben die »vergessene religiöse Autorität« Maria Magdalenas.

Der christliche Feminismus ist natürlich nicht einheitlich. Während manche stark konservativen Geschlechterrollen verhaftet bleiben, vertreten andere Positionen, die sich von denen säkularer Feminist*innen im Grunde nicht unterscheiden. Gemeinsam ist ihnen das Wissen, dass christlichen Frauen religiöse Kompetenz bis ins 19. Jahrhundert abgesprochen wurde und ihnen bis heute zahlreiche kirchliche Ämter verwehrt sind, insbesondere in der katholischen Kirche. Deshalb nehmen viele die Kirche als patriarchalische Institution wahr und suchen nicht nur neue Identifikationsfiguren, sondern auch neue, »weiblichere« Rituale: wie etwa Kreistänze außerhalb von Kirchen, Gesang etc.[291] Auf die Funktion, die Maria Magdalena tatsächlich für viele Gläubige hat, verweist der Titel des Buchs von Margarita Arminger: *Maria Magdalena. Die verbotene Göttin des Christentums* (2010).

Christlichen Feminist*innen wie Anhänger*innen der Wicca-Religion ist gemeinsam, dass sie nach Mustern suchen, in denen Religion nicht gleichbedeutend ist mit Unterdrückung von Frauen. In patriarchalisch geprägten Kulturen aufgewachsen, arbeiten sie nicht im Bereich der Gesellschaft an den Menschenrechten für Frauen, wie es der linke, säkulare Feminismus tut, sondern versuchen es mit einem spirituellen Feminismus über die Religion.

MUTTER ERDE UND IHRE KINDER: ÖKOFEMINISMUS

»Er hat fest daran geglaubt«, sagte meine Cousine über das Verhältnis ihres verstorbenen Mannes zu seiner Religion. Die Religion ist die der Lakota: der westlichsten Sprachgruppe der Sioux, eines der größten Stämme Nordamerikas. Ihr Kernland sind die Great Plains, in den heutigen Bundesstaaten North und South Dakota und Nebraska. Viele Stereotypen der sogenannten Indianerromantik beziehen sich auf ihre Lebensweise: die Kleidung, die Haartracht, das Leben in Tipis, die Büffeljagd. Der Film *Der mit dem Wolf tanzt* ist ihnen gewidmet, Sitting Bull war ein Lakota. Da sie sich gegen die Kolonisation ihrer Gebiete wehrten, wurden sie bekämpft und in Reservaten konzentriert, tristen Orten, ihrer Kultur beraubt, durften lange Zeit nicht einmal ihre Sprache sprechen. Dabei hatte ihre Welt einst ganz anders ausgesehen.

Tatsächlich haben indigene Frauen im amerikanischen Feminismus eine vielfach unterschätzte Rolle gespielt. Die amerikanischen Stämme sind in ihrer Geschlechterordnung heterogen: Patriarchalische und matrifokale Kulturen existierten hier nebeneinander. Das führte den Frauenrechtlerinnen vor Augen, dass das Patriarchat keineswegs so »naturgegeben« war, wie man sie glauben machen wollte. Ende des 19. Jahrhunderts existierten verheiratete Frauen legal nicht einmal in den USA – sie galten juristisch als eins mit ihrem Mann. Alles Vermögen gehörte ihm, die Kinder, selbst der Körper der Frau. Die Wissenschaft sagte, Frauen brauchten die Führung des Mannes, da sie schwächer und weniger intelligent seien. Oder etwa doch nicht?

Elizabeth Cady Stanton und Susan B. Anthony wuchsen im Gebiet der Haudenosaunee (im Nordosten der USA und im südöstlichen Kanada) auf, die hierzulande als Irokesen bekannt sind. Während viele Einwanderer sie als blutdürstige und sadistische Wilde diffamierten, beschrieb Lewis Morgan sie als erfolgreich staatenlose Kultur; ihr Beispiel inspirierte, wie wir gesehen haben, nicht nur Engels, sondern soll auch Benjamin Franklin beeindruckt haben. Jedem Häuptling steht eine Clanmutter zur Seite, die ihn einsetzt und auch kontrolliert: Trifft er Entscheidungen, die nicht vom Clan getragen werden, setzt sie ihn ab. Gewalt gegen Frauen ist geächtet und strengstens sanktioniert. Die Frauen kontrollieren de facto die Nahrung und treffen Entscheidungen über Krieg und Frieden. Die Abstammungslinie ist matrilinear, richtet sich also nach der Mutter. Und selbstverständlich kontrollierten sie ihr eigenes Vermögen. Die Haudenosaunee-Frauen waren frei in einer Weise, wie es sich die angloamerikanischen nie hätten erträumen können: Erkennbar beeindruckt berichtet Stanton, dass sie ihre Männer jederzeit vor die Tür setzen können, wenn sie mit ihrer Beziehung nicht glücklich sind. Lehrerinnen berichteten, die Reservate seien der einzige Ort, an dem sie noch nie sexuell belästigt worden seien. Und Matila Joslyn Gage (die mit Stanton und Anthony zusammen die Frauenrechtsorganisation NWSA leitete) berichtete, dass sie in den Wolf-Clan aufgenommen worden sei und sofort über alle Belange habe mitbestimmen können – während sie in ihrer eigenen Stadt kein Wahlrecht hatte. »Nie war Recht perfekter, nie war Zivilisation höher entwickelt«, schreibt sie über die Haudenosaunee.[292]

Nicht nur gesellschaftspolitisch, auch ideell hatten die indigenen Stämme Einfluss auf die amerikanische Frauenbewegung. Erinnern wir uns an Emma Goldman und ihre Zeitschrift *Mother Earth*. Diese hat ihre Wurzeln in einer Bewegung, die meist als »Naturnähe« »edler Wilder« verkitscht und selten in ihrer intellektuellen Bedeutung gewürdigt wurde: der Mother-Earth-Philosophie der amerikanischen Stämme.

Als einer der ersten rief Charles Alexander Eastman (1858–1939), der zu den Santee, einer östlichen Sprachgruppe der Sioux, gehörte, die Bedeutung der Natur für die indigenen Stämme wieder ins Gedächtnis. Als Sohn einer angloamerikanischen Mutter konnte er Medizin studieren, eine Karriere als Arzt und Schriftsteller beginnen. Unter dem Sioux-Namen Ohiyesa wurde er bekannt: In *The Indian Soul* (*Die indianische Seele*, 1911) und *The Indian Today* (*Der Indianer heute*, 1915), fordert er eine Abkehr vom Utilitarismus und eine Rückkehr zur natürlichen Spiritualität der Mutter Erde. Zur Zeit von Rockefellers Ölmonopol ein gewagtes Unterfangen. Emma Goldman bezieht sich auf diese Mother-Earth-Philosophie: Der Begriff wurde im Rahmen sogenannter panindianischer Bewegungen als Charakteristikum indigenisiert: Die Außenwahrnehmung als »Indianer« (nicht als Lakota, Navajo, Haudenosaunee etc.) führte dazu, dass indigene Stämme nach Gemeinsamkeiten untereinander suchten – und eine fanden sie in der Beziehung zur Natur.[293] (Das ist umso bemerkenswerter, als hier patriarchalische und matrifokale Kulturen zusammenwirkten.) Außerdem übernahmen einige die Bezeichnung »Indianer« als positiv besetzte Selbstbezeichnung, um die eigene Kultur gegenüber der der Einwanderer aus Europa zu definieren. (Diese Umwertung von Begriffen ist ein natürlicher Prozess in der Sprache: Wir haben gesehen, dass die Wicca dasselbe sogar mit dem extrem negativ konnotierten Begriff »Hexe« getan haben. Versuche, Begriffe wie »Indianer« zu tabuisieren und den Betroffenen vorzuschreiben, wie sie sich selbst zu nennen haben, greifen in das Selbstbestimmungsrecht der indigenen Bevölkerung und deren Ringen um die eigene Kultur ein und behindern ihre Versuche, sich gemeinsam gegen Diskriminierung zu wehren.) Auch die Feministin Mary Hunter-Austin (1868–1934), die mit Emma Goldman bekannt war, trug mit ihren weltweit gelesenen Berichten und Sammlungen indianischer Legenden dazu bei, ein Bewusstsein dafür zu wecken. Der ebenfalls zu den Sioux gehörende Jurist und Politikwissenschaftler Vine Deloria (1933–2005) nahm den Mother-Earth-Begriff auf. Deloria, der Geschichte und Politik an verschiedenen Universitäten unterrichtete, ist vor allem bekannt für *God is Red* (*Gott ist rot*, 1973), in dem er indianische Spiritualität als orts-, christliche hingegen als geschichtsorientiert beschrieb. Während für Christen historische Ereignisse von Bedeutung seien, spiele die Zeit in seiner Kultur kaum eine Rolle. Viel wichtiger seien heilige Orte, an denen man jederzeit in Kontakt mit den Geistern treten könne. (In schriftlosen Kulturen ist Geschichte von geringerer Bedeutung als in schriftlichen, weil Geschichte über einen längeren Zeitraum hinweg Schrift voraussetzt. Andererseits spielt Zeit in Form von Traditionen durchaus eine wichtige, auch normgebende Rolle[294], etwa bei der Frage, warum bestimmte Orte heilig sind. Wenn Deloria von Zeit spricht, meint er: Christen feiern historische Momente wie Weihnachten, Lakota üben ihre Religion aus, indem sie beispielsweise die Black Hills besuchen.) Deloria hatte ursprünglich Anwalt werden wollen. Auch als er sich später für die universitäre Lehre entschied, blieb er bei seinem Engagement für Menschenrechte, etwa als Direktor des *National Congress of the American Indians* oder im Vorstand des *National Museum of the American Indian*. Seine Ideen fügten sich in die Umweltbewegung ein, die insbesondere ab den 1970er-Jahren das Stereotyp vom naturverbundenen Indianer beförderte – auch durch mehr oder weniger große Manipulationen wie bei der Rede des Häuptlings Si'ahl (»Seattle«) oder der inhaltlich ähnlichen »Weissagung der Cree« (»Erst wenn der letzte Baum gerodet, der letzte Fluss vergiftet und der letzte Fisch gefangen ist, werdet ihr erkennen, dass man Geld nicht essen kann«). Si'ahls Rede von 1854, die nicht im Wortlaut überliefert und vermutlich in dieser Form nicht authentisch ist, bezog sich offenbar auf die Heiligkeit des Landes für seinen Stamm, war allerdings kein ökologisches Bekenntnis. Die »Weissagung der Cree« ist ebenfalls in ihrer Herkunft nicht geklärt und wurde in ähnlicher Form auch den viel weiter südlich lebenden Hopi zugeschrieben. Nicht vergessen werden sollte, dass solche Aussagen auch kommerzialisiert wurden, was ihren Sinn ins Gegenteil verkehrt. Ungeachtet der Instrumentalisierung durch die Umweltbewegung trug die Mother-Earth-Philosophie dennoch viel zum positiven Imagewandel der amerikanischen indigenen Bevölkerung bei und wird deshalb bei dieser häufig als authentischer Teil der eigenen Kultur betrachtet.[295] Panindianische Gruppen wie das *American Indian Movement* verwendeten das Konzept auch zur Begründung ihrer Ansprüche, etwa auf die Rückgabe der Black Hills als heiliges Land an die Lakota.

Heute sind indigene Frauen überproportional gefährdet, Opfer sexueller, häuslicher oder allgemein geschlechtsspezifischer Gewalt zu werden. Immer wieder werden sie auch Opfer von Femiziden. Die »Zivilisation« hat ihre Lage massiv verschlechtert. Der amerikanische Genozid an der indigenen Bevölkerung traf sie doppelt: Sie verloren nicht nur ihre Freiheit an die Invasoren, sondern auch an die Männer. Zwangssterilisationen und andere Formen rassistisch-sexistischer Gewalt waren keine Seltenheit. Heute setzen sich indigene Aktivistinnen wie die Anwältin Sarah Deer für die Opfer von Gewalt ein, andere wie die Wissenschaftlerin Cutcha Risling Baldy oder Beatrice Medicine (1923–2005) erinnern an die weiblichen Aspekte und Traditionen der Gesellschaft (Medicine, Beatrice und Albers, Patricia: *The Hidden Half: Studies of Plains Indian Women*, 1980, wo Medicine unter anderem auch auf alternative Geschlechterrollen zu sprechen kommt, etwa die der Kriegerin bei verschiedenen Stämmen).[296] Die Umweltaktivistin Winona LaDuke kauft Land für die indigene Bevölkerung zurück, um deren Traditionen, aber auch ihre Nahrungsmittelversorgung zu sichern.[297] Und die Haudenosaunee haben das Amt der Clanmutter wieder eingeführt, deren Aufgabe es unter anderem ist, die alten Traditionen wiederzubeleben und Kultur und Sprache zu bewahren. Bis 1978 war es den Stämmen in den USA verboten, ihre eigene Kultur und Sprache zu pflegen. Erst 1930 wurden wieder Clanmütter eingesetzt; zeitweise wurden sie verfolgt, sodass die Kultur heute mühsam rekonstruiert und teilweise neu definiert werden muss. Die Clanmutter als Verkörperung der Mutter Erde hat aber nicht nur kulturelle Bedeutung, sondern auch politische Macht:

Sie setzt den Häuptling ein und kann ihn auch absetzen. Die Stämme sehen das Großkapital oft als Fortsetzung der Kolonisation und prozessieren häufig gegen die Großindustrie[298]. Dies ist nur einer der Einflüsse, den sie auf den sogenannten Ökofeminismus ausgeübt haben.

Die Rolle der nordamerikanischen Stämme für intellektuelle und gesellschaftliche Prozesse wurde bis heute unterschätzt. Dabei steht der moderne Ökofeminismus für Konzepte, die deutlich an die Mother-Earth-Philosophie und ihre Bezüge zu nordamerikanischen Stämmen erinnern.

Unter Ökofeminismus versteht man eine feministische Bewegung, welche die Unterdrückung und Ausbeutung der Frau im Patriarchat parallelisiert mit der rücksichtslosen Ausbeutung der Natur.[299] Ökofeministinnen gehen auch davon aus, dass diese Ausbeutung der Natur Frauen weit mehr bedroht als Männer (wenn wir uns Naomi Wolfs Aussagen zur Nahrungsmittelverteilung in Krisen ins Gedächtnis rufen, sicher zu Recht). Wegen dieser engen Verflechtung müsse Feminismus auch ökologisch, Ökologie auch feministisch argumentieren. In einigen Fällen wird eine spirituelle Einheit und größere Nähe der Frauen zur Natur angenommen. Kritik dagegen bezieht sich auf den Essenzialismus dieses Frauenbildes (es wird wieder über »die« Frau an sich räsoniert) sowie darauf, dass die »Naturnähe« der Frau ja selbst ein patriarchalisches Stereotyp ist. Da der Ökofeminismus allerdings sehr unterschiedlich ausfallen kann, trifft das nicht zwangsläufig zu: Bei Janet Biehl, die wir schon besprochen hatten, und bei Vandana Shiva sind anarchistische Tendenzen zu erkennen, bei anderen, wie der Wicca Starhawk, kann es ins Spirituelle gehen. Auch bei Maria Mies oder Bina Agarwal ist trotz entsprechender Vorwürfe kein essenzialistisches Frauenbild zu erkennen, ihre Aussagen beziehen sich auf die Geschlechterrolle, nicht das Geschlecht. Unter Ökofeminismus kann auch die Kritik an Reproduktionstechnologien wie etwa künstliche Befruchtung, Forschung an künstlichen Gebärmüttern etc. gefasst werden. Gena Corea nannte diese

1985 in *Mother Machine* einen »Krieg gegen den Mutterleib«. (Hier wird wieder ein Bogen zu den Matriarchatstheorien und der ursprünglichen Heiligkeit des Mutterleibs geschlagen. Nach dieser Sichtweise versuchen Männer, sich über die Reproduktionstechnologie die weibliche Gebärfähigkeit anzueignen, um sie zu kommerzialisieren.) Wir werden auf dieses Thema noch einmal im Kapitel über die moderne Reproduktionsmedizin zurückkommen. Neuerdings steht auch die Erzeugung künstlicher Nahrungsmittel in der Kritik durch den Ökofeminismus (etwa bei Vandana Shiva). Ökofeminismus ist also ein sogenanntes Umbrella-Konzept, ein Begriff, der ganz unterschiedliche Ideen in sich fasst. Sie alle haben im Grunde nur gemeinsam, dass Feminismus und Umweltschutz miteinander verbunden werden.

Der Ökofeminismus ist seit den 1970er-Jahren konkret fassbar: Der Begriff wurde 1974 von Francoise d'Eubonne (1920–2005) geprägt. Seine Wurzeln reichen aber weiter zurück. Als bahnbrechend wird das Buch *Silent Spring* von Rachel Carson (1962) betrachtet. Die amerikanische Biologin wies darin auf die schädliche Wirkung eines unreflektierten und großflächigen Einsatzes von Pestiziden, insbesondere DDT, hin. Weitere Anstöße kamen aus Afrika und Indien: 1977 gründet die Kenianerin Wangari Maathai das *Green Belt Movement* zur Aufforstung. Durch die besondere Förderung von Frauen in Forstwirtschaft, Imkerei oder Ökotourismus und ihr Engagement auch im Bereich der Menschenrechte hat sich die NGO heute zu einem wichtigen Player entwickelt – und brachte ihrer Gründerin 2004 den Friedensnobelpreis ein.[300] Auch in Indien setzten sich Frauen gegen die Abholzung der Waldgebiete und die Zerstörung der Natur ein: Seit 1973 verhinderte die Chipko-Bewegung, die vor allem von Frauen aus den umliegenden Dörfern getragen wurde, das Abholzen der Himalaya-Eichen in Nordindien. Diese Urwälder sollten für den Profit von Großkonzernen fallen. Tausende Frauen, Menschen aus den umliegenden Dörfern, stellten sich dem entgegen. Die Taktik, die Bäume zu umarmen und so das Abholzen zu behindern, verbreitete sich weltweit. Vandana Shiva, die in die Bewegung involviert war, spielt gleichzeitig durch ihre Zusammenarbeit mit der Soziologin Maria Mies auch für die deutschsprachige ökofeministische Bewegung eine Rolle. Die Chipko-Bewegung war erfolgreich: Sie erreichte ein fünfzehnjähriges Verbot in drei Provinzen Indiens, die höheren Lagen des Himalaya abzuholzen.[301] Obwohl die Chipko-Bewegung stark von Frauen getragen war und von Beginn an feministische Momente erkennbar waren, war in der Rezeption meist die Rede von den Männern.[302]

Das spirituelle Moment, das manche Ökofeministinnen haben, lässt den systemkritischen Ansatz nicht immer auf Anhieb erkennen. Gerade bei den sozialwissenschaftlichen Vertreterinnen ist er allerdings durchaus deutlich:

»Das patriarchalisch-kapitalistische System hat seine Herrschaft von Anfang an auf die Ausbeutung und Unterwerfung der Natur, fremder Länder und der Frauen aufgebaut. […] Ziel dieser Kolonialisierung ist die Gewinnung unbegrenzter Macht einer Elite über alles Lebendige und Unbelebte.«

Das schreiben Maria Mies und Vandana Shiva in: *Ökofeminismus. Die Befreiung der Frauen, der Natur und unterdrückter Völker* (Neuauflage 2016) Dieser ökofeministische Ansatz ist also gleichzeitig explizit kapitalismuskritisch, antielitär und herrschaftskritisch. Und fügt sich damit durchaus in die Tradition des Feminismus als herrschaftskritisch ein. Gerade bei Shiva – die sich auch mit deutlichen Worten gegen Nahrungsmittelmonopole, etwa durch Gentechnik etc. wendet, welche die Kontrolle über Saatgut und Nahrungsmittel in den Händen weniger Großkonzerne konzentrieren – finden sich auch anarchistische Elemente: Sie plädiert für eine lokale Ökonomie und Selbstorganisation im Kleinen statt des Lobbyismus nimmersatter Großkonzerne. Und nicht zuletzt dafür, ungerechte Gesetze einfach zu ignorieren. Dabei beruft sie sich auf Gandhis »Salzmarsch«: Als die Briten das Salz-Gesetz erließen, um diesen Rohstoff zu monopolisieren, ging er an den Strand und rief dazu auf, das Gesetz zu ignorieren und weiter selbst Salz herzustellen. Ebenso will Shiva kein Verbot natürlichen, vermehrungsfähigen Saatguts akzeptieren: Es würde bedeuten, die Kontrolle über neues Saatgut und damit über die Lebensmittelversorgung an transnationale, profitorientierte Großkonzerne abzugeben.[303] Außerdem wendet sie sich gegen die Patentierung (und dadurch Monopolisierung durch Großkonzerne) der Natur: beispielsweise von Pflanzen, die in ihren Herkunftsländern seit Jahrhunderten genutzt werden, wie der Niembaum (Biopiraterie). Mit ihrem Einspruch dazu war sie beim Europäischen Patentamt erfolgreich. Shiva sieht wie Mies in patriarchalischen Strukturen das Hauptproblem: im patriarchalischen Machtbegriff, der auf Aggressivität, Herrschaft und Repression ausgerichtet sei. Die studierte Physikerin und Trägerin des *Right Livelihood Awards* 1993 (»alternativer Nobelpreis«) kommt aus der Umweltbewegung und kam erst über ihren Kontakt mit Maria Mies zum Feminismus im engeren Sinne.

Die Soziologin Maria Mies (1931–2023) entwickelte ihre Theorie im engen Kontakt mit Indien und gemeinsam mit Shiva, teilweise auch mit der Soziologin und Politologin Claudia von Werlhof. Daneben war sie vor allem als (Mit-)Begründerin des ersten autonomen deutschen Frauenhauses und als Globalisierungskritikerin und Attac-Mitglied bekannt. Seit den 1960er-Jahren in der Frauenbewegung aktiv, war die Frauenforschung einer ihrer Schwerpunkte. Diesen verband sie mit ihren kapitalismuskritischen und ökologischen Interessen. Mies stammt aus einer Bauernfamilie, eine Lebensweise, die sie, wie sie betonte, auch in ihrer wissenschaftlichen Arbeit geprägt habe. Gemeinsam mit ihrem Mann Saral Sarkar engagierte sie sich außerdem in der Friedens- und Ökologiebewegung und gegen Konzernherrschaft. Globalisierter Konzernherrschaft setzte sie das Konzept der dezentralen Subsistenzwirtschaft, aufbauend auf dem Begriff von Georg Elwert und anderen, entgegen.[304] Fünf Jahre lang, von 1962 bis 1967, lebte sie in Indien. Sie plädiert dafür, von Entwicklungsländern zu lernen: Dort würden Konzerne ihre unethischen Machenschaften zuerst einsetzen, die dann allerdings auch auf die Industrieländer übertragen werden könnten. Kapitalismus und Patriarchat sind für sie engstens verbunden und halten sich über Krieg und Kolonialisierung am Leben: Wo keine anderen Länder mehr kolonialisiert und ausgeplündert werden, da richte sich diese Taktik nach innen, etwa gegen die Frauen. Mies sprach sich dagegen aus, dass Frauen sich im Kapitalismus einrichten und ihre eigene Freiheit an dessen Werten ausrichten. Gleichstellungspolitik sei am patriarchalischen Mann als Ideal ausgerichtet, an der patriarchalischen Grundstruktur ändere sie letztlich nichts. Vielmehr müsse das ganze System von Grund auf verändert werden[305], da es sonst immer zum Krieg führen werde. Denn Krieg sei Teil kapitalistischer Wirtschaft. Die moderne Wirtschaft basiere auf einer weltweiten Markt-»Liberalisierung«: Mit Freiheit habe das aber nichts zu tun, nur mit grenzenlosem Profit ohne Einschränkung durch Menschenrechte, Gewerkschaften oder Arbeitsrecht. Es sei von zentraler Bedeutung, die Politik auf ihre demokratischen Grundlagen zu verweisen.[306]

In *Ökofeminismus* plädieren Mies und Shiva für eine ganzheitliche und profitunabhängige Wissenschaft und ein neues Wirtschaftssystem. Für die meisten Umweltprobleme seien die Großkonzerne verantwortlich, doch in die Schuhe geschoben würden sie den kleinen Bauern. Entwicklungsprogramme seien oft Hungerprogramme: Durch die Verdrängung von Kleinbauern zugunsten von Großkonzernen, durch Pestizide und Giftmüll verschlimmerten sie die Probleme, statt sie zu verbessern. Chaos, Verarmung und Gewalt folgten. Die traditionelle, oft von Frauen betriebene Landwirtschaft werde zugunsten von Monokulturen und gentechnisch verändertem Saatgut verdrängt, welche die Bauern abhängig machten. Der »Fortschritt« sei keine Folge von Überlegenheit, sondern von brutaler Unterwerfung: Unterlegene Völker wie die nordamerikanischen und australischen Stämme seien mit rassistisch-«eugenischer« Motivation Opfer systematischer Genozide geworden. Dieselben Motive lägen auch Sterilisationskampagnen wie im Indien der 1970er-Jahre zugrunde: Für Big Pharma seien Frauen nur Gebärmütter auf zwei Beinen. Solche Kampagnen seien rassistisch und sexistisch. Es sei zu massivsten Formen von Kriminalität gekommen, wenn etwa Verhütungsmittel,

Verhütungsimpfstoffe etc. an ihnen getestet wurden oder es gar zu Organraubmorden käme. Die Autorinnen zitieren menschenverachtende Äußerungen von der UN-Weltkonferenz 1992, auf der offenbar von Zwangsverhütung oder sogar dem Versagen medizinischer Versorgung für Kinder die Rede war! Entsprechend werde auch der weibliche Körper zum Investitionsterritorium, die Reproduktionsmedizin diene weniger tatsächlichen Bedürfnissen als der Enteignung der Gebärkompetenz. Der Körper werde, genau wie die Umwelt, als Sammellager beliebig verkäuflicher Einzelteile betrachtet. Frauen werde so der eigene Körper entfremdet, und diese Entfremdung vom eigenen Körper werde als wünschenswert verkauft. Dabei sei das Bevölkerungswachstum eine Folge, nicht die Ursache dieser unethischen Praktiken. In Indien sei die Geburtenrate beispielsweise erst nach Beginn der britischen Kolonialherrschaft in die Höhe geschnellt. Ebenso wie der weibliche Körper werde auch die Natur ausgebeutet. Das nutzlose Abschlachten von Vieh aufgrund absurder »Umwelt«-Auflagen ruiniere die einheimische Wirtschaft, das Land fiele so an die großen Konzerne. Weigere sich ein Land (als Beispiel wird etwa Nigeria zitiert), werde es sanktioniert. »Umweltschutz« aus dem Mund von Vertreter*innen der Großkonzerne sei meist gleichbedeutend mit »sich die Ressourcen aneignen«. Shiva spricht deshalb auch von der »dritten Welle des Kolonialismus«.[307] Auch die europäischen Bauernproteste werfen Regierungen vor, diese Praktiken zu unterstützen.

Mies zeigt auch in anderen Publikationen immer wieder diese Mechanismen auf: wie das einst reiche und hochzivilisierte Bengalen zum Billiglohnland Bangladesch herabkolonialisiert und -kapitalisiert wurde, wo vor allem Frauen unter erbärmlichsten Bedingungen arbeiten. Sie zeigt die Verlogenheit des Mikrokreditsystems und wie Frauen in Entwicklungsländern aus dem formalen Sektor in die Heimarbeit gedrängt und als Versuchskaninchen der Pharmaindustrie missbraucht werden. Für Mies hängen Kapitalismus, Patriarchat, Kolonialismus und Umweltzerstörung engstens zusammen: mit der Weigerung, einzusehen, dass es weder unendlichen Fortschritt noch unendliches Leben gibt und je geben wird. Seit den 1990er-Jahren stellt sie eine Tendenz fest, diese unethischen Wirtschaftspraktiken nicht mehr nur in den Entwicklungsländern anzuwenden, sondern sie zunehmend auch auf Industrieländer auszudehnen: Über Handelsabkommen (»Liberalisierung«) würden zunehmend Verhältnisse geschaffen, in denen demokratisch gewählte Volksvertreter*innen nichts mehr zu sagen hätten.[308] An anderer Stelle spricht sie von einer »Drittweltisierung« der Industrieländer und rät, von den Entwicklungsländern zu lernen. In Mexiko seien neben Bauern und der indigenen Bevölkerung Frauen die Hauptopfer des NAFTA-Abkommens, welches das Land zur Plünderung durch Großkonzerne freigebe und den Abbau demokratischer Rechte vorantreibe, während gleichzeitig Kritiker*innen als rechte Verschwörungstheoretiker*innen diffamiert würden. In Mexiko orientiere man sich, ähnlich wie in Indien, an basisdemokratischen Ideen, die Elemente der indigenen Stammesstruktur aufgriffen.[309]

Warum interessiert sich eine Feministin dafür? Weil, meint Mies, die Frauen immer am meisten unter diesen Entwicklungen leiden. Wird ein Land ausgeplündert, verarmen zuerst die Frauen. Gibt es Krieg, sind sie es, die vergewaltigt und unterdrückt werden, die fliehen müssen. Und mit den Frauenrechten sei es schnell vorbei, wenn man die Global Players entscheiden ließe, denn die förderten Frauenrechte nur, solange sie ihnen nützen. Auch Pazifismus zieht sich deshalb durch ihr Lebenswerk – ebenso wie die Ablehnung jeglicher totalitärer Bestrebungen, ob dies nun die Notstandsgesetze oder das multilaterale Handelsabkommen MAI waren.[310] Für Ökofeministinnen wie Mies wird es keine Befreiung der Frauen geben, solange diese Entwicklungen nicht gestoppt werden.

Ökofeministische Elemente finden sich auch bei der marokkanischen Feministin Fatima Mernissi.[311]

Ökofeminismus sieht die Welt als Ganzes: Der Mensch ist Teil der Natur, so wie bei indigenen Völkern. Damit wird der Bogen zur anarchistischen Zeitschrift *Mother Earth* und den nordamerikanischen Stämmen geschlagen. Auch hier finden sich die Verbindungen zu anderen Menschenrechtsbewegungen, zum Antirassismus und zur Herrschaftskritik – in diesem Fall gerichtet gegen Großkonzerne, welche die Macht verkörpern. Dieselbe Machtgier, die für den nie aufgearbeiteten Genozid an den Stämmen Nordamerikas verantwortlich ist, unterdrückt bis heute Frauen und betrachtet die Natur als monopolisierbare Ressource, die man für noch mehr Macht und Geld ausbeuten kann – und nicht als lebenden, atmenden Organismus, dessen Teil wir alle sind.

Kulturspezifische Ansätze

Nicht überall auf der Welt sieht Frauenunterdrückung gleich aus. Entsprechend können sich in unterschiedlichen Kulturen andere feministische Schwerpunkte ergeben. »Kulturspezifisch« heißt aber nicht, dass es »andere« Feminismen gäbe. Im Gegenteil. Feminismus richtet sich immer gegen die Unterdrückung der Frauen. Überall steht der Kampf um gleiche Rechte im Vordergrund. In Europa und den USA wurde der öffentliche Raum von den Frauen zunächst über das Symbolthema Wahlrecht erobert. In anderen Kulturen können das andere Themen sein. In der islamischen Welt beispielsweise die optische Absonderung durch den Schleier. Auch hier geht es also um das Recht der Frau auf den öffentlichen Raum. Und das von Beginn an.

ISLAM

Medina, 627 nach unserer Zeitrechnung. Es wird dunkel in der kleinen Oasenstadt auf der Arabischen Halbinsel. Die berühmten Palmenhaine wiegen sich im leichten Wind. Die heiße, trockene Wüstenluft kühlt allmählich ab. Durstig brüllen die Kamele, als sie zur Tränke getrieben werden. Zischend läuft Brunnenwasser in den Trog, an dem Mistreste und Dreck von der Hitze förmlich festgebacken wurden. Über der Wasserstelle ist das laute Kreischen der Flughühner zu hören, die immer wieder landen, trinken und sofort wieder auffliegen. Es riecht nach dem Qualm der Herdfeuer, nach gebratenem Hammel mit Datteln. Die mit Palmblättern gedeckten, runden

Steinhäuschen der aus Mekka zugezogenen Muslime gruppieren sich um einen Platz aus festgestampftem Sand. Dort steht die improvisierte Moschee. In nächster Nähe befinden sich die Häuschen der Frauen des Propheten und dann, etwas weiter weg, die der anderen Gläubigen. Steinhäuser gelten, in einer beduinisch geprägten Gesellschaft, als Luxus. Ganze Städte sind hier aus Lehm oder einfachen Hütten gebaut. Hin und wieder läuft noch eine Sklavin zum Brunnen, wie üblich nur mit einem knielangen Lendenschurz bekleidet. Eine Katze schnürt vorbei, hofft auf ein Stück Fleisch von einem der Herdfeuer. Eine Frau schlägt den Vorhang vor dem Eingang ihres Hauses zurück und macht sich auf zum Abtritt, der einige Hundert Meter von den Häusern entfernt am Palmenhain liegt. Sie ahnt nicht, dass genau dieses Thema gerade ein paar Hütten weiter heftig diskutiert wird.

Der Prophet hat nämlich eine Offenbarung gehabt. Anlass soll gewesen sein, dass zwei seiner Frauen beim nächtlichen Austreten angepöbelt wurden. Und nun heißt es, Gott habe sich dazu geäußert, Frauen sollten in dieser Situation einen Jilbab anziehen.

Tatsächlich ist unter islamischen Theologen wie unter Islamwissenschaftlern heftig diskutiert worden, was mit diesem Jilbab gemeint ist. Ist es überhaupt ein Schleier?

Es kann als gesichert gelten, dass in der frühmedinensischen Zeit zwei Kulturen aufeinanderprallten: eine, in der die Frauen weitgehend gleichberechtigt waren, und eine, in der sie abgesondert wurden. In der Zeit ab 626 nach unserer Zeitrechnung habe der Prophet dann mehr und mehr Zugeständnisse an die »Macho«-Partei gemacht; aus dieser Zeit stamme auch der Vers, dass Männer ihre Frauen schlagen dürfen.[312] Tatsächlich ist die Situation der Frauen auf der Arabischen Halbinsel damals recht unterschiedlich und sehr stark vom Stamm bzw. der Stadt abhängig, in der sie leben. Und auch die Kleidungsstile unterscheiden sich. Während die einen nur im Lendenschurz oder mit einer Tunika bekleidet gehen, wollen die anderen Frauen einen Schleier verschreiben. Die Frauenverschleierung ist erstmals um etwa 1300 v. u. Z. in Assyrien belegt und markierte Frauen als Besitz. Entsprechend reagieren auch viele Araberinnen nicht begeistert auf dieses Anliegen.[313]

Vergleicht man allerdings die koranischen Verse, die zur Rechtfertigung des Schleiers herangezogen werden, mit Bibelstellen, stellt man fest: In der Bibel gibt es sehr viel konkretere Hinweise auf eine Schleierempfehlung als im Koran. Auch noch im *Codex Iuris Canonicis* (also im Kirchenrecht, der christlichen Entsprechung zur Scharia) von 1917 wird Frauen in der Kirche dezente Kleidung (lateinisch *modeste*) nebst bedecktem Haar empfohlen. Denn Paulus fordert den Schleier ganz offen ein, in 1 Kor 11, 4–8:

»4 Ein jeder Mann, der betet oder prophetisch redet und hat etwas auf dem Haupt, der schändet sein Haupt. 5 Jede Frau aber, die betet oder prophetisch redet mit unbedecktem Haupt, die schändet ihr Haupt; denn es ist gerade so, als wäre sie geschoren. 6 Will sie sich nicht bedecken, so soll sie sich doch das Haar abschneiden lassen! Wenn es aber für die Frau eine Schande ist, dass sie das Haar abgeschnitten hat oder geschoren ist, soll sie sich bedecken. 7 Der Mann aber soll das Haupt nicht bedecken, denn er ist Gottes Bild und Abglanz; die Frau aber ist des Mannes Abglanz. 8 Denn der Mann ist nicht von der Frau, sondern die Frau von dem Mann.« (Übersetzung: Martin Luther)

Die Bibel ist damit in Sachen Verschleierung viel restriktiver als der Koran. Denn anders als vom Fundamentalismus kolportiert, findet sich im Koran kein vergleichbar deutliches Verschleierungsgebot. Insgesamt sind es drei Verse, die alle etwa aus der Zeit 626/627 stammen. Einer adressiert nicht einmal alle Musliminnen, sondern explizit nur die Frauen des Propheten: Wenn man sie um etwas bitte, solle man dies durch einen Vorhang tun (33:53, das Wort *hijab* bezeichnet hier also kein Kleidungsstück, sondern wohl den Vorhang, der den privaten Teil des Hauses abtrennt). Ein zweiter Vers empfiehlt, einen Jilbab anzuziehen, um nicht belästigt zu werden (33:59 – es geht also nicht um Religionsausübung, sondern um die Sicherheit der Frauen in der neu entstehenden Gemeinschaft). Da der Kontext das nächtliche Austreten ist, kann man den Vers auch schlichtweg so verstehen, dass man nicht unbekleidet bzw. nur im Lendenschurz gehen soll, wenn man nachts aus dem Bett steigt und hinausmuss. In meinem Artikel zum Schleier argumentiere ich, dass mit *jilbab* eine Tunika nach Art des damals verbreiteten Chitons gemeint sein dürfte: ein Tuch, das mit Fibeln und Gürtel um den Körper befestigt wird und auf einer Seite offen ist. In Vers drei (24:31) heißt es, dass Musliminnen sich dezent geben sollen. (Männer übrigens auch.) Konkret steht dort: »Und sprich zu den gläubigen Frauen, dass sie ihre Blicke senken und ihre Scham bewahren und ihren Schmuck nicht zeigen sollen, bis auf das, was ohnehin zu sehen ist, und dass sie sich ihren Schal um den Ausschnitt schlagen […].« (Übersetzung: Hartmut Bobzin; das arabische Wort, das er mit »Schal« übersetzt, lautet *khimar.*) Dass mit »Schmuck« die Haare oder gar das Gesicht gemeint sind, ist eine spätere Interpretation, die weder philologisch noch historisch überzeugt. Umso weniger, als die Dichtung der Zeit oft das kokette Klimpern mit Arm- und Fußreifen beschreibt. Auch bei diesem Vers wird heftig diskutiert: Was ist ein Khimar, und welcher Ausschnitt/Schlitz ist gemeint? Meiner Ansicht nach entspricht dieser Khimar dem griechischen Himation: einem Tuch, das wie ein Mantel über die Schultern gelegt, aber auch über den Kopf gezogen werden kann. Das Himation wird bei der griechischen Kleidung – die auf der arabischen Halbinsel bekannt war – über den Chiton gelegt, eine Tunika, die auf einer Seite komplett offen ist. Das könnte mit dem »Schlitz« gemeint sein. Dann ginge es überhaupt nicht um das Haar oder gar das Gesicht der Frau, sondern um den nackten Körper, insbesondere die Brust. So oder so, alle erwähnten Kleidungsstücke wurden auch schon vor dem Islam getragen. Keiner der drei Verse erwähnt einen Schleier als spezifisch islamische Kleidung oder gar als Glaubensvorschrift. Und aus keinem der drei Verse geht eine konkrete Anweisung zur Bedeckung des Haars oder gar des Gesichts hervor. Anders als bei Paulus.[314]

Entsprechend gab es bis ins 9. Jahrhundert im Islam auch keine Verschleierungspflicht. Aus der Frühzeit sind diverse Frauen auch aus dem direkten Umfeld des Propheten bekannt, die sich nicht verschleierten und auch ihren Männern gegenüber selbstbewusst auftraten, wie etwa Sukaina, die Tochter Husseins (und damit eine Urenkelin des Propheten), die unverschleiert ging und sich vertraglich eine monogame Ehe zusichern ließ, oder Aisha bint Talha.[315] Auch die Ehefrauen des Propheten handhabten ihre Stellung sehr unterschiedlich: Während Aisha (eine andere Aisha, nämlich die Tochter von Abu Bakr) eher konform erscheint, galt Umm Salama als Vertreterin des »Teams Gleichberechtigung«. Der Schleierzwang setzte sich erst nach und nach über den Einfluss radikaler Gruppen und restriktiver Schulen des neu entstehenden islamischen Rechts durch.

Sklavinnen singen und tanzen übrigens weiter barbusig oder leicht bekleidet. Manchmal schlüpfen sie gar in Männerkleider – und ihre männlichen Kollegen in Frauenkleider. Manche haben homosexuelle Beziehungen, andere sind bisexuell (allerdings bekennen sich nur Männer offen dazu – für Frauen wäre das damals auch schon lebensgefährlich gewesen). Erst unter dem zunehmenden Einfluss der radikalen Schule der Hanbaliten und anderer radikalpatriarchalischer Kräfte (die teilweise in Häuser einbrechen und Sängerinnen verprügeln) werden auch diese Frauen (und Männer) nach und nach aus dem öffentlichen Raum zurückgedrängt. Das dauert allerdings auch noch ein paar Jahrhunderte.

Ganz so islamisch wie Fundamentalist*innen es unbedarften Gemütern immer wieder einreden, ist der Schleier also gar nicht. Weder ist er eine islamische Erfindung, noch gab es im frühen Islam auch nur ein eigenes Wort dafür: Die koranischen Vokabeln verweisen allesamt auf bereits bekannte Kleidungsstücke, und zwar auf unterschiedliche. Eine islamspezifische Kleidung war für Frauen also nicht vorgesehen. Jahrhundertelang war der Schleier keineswegs die Norm, und als der Druck auf die Frauen sich verstärkte, gab es umgehend Protest: So konnte es schon im 9. und 10. Jahrhundert vorkommen, dass eine auf ihren Schleier die Worte stickte, Schleier seien nur etwas für Hässliche, oder: Gott möge einem diese Zumutung im Jenseits vergelten.[316]

Vor allem Ende des 19. Jahrhunderts mehrten sich wieder die Stimmen, der Schleier sei Zeichen eines rückständigen Frauenbildes. Sowohl progressive Theologen wie der Ägypter Qasim Amin (1863–1908) in seinem Buch *Tahrir al-mar'a* (also *Die Befreiung der Frau)* von 1899 als auch die Frauen selbst forderten ein Ende der Schleierpflicht. Für Amin ist die Befreiung der Frau ein bedeutender Schritt auf dem Weg der Entwicklung Ägyptens. Bei seinem Plädoyer, den Frauen außerdem mehr Bildung und mehr Rechte, insbesondere bei der Ehe, zuzugestehen, argumentiert er auch religiös, sieht also keinen Widerspruch zwischen Religion und Frauenbefreiung. Die ägyptische Feministin Huda Sha'rawi legte 1923 nach der Rückkehr von einem Frauenkongress in Rom ihren Schleier demonstrativ ab und trug fortan einen Hut. Sha'rawi war übrigens auch eine ägyptische Suffragette. Zur Frauenbewegung kam sie auch durch die Erfahrung der Ungerechtigkeit: Der Lehrer ihres Bruders weigerte sich, ihr Arabischunterricht zu geben, da das bei einem Mädchen ohnehin sinnlos sei; die Berufe, für die man es benötige, stünden ihr ja nicht offen. 1923 gründet sie die *Egyptian Feminist Union (EFU).*[317]

Oft ist zu lesen, die Abkehr vom Schleier sei vor allem den Kolonialmächten zuzuschreiben, die so ihre Strategie der Entislamisierung betrieben. Es stimmt, dass die Kolonialmächte ihre Agenda der kulturellen Anpassung auch über die Kleidung forcierten.[318] Allerdings ist die Kritik am Schleier im Islam so alt wie der Schleier selbst – also schon lange vor jeder Kolonialherrschaft präsent. Und nicht zuletzt tritt sie ebenso im kolonialisierten Ägypten auf wie in nicht kolonialisierten Ländern, etwa der Türkei oder dem Iran. Wäre die Entschleierung eine rein koloniale Sache, dürfte sie auch nur in kolonialisierten Ländern zu beobachten sein. Dazu kommt, dass ganz im Gegenteil gerade der (schleierlose) ägyptische Feminismus sogar eine ausgeprägte antikoloniale Note hat: Huda Sha'rawi, die Ikone des Entschleierns, war in der nationalistischen antikolonialen Wafd-Bewegung um Sa'd Zaghlul aktiv, saß sogar dem Frauenzentralkomitee vor, das heißt, sie war in die antikoloniale Befreiungsbewegung in höchster Position eingebunden.[319] Die Darstellung »Entschleierung gleich westlich« ist somit einseitig und unzutreffend. Sie torpediert die Bemühungen muslimischer Feministinnen, die, sobald sie sich gegen den Schleier aussprechen, umgehend des »Verrats« an der eigenen Kultur bezichtigt werden (übrigens wurde auch das Frauenwahlrecht lange als unislamisch abgelehnt, Mernissi berichtet gar von Stimmen, die Frauen in der Politik als »Gotteslästerung« bezeichneten).[320] Leila Ahmed nennt es eine »Wahl zwischen Verrat und Verrat«, da muslimische Frauen so nur entweder ihr Geschlecht oder ihre Kultur verraten können.[321] Ab den 1920er-Jahren und insbesondere nach dem Zweiten Weltkrieg verschwindet der Schleier weitgehend – übrigens sowohl bei muslimischen als auch bei christlichen Frauen und (das sei noch einmal wiederholt) nicht nur in den kolonialisierten Gebieten, sondern überall. Wer in den 1960er-Jahren nach Ägypten oder in die Türkei reiste, sah nahezu keine Schleier mehr. Mehr und mehr äußern sich die Frauen auch selbst dazu: Nazira Zain ad-Din (Libanon) schreibt 1928 in *As-Sufūr wa-l-ḥijāb (Die Entschleierung und der Schleier)*, Ehre und Tugend, lägen in Herz und Seele, nicht in einem Stück Stoff. Mit Berufung auf das islamische Recht meint sie: Da die Rechtsgelehrten nicht übereinstimmen, sei der Schleier keine Pflicht, schon gar keine religiöse. (Ebenso argumentiert übrigens auch Abdel Hakim Ourghi.[322]) Zain ad-Din hält fest: Es sind die Männer, die die Verschleierung wollen, der Schleier ist ein Zeichen der Unterdrückung. Das sei auch schon vor dem Islam so gewesen. Der Schleier sei eine Beleidigung für Mann und Frau, denn er unterstelle allen Männern, Sittenstrolche zu sein. Er sexualisiere die Beziehung zwischen Männern und Frauen. Außerdem heißt es im Koran, der Mann solle die Frau beschützen: Wie soll er das tun, wenn sie nur verschleiert oder zu Hause ist? Männer müssten lernen, die unverschleierte Frau zu achten.[323]

Auch im Islam gibt es also konservative und religiöse Ansätze des Feminismus. Aber wie überall auf der Welt fällt auch hier eine Nähe zwischen Feminismus und der politischen Linken auf:

In Ägypten ist die Kommunistin und Malerin Inji Aflatoun (manchmal auch Efflatoun umschrieben, 1924–1989) eine wichtige Stimme in der Kunst – und im Feminismus, der nach dem Zweiten Weltkrieg zunehmend auch in der Mittelschicht Fuß fasst. Aus einer traditionellen muslimischen Familie stammend, erlebt sie ihre Mutter dennoch als stark und unabhängig: Als erste Frau hat sie ihren eigenen Modesalon in Ägypten, ist geschieden und alleinerziehend. Wie Huda Sha'rawi ist auch Aflatouns Mutter die Tochter einer turkstämmigen Konkubine. Die Töchter erhalten eine gute, wenn auch strenge Ausbildung, sprechen zu Hause Französisch. Auf dem französischen Lyzeum kommt Inji mit dem Marxismus in Berührung und wird zuerst Anarchistin, dann Kommunistin. Die oberflächliche Gesellschaft langweilt sie, der Gegensatz von arm und reich macht ihr zu schaffen. Und die Situation der Frauen.

Aflatoun sieht die Frauen ausgebeutet – einerseits privat, wo sie mit Sprüchen wie: »Eine ägyptische Frau verlässt nur zweimal im Leben das Haus: einmal zur Hochzeit und dann auf der Totenbahre«, konfrontiert sind, aber auch da, wo sie arbeiten können. Ist es möglich, sie zu voll wahlberechtigten Bürgerinnen zu machen? Huda Sha'rawis *Egyptian Feminist Union* ist ihr zu karitativ, zu unpolitisch. Die kommunistischen Gruppen nach dem Zweiten Weltkrieg sind hingegen modern und interreligiös: Neben Muslimen engagieren sich hier auch Juden (Ägypten ist damals religiös heterogener als heute). Das Bekenntnis zu den kommunistischen Werten – unter anderem zu freier Sexualität – macht sie und ihre Genossinnen zur Zielscheibe von Fundamentalisten, die immer wieder versuchen, die Frauen zu verprügeln. Kommunistinnen dieser Tage beschreiben, wie ihre männlichen Genossen sie beim Gang etwa über den Campus beschützten. Doch auch bei der Linken ist die Befreiung der Frauen der Befreiung des Landes nachgeordnet: Noch immer ist Ägypten unter britischer Kolonialherrschaft.[324]

Der antikoloniale Aspekt ist auch bei der atheistischen Kommunistin Aflatoun deutlich zu erkennen. In diesen Jahren besinnt sie sich auf ihre ägyptischen Wurzeln. Es mache sie verrückt, schreibt sie, dass sie nicht einmal anständig Arabisch sprechen könne. Sie lernt es. Trägt alte Kleider, um sich an die arbeitende Klasse anzupassen. Eines trägt sie nicht: ein Kopftuch. Weder das Kopftuch noch die Religion überhaupt scheinen in ihrem Ägyptisierungsprozess eine Rolle zu spielen.[325] Inji Aflatoun findet ihre ägyptische Identität für den Kampf gegen die Kolonialherrschaft ohne Religion und ohne Kopftuch. (Es ist ein rassistisches Stereotyp, dass es in der »islamischen« Welt immer und überall nur um Religion gehe.)

1945 reist sie als Delegierte für Ägypten nach Paris, um dort am ersten internationalen Frauenkongress teilzunehmen. Dort lernt sie Indira Gandhi kennen und ebenso Dolores Ibárriru, die baskische Antifranquistin (wir erinnern uns: *No pasarán!).* In ihrer Rede kritisiert sie die ägyptische Monarchie scharf und nennt den Imperialismus das Hauptproblem bei der Befreiung der Frauen – also ganz in der antikolonialen Tradition des Feminismus. Das bringt ihr ihren ersten Konflikt mit der Polizei ein. Bei ihrer Rückkehr wird sie verhört, mehrfach kommt es zu Hausdurchsuchungen wie seinerzeit bei Louise Otto-Peters – wie es autokratische Regimes eben zur Einschüchterung politischer Gegner machen.

1947 wird ihr sogar der Pass entzogen. Inji Aflatoun klagt und bekommt recht. 1948 verliebt sie sich – in den Staatsanwalt. Hamdi kommt aus einer einfachen ägyptischen Familie. Es wird eine Liebesheirat. Aflatoun schreibt explizit, dass er ihr alle Freiheit gelassen, sie nie kontrolliert habe. Auch politisch sind sie sich einig: Pazifismus und das Engagement für Gerechtigkeit verbinden sie. Doch ins Privatleben zieht sie sich deshalb nicht zurück. Sie bekommt eine feministische Kolumne bei einer Zeitung. Im Interview bringt sie den Minister für soziale Angelegenheiten dazu, zu sagen, dass Frauen eigentlich laut Gesetz der gleiche Lohn zustehen müsse wie Männern. Fabrikbesitzer toben, es hagelt Drohungen aus dem Innenministerium – und Inji Aflatoun fliegt aus der Redaktion. Und schlimmer noch: Ihr Mann stirbt nach wenigen glücklichen Jahren der Ehe bereits 1956; sie hat den Verdacht, dass die Gehirnblutung eine Folge von Polizeigewalt ist.[326]

Um unabhängig zu bleiben, muss sie Französisch- und Malunterricht geben. Ihr Engagement für die kommunistische Partei, ja, ihr gesamtes politisches Engagement, betreibt sie, so gut es geht, heimlich. Aflatoun zitiert ihre Mutter: Die habe immer gewusst, wenn du in Ägypten Politik machst, landest du im Gefängnis. Längst hat sie als Malerin international Erfolg. Ihre Bilder sind politisch: antikolonial, feministisch, atheistisch. Sie zeigen junge Viertfrauen neben ihrem alten Ehemann, denen die Unsicherheit ins Gesicht geschrieben ist. Eine Scheidung ist damals durch das islamische Recht geregelt und kann durch wenige vom Mann gesprochene Worte wirksam werden. Frauen können von einem Tag auf den anderen durch Willkür des Mannes ihre wirtschaftliche Existenz verlieren. Aber auch der Widerstand gegen die Briten spiegelt sich in ihrer Bildsprache: ein Meer von Gesichtern, zerteilt durch fünf Särge, davor die wütenden Gesichter von Müttern. Das Bild macht Furore, wird für antikoloniale Protestkampagnen verwendet. Andere Gemälde von ihr, wie *Port Said* oder *Der Protest,* zeigen ein Kind neben der Leiche der Mutter oder eine rot gekleidete Frau mit erhobenen Händen – ihre Bildersprache wird zunehmend expressionistisch. Inji Aflatouns Mutter wird am Ende recht behalten: 1959 bis 1963, insgesamt viereinhalb Jahre lang, verbringt sie im Gefängnis. Die fünfundzwanzig Kommunistinnen, die damals verhaftet werden, sind die ersten Frauen überhaupt, die in Ägypten aus politischen Gründen verhaftet werden. Aflatoun ist gemeinsam mit Prostituierten, Diebinnen und Mörderinnen inhaftiert. Die politischen Gefangenen haben kaum Rechte, wissen nicht einmal, ob sie morgen oder nie entlassen werden. Sie setzt durch, malen zu dürfen, im Nachhinein beschreibt sie die Zeit im Gefängnis als Schritt in ihrer Entwicklung. Die Natur wird zum Hoffnungsanker, der Baum vor ihrer Zelle spiegelt die Sehnsucht nach Freiheit. Er wird zum neuen Motiv. Und sie setzt der afroamerikanischen Aktivistin Angela Davis ein Denkmal.[327]

Aflatouns Bilder zeigen Frauen in einer Welt, die für sie ein unsicherer Ort ist. Von einem Moment auf den anderen können sie durch Scheidung ihr Zuhause und ihre Kinder verlieren. Sie sind Opfer von Willkür und Gewalt, privater wie staatlicher, von imperialistischer Repression, und die koloniale Ausbeutung betrifft sie ganz besonders. Deshalb verbindet sie gern beide Motive: Die Mutter, die auf dem Bild *Port Said* in einer Blutlache liegt, ist sowohl der Gewalt der Männer als auch der Fremdherrschaft zum Opfer gefallen. Aber ihre Frauengestalten tragen oft auch eine Stärke in sich, die sich aus ihrer Wut zu speisen scheint.

Ägyptens andere feministische Ikone ist Durriya Shafiq (manchmal auch Doria Shafik umschrieben, 1908–1975). Auch bei ihr verbinden sich antikoloniales Element und Feminismus. Shafiq war bereits 1945 für drei Frauenmagazine verantwortlich: die französischsprachige *La Femme nouvelle* (»die neue Frau«) und die arabischsprachige *Bint al-Nil* (»Tochter des Nils«) sowie *Katkut* (»kleines Hühnchen«) für Mädchen. Gearbeitet hatte sie ursprünglich auch als Französischlehrerin – damals für eine ägyptische Frau eine der wenigen Möglichkeiten, einer akademischen Tätigkeit nachzugehen. Huda Sha'rawi hatte der jungen und brillanten Schülerin ein Stipendium an der Sorbonne verschafft. Als sie wegen des Zweiten Weltkriegs Schwierigkeiten hat, zur Verteidigung ihrer Dissertation nach Paris zu fahren, setzt sie sich über die Vorgaben hinweg. Als der konsternierte Bürokrat ihren Mann kopfschüttelnd fragt, wie man denn mit dieser Frau fertigwerde, lacht dieser und meint: Wer sagt, dass ich das tue? Auch Shafiq sieht keinen Widerspruch zwischen einer modernen Lebensweise und der Religion. Aufgeregt vor ihrer Prüfung, sagt sie zur Beruhigung eine Koransure auf – und trinkt Champagner. Eine offenbar erfolgreiche Kombination, denn sie besteht brillant. Dennoch lässt man sie in Ägypten nicht an der Universität lehren. Die Legende sagt, man habe ihr vermittelt, sie sei zu schön und zu modern, um junge Männer zu unterrichten. Vermutlich hatte der zuständige Dekan eher Angst vor feministischen Debatten in seinem Department.

Der Anblick der nach Parfüm duftenden, nach der neuesten Pariser Mode gekleideten jungen Frau verschreckte möglicherweise den konservativen Herrn, der selbst die traditionelle Kleidung eines Azhar-Shaykhs bevorzugte.[328] Shafiq war jung verheiratet und bekam in dieser Zeit, in den 1940er-Jahren, zwei Töchter, doch ins Privatleben musste auch sie sich dank ihrer privilegierten Lebenssituation nicht zurückziehen. Die wichtigsten Probleme der Zeit schienen ihr die Polygamie und die auch von Aflatoun kritisierte fehlende Absicherung von Frauen im Scheidungsfall. Aflatoun kritisierte diese Zustände künstlerisch, Shafiq schreibt in ihren Magazinen und gründet eine feministische Organisation, ähnlich wie Huda Sha'rawi schon 1923, die sie, wie ihre Zeitschrift, *Bint al-Nil* nennt (»Tochter des Nil« – also eine auf die eigene Kultur bezogene, aber nicht religiös definierte Bezeichnung). Sha'rawi hatte ihren Schwerpunkt unter anderem bei der Frauenbildung gehabt, aber die eine Generation jüngere Shafiq will mehr: mit dieser Bildung auch in die Öffentlichkeit gehen, kurz, volle politische Rechte. Anders als manch andere kleidet sie sich modisch, gibt sich feminin – sie will ihre Weiblichkeit nicht verstecken müssen, um ernst genommen zu werden. Aufsehen erregt sie, als sie 1951 nach dem Vorbild der britischen Suffragetten das ägyptische Parlament stürmt, um endlich das lange versprochene volle Wahlrecht für Frauen zu erkämpfen:

Niemand, schreibt sie, wird den Frauen Freiheit geben, wenn sie sie sich nicht selbst holen. Wenn die Männer nur die Sprache der Gewalt verstehen, dann muss man diese sprechen. Am 19. Februar 1951 setzt sie mit den Frauen ihrer *Bint-al-Nil*-Gruppe um, was minutiös im Vorfeld geplant worden ist: Unter den Augen der Presse ziehen fast 1500 Frauen durch die Straßen von Kairo (auch Inji Aflatoun ist übrigens dabei). Stundenlang demonstrieren sie, und dann erzwingen sie den Zutritt zum Parlament. Shafiq und ihre engsten Mitstreiterinnen dringen in das Büro des Vizepräsidenten der Abgeordnetenkammer ein und gehen nicht eher, bis er verspricht, das Frauenwahlrecht zu seiner persönlichen Sache zu machen. Auf seine Vorwürfe, ihre Aktion sei illegal, erwidert Shafiq: Jahrelang hätten die Frauen es auf legalem Weg versucht, nichts sei passiert.

Natürlich bricht der Vizepräsident sein Versprechen. Der König, der Shafiqs Mann im Automobilclub trifft, lässt ihr ausrichten, unter seiner Regierung werde es nichts dergleichen geben. Shafiq muss sich vor Gericht verantworten. Dennoch ist die Aktion ein Erfolg. Selbst die New York Times titelt: »*Rising feminism bewilders Egypt: Muslim Conservatives shocked by Suffragettes' behavior in invading Parliament*«.[329] Übrigens: In den USA hatten Frauen zwar seit 1920 volles Wahlrecht, der 1923 eingebrachte Zusatz zur Verfassung, nach dem sie Männern rechtlich in allem gleichgestellt sind (*Equal Rights Amendment*) konnte aber bis 1982 nicht verabschiedet und ratifiziert werden.

Der König, der den Mund so voll genommen hat, hat inzwischen selbst Probleme. In Ägypten stehen die Zeichen auf Revolution. Im November kommt es zu Massendemonstrationen gegen die Kolonialherrschaft und den König von Englands Gnaden. Shafiq ruft die Frauen zum Kampf auf, Mutter Ägypten rufe. Das meint sie ganz wörtlich. *Bint al-Nil* bildet nicht nur Krankenschwestern, sondern auch Kriegerinnen aus, die Seite an Seite mit den Männern für die Unabhängigkeit kämpfen sollen. Shafiq orientiert sich auch an anderen islamischen Ländern. Der iranische Präsident Mosadegh, der ihr ein Interview gibt, hat in diesem Jahr die Ölreserven des Iran verstaatlicht (diese »Frechheit« führt dazu, dass der CIA und andere westliche Akteure seine Absetzung betreiben – was letzten Endes zur islamischen Revolution von 1979 führt, da der als Westmarionette installierte Schah unbeliebt ist).[330]

Das Ende der Kolonialherrschaft 1952 bringt nicht die ersehnte Freiheit für die Frauen. Shafiq macht aus *Bint al-Nil* eine politische Partei und kandidiert selbst – illegal. Die ägyptischen Geistlichen laufen Sturm. Wahlen seien unweiblich, wettert ein Fatwa (religiöses Rechtsgutachten), gegen die Natur der Frau! Auch der Großmufti von Ägypten stellt sich gegen sie und den Feminismus generell.[331] 1952 hieß es über *Bint al-Nil* und die »feministische Gefahr«: Sie imitierten westliche Frauen, wendeten sich gegen ihre eigene Kultur und würden zum Zusammenbruch der Gesellschaft führen. Was letztlich hinter dem Vorwurf des Verrats an der eigenen Kultur steckt, verrät der Autor allerdings treuherzigerweise gleich selbst: Frauen dürften nicht unabhängig sein, denn eine unabhängige Frau werde sich dem Mann nicht mehr unterwerfen![332]

Shafiq versteht etwas von PR. Ihre Sitzblockaden gegen die britische Kolonialherrschaft, später ihre Hungerstreiks und ihr Versuch, illegal für das Parlament zu kandidieren, erregen Aufsehen. Darüber hinaus publiziert sie nicht nur in ihren Magazinen, sondern auch in Büchern über feministische Themen. Durriya Shafiq verkörpert damit eine ungewöhnliche Kombination von Aktivismus, Theorie und poetischer Brillanz (wie unter Intellektuellen üblich hat sie auch literarische Ambitionen). Den Islamisten ist sie logischerweise verhasst. Ihr Erfolg machte sie allerdings für alle repressiven Kreise gefährlich – nicht nur für die Muslimbrüder. Man hatte die Hilfe der Frauen gegen die Briten gern in Anspruch genommen, aber wie so oft bei Revolutionen sollten sie danach wieder aus dem öffentlichen Raum verschwinden. 1954 beginnt die Ära Nasser, und nach und nach wird Ägypten immer repressiver. Als sie sich gegen ihn wendet, stellt Nasser Durriya Shafiq 1957 unter Hausarrest. Löscht ihren Namen aus den Geschichtsbüchern, obwohl sie eine der wichtigsten Kämpferinnen der ägyptischen Frauenbewegung, des Antikolonialismus und eine der bedeutendsten Intellektuellen des Landes ist. Ihre früheren Verbündeten, auch Inji Aflatoun, distanzieren sich von ihr (möglicherweise nicht ganz freiwillig, wie geargwöhnt wird). Unter dem Vorwand der »inneren Sicherheit« wird die Frauenbewegung durch mehrere Verhaftungswellen ab Ende der 1950er zerschlagen.[333] Achtzehn Jahre hält die unbeugsame Kämpferin stand, schreibt abgeschottet in ihrer Wohnung weiter, gibt nicht auf. 1975 stürzt sie sich, zermürbt von der langen Repression, von ihrem Balkon in den Tod.

Auch bei Durriya Shafiq finden wir die Verbindung von Antikolonialismus und Feminismus: ebenso wie bei Aflatoun als Freiheitskampf, ohne sich mit theoretischen Debatten aufzuhalten und ohne Ranglisten der Unterdrückung aufzustellen. Shafiq geht gegen jede Unterdrückung vor, sei sie nun patriarchalisch oder kolonialistisch. Ihr Fokus ist der Kampf dagegen, nicht die Frage, wer ihn führen darf (also ganz im Gegensatz zum Intersektionalismus). Sie steht für eine freiheitliche, gänzlich säkulare Verbindung mit den eigenen kulturellen Wurzeln. Der Nil als Ägyptens Lebensader gibt ihrem Magazin den Namen, keine Religion. Sie legt sich nicht auf eine soziale Klasse fest, sieht die Mittelklasse als Bindeglied zwischen den Klassen. Ihr Auftreten ist modern, doch gleichzeitig betont sie ihre ägyptischen Wurzeln: kulturelle Wurzeln, nicht nationale oder religiöse. Trotz des Bezugs zu Ägypten wurde ihr Magazin auch in anderen arabischen Ländern gelesen. Während Aflatoun sich als Marxistin verstand, steht sie für einen säkularen Liberalismus.

Aus den Schulbüchern für die elften und zwölften Klassen für 2013/2014 wurde Durriya Shafiq dann übrigens ein zweites Mal gecancelt. Die Regierung unter den Muslimbrüdern hatte die Anordnung verfügt. Warum? Sie werde von einigen abgelehnt, weil sie keinen Schleier getragen habe.[334] Ein Grund mehr, warum die Allianz westlicher Feministinnen mit fundamentalistischen Kräften, die so oft unter dem Banner des »Antirassismus« läuft, nicht im Geringsten nachvollziehbar ist. Die sogenannte »islamische Kultur« des Islamismus ist eine *invented tradition* – wir werden gleich sehen, dass der Islamismus selbst massiv vom Westen beeinflusst ist.

Der Vorwurf des »Verrats an der Kultur« ist ebenso aus der Luft gegriffen. Wie wir gesehen haben, ist die ägyptische Frauenbewegung ganz im Gegenteil von Beginn an explizit antikolonial und sucht den Bezug zur eigenen Kultur, und zwar unabhängig von der politischen Ausrichtung: sowohl bei der Nationalistin Sha'rawi als auch bei der Kommunistin Aflatoun und der Liberalen Shafiq. Auf Fotos tragen diese Feministinnen moderne Kleidung und kein Kopftuch (außer da, wo es Pflicht war) – damals eine Selbstverständlichkeit für eine urbane Ägypterin. Widerstand gegen die Kolonialherrschaft, die Rückkehr zu den eigenen Wurzeln, für die Frauen damals, als der Kampf gegen die Kolonialherrschaft tatsächlich noch jeden Tag geführt wurde, als die Kolonialherren tatsächlich noch im Land waren, hatte das nichts mit fundamentalistischer Religion und gar Kopftuch zu tun. (Im Gegenteil: Die Islamist*innen taten de facto reichlich wenig gegen die Kolonialherrschaft, verglichen mit den anderen antikolonialen Bewegungen.) Identität waren nicht die fiktive »Tradition« der Fundamentalist*innen und die Religion, sondern Sprache, Literatur, Geschichte. Die ägyptischen Feministinnen und ihre Verdienste um die Freiheit ihres Landes wurden systematisch vergessen – wie Flora Tristan im Kommunismus. Heute verbreiten islamistische Kreise die Mär, sie selbst seien die einzigen Garanten kultureller Identität – eine massive Verfälschung der Geschichte.

In den meisten islamischen Ländern war das Ende des Schleierzwangs überall auf den Straßen zu sehen. Insbesondere in explizit säkularen Ländern wie der Türkei oder sozialistischen wie Libyen, Syrien und Irak unter Ghaddafi bzw. der Baath-Partei, aber auch in Algerien oder Afghanistan trug man das, was überall sonst auf der Welt schick war. Erst gewalttätige Milizen wie die Taliban in Afghanistan oder die GIA in Algerien (der bewaffnete Arm der islamistischen Partei FIS, die für zahlreiche Gewalttaten verantwortlich ist), zwangen die Frauen wieder unter den Schleier – mit brutaler Gewalt bis hin zum Mord, wie 1994 an der algerischen Schülerin Katia Bengana und anderen Mädchen und Frauen. Ihr Verbrechen: Sie wollten kein Kopftuch tragen.

Wie kam es zu diesem enormen Backlash, der dazu geführt hat, dass sich viele Menschen in Europa heutzutage muslimische Frauen automatisch mit Schleier vorstellen und gar glauben, nur böse »Rechte« wollten ihnen das sehnlichst erhoffte Recht darauf absprechen?

Parallel zur Modernisierung kommt es zu einer patriarchalischen Gegenbewegung: dem islamischen Fundamentalismus (wahlweise auch als Islamismus, politischer Islam etc. bezeichnet; die Unterscheidungen sind allerdings rein akademischer Natur). Dieser ist keineswegs, wie oft kolportiert wird, eine rein antikoloniale Bewegung. Fundamentalismus kann eine antikoloniale Note haben, muss es aber nicht. Wie wir gesehen haben, konnte der antikoloniale Widerstand ebenso gut kommunistisch oder nationalistisch gefärbt sein. Vielmehr hat der islamische Fundamentalismus einiges mit dem christlichen gemeinsam und ist massiv von europäischen Ideologien, insbesondere dem Faschismus und Nationalsozialismus, beeinflusst. Mit Letzterem gibt es sogar eine lange Tradition persönlicher Kontinuität. Fundamentalismus ist also im Kern eine rechte, sogar eine rechtsradikale Bewegung. Vor allem kennzeichnet den islamischen Fundamentalismus, auch das hat er mit anderen rechtsradikalen Bewegungen gemeinsam, eine antimodernistische, antifeministische Haltung. Er ist also keineswegs der Aufstand Unterdrückter gegen den westlichen Imperialismus (auch wenn das mitspielen kann, nicht zuletzt, da, wo es der Legitimation dient). Die angebliche Tradition, auf die er sich beruft, hat so nie existiert. Wie wir gesehen haben, wurde der Schleier – Symbolthema des Islamismus – erst im 9. Jahrhundert allgemein üblich, also über zweihundert Jahre nach dem Leben Muhammads. Stattdessen ist der angeblich so »traditionelle« islamische Fundamentalismus selbst massiv vom »Westen« beeinflusst und nicht nur vom Faschismus. So nahm beispielsweise der Gründer der Muslimbrüder, Hassan al-Banna, deutliche Impulse von der YMCA auf! Sein Schwiegersohn Said Ramadan bewegte sich im Umfeld von der Wehrmacht und der SS rekrutierter Muslime, die unter den Nazis systematisch als Kampftruppe gegen die Sowjets aufgebaut und religiös radikalisiert worden waren. Sein Enkel Tarik Ramadan, ein Verfechter des Schleiers, wurde nach zahlreichen Vergewaltigungsvorwürfen (vor allem von schleiertragenden Frauen, die offenbar gezielt ausgewählt wurden, weil von ihnen schamhaftes Schweigen erwartet wurde) von seinem Oxforder Lehrstuhl suspendiert. Auch wenn er inzwischen freigesprochen wurde: Ihm wird eine Nähe zur GIA nachgesagt. Und Hassan al-Bannas Bewunderer al-Husein al-Amini, der Großmufti von Jerusalem, berichtete seinerzeit nicht nur begeistert über sein persönliches Treffen mit Hitler, sondern hielt nach seiner Rückkehr Hetzreden gegen Juden. Auch die Hamas ist ein Ableger der Muslimbrüder. In Ägypten ist die Rolle Sadats in den 1970er-Jahren nicht zu unterschätzen, der die Rechten stärkte, um seine auf der Armee basierende Machtbasis zu vergrößern. Mernissi hebt hervor, dass der saudische König Faisal 1971 dem Rektor der Azhar-Universität (der traditionellen religiösen Universität in Kairo) hundert Millionen Dollar für eine Kampagne gegen Kommunismus und Atheismus zur Verfügung stellte.[335] Faisal war als Antikommunist bekannt, nannte Marx einen »elenden Juden« und war von der Echtheit der »Protokolle der Weisen von Zion« überzeugt.[336] Sadat seinerseits steht für die »Öffnung« Ägyptens; Maria Mies setzt, wie wir gesehen hatten, die »Öffnung« für den kapitalistischen Markt mit einer Lizenz zur Plünderung durch transnationale Konzerne gleich. Tatsächlich machten sich auch in Ägypten schon bald die Literaten darüber lustig und spielten genüsslich mit dem arabischen Wort für »öffnen«, das gleichzeitig auch »erobern« bedeutet. Zunehmender islamistischer Einfluss ging hier also erkennbar mit der Öffnung für den kapitalistischen Weltmarkt einher.

Wo islamistische Parteien an die Macht kommen, wird die politische Linke, ganz besonders der Feminismus, bekämpft, und Gewerkschaften werden meist postwendend verboten (etwa im Sudan unter dem Turabi-Regime). Während in historischer Zeit im Islam zumindest männliche Homosexualität und queere Lebensformen (etwa Crossdressing bei den Sufis und bei Sänger*innen) toleriert wurden, wird beides unter islamistischem Einfluss massiv verfolgt. Umso weniger ist nachvollziehbar, dass in »westlichen« Ländern ausgerechnet Linke oft zu den größten Kollaborateur*innen des Islamismus gehören und unreflektiert nachplappern, die muslimischen Linken (aus deren Reihen meist die Kritik am Schleier kommt) würden ihre Kultur verraten – ohne zu begreifen, dass es sich bei diesem Vorwurf um eine propagandistische Unterstellung handelt, die vor allem die Akzeptanz der islamistischen, vom (westlichen!) Faschismus großgefütterten Ideologie fördern soll. Islamische Fundamentalist*innen verschweigen gern, dass ihre eigene Ideologie ohne westlichen Faschismus, YMCA und andere nicht islamischen Einflüsse undenkbar wäre. Das antijüdische und antikommunistische Element ist bei zahlreichen Islamisten deutlich erkennbar – ebenso wie das antifeministische. Der islamische Fundamentalismus richtet sich, genau wie der christliche, gegen Koedukation, Frauenerwerbsarbeit, kurz: Gleichberechtigung und allgemein gegen Wandlungsprozesse der Moderne.[337] Dass Frauen, wie etwa Fereshta Ludin, die in Deutschland für das Recht, als Lehrerin ein Kopftuch zu tragen, prozessierte, als Akteurinnen auftreten, sollte nicht verwundern. Ebenso wenig wie, dass sie sich gern als »Feministinnen« gerieren. Sieht man genauer hin, zeigt sich ein anderes Bild: Ludin war von 1997 bis 99 im Vorstand der *Muslimischen Jugend in Deutschland*, die den Muslimbrüdern nahesteht.[338] Wie bei manchen »westlichen Feministinnen« sieht auch hier wahrer Feminismus offenbar so aus, dass frau gegen patriarchalische Tendenzen nicht aufmuckt und dass, wer es doch tut, die eigene Kultur/Natur/Geschlecht (oder was eben gerade opportun ist) verrate, eine männerfeindliche Lesbe oder unerotische Latzhose, kurz: eine Hexe sei.

Tatsächlich gibt es auch im Islam – ähnlich wie im Christentum – Versuche, die Religion, selbst in ihrer fundamentalistischen Version, mit dem Feminismus zu verbinden. Auch hier wird in der islamischen Tradition selbst nach weiblichen Vorbildern gesucht. Unter dem oft massiven Druck des Fundamentalismus werden aber meist die Freiheiten der Frauen dem untergeordnet, was religiöse (männliche) Autoritäten für statthaft erklären, etwa beim Thema Keuschheit. Doch da, wo es möglich ist, steht Fundamentalismus für einen intensiven Kampf gegen den Feminismus, wie überall sonst ja auch Feminismus und religiöser Fundamentalismus Gegner sind. Auch im Fall der ägyptischen Schriftstellerin Nawal al-Saadawi (1931–2021, eigentlich Sa'dawi) trifft das zu, ebenso wie auf die marokkanische Soziologin Fatima Mernissi. Da diese beiden in Deutschland verhältnismäßig bekannt sind und Mernissi schon vorgestellt wurde, springen wir in die Gegenwart: Sadats »Öffnungs-«Politik hatte in Ägypten einerseits zu mehr politischen Rechten für Frauen geführt, gleichzeitig aber die Arbeitsbedingungen für Frauen verschlechtert. Es passierte also genau das, was Mies für Indien und Lateinamerika beobachtet hatte. Saadawi hatte mit ihren Arbeiten über Sexualität, Genitalverstümmlung, sexuelle Ausbeutung und die psychologischen Auswirkungen des Jungfräulichkeitswahns seit 1972 ein internationales Publikum erreicht. Dennoch: Obwohl in Ägypten seit den 1970er-Jahren die Frauenbewegung wieder einen Schub bekam, warf sie der Backlash spätestens ab den 1980er-Jahren wieder zurück. Nach der Ermordung Sadats erlaubte es der Notstand, nicht nur gegen Islamismus, sondern auch gegen Kommunist*innen und Frauenrechtlerinnen vorzugehen.[339] In zahlreichen islamischen Ländern erstarkte – befördert durch massive Finanzierung – der Fundamentalismus und nahm zunehmend Einfluss auf Gesetzgebung und Gesellschaft.

Heute dürfte Mozn Hassan (geb. 1979) die bekannteste ägyptische Feministin sein. Die Trägerin des alternativen Nobelpreises 2016 leitet die *Nazra for Feminist Studies* und setzt sich aktiv für Menschenrechte ein. Das ist noch heute gefährlich. Und die Vorwürfe sind immer dieselben: ausländische Einflüsse.

Das Hauptproblem dürfte indes eher ihr Einsatz gegen Männergewalt sein. *Nazra* hilft Opfern der in Ägypten massiv ausgeprägten sexuellen Gewalt, nicht nur psychologisch, sondern auch juristisch. Sie erhebt darüber hinaus auch Daten dazu und macht somit das endemische Ausmaß sexueller Gewalt überhaupt erst sichtbar. Das hört nicht jede*r gern. Als 2011 auf dem Tahrir-Platz massenweise Übergriffe gegen demonstrierende Frauen stattfanden, startete *Nazra* ein Hilfsprogramm. 2014 war Mozn Hassan mit daran beteiligt, dass die Gleichberechtigung endlich in die Verfassung aufgenommen wurde. Das Sexualstrafrecht wurde verschärft. Doch dann wurde ihr 2018 Gefährdung der inneren Sicherheit vorgeworfen, ihr drohten vierzig Jahre Haft. Schon 2016 wurden ihre Konten eingefroren, sie erhielt Reiseverbot. *Nazra* musste 2018 sogar das Büro schließen. Die Vorwürfe: Sie ließe sich aus dem Ausland finanzieren, ihre Arbeit rücke Ägypten in ein schlechtes Licht. Während die Auslandsfinanzierung der Azhar durch den saudischen König Faisal offenbar niemanden störte, sah es hier ganz anders aus. Bei Feministinnen sei die Regierung besonders empfindlich, meint Hassan. Einerseits, weil die Männer es nicht ertrügen, dass eine Frau ihnen sage, was falsch läuft. Aber auch, weil die Daten, die sie präsentiere, zeigten, dass ihre vollmundigen Lippenbekenntnisse zu Frauenrechten wertlos seien. Hassan spricht von der Enttäuschung vieler Ägypterinnen angesichts des Backlashs. Feministinnen würden stigmatisiert, ausgegrenzt, viele wagten es wegen der enormen Gewalt gegen Frauen nicht mehr, in der Öffentlichkeit für ihre Rechte einzutreten. Verbündete gebe es kaum, weil Frauenrechte entweder nicht interessierten oder gebrandmarkt würden. Obwohl es in arabischen Ländern viele Organisationen gäbe, die sich auch vernetzen, sei es schwer, nicht zuletzt wegen der Einschränkungen bei den Kommunikationsmitteln.[340] In einem Artikel zieht sie den direkten Vergleich zwischen den sexuellen Übergriffen auf dem Tahrir-Platz und der Kölner Silvesternacht: »Als der ›arabische Frühling‹ begann, haben auch wir bei den demokratischen Kräften heftige Widerstände beobachtet, zuzugeben, dass es diese sexuellen Attacken auf Frauen gab – bei Demonstrationen und generell im öffentlichen Raum«, schreibt sie. Als Ägypterin sehe sie die Bedeutung von Antirassismus, aber sie wolle ihn nicht gegen Frauenrechte aufrechnen. »Diese Übergriffe nicht zuallererst als einen Fall von sexueller Gewalt auf Frauenkörper zu sehen, ist Komplizenschaft mit patriarchaler Gewalt. […] Die Tatsache, dass sie von Mitgliedern einer ebenfalls unterprivilegierten Gruppe angegriffen wurden, macht das Verbrechen nicht weniger abscheulich. […] Wenn man Rassismus entgegentreten will, indem man die schwierige Lage arabischer Flüchtlinge und Migranten romantisiert, läuft das auf maskierten Rassismus hinaus. Denn man tut so, als könne man an diese

Männer niedrigere ethische Standards anlegen als an andere. […] Es kann ebenfalls nicht bestritten werden, dass sexuelle Gewalt ein grassierendes Phänomen ist, das wir in vielen arabischen Ländern und Ländern des Mittleren Ostens täglich erleben. […] Sexuelle Gewalt im öffentlichen Raum ist eine Fortsetzung dieser patriarchalen Vorstellung, in der das Auftreten von Frauen in der Öffentlichkeit nicht gern gesehen wird und die es Männern leichtmacht, solche Frauen als Freiwild zu betrachten. […] Dennoch müssen wir der Tatsache ins Auge blicken, dass der vorherrschende Trend in unseren Gesellschaften der ist, die Freiheit der Frauen immer weiter zu beschneiden. […] Ein großes Problem ist, dass diese Art Postkolonialismus, den manche westliche Feministinnen heute vertreten, arabischen Feministinnen einen Maulkorb verpasst, indem man sie als Sprachrohr des Kolonialismus betrachtet, wenn sie sich gegen die patriarchale Gewalt in ihren Ländern wenden und wenn sie die universellen Werte verteidigen, die manche als »westlich« bezeichnen. […] So bestimmen die Postkolonialistinnen, worüber arabische Feministinnen sprechen dürfen – und worüber nicht.«[341]

Was ja nun nicht gerade sehr viel anders ist als früher im Kolonialismus.

Hassans offenes Statement spricht aus, was viele arabische Feministinnen denken. Nicht wenige fühlen sich von westlichen Feministinnen verraten, wenn diese blind die Propaganda der Islamist*innen nachplappern, Feminismus und Menschenrechte seien kulturspezifisch zu definieren – was in der Konsequenz letztlich immer nur darauf hinausläuft, dass die Fundamentalist*innen sie ihrer eigenen Definition von Islam unterordnen und sich für die alltägliche Gewalt gegen Frauen niemanden mehr interessiert.

Sexualisierte Gewalt ist eines der wichtigsten Themen arabischer Feministinnen, nicht nur Hassans. Ähnliche Projekte existieren auch in anderen Ländern, etwa im Libanon.[342] Auch wenn es wehtut: Der Schleier und die damit verbundenen Keuschheitsvorstellungen hängen eng damit zusammen.

Iran 2022: Die Revolution der Frauen

»My stealthy freedom« – »meine heimliche Freiheit« – lautete der Slogan, der dem iranischen Regime die Schweißperlen auf die Stirn trieb. Auf einmal waren überall Frauen zu sehen, die ihr Kopftuch ablegten. Dunkles, glänzendes Haar im Wind. Ein Tuch, kurz hochgehoben, wie ein Segel über der Trägerin flatternd, ehe es schnell wieder auf den Kopf gelegt wurde. Sturm, der in den Locken wühlt. Heimliche, verstohlene Momente der Freiheit, eingefangen in Fotos. Die meisten Frauen sah man nur von hinten – zu gut kannten sie die drakonischen Strafen des Regimes für dieses »Verbrechen«.

Die Website *My stealthy Freedom* ist von einer iranischen Journalistin ins Leben gerufen wurden. Masih Alinejad ist in einer konservativen Familie auf dem Land aufgewachsen. Ihre Arbeit brachte sie in Konflikt mit dem Regime, sodass sie nach England und später in die USA auswandern musste. Das Haar, sagt sie, ist Teil der Identität. Durch das Aufwachsen mit Kopftuch wird eine junge Frau dieser Identität beraubt. Sie wird ihr genommen und durch den Schleier ersetzt[343] – eine die Individualität verschleiernde Uniform, die allein es Frauen erlaubt, am öffentlichen Leben teilzunehmen. Zuerst schrieb das Regime den Schleier für Frauen verpflichtend vor, die im Staatsdienst arbeiteten. Dann mussten sie ihn tragen, um ein öffentliches Gebäude betreten zu können, und seit 1983 dürfen sie ohne ihn nicht einmal auf die Straße gehen. Widerstand wurde brutal niedergeschlagen. Mit der Aktion, sagt Alinejad, zeigen die iranischen Frauen, dass sie keinen Schleier tragen würden, wenn sie nicht dazu gezwungen würden.[344]

Die Kampagne war ein enormer Erfolg, der weltweit Resonanz auslöste. Männer posierten im Tschador vor der Kamera, während ihre unverschleierten Frauen neben ihnen standen. Sie zeigten sich solidarisch mit der Sehnsucht nach Freiheit. Wollten wissen, wie es sich anfühlt, Tag für Tag unter ein Tuch gesperrt zu werden. Alinejad wurde geflutet mit Fotos für ihre Website. Und sie wurde zu einer derartigen Gefahr für das Regime, dass im Fernsehen Gerüchte über sie gestreut wurden. Sie sei in London von drei Banditen vergewaltigt worden, weil sie sich zu weit entblößt habe, verkündeten die iranischen Nachrichten. Die Aussage war klar: Sie hat ihre Ehre verloren, und sie ist selbst schuld – da sieht man, was passiert, wenn man den Schleier ablegt![345] Nachrichten wie diese zerstören den Ruf einer iranischen Frau, da die offizielle Lesart dort nach wie vor lautet: Die Frau ist für eine Vergewaltigung mitverantwortlich. Und natürlich die uralte Vorstellung, die auch hierzulande noch immer in Gerichtsprozessen zu hören ist: Wenn eine Frau vergewaltigt wird, war sie eben »falsch« angezogen. Dass die Gerüchte nicht einmal der Wahrheit entsprachen, spielte dabei keine Rolle. Staatlich organisiertes Mobbing.

Das Verhalten des Regimes zeigt vor allem, wie sehr es Frauen wie Alinejad fürchtet. Im Iran brodelt es seit Jahren. Der Rückhalt des Regimes bröckelt so stark, dass man förmlich dabei zusehen kann. Immer weniger Frauen und auch immer weniger Männer sind bereit, die Einschränkungen hinzunehmen, die ihnen zu irgendeinem nie bewiesenen »Schutz« aufgezwungen wurden. Alinejad fand Nachfolgekampagnen: Bald darauf stellte sich eines Mittwochs eine junge Frau namens Vida Movahed auf einen Stromkasten an einer belebten Straße. Sie zog ihr weißes Kopftuch vom Haar, band es an eine Stange und schwenkte es. Damit waren die *White Wednesdays* geboren: Die weißen Mittwoche, an denen die Frauen im Iran mit einem weißen Kopftuch ihre Unterstützung für Movahed und all die anderen Frauen zeigen, die das Unglaubliche wagen: der Öffentlichkeit ihr Haar zu zeigen.

Das iranische Regime geht mit aller Härte gegen die Frauen vor. Sie werden verhaftet, vergewaltigt, gefoltert, ermordet, mit allem, was möglich ist, unter Druck gesetzt.[346] Doch der Geist ist aus der Flasche. Frauen im Iran sind nicht mehr bereit, die täglichen Demütigungen hinzunehmen. Ein Tuch tragen zu müssen, das sie nicht wollen. Belästigt zu werden von Männern, die man Jahre lang indoktriniert hat, dass Frauen sexuelle Verfügungsmasse sind und eigentlich in der Öffentlichkeit nichts zu suchen haben – es sei denn, sie zeigen durch Verschleierung an, dass sie schon jemandem gehören.

Eine weitere feministische Kampagne forderte Frauen auf, Männer, die sie belästigen, mit dem Handy zu filmen.[347] Zum ersten Mal für manche Männer wird damit wieder das Bewusstsein dafür geschaffen, dass sexuelle Belästigung keine Schande für die belästigte Frau ist, sondern für den belästigenden Mann.

Alinejad ist generell gegen Kleidervorschriften, sie ist der Ansicht, wer einen Schleier tragen möchte, soll es tun. Doch es sollte der eigenen Entscheidung überlassen sein. Nicht der der Familie, des Dorfes, des Stadtviertels, der Moschee – oder eben der Regierung. Masih Alinejad zahlt einen hohen Preis für ihr Engagement. Im Iran kursieren Todesdrohungen gegen sie. Das Regime soll sogar versucht haben, sie über den Geheimdienst kidnappen und in den Iran verschleppen zu lassen. Was ihr dort drohen würde, kann man sich auch mit wenig Fantasie vorstellen. Aber weder sie noch ihre Mitstreiterinnen lassen sich davon einschüchtern.

Was sie dazu zu sagen hat?

»Die Tyrannen […] reagieren nur auf Druck, und Frauenpower ist der richtige Weg.«[348]

Eine Frau mit dieser Power ist auch ihre Landsfrau, die Juristin Shirin Ebadi. 1947 in Hamadan geboren, war sie 1969 die erste weibliche Richterin im Justizministerium. Die islamische Revolution 1979 brachte für Frauen massive Einschnitte mit sich: Ebadi wurde von der Chefin zur Büroangestellten degradiert. Ebadi ließ sich in den Ruhestand versetzen und prangerte in Artikeln die Menschenrechtsverletzungen an. Als sie 1992 endlich wieder als Anwältin arbeiten durfte, gründete sie eine Kanzlei und vertrat insbesondere Dissident*innen und vom Staat Verfolgte. Im Jahr 2000 wurde sie deshalb selbst inhaftiert und erhielt zeitweise Berufsverbot. 2003 erhielt sie als erste muslimische Frau den Friedensnobelpreis.[349] Ebadi setzt sich aktiv für die Rechte von Frauen und Kindern sowie von Dissident*innen ein und ermutigt insbesondere Frauen, für ihre Rechte zu kämpfen. In einem Vortrag, den sie 2005 in Tübingen hielt, sagte sie: »Diejenigen, die unter Berufung auf die kulturellen Unterschiede und die Werterelativität sich weigern, die Menschenrechte einzuhalten, sind in Wirklichkeit rückständige Unterdrücker, die ihr diktatorisches Wesen unter der Maske der Kultur verdecken und im Namen der nationalen oder religiösen Kultur die Absicht hegen, ihre eigene Nation zu unterdrücken und zu terrorisieren. Die Welt wird nur dann zur Ruhe kommen, und der Frieden wird nur dann dauerhaft sein, wenn die Menschenrechte umfassend und universell sind.«[350]

LATEINAMERIKA

Wenn sie von einem gewalttätigen Freund bedroht werden, erzählt Óscar Zabala, haben viele junge Frauen Angst, überhaupt eine Anzeige zu stellen. Oft gehören die Täter selbst der Polizei an. Zabalas eigene Tochter, Barbara, wurde von ihrem Ex-Partner, einem Polizisten, brutal ermordet. Sie ist nicht die Einzige. In Argentinien wird man sich dank des massiven Protests von immer mehr Frauen endlich des Problems bewusst. Denn in Süd- und Mittelamerika grassiert eine Seuche, die Frauen tötet: Männergewalt.[351] In Mexiko kam es zu systematischen, besonders grausamen Entführungen junger Mädchen. Sie wurden vergewaltigt und gleichzeitig stranguliert. Begründung: Beim Ersticken ziehe sich der Uterus zusammen, das verspreche ein sexuelles Erlebnis ganz besonderer Art für den Vergewaltiger.[352] Diese brutale Form der Gewalt gegen Frauen ist für Mies die Folge der allgemeinen Zerstörung der Gesellschaft, insbesondere da, wo Länder durch Abkommen wie NAFTA der Ausbeutung durch Großkonzerne preisgegeben würden und die Arbeit prekarisiert werde – wo ein Angriff auf die soziale Grundversorgung stattfinde, während immer neue Kriege (insbesondere gegen Länder, die sich nicht ausbeuten lassen wollen) Wachstum und Reichtum für eine Elite schaffe.[353] Für Mies besteht deshalb ein klarer Zusammenhang zwischen der Ausbeutung von Ländern durch kapitalistische Großkonzerne, Patriarchat und Gewalt gegen Frauen.

Ähnliche Ideen sind durchaus auch in Lateinamerika verbreitet. Mies selbst entwickelte ihre Thesen ja erklärtermaßen im Kontakt mit insbesondere Indien, aber eben auch anderen Ländern. Die Frauen, die 2015 in Argentinien den Stein des Widerstands ins Rollen brachten, kommen aus allen politischen Lagern. Eines eint sie: die Überzeugung, dass dieses Morden endlich aufhören muss.

Ni una menos!, riefen sie – »keine weniger« (also: keine weitere darf mehr sterben). Angefangen hatte alles mit einer Lesung in Buenos Aires, wo besonders brutale Frauenmorde angesprochen wurden. Die Gewalt ging indes ungestört weiter. Die Frauen gingen auf die Straße. Da viele von ihnen gut vernetzt und in Kommunikationsstrategien erfahren waren, mobilisierte die Bewegung innerhalb kurzer Zeit Hunderttausende – in Süd- und Mittelamerika und weltweit.

Niunamenos greift auf ein älteres Vorbild zurück: 2001 hatte es in Mexiko eine ähnliche Bewegung gegeben: *Ni una más!* – »keine weitere mehr!« (also: keine weiteren Toten) – war eine Reaktion auf eine Serie von seit mindestens den 1990er-Jahren andauernden Frauenmorden in der nordmexikanischen Stadt Ciudad Juárez. Viele der Opfer arbeiteten in grenznahen Fabriken multinationaler Konzerne[354], die nach Unterzeichnung des NAFTA-Freihandelsabkommens dort Standorte aufgebaut hatten, was zu Mies' These passt. Sie berichtet von ähnlichen Angriffen auf berufstätige Frauen in Bangladesch, denen von frustrierten, arbeitslosen Männern aus Wut und Neid Säure ins Gesicht geschüttet werde.[355] Der Slogan *Ni una más!* wird der Aktivistin und Dichterin Susana Chávez Castillo zugeschrieben, die sich für die Aufklärung der Morde in ihrer Heimatstadt Ciudad Juárez einsetzte und dort 2011 von drei Minderjährigen ermordet wurde.[356]

Nicht nur gegen Femizide gehen die lateinamerikanischen Aktivist*innen auf die Straße. In Argentinien gelang ihnen inzwischen endlich die Entkriminalisierung von Abtreibung. Unter Perón (dem Gatten der berühmten Evita) waren empfängnisverhütende Mittel 1974 als »unargentinisch« eingeschränkt worden.357 Die lateinamerikanischen Länder gelten – mit wenigen Ausnahmen wie etwa Uruguay oder Kuba – als extrem restriktiv in dieser Hinsicht. Die meisten erlauben Abtreibungen nur in lebensbedrohlichen Situationen oder bei schweren Hirnschädigungen des Fötus, einige (Dominikanische Republik, Honduras, Nicaragua und El Salvador) gar nicht. Auch in Argentinien war es ein konkreter Fall, der den Stein ins Rollen brachte: Die elfjährige Lucía ist 2019 nach einer Vergewaltigung durch den Lebenspartner ihrer Großmutter schwanger. Obwohl in solchen extremen Fällen schon damals Abtreibung in Argentinien legal ist, will niemand eine vornehmen. Die Ärzte innerhalb des staatlichen Gesundheitssystems haben schlichtweg Angst. Nicht nur vor Gewalt durch aufgebrachte »Lebensschützer«, sondern auch vor der Politik: Lucías Mutter wird vom Vizegouverneur eine neue Wohnung versprochen, wenn sie die Elfjährige den Fötus austragen ließe. Auch weniger subtile Druckmittel werden angewandt: Mutter und Tochter müssen eingesperrt in der Wohnung ausharren, rundum bewacht von Polizei, während es dem kleinen Mädchen immer schlechter geht. Die Mutter fürchtet um Lucías Leben. Heimlich ruft sie ihre Cousine um Hilfe, die das feministische Netzwerk einschaltet, das für seine grünen Tücher bekannt ist.

Die grünen Tücher stehen in Argentinien und allgemein in Lateinamerika für ein Netzwerk von Frauenrechtsorganisationen, die sich unter anderem für die Legalisierung der Abtreibung einsetzen. Das Netzwerk hatte schon 2018 einen entsprechenden Gesetzesentwurf eingebracht, der damals am Widerstand konservativer und religiöser Kreise scheiterte. Dank ihrer Hilfe findet Lucías Mutter so nun ein privates Ärzteehepaar, das zu helfen bereit ist. Doch die Ärzte werden von selbsternannten »Lebensschützern« aggressiv verfolgt. Es wird ihnen der Zugang zu dem Krankenhaus versperrt, in dem die inzwischen schwer kranke Lucía liegt, und als sie endlich handeln können, ist es für eine Abtreibung zu spät. Sie müssen einen vorzeitigen Kaiserschnitt vornehmen, der Fötus stirbt kurz darauf – und man klagt die Ärzte wegen Mordes an. Als hätte das Leben des elfjährigen Mädchens, das am ganzen Körper Schmerzen hatte, mit Spritzen für das Lungenwachstum des Fötus traktiert worden war und an der Schwangerschaft zu sterben drohte, keine Bedeutung. »Der Fall Lucía war so irrsinnig, er machte deutlich, wie sich Politik und Behörden den Körper einer Elfjährigen zu eigen machten, deren Leben ganz offensichtlich keinen der angeblichen Lebensschützer interessierte«, sagte Cecilia Ousset, die Ärztin. Ohne den öffentlichen Druck der grünen Tücher, da ist sie sicher, wären sie im Gefängnis gelandet. Dafür, dass sie das Leben eines Kindes gerettet haben, dessen einziges Verbrechen es war, ein Mädchen zu sein.

Kurz darauf startet die *Marea Verde*, das »grüne Meer« (der Tücher auf den Straßen, also die argentinische Frauenbewegung) einen neuen Anlauf – und dieses Mal erfolgreich. Seit dem 30. Dezember 2020 ist Abtreibung in Argentinien entkriminalisiert. Da mag der Papst noch so oft Nazivergleiche ziehen.

Andere lateinamerikanische Länder lockerten ihre strengen Bestimmungen darauf ebenfalls. Doch weiterhin müssen Kritiker*innen der strengen Gesetze mit Übergriffen, Morddrohungen oder Polizeigewalt leben. Und in Mexiko meint der Priester Lázaro Hernández: Abtreibung bedeute, unschuldige Kinder zu töten – solle man da nicht lieber die Mütter töten? Wenn sie abgetrieben hätten, seien sie ohnehin nutzlos (da sie eventuell keine Kinder mehr bekommen könnten).[358]

Niunamenos und andere Frauenbewegungen haben es geschafft, dass geschlechtsspezifische Gewalt heute in Lateinamerika nicht mehr generell als Privatsache betrachtet wird, sondern stattdessen die Kultur des »Machismo« kritisch hinterfragt wird.

Der Ausspruch des mexikanischen Pfarrers zeigt, dass in Lateinamerika – wie auch andernorts – die traditionelle Religion mit ihren patriarchalischen Grundmustern Teil des Problems, nicht der Lösung ist. Für viele Frauen, denen ihre Religion weiterhin wichtig ist, bedeutet das natürlich einen Konflikt. Ähnlich wie im Islam suchen auch im Christentum religiöse Frauen einen Ausweg aus diesem Dilemma. In Lateinamerika finden sie diesen nicht selten in einer neuen Betonung präkolumbianischer Elemente als Teil einer als weiblich verstandenen Spiritualität.

Das Konzept der *pachamama* ist eines dieser Elemente. Es stammt aus Kultur und Sprache der Aymara, einer südamerikanischen indigenen Ethnie, die besonders in Bolivien, aber auch in Chile beheimatet ist. *Pachamama* wird gern mit »Mutter Erde« übersetzt, doch tatsächlich ist das Konzept umfassender. *Pacha* steht für Raum und Zeit, während *mama* die Mutter ist. Es handelt sich also um eine allumfassende Muttergottheit, die nicht nur über die Erde alles Lebendige miteinander verbindet, sondern auch Gegenwart und Vergangenheit verknüpft. Im Sinne eines indigenen Pantheismus wird das Konzept heute oft in den Katholizismus integriert und auch im Ökofeminismus rezipiert.[359]

In Mittelamerika spielen ebenfalls Motive aus der indigenen Religion eine Rolle für eine neue, nicht selten ökofeministische Spiritualität: Hier ist es vor allem die Kultur der Maya, auf die zurückgegriffen wird. Wie die Aymara von den Inka wurden die Maya von den Azteken verdrängt. Feministinnen greifen beispielsweise die Schöpfungsidee der Maya auf, nach der das Wasser wie ein Uterus am Anfang steht. Die Federschlange hat schöpferische Kraft, indem sie diese Materie formt. Allgemein spielt die Schlange in der Maya-Religion eine wichtige Rolle: Die Schlangengöttin Ixchel hat deutlich erkennbare Züge einer chtonischen Magna-Mater-Göttin. Auch andere weibliche Göttinnen der Maya werden von Feministinnen herangezogen. Und nicht zuletzt gelten Frauen, die am Tag des Jaguars geboren wurden, als besonders stark und eröffnen somit eine eigenständige Frauenrolle.[360]

Aber nicht nur spirituell, auch philosophisch sind in Lateinamerika die Frauenrechte eine allgemein herrschaftskritische Bewegung. Die Frauenbewegung in Mexiko hat Verbindungen zum Anarchismus, sieht die Lippenbekenntnisse der Großkonzerne kritisch. Sie täten so, als wären Frauenrechte wichtig, aber in Wirklichkeit gehe es ihnen nur um Gewinne, meint eine Studentin in Cancún. Und in Chile skandierten die Frauen: »*democracía en el país, en la casa y en la cama*« – »Demokratie im Land, im Haus und im Bett!«[361]

Trotz der großen philosophischen Heterogenität der Frauenbewegung eint sie dieser zentrale Bezug zu den Menschenrechten. Dennoch ist die Bandbreite bei den Philosophinnen groß: Ofelia Schutte (Kuba) greift Konzepte gängiger Feminismustheorien aus Intersektionalität oder von Judith Butler auf und nimmt eine Zwischenposition zwischen diesen und dem Radikalfeminismus ein. Schutte interessiert der Zusammenhang von Subjekt und Geschlecht, sie will einerseits nicht essenzialistisch denken, andererseits aber auch nicht in die von Butler angeprangerte Mann-Frau-Binärität fallen. Insgesamt wird Butler in Lateinamerika eher kritisch gesehen: als zu theoretisch, zu weit weg von realen Problemen. Graciela Hierro und ihre Schülerin Eli Bartra Murià (Mexiko) verstehen sich ganz anders: als radikale Feministinnen. Moralische Normen seien nichts als gesellschaftliche Konvention, die man ändern könne (also keine sakrosankte Kultur, die um jeden Preis zu schützen und somit Schicksal ist wie im intersektionalen Feminismus). Niemand müsse sich in eine Rolle fügen, alle Normen könnten der Zeit angepasst werden. Noch immer erführen sich Frauen als »anders«, da die Norm der Mann sei, ihnen werde Transzendenz (Beauvoir) abgesprochen aufgrund biologistischer Vorurteile. Diese müssten endlich über Bord geworfen werden. Wieder andere wie Diana Maffía, Rosi Braidotti oder Maria Luisa Femenías (Argentinien) denken Feminismus von der Frage der Körperlichkeit her und arbeiten sich an Aristoteles ab, der die »Unterlegenheit« der Frauen über den Körper definiert: Verstand wird Männern zugeschrieben, Frauen werden als Gegenbild dazu über den Körper definiert. Das erzeugt die Vorstellung, dass Frauen das Denken abgesprochen werde – eine neue Form von Materialismus über die »Ver-Körperung des Subjekts« (»*corporizaciòn del sujeto*«, Braidotti). Dieses patriarchalische Paradigma sei bis heute präsent, weil Aristoteles es noch immer bestimme.[362] Urania Ungo (Panama) betont die historische Dimension, dass der lateinamerikanische Feminismus nichts »Kulturfremdes« sei, sondern eine lange Tradition habe: von Juana de Asbajes Einsatz für Frauenbildung über die erste portugiesischsprachige Romanautorin, Teresa Margarida da Silva e Orta (18. Jh.), und Flora Tristan (19. Jh.).[363] Die Frauenbewegung in Lateinamerika ist häufig marxistisch geprägt, wie bei den chilenischen Vertreterinnen Julieta Kirkwood und Margarita Pisano – als Gegnerinnen der Pinochet-Diktatur kamen sie logischerweise aus der Linken. Auch die peruanische Soziologin Virginia Vargas, die auf die Zwangssterilisierungen peruanischer Frauen unter Alberto Fujimori aufmerksam machte, ist von Marx beeinflusst. Ihnen ist gemeinsam, dass sie Marx' Ideen (insbesondere das Konzept der Ausbeutung) auf die Situation lateinamerikanischer Frauen übertragen. In Mexiko haben indigene Frauen innerhalb der zapatistischen Bewegung ein ganz eigenes, dem Anarchismus nahestehendes Konzept entwickelt, das auf ihren kulturellen Wurzeln basiert. Eine von ihnen, María de Jesús Patricio Martínez, genannt Marichuy, kandidierte 2017 sogar als Präsidentschaftskandidatin.[364] Die Zapatistas in Mexiko traten 1994 als indigene Widerstandsbewegung gegen das NAFTA-Abkommen auf – also das neoliberale »Freihandels«-Abkommen, das von Kritiker*innen als Freigabe zur Plünderung durch nordamerikanische Großkonzerne betrachtet wird. Es ist also eine antikoloniale Bewegung. Die Zapatistas organisierten sich, ohne auf die Erlaubnis der Regierung zu warten, in lokalen, basisdemokratischen autonomen Gemeinschaften, die NAFTA einfach ignorieren und stark von der Lebensweise der indigenen Maya geprägt sind. Der Bezug auf den großen Revolutionär Emiliano Zapata verweist auf libertäre und anarchistische Einflüsse, auch wenn die Bewegung inhaltlich heterogen ist. Bekannt wurde ihr Slogan »*ya basta!*« – »es reicht!«. Wegen ihres Widerstands gegen die Machenschaften der internationalen Großkonzerne forderte die Chase Manhattan Bank die mexikanische Regierung auf, sie militärisch zu liquidieren.[365] Ein Grund, warum nicht allerorts die »Öffnung« für den kapitalistischen Weltmarkt als Segen betrachtet wird.

INDIEN

Nachdem wir beim Ökofeminismus schon einige indische Feministinnen kennengelernt haben, werfen wir noch einmal einen Blick auf den Subkontinent. Bezüglich der Gewalt gegen Frauen hat er einen bekanntermaßen schlechten Ruf. Dabei hat Indien auch noch eine andere Tradition. Meist haben sich diese Göttinnen-Kulte (Devi-Kulte) und Traditionen nur auf lokaler Ebene gehalten. Möglicherweise stammen sie aus vorarischer Zeit, also aus einer Zeit, ehe die indoeuropäischsprachigen Einwanderungen erfolgten. Die weiblich geprägten Kulte drehen sich meist um die Göttinnen Durga und Kali bzw. deren »angepasstere« Varianten Lakshmi und Parvati[366], die Ehefrauen der Götter Vishnu und Shiva. Bekannt ist meist Kali, die »schwarze« Göttin mit der Kette aus Totenschädeln. Sie ist eine chtonische Gottheit (wie die Erde, aus der alles Leben kommt und in die es zurückkehrt). Als Parvati ist sie weniger wild und gefährlich und angepasster an das Bild der Hindu-Ehefrau. Sie ist die Shakti (Energie, auch: Lebensenergie) des Ekstasegottes Shiva.

Durga ist eine Magna-Mater-Göttin, sie steht für Wissen und Kraft und ist in dieser Form keinem männlichen Gott zugeordnet. Sie ist auch eine Kämpferin: In den *Puranas* (eine Gruppe hinduistischer heiliger Schriften) ist sie es, die den Büffeldämon Mahisasura erschlägt. In ihrer Variante als Lakshmi, Göttin der Schönheit, ist sie Vishnu zugeordnet, in ihrer Variante als Kali dem Gott Shiva. Dieser chtonische Bezug zur Erde als göttlich ist noch immer vorhanden: Die Aktivistin Vandana Shiva (geb. 1952) hat am Freiheitskonzept der Chipko-Frauen den Begriff der *Dharti Ma* hervorgehoben: der »Mutter Erde». Die Vorstellung, dass man Land oder die Nutzungsrechte daran nicht einfach kaufen und verkaufen kann, sondern dass es Teil des eigenen Lebens ist, hatte die Menschen immun gemacht gegen Bestechungsversuche.[367]

In ihrer Untersuchung zu den Rollenkonflikten indischer Frauen geht Mies auf den nicht selten doppelten kulturellen Hintergrund indischer Frauen ein: einerseits angesichts frauendominierter, oft allerdings lokal begrenzter Kulte, andererseits angesichts patriarchalischer Vorstellungen wie der Absonderung der Frauen durch das Konzept von *purdah* (»Vorhang«[368] – entspricht übrigens dem arabischen Wort *hijab*).

Seit dem 19. Jahrhundert gab es massive Reformbestrebungen in Indien, die sich gegen frauenfeindliche Praktiken richteten wie Kinderehe, Infantizid (Kindstötung) an Mädchen, Witwenverbrennung etc. Unter dem Einfluss beispielsweise des Sozialreformers Raja Rammohun Roy sei der Infantizid bereits 1795 bzw. 1802 in Bengalen verboten worden, die Ehe mit Mädchen unter zehn Jahren 1860 (1929 wurde das Heiratsalter auf vierzehn heraufgesetzt, für Jungen auf achtzehn), 1829 sei Witwenverbrennung als Mord eingestuft und 1856 die Wiederheirat von Witwen erlaubt worden.[369] Versuche von Fundamentalisten, die Witwenverbrennung wieder einzuführen, sind für Mies auch das Ergebnis kapitalistischen Denkens: Eine tote Frau kostet kein Geld mehr.[370] Man könnte ergänzen: Wo Frauen nur zum Gebären gebraucht werden, Witwen aber nicht wieder heiraten dürfen und somit dafür ausfallen, ist das die zynische Konsequenz.

Die indische Frauenbewegung war stark geprägt vom Kampf um das Recht auf Bildung, hatte aber auch Bezüge zu antikolonialen und sozialistischen Kreisen (wie wir es in Ägypten gesehen haben). Sarla Devi (ihre Mutter Swarn Kumari Debi war die erste Herausgeberin Indiens; sie veröffentlichte ein literarisches Magazin) hat Bezüge zur Freiheitsbewegung, zum Revival der Devi-Kulte und über Verwandtschaft zum Dichter Rabindranath Tagore. Frauen in Indien, so Mies, kämpften aber nach wie vor mit einer hohen Rate gebildeter Arbeitsloser, auch deshalb, weil Ausbildung zwar – sofern sie nicht besser ist als die des Mannes – durchaus erwünscht sei, berufliche Tätigkeit aber vielerorts noch immer als letztlich unmoralisch wahrgenommen und der Rolle innerhalb der Familie untergeordnet werde. So werde die Ausbildung von vielen Frauen auch als Möglichkeit gesehen, eine Heirat noch aufschieben zu dürfen. Insgesamt stellte Mies damals (1973) fest, dass es auch seitens der Männer zunehmend Akzeptanz für weibliche Berufstätigkeit und Unabhängigkeit gebe – vorausgesetzt allerdings, ihre Autorität werde weiterhin akzeptiert und sie müssten nicht im Haushalt helfen.[371]

Oft war in Indien der Kampf für mehr Frauenrechte mit anderen Bewegungen verbunden: etwa für die Freiheit von der Kolonialherrschaft oder die Ausbeutung durch Konzerne oder Großgrundbesitzer*innen. In Bihar kämpften die Frauen gemeinsam mit Männern für die Rückgabe von Land, mussten dann aber feststellen, dass die Männer erwarteten, alleinige Nutznießer zu sein. Die Frauen konnten immerhin für einen Teil des Landes durchsetzen, dass auch sie als Besitzerinnen eingesetzt wurden.[372]

Diese Veränderungen rufen bei vielen Männern Verunsicherung hervor. Sexuelle Gewalt ist, wie wir sehen werden, ein Mechanismus patriarchalisch sozialisierter Männer, auf Bedrohungen ihrer Vormachtstellung zu reagieren. Indien gilt als Hochburg sexueller Gewalt – nicht erst, seit 2012 die brutale Gruppenvergewaltigung einer Dreiundzwanzigjährigen in Neu-Delhi weltweit Schlagzeilen machte. Die junge Frau war mit ihrem Freund in einen Bus eingestiegen und wurde vom Fahrer und Fahrgästen, insgesamt sechs Männern, so brutal vergewaltigt, dass sie an ihren teils mit Eisenstangen zugefügten inneren Verletzungen starb. Der Fall war keineswegs der erste, doch dieses Mal wurde der öffentliche Druck so stark, dass sich Politiker*innen nicht mehr drücken konnten. Der Expertenbericht einen Monat später offenbarte das ganze Ausmaß der alltäglichen sexuellen Gewalt in Indien. Polizisten, Soldaten, der eigene Ehemann – die Täter konnten überall sein. Die Folge: drastisch verschärfte Gesetze gegen Vergewaltigung und sexuelle Belästigung. Immerhin in den urbanen Gebieten zeigen sich erste Verbesserungen. Auf dem Land ist die

Situation der Frauen nach wie vor oft schlecht, insbesondere wenn sie zu den niedrigeren Kasten gehören. Männer der höheren Kasten betrachten es teils noch immer als ihr Recht, diese Frauen sexuell auszubeuten. Schon vor der Geburt haben Mädchen schlechtere Chancen: Trotz des Verbots von 1994 werden noch immer weibliche Föten gezielt abgetrieben. Auch das Verbot von Mitgiftzahlungen von 1961 (Mädchen waren teuer, weil man ihnen eine Mitgift zahlen musste, während Söhne die Mitgift ihrer Bräute einbrachten) änderte da nicht viel.[373] Die Feministin Vibhuti Patel zählte rund 78 000 Abtreibungen innerhalb von nur fünf Jahren, nur aus dem Grund, dass das Kind ein Mädchen war. Die »Familienplanung« – die laut Mies nur allzu oft mit rassistisch-eugenischer Motivation von Großkonzernen gefördert wird – wird hier schnell zum Femizid. Und weiterhin werden Frauen ermordet, damit die Familie des Mannes die Mitgift kassieren und ihn danach erneut verheiraten kann.[374]

Obwohl das weibliche Prinzip in den hinduistischen religiösen Texten wie den Veden eine bedeutende Rolle spielt und sich lokal teilweise matrifokale Gruppen gehalten haben – jahrhundertelange Unterdrückung lässt sich nicht von heute auf morgen abschütteln. Doch die indischen Feministinnen lassen sich nicht einschüchtern, kämpfen unbeirrt weiter für mehr politischen und ökonomischen Einfluss.[375]

NOCH EINMAL NACH AFRIKA

Mit Chimamanda Ngozi Adichie und Wangaari Maathai hatten wir bereits zwei einflussreiche afrikanische Feministinnen (und mindestens eine glückliche) in die Stadt der Frauen geholt. Im Kapitel über die islamische Welt sprachen wir unter anderem über nordafrikanische Feministinnen. Nun gehen wir noch einmal auf den afrikanischen Kontinent zurück. Wenn von Afrika und Frauen die Rede ist, denken die meisten erst einmal an Bevölkerungswachstum und Armut. Zeit, das Bild geradezurücken. Wir besuchen eine Amazonengruppe.

The Woman King heißt der Film, der sich mit der weiblichen Elitetruppe des Königs von Dahomey (heute Benin) beschäftigt. Die *Agojie* existierten im 17. und 18. Jahrhundert, bis das Land im 19. Jahrhundert von Frankreich kolonialisiert wurde. In Benin sehen sich noch heute Frauen in ihrer Nachfolge. Elitetruppe, Leibgarde – die bewaffneten Frauen beschäftigen noch heute die Fantasie. Ursprünglich sollen sie Elefantenjägerinnen gewesen sein. Im Palast von Abomey kann man Abbildungen bewundern, auf denen sie ihre Gegner in Stücke hauen. Damals war Dahomey eines der reichsten Königreiche Afrikas. Heute ist Benin bettelarm und steht in Sachen Geschlechtergleichheit schlecht da.[376] Die Kolonialisierung hat auch hier zum allseits bekannten Ergebnis geführt – wie in Nordamerika oder in Bengalen.

Für ihre Freiheit kämpfen Frauen auch in anderen afrikanischen Ländern wie Nigeria, Uganda oder Kenia. Nach dem Ende der Kolonialherrschaft wurden die Verhältnisse in den meisten Ländern nicht demokratischer. Die Macht, die von den Kolonialherren (formal) abgegeben worden war, rissen sich einheimische Autokraten unter den Nagel. (Dieselben Vorgänge haben wir in Ägypten gesehen.) Oft mit Billigung der ehemaligen Herren, denen es so leicht gemacht wurde, weiterhin auf die Rohstoffe zuzugreifen. Heute sind es keine imperialistischen Länder, sondern Großkonzerne, die Afrika zu ihrem Spielfeld machen und immer weiter rücksichtslos ausplündern – besonders zulasten der Frauen. Die arte-Dokumentation *Genlabor Afrika. Die Geschäfte des Bill Gates*[377] beleuchtet eindringlich, wie hinter der sogenannten »grünen« Revolution auch in Afrika oft Gentechnik und rücksichtslose neoliberale Machtinteressen, kaschiert als »Philanthropie«, stecken. In der Kritik steht vor allem die von privaten Stiftungen geförderte *Allianz für eine grüne Revolution in Afrika* (AGRA). Unter dem Vorwand, Hunger bekämpfen zu wollen, wird mit gentechnisch veränderten Pflanzen experimentiert, werden Kleinbauern aus dem Geschäft gedrängt und die Nahrungsmittelversorgung in den Händen weniger transnationaler Großkonzerne monopolisiert. Ebenso wie in Indien wird gentechnisch verändertes Saatgut ausgegeben, das die Bauern nicht selbst vermehren können: So werden sie abhängig von Großkonzernen, denen sie Jahr für Jahr Saatgut abkaufen müssen – zu den Preisen, die diesen gefallen. Wie so oft entpuppt sich die sogenannte »Philanthropie« als lukratives Geschäft für die Philanthropen. Das meint auch Stig Tanzmann von *Brot für die Welt* gegenüber der *taz;* auch und gerade weil Bill Gates derzeit gerade von manchen Kreisen für alle Übel der Welt verantwortlich gemacht werde, hält er es für wichtig, den Milliardär nicht gegen Kritik zu immunisieren.[378] NGOs wie *Brot für die Welt* boykottierten deshalb den Welternährungsgipfel 2021 – er sei von den globalen Großkonzernen dominiert, welche unter dem Vorwand des Umweltschutzes die Nahrungsmittelversorgung kapern wollten und mit Pestiziden, Gentechnik und rücksichtslosen Monopolen für viele Probleme überhaupt erst verantwortlich seien.[379]

Ebenso wie in Indien betreffen solche Entwicklungen vor allem und zuerst die Frauen. Wenn von Bevölkerungswachstum die Rede ist, das gestoppt werden müsse, sind die Frauen gemeint. Internationale Kampagnen richten sich ebenso auf die Körper der Frauen wie traditionelle Vorstellungen, die in vielen afrikanischen Ländern noch tief verwurzelt sind: dass Frauen wie Vieh Eigentum des Mannes sind, dass man sie durch den Brautpreis kauft. Aber zunehmend begehren die Frauen gegen beides auf. Weniger und weniger wollen sie sich die Übergriffigkeit von Philanthrokapitalisten, der modernen Form der Kolonialherrschaft, sowie von ihren eigenen Vätern, Brüdern und Ehemännern gefallen lassen.

Nigeria, woher auch die oben schon vorgestellte Chimamanda Ngozi Adichie stammt, ist ein tief erschüttertes Land. Radikale Terrorgruppen (von *Boko Haram* hat man auch in Europa schon gehört), sexuelle Belästigung, Vergewaltigung, Femizide – für viele normal in Nigeria. Wie so oft in Ländern, in denen radikale Fundamentalist*innen den Diskurs bestimmen und sich Geschlechterrollen und Keuschheitsvorstellungen nach deren Wunsch etabliert haben. Die Frauen beteiligen sich an Aktionen gegen die alltägliche Polizeigewalt. Vor allem die jungen Leute gehen auf die Straße. Über die sozialen Medien kommen sie nicht nur an Informationen aus aller Welt, sondern können sich auch überall schnell verabreden. NGOs wie die *Feminist Coalition* unterstützen sie dabei. Und es gibt erste Erfolge. 2020 gingen vor allem die jungen Leute in Massen auf die Straßen. »*End SARS*«, riefen sie, forderten die Auflösung der berüchtigten, für ihre Gewalt bekannten Polizeieinheit.[380] Das war auch die Geburtsstunde der *Feminist Coalition*: Frauen aus der IT- und Finanzbranche nutzten ihr Wissen, um die Demonstrierenden zu unterstützen. Und gründeten eine Organisation, die sich der Förderung und dem Schutz von Frauen verschrieben hat: Bildung, Schutz vor sexueller Gewalt, Repräsentation in der Politik – das sind die Ziele.[381]

Denn Bildung ist gefährlich für eine nigerianische Frau. Die islamistische Gruppe *Boko Haram* (der Name ist eine Fremdbezeichnung und wird meist übersetzt mit »westliche Bildung ist verboten/tabu«) kam 2014 in die Schlagzeilen, als sie eine Schule überfiel und Hunderte Mädchen verschleppte. Es war nicht der einzige Angriff auf eine Schule. Ideologisch steht *Boko Haram* dem Wahhabismus nahe (der Variante des Islam, die in Saudi-Arabien herrscht) und ist seit den frühen 1990ern, spätestens jedoch den frühen 2000ern dokumentiert – also etwa seit der Zeit, als auch andere terroristische Ableger des Wahhabismus auftreten, wie die Taliban in Afghanistan, die GIA in Algerien, al-Qaida und der IS.

»*Bringbackourgirls*« heißt der Hashtag, unter dem die Freilassung der noch immer fast hundert verschollenen Mädchen gefordert wird.

In Uganda hat Stella Nyanzi international Bekanntheit erlangt. Die in London promovierte Anthropologin schaffte es in die Schlagzeilen auf die altmodische Art: Sie zog sich aus. Damals protestierte sie gegen die Ausbeutung durch ihre Vorgesetzten an der Uni in Kampala, der Hauptstadt von Uganda. Heute demonstriert sie auch gegen den Langzeitpräsidenten, setzt sich für die Rechte von Frauen und sexuellen Minderheiten ein. So frech und so laut, dass sie, wie viele Feministinnen, den Zorn der Herrschenden auf sich zog: Als sie anprangerte, wie die Corona-Maßnahmen von der Regierung genutzt wurden, um Polizeigewalt, die Unterdrückung der politischen Opposition und die Kontrolle der Bevölkerung durch Hunger und Ausgangssperren zu legitimieren, wurde sie von der Polizei verschleppt. Mit ihren Handschellen ritzte sie ihren Protest in die Mauern ihres Gefängnisses.[382] Heute lebt sie in Deutschland.

Wäre es besser für Afrika, sich an sein matrifokales Erbe zu erinnern? In den matrilinearen Gesellschaften Afrikas bekommen die Frauen weniger Kinder. Die, die sie haben, sind besser versorgt.[383] Das Königreich Dahomey war damals, als es seine weibliche Elitetruppe besaß und schätzte, reich und mächtig. Vielleicht ist die Wertschätzung der afrikanischen Frauen der Schlüssel, es wieder zu werden. Die *Agoije* hätten die von *Boko Haram* verschleppten Mädchen jedenfalls längst wieder nach Hause gebracht.

GEGEN WELCHE KULTUR IST FEMINISMUS EIGENTLICH?

All diesen kulturspezifischen Ansätzen ist gemeinsam, dass Feministinnen sich mit dem Vorwurf konfrontiert sehen, sie verrieten ihre Kultur. Auch vom intersektionalen Feminismus kommt dieser Vorwurf, sodass sie sich nun auch gegen andere Feministinnen wehren müssen. Aber was hat es damit eigentlich auf sich?

Der Grundgedanke der Intersektionalität war, Diskriminierung nicht isoliert voneinander, sondern übergreifend zu betrachten: Eine Frau kann zum Beispiel wegen ihres Geschlechts und gleichzeitig auch noch wegen ihrer Hautfarbe diskriminiert werden. Das ist natürlich richtig, und ein Bewusstsein dafür zu schaffen, sinnvoll. Kritisiert werden an der Intersektionalität andere Punkte: dass sie de facto genau das tut, was sie kritisiert – nämlich Menschen wieder in voneinander streng abgeschottete Gruppen einteilen –, und somit Ausgrenzung eher verstärkt als bekämpft. Aber auch handwerkliche

Schwächen in der Ausarbeitung des Begriffs werden bemängelt und schließlich das Problem, dass er einen »Wettbewerb der Diskriminierungen« fördere, in dem es nicht mehr um die Abschaffung von Ungleichheit gehe, sondern um die Frage, wer das größte Opfer sei.[384] Des Weiteren wird ihm vorgeworfen, dass er durch seine essenzialistische Sicht Diskriminierung eher verstärkt: als wären beispielsweise alle *Schwarzen* Frauen gleich. So liest man beispielsweise in der intersektionalen Literatur Sätze wie: »Die schwarze Mutter weiß ...« Wer soll »die« *Schwarze* Mutter sein? Meine Freundin aus Kamerun, die als Neurochirurgin arbeitet, offenbar nicht, genauso wenig meine frühere Nachbarin aus Kenia. Denn laut demselben Buch ist *»die« Schwarze* Mutter arm und lebt in prekären Verhältnissen.[385] Diese klischeebelastete Darstellung reproduziert rassistische Stereotypen (wie das von der *Schwarzen* Frau als vielfachen Mutter, die in prekären Verhältnissen lebt). Letztlich wird dadurch gerade den mehrfach diskriminierten Menschen Individualität abgesprochen: also genau das getan, was Beauvoir am patriarchalischen Konzept »Frau« so brillant kritisiert hat. Durch den »Wettstreit der Opfer« werden auch hier wieder diskriminierte Minderheiten gegeneinander ausgespielt. Der Gewinner ist das Patriarchat.

Gute Vorsätze schaffen oft böse Tatsachen. So richtig der Gedanke auch ist, dass weibliche Angehörige ethnischer Minderheiten mehrfach diskriminiert werden, die Schlussfolgerungen sind zum Teil problematisch. So kommt es immer wieder zu sonderbaren Allianzen zwischen intersektionalen Feminist*innen und den Vertreter*innen radikalkonservativer bis offen faschistischer Gruppen, etwa (aber keineswegs nur) im Fall des fundamentalistischen Islam. Wir haben gesehen, dass der islamische Fundamentalismus historisch eng mit den Nazis verbunden ist. Dennoch sehen sich muslimische Feministinnen oft nicht nur traditionalistischen Kräften der eigenen Kultur gegenüber, sondern auch paternalistischen Intersektionalist*innen, die ihnen erklären, sie seien »rechts«, wenn sie für diese Freiheit kämpfen. Kurz: Der Kultur (oder dem, was den Intersektionalist*innen als

Kultur verkauft wurde, meist von Männern) wird wieder einmal der Vorrang vor den Frauenrechten eingeräumt. Muslimischen Frauen wird so kulturspezifisch weniger Freiheit zugestanden als nicht muslimischen – als wäre das keine Diskriminierung. Entsprechend gibt es Stimmen, die Intersektionalität als Antifeminismus verstehen – oder auch als Weg der Kollaboration, mit dem man sich als Feminist*in gerieren kann, aber gleichzeitig beim Patriarchat auch nicht aneckt. Tatsächlich ist die Theorie der Intersektionalität ein primär akademisches Phänomen. Universitäten allerdings haben nicht immer den Kontakt zur Lebenswelt, und zunehmend sind sie über Drittmittelfinanzierung von Konzernen abhängig. Die Theorie ist außerdem stark von den reichen Ländern geprägt: Der Vorwurf des »weißen« Feminismus kommt oft von Frauen, die selbst weiß sind. Frauen aus anderen Kulturen halten umgekehrt oft gar nichts davon, Frauenrechte kulturspezifisch zu definieren, denn damit ordnet man Menschenrechte der – meist patriarchalisch geprägten – Kultur unter. Wir haben das am Beispiel von Mozn Hassan, Shirin Ebadi und vielen anderen gesehen.

Erinnern wir uns an Chimamanda Ngozi Adichies Antwort darauf: Kultur muss sich weiterentwickeln – täte sie es nicht, hausten wir noch immer auf den Bäumen. Die Schwerpunkte von Feminismus mögen sich regional unterscheiden, weil ja auch die Diskriminierung nicht auf dieselbe Art erfolgt. Und auch innerhalb ein und derselben Kultur haben wir heute andere Schwerpunkte als um 1900. Doch die Einteilung in »weißen« und »schwarzen« Feminismus halte ich für essenzialistisch und damit für mehr oder weniger rassistisch. Niemand hat bestimmte Ansichten aufgrund der Hautfarbe. Und gleiche Rechte sind kein Privileg des »weißen« Feminismus.

Tatsächlich richtet sich die Kritik an der Intersektionalität oft auf diesen Aspekt: Susan Neiman hat in *Links ist nicht woke* darauf hingewiesen, dass dieses »Stammesdenken« – also die Idee, dass die Herkunft bzw. Hautfarbe die Ansichten bestimme – traditionell dem rechten politischen Spektrum zuzuordnen sei, während es die Linke sei, die universalistisch denke. Moderne »woke« Vertreter*innen lehnten zentrale linke Werte ab, während sie Einflüsse aus dem rechten Spektrum aufnähmen: etwa von Carl Schmitt – dem Cheftheologen der Nazis, einem fundamentalistischen Christen und Antisemiten.[386]

Und Mies schreibt in *Ökofeminismus*[387] zum Kulturargument, es nütze allein dem Patriarchat. Denn so müsse man jede Brutalität als »Kultur« akzeptieren, und Feminist*innen könnten sich nicht mehr miteinander verständigen. Tatsächlich ist Spaltung ein klassischer Herrschaftsmechanismus (»Teile und herrsche«). Die Arbeiterbewegung war erfolgreich, weil sie sich interkulturell vernetzt hatte: weil sich ein orthodoxer Russe ebenso mit ihr identifizieren konnte wie eine atheistische Französin oder ein*e Muslim*in aus Ägypten. Nichts fürchtet das Patriarchat mehr als eine globale Frauenbewegung, in der sich Frauen aller Länder vereinigen.

Dabei unterscheiden sich die Probleme nur phänomenologisch, nicht aber strukturell. In den meisten Fällen geht es um das Recht auf den öffentlichen Raum (etwa beim Recht auf Bildung) oder den eigenen Körper (auch beim Recht auf Besitz, denn nur wer selbst kein Besitz ist, kann welchen haben) und um Gewalt gegen Frauen.

Gewalt gegen Frauen ist überall da endemisch, wo patriarchalische Vorstellungen verbreitet sind – unabhängig davon, welche Religion die Täter haben. Und sie eskaliert nicht nur, wenn sie sich vom Feminismus, sondern auch wenn sie sich ökonomisch bedroht fühlen. In Ciudad Juárez in Mexiko werden vor allem Frauen zum Opfer, die für Großkonzerne arbeiten, welche sich dort infolge des NAFTA-Abkommens niedergelassen haben. Auch in Bangladesch werden Frauen angegriffen, die als Billiglohnkräfte in ausbeuterischen Verhältnissen meist für transnationale Textilhersteller arbeiten. Aus arabistischer Perspektive ist ein weiteres Beispiel zu erwähnen, das in Europa weniger Aufsehen erregt hat: 2001 kam es Zeuginnen zufolge im algerischen Hassi Messaoud zu einem Pogrom. Ein Imam hatte im Juli mit einer Hetzrede die Gewalt ausgelöst: Islamistisch indoktrinierte Männerhorden überfielen insbesondere alleinstehende arbeitende Frauen, trieben sie nackt durch die Straßen, raubten, prügelten, vergewaltigten. Auch Todesopfer soll es gegeben haben. Die Polizei schützte die Frauen nicht, erst als sie endlich Präsenz zeigte, wurde es nach und nach ruhiger.[388] In den wenigen europäischen Medienberichten wurde das Pogrom meist in die Islamismus-Schublade geschoben. Doch auch die Frauen in Hassi Messaoud arbeiteten vor allem für ausländische Firmen. Hassi Messaoud ist eine Ölstadt. Als ich selbst Mitte der 1990er-Jahre dort war, war es ein lebhafter Industriestandort. Keine attraktive Stadt, die man als Lebensmittelpunkt wählt – ein Ort mitten in der Wüste, an den man zum Arbeiten zieht. Das drängt den Gedanken auf, dass die religiöse Verbrämung nur Fassade ist. Und dass es in Wirklichkeit um etwas ganz anderes geht:

Da Frauen billige Arbeitskräfte und seltener gewerkschaftlich organisiert sind, werden sie oft von den internationalen Konzernen für schlecht bezahlte Tätigkeiten in ausbeuterischen Verhältnissen bevorzugt. Die Wut patriarchalisch sozialisierter Männer, die selbst keine Arbeit finden, richtet sich dann gegen sie – und nicht gegen die neoliberalen Ausbeuter. Und zwar offensichtlich ganz gleich, welche Religion sie haben.

Gewalt ist in allen Kulturen ein Thema für Feministinnen. Ansonsten liegt im Islam der Schwerpunkt oft auf Kleiderregeln (öffentlicher Raum), in Afrika auf dem Recht auf Bildung (öffentlicher Raum), in Lateinamerika auf dem Recht auf Abtreibung (reproduktive Selbstbestimmung/Körper), in Indien auf dem Thema Femizid über die gezielte Abtreibung weiblicher Föten (reproduktive Selbstbestimmung/Körper). Das Thema Abtreibung ist auch innerhalb des Feminismus nicht einseitig mit Pro oder Kontra zu bewerten. Im Feminismus geht es um weibliche Selbstbestimmung. Deshalb ist es ebenso abzulehnen, einer Frau das Recht auf Abtreibung zu verwehren, wie sie zu einer Abtreibung zu überreden, weil weibliches Leben als »weniger lebenswert« eingestuft wird – oder ihr ganz allgemein einzureden, Mutter sein zu wollen, sei verwerflich. Über den Körper einer Frau hat – wie bei freien Menschen üblich– nur sie allein zu entscheiden.

Die Strategien der Feministinnen sind so vielfältig wie ihre Kulturen. Sowohl in Lateinamerika als auch in Indien gibt es Versuche, durch den Bezug auf die vorpatriarchalische Kultur ein feministisches Frauenbild innerhalb der eigenen Tradition zu verorten. Innerhalb der Religion, aber auch außerhalb davon suchen Frauen nach Vorbildern. In jeder dieser Kulturen gibt es Stimmen, meist die rechtsreligiösen Kreise, die sagen, Feminismus richte sich gegen Kultur und Religion. Wenn wir also darauf hören wollten, dann dürfte es nirgendwo auf der Welt Feminismus geben, außer da, wo er nicht mehr nötig ist: im Matriarchat. Glauben wir den patriarchalischen Gatekeepern, dann richtet sich Feminismus gegen jede einzelne Kultur auf diesem schönen Planeten.

Aber nur, wenn man diese Kultur mit dem Patriarchat gleichsetzt.

Aktuelle Herausforderungen

»RAPE CULTURE« UND PATRIARCHALISCHE PROTESTBEWEGUNGEN

»Seitdem haben diverse Männer versucht, sich vor ihr zu entblößen und sie gegen ihren Willen anzufassen«, schreibt Nils Pickert über die Erfahrungen seiner Tochter im österreichischen *Standard.* »In der Fußgängerzone hat ihr jemand hinterhergeschrien, dass er sie ficken will, als sie sich gerade einen Kaffee kaufen wollte. Von Ostern bis Oktober wird sie auf dem Schulweg quasi durchwegs gecatcallt. [...] Warum tun wir Männer Abwertung um Abwertung, Übergriff um Übergriff, Vergewaltigung um Vergewaltigung, Femizid um Femizid so, als wäre nichts? [...] Jedes Mal führen wir einen lächerlichen Eiertanz auf, weil wir einfach nicht wahrhaben wollen, wie systemisch und gesellschaftsbestimmend (sexualisierte) Gewalt gegen Frauen ist.«[389]

Die polizeiliche Kriminalstatistik in Deutschland verzeichnet für 2022 erneut einen starken Anstieg (rund zwanzig Prozent) der Straftaten gegen die sexuelle Selbstbestimmung.[390] Die Interpretation, dass das auch mit dem Wegfall der Corona-Maßnahmen (und damit mehr Gelegenheit) zu tun habe, greift zu kurz. Denn umgekehrt war schon vorher, damals bedingt durch die Corona-Maßnahmen, vielerorts eine Zunahme von Gewalt gegen Frauen zu beobachten gewesen. In Algerien ist in diesem Kontext beispielsweise auf Femizide aufmerksam gemacht worden.[391] Man kann es drehen und wenden, wie man will: Sexuelle Gewalt ist auf dem Vormarsch.

Leider kann man die Justiz von der Verantwortung nicht freisprechen. Und genau wie *Nazra* in Ägypten muss ich hier den Finger in die Wunde legen und das tun, wofür Mozn Hassan verfolgt wird. Denn die Strafen, die in Deutschland für Vergewaltigung verhängt werden, sind immer öfter lächerlich gering. Einen »Freifahrtschein für Vergewaltiger« nannte die *BILD*, nicht gerade ein feministisches Kampfblatt, das Urteil aus Hamburg im Fall einer Gruppenvergewaltigung. Das fünfzehnjährige Mädchen wird den Rest seines Lebens an der Tat tragen. Von den neun Tätern musste nur einer überhaupt ins Gefängnis.[392] Auch in ähnlichen Fällen mit teils minderjährigen Opfern kamen Täter mit Bewährungsstrafen davon.[393]

Dabei ist sexualisierte Gewalt nichts anderes als eine Terrorstrategie. Nicht nur von islamischen Fundamentalisten wird sie offen eingesetzt, um ihre Ziele – Frauen in die Privatsphäre zu verbannen – zu erreichen. Eine Ideologie, die von Frauen Keuschheit erwartet und diese in größtmöglicher Unsichtbarkeit manifestiert sieht[394], stempelt als logische Folge alle anderen zu »Schlampen« ab – das ist im Islam nicht anders als überall sonst auf der Welt. Immer wieder erregen islamistisch gefärbte Prediger Aufsehen mit Verharmlosung von Vergewaltigung als »logische Folge« unzüchtiger Kleidung (wobei die Definition von »unzüchtig« natürlich von den Islamisten bestimmt wird). So etwa bei Taj al-Din al-Hilali, der meint, eine Frau, die sich schminke und nicht verschleiert sei, sei wie ein Stück rohes Fleisch, das offen herumliege – man müsse sich dann nicht wundern, dass es die Katzen (i. e. Männer) anlocke.[395] Auch die Bundeszentrale für politische Bildung hebt diese Haltung in einem Beitrag zu Frauen- und Queerfeindlichkeit hervor.[396] Aktuell war dies beim Angriff der Hamas vom 7. Oktober 2023 zu sehen (entgegen mancherorts zu lesenden Aussagen keine iranische und damit schiitische, sondern eine sunnitische, als Ableger der Muslimbruderschaft gegründete Gruppe), bei dem Zeug*innen zufolge auch gezielt Frauen angegriffen und vergewaltigt wurden.[397] Auch in der berüchtigten Kölner Silvesternacht hatten entsprechende Frauenbilder eine Rolle gespielt, und insgesamt ist die Sicherheit von Frauen in den letzten objektiv wie subjektiv gesunken.[398] In islamischen Ländern gibt es schon länger Bestrebungen, Frauen besser vor sexueller Gewalt zu schützen. Denn auch hier fällt auf, dass diese zugenommen hat.[399] Insbesondere wo islamistische Bewegungen (wie etwa die Muslimbrüder) mit Samthandschuhen angefasst werden, wird Gewalt gegen Frauen endemisch, wie wir im Fall von Ägypten gesehen haben.

Aber ist es ein Problem, das nur islamisch geprägte Länder betrifft? Natürlich nicht. Interessanterweise sind es meist dieselben Männer, die dies als Problem ausschließlich muslimischer Zuwanderer abtun, die gegen Frauenparkplätze prozessieren und nach Vergewaltigungen stereotyp fragen, was das Opfer denn getragen habe (oder gar, was es denn um diese Uhrzeit noch auf der Straße zu suchen gehabt habe). Das Problem ist weder der Islam per se (auch wenn der Islam natürlich wie viele Religionen patriarchalisch geprägt ist und die entsprechenden Frauenbilder von Zuwanderern mitgebracht werden) noch Männlichkeit an sich. Das Problem ist das Patriarchat und das entsprechende Frauenbild. Das zeigt sich, wenn man sich einmal ansieht, wie ähnlich sich die Frauenbilder im Islamismus und anderen patriarchalischen Kulturen sind: Ein paar Tage vor dem 24. April 2023 diskutierten Mädchen im Internet, ob sie an dem Tag lieber zu Hause bleiben sollen. Auf TikTok hatten Männer den »National Rape Day« ausgerufen. Bezugnehmend auf den April als Monat gegen sexualisierte Gewalt, riefen sie dazu auf, an diesem Tag systematisch Frauen und Mädchen zu vergewaltigen.[400] Das Phänomen hat einen Namen: »Manosphäre«, eine antifeministische Netzbewegung. Sie reicht von allgemein sexistischen Vorstellungen bis hin zur offenen Befürwortung von Gewalt gegen Frauen. Im Grunde unterscheidet sie sich nicht allzu sehr von Hedwig Dohms »Antifeministen«: Auch sie beklagen, dass Geschlechtergerechtigkeit sie benachteilige (definieren also den Verlust einseitiger Privilegien als »Diskriminierung«).[401] Dazu gehören »Incels« ebenso wie »Pick-up Artists«, »Väter-« bzw. »Männerrechtler« und andere. »Incels« (ein Neologismus aus »*involuntarily celibate*«, also »unfreiwillig enthaltsam«) verstehen sich meist als Männer, die vom ihrer Ansicht nach evolutionär bedingt bevorzugten

»Alpha-Männchen« abweichen und deshalb keine Frau finden. Während es bei vielen bei Selbstmitleid bleibt und gar ein Suizid als Lösung angestrebt wird, richten andere die Aggression gegen Frauen: Nicht selten vertreten sie Thesen wie, jeder Mann habe Anspruch auf Sex, Vergewaltigung sei also legitim. Andere wollen Frauen grundlegende Rechte entziehen, um sie »verteilen« zu können, damit auch unattraktive Männer eine Frau bekommen. Aus der Incel-Szene kommen allerdings auch immer wieder gewalttätige Anschläge gegen Frauen und Amokläufe.[402] Entsprechend wird Feminismus als Bedrohung gesehen, die durch das Ausbrechen aus traditionellen Rollenbildern den starken Mann abschaffe, Männer »domestiziere« (warum nicht gleich im Jargon von Esther Vilar: »dressiere«?) und so zum Untergang jeglicher Kultur führe. Für ein ähnliches Frauenbild steht die »Pick-up Artist«-Szene (»Aufreiß-Künstler«), die durch die Kurse des Maskulinisten Daryush Valizadeh (Roosh V) bekannt wurde. Die Szene wirbt damit, männliche Mauerblümchen in umschwärmte Playboys zu verwandeln. Ein Vorbild ist der ehemalige Kickboxer Andrew Tate, der als Influencer mit Frauenhass ein Vermögen verdient hat und gegen den mehrere Anklagen wegen Vergewaltigung, Menschenhandel und organisierter Kriminalität anhängig sind. Tate wurde bekannt, nachdem er aus der Show *Big Brother* gekickt wurde: Es war ein Video aufgetaucht, das den Boxer zeigen soll, wie er eine Frau mit einem Gürtel schlägt. Tate inszeniert sich gern umgeben von devoten Models. Sein Geld verdiente er unter anderem mit Kursen, wie man(n) es ihm gleichtun könne.[403] Durch die Vermarktung als »Empowerment« erreichen solche Influencer bisweilen ein großes Publikum. Reichweite gewinnt Tate auch, indem er sich bewusst politisch unkorrekt inszeniert und alles vertritt, was vom Mainstream abgelehnt wird – egal, ob es zusammenpasst oder nicht. So pflegt er Kontakte zu antiislamischen rechtsextremen Kreisen[404], konvertierte aber auch selbst zum Islam. Explizit lobt er den IS oder die Taliban, offenbar wegen ihrer Geschlechterordnung[405] (und der exotistischen Hoffnung, dass dort ein Mann, egal, wie dumm, hässlich etc. er ist, von Hunderten attraktiver Haremsdamen umringt sein kann). Tatsächlich – und wenig überraschend – gibt es jede Menge inhaltlicher Berührungspunkte zwischen dem Frauenbild, wie es in der »Manosphäre« auftaucht und dem radikaler Islamisten. Das geht bis zu Übereinstimmung in der Metaphorik: So erregte beispielsweise die iranische Propaganda Aufsehen, als eine unverschleierte Frau mit einem angelutschten Lolli verglichen wurde, der nicht eingepackt und über und über mit Fliegen bedeckt war. Und ein »Manosphäre«-Influencer erklärt, eine Frau, die keine Jungfrau mehr sei, sei wie ein Taschentuch, in das schon von mehreren Männern geschnäuzt worden sei.[406] Auch der selbst nicht mehr ganz taufrische Tate bevorzugt dem Vernehmen nach ausgesprochen junge Dates. Er wird seine Gründe haben, den Vergleich mit anderen Männern zu scheuen …

Luc Cousineau interpretiert Phänomene wie Tate als Versuche, ein schwaches Selbstwertgefühl, bedingt unter anderem durch die neoliberale Prekarisierung von Arbeit im Kapitalismus, über die Unterdrückung anderer zu stärken – in patriarchalischen Kulturen wie unserer eben über die der ohnehin schon weniger angesehenen Frauen. Das passt zu Maria Mies' Ansicht, dass Kapitalismus immer irgendjemanden ausbeuten müsse. Andere Interpretationen gehen dahin, dass Leute wie Tate von einem Gefühl des Unbehagens profitieren, das viele Menschen angesichts zunehmender Cancel Culture haben. Das politisch Unkorrekte, wie absurd auch immer, sei vielen da lieber als (Selbst-)Zensur. Dass Tate so ziemlich alles vertritt, was nicht Mehrheitsmeinung ist, macht es natürlich leicht, missliebige, aber durchaus berechtigte Kritik, insbesondere von Minderheiten, in die Nähe der »Manosphäre« zu rücken. Insbesondere da, wo diese durchschaubare Manipulationstechnik in der Politik oder zum Verkauf bzw. zur Neueinführung von Produkten angewendet wird, handelt es sich um ein in höchstem Maße unethisches Vorgehen.

Es ist sicher richtig, dass Kapitalismus nur über die Ausbeutung anderer funktioniert und dass die enge Verbindung von Kapitalismus und Patriarchat Frauen besonders angreifbar macht. Und es ist auch korrekt, dass eine doch beachtliche Breitenwirkung bei derart absurden Ansichten auf ein offensichtliches Unbehagen angesichts zunehmender »Einengung des Meinungskorridors« (im Klartext: Angriffe auf die Meinungsfreiheit) verweist. Eventuell könnte man also schon viel erreichen, wenn man unsinnige, aus der Zeit gefallene Zensurversuche unterließe.

Dennoch greifen diese Lösungsvorschläge zu kurz, denn es handelt sich um dasselbe Phänomen, das auch beim islamischen Fundamentalismus zentral ist: um eine Angst vor der Moderne, für die der Antifeminismus nicht sekundäres, sondern ausschlaggebendes Moment ist. Die Incel-Szene tendiert oft zum Rechtsradikalismus, es gibt Bezugspunkte zwischen »Manosphäre« und christlichem und islamischem Fundamentalismus (nicht überraschend, wenn wir uns die Nähe des Islamismus zum Faschismus ins Gedächtnis rufen). Die Verbindung ist ein radikaler Antifeminismus. Martin Riesebrodt hat Fundamentalismus als »patriarchalische Protestbewegung« charakterisiert. Das trifft genauso auf die »Manosphäre« zu. Beide sind patriarchalische Protestbewegungen.

Die Abwertung der Frauen ist nicht in irgendwelchen anderen, tiefer liegenden Ängsten begründet. Sondern sie ist Sinn und Zweck des Ganzen. Deshalb wird jede Form von Gleichberechtigung als Bedrohung erlebt und Feminismus als der Hauptfeind ausgemacht. Die Geschlechterfrage ist nicht das Bildsystem, in dem andere, tiefere Probleme Ausdruck finden. Sie *ist* das zentrale Problem. Antifeministen finden sich unter den reichsten Männern der Welt ebenso wie unter abgehängten Verlierern. Je nach Hintergrund nähern sie sich Rechtsextremismus, Islamismus oder christlichem Fundamentalismus – aber sie bewegen sich in der »Manosphäre«, *weil* sie Antifeministen sind. Es geht um die Basis unserer Gesellschaft. Toxische Maskulinität ist nicht Ausdruck anderer Probleme, sondern der sichtbarste Auswuchs des in die Krise geratenen Patriarchats, das sich mit Zähnen und Klauen gegen seine Absetzung und eine gerechtere Gesellschaft wehrt.

Problematisch sind solche Frauenbilder, weil sie dazu führen, dass Gewalt gegen Frauen zunimmt. Sexuelle Gewalt ist eine Strategie verunsicherter Männer, ihre privilegierte Stellung zu verteidigen – insbesondere da, wo Frauen in »männliche« Bereiche vordringen, während patriarchalische Vorstellungen noch in der Gesellschaft verwurzelt sind. Sexuelle Gewalt ist also Ausdruck eines gesellschaftlichen Wandels, in dem Frauen entweder in ihnen bisher verschlossene Bereiche eindringen oder aus dem öffentlichen Raum zurückgedrängt werden.

Täter sind nicht nur ungebildete Dummköpfe wie Andrew Tate, der tatsächlich nichts gelernt hat, außer sich ins Gesicht schlagen zu lassen, oder Fanatiker wie beim IS. Bekannt ist, dass auch Donald Trump Vorwürfe sexueller Übergriffigkeiten keineswegs geschadet haben. Und das Weltwirtschaftsforum (WEF) in Davos, ein Hort, alter, reicher weißer Männer und offenbar auch ein Eldorado der Prostitution, rät Presseberichten zufolge Teilnehmerinnen, nicht allein zu Events zu gehen, da sexualisierte Gewalt allgegenwärtig sei und angesichts der Macht der Täter nicht geahndet werde.[407] Da helfen dann auch die Lippenbekenntnisse des WEF für mehr Frauenrechte nichts, und der Kreis zu Emma Goldmans Interpretation von Prostitution als kapitalistisch-patriarchalische Unterdrückungsform schließt sich.

Auch manche sich als feministisch verstehenden Ansätze reproduzieren diese patriarchalischen Muster. Meike Stoverock beschäftigt sich in ihrem aktuellen Buch *Female Choice* mit dem zentralen Problem der Incel-Szene, dass nämlich biologisch gesehen die Frauen entscheiden, welcher Mann sich fortpflanzen kann. Biologistische Stereotype vom Mann als allzeit lüstern und der Frau als ständig abwehrend werden hier als »Biologie« verkauft, und Männern wird unterstellt, Frauen sowieso immer nur als Objekt zu sehen (Incels dürften dazu applaudieren, andere Männer werden sich sexistisch diffamiert fühlen, und das zu Recht). Dass rund siebzig Prozent der Frauen sich in historischer Zeit mit etwa fünfunddreißig Prozent der Männer gepaart haben, wird als Beleg für die *female choice* interpretiert – obwohl es viel eher für Polygynie in patriarchalischen Gesellschaften spricht, da so ja auf einen Mann mehrere Frauen kommen. Großzügig werden hochentwickelte matrifokale Kulturen ignoriert, und es wird behauptet, Zivilisation und Patriarchat hingen zusammen (als müsste man sich entscheiden, ob man Gleichberechtigung will oder einen Laptop). Prostitution und Vergewaltigung werden als »natürlich« dargestellt, obwohl beides in matrifokalen Gesellschaften nicht existiert. Problematisch sind insbesondere Stoverocks anthropomorphisierende Vergleiche mit der Tierwelt: Selbst die Bonobos werden bemüht, um Prostitution als »natürlich« darzustellen – wobei ignoriert wird, dass das Bonobo-Verhalten, eine Nahrungsgabe im Kontext von Sex zu präsentieren, keineswegs zwangsläufig als »Sexkauf« zu interpretieren ist. (Auch die meisten menschlichen Männer dürften sich dagegen verwehren, dass es Sexkauf sei, seine Partnerin vor dem Sex zum Essen einzuladen oder ihr danach Frühstück zu machen.) Bonobos sind außerdem eine andere Spezies mit eigener Verhaltensbiologie, bei der Sexualität äußerst vielseitig, beispielsweise zum Aggressionsabbau eingesetzt wird. Eine Biologin sollte das wissen. Es ist interessant, dass seit Butler anthropomorphisierende Projektionen immer wieder in der »feministischen« Literatur auftauchen – obwohl es sich um einen gravierenden methodischen Fehler handelt, der einem eigentlich schon während der Schulzeit als unwissenschaftlich ausgetrieben wird. Natürlich ist auch bei Stoverock nur die Rede von den sexuellen Bedürfnissen der Männer.[408] Dass auch Frauen von der Fortpflanzung ausgeschlossen wurden und werden (als Dienstpersonal, Lehrerinnen etc.), ist ihr keinen Halbsatz wert. So ist es nicht überraschend, dass sie auf das Naheliegendste nicht kommt: Das Problem der Incels ist nicht Frauenmangel, sondern schlichtweg männlicher Narzissmus. Incels glauben nicht nur, ein Recht auf Sex mit Frauen zu haben. Sie glauben, ein Recht auf Sex mit *schönen* Frauen zu haben. Normale Frauen sind für sie keine Option.

Für die »Manosphäre« sind Frauen generell »Schlampen«, Prostitution wird – wie bei Stoverock – als normal betrachtet. Sehen wir uns also an, was das konkret bedeutet.

Beim Thema Prostitution herrscht im Feminismus keine Einigkeit. So wie schon im 19. Jahrhundert die einen Prostitution als eine Form der Sklaverei sahen und sich mit dem Abolitionismus dagegen wandten, während andere sie für ein nötiges Übel hielten, scheiden sich auch heute noch die Geister daran. Die einen begreifen Prostitution als Sexarbeit – Arbeit wie jede andere auch. Andere verweisen auf die reale Situation Prostituierter, auf die menschenverachtende Haltung von Freiern und fordern die Durchsetzung des sogenannten Nordischen Modells. Dieses kriminalisiert nicht die Prostituierte, sondern die Nachfrage danach, sodass Anzeigen wegen Gewalt oder auch der Ausstieg erleichtert werden. Ich schließe mich Emma Goldman an und halte Prostitution für eine Spielart kapitalistisch-patriarchaler Unterdrückung und mit Gleichstellung unvereinbar.

Der Bericht *Entmenschlicht* der ehemaligen Prostituierten Huschke Mau zeigt die bittere Lebensrealität der meisten Prostituierten, die mit Arbeit nichts zu tun hat – nur mit Demütigungen und Gewalt. »Sexarbeit« ist darüber hinaus in den meisten Fällen Arbeit von Frauen für Männer – nach deren Bedürfnissen. Andrea Dworkin meint sarkastisch, Männer kämpften gern für das Recht einer Frau, ihren Körper zu verkaufen, nicht aber für das Recht, als Chirurgin zu arbeiten.[409]

Auch wenn es wehtut: Prostitution hat mit Gewalt gegen Frauen zu tun. Huschke Mau zeigt, inwiefern es eben in den meisten Fällen keine Arbeit wie jede andere ist. Die »Ware«, schreibt sie, sei nicht (nur) Sex, sondern vor allem Macht – wie bei sexueller Gewalt. Das Frauenbild der Kunden sei exakt dasselbe wie das der Täter bei sexueller Gewalt. Laut Mau gebrauchen Prostituierte das Wort »Arbeit« vor allem, weil niemand gern ausspricht, dass er sich missbrauchen lässt. Ihrer Erfahrung nach sind Prostituierte immer vortraumatisiert und haben Abwertung als Frau erfahren. Nicht selten versuchen sie, einen bereits erlebten Missbrauch durch die Prostitution zu kontrollieren (nicht mehr für jeden verfügbar zu sein, sondern durch die »Bezahlschranke« das Gefühl der Selbstbestimmung zu haben). Doch ob bezahlt oder nicht, so Mau, es sei Missbrauch. Denn die Prostituierte brauche das Geld, es sei also kein freiwilliger Sex. Unfreiwilliger Sex aber sei Missbrauch. Freier kauften auch keine Leistung, sondern Körper. Sie haben Vorstellungen, wie dieser Körper auszusehen hat. Den von Mau angeführten Zahlen zufolge sind etwa neunzig Prozent der Prostitution nicht freiwillig (beim Rest ist es unbekannt). Doch egal, aus welchen Motiven: Auch freiwillig erduldete Gewalt, so Mau, ist Gewalt. Auch Mau zieht den Vergleich mit der Sklaverei. Natürlich könne man niemandem verbieten, sich selbst Gewalt auszusetzen; deshalb setzt sich Mau für das besagte Nordische Modell ein.[410] Freier zu bestrafen, sei sinnvoll, denn sie seien die Täter. Dass es vor allem beklagenswerte behinderte Männer seien, die doch auch sexuelle Bedürfnisse hätten, hält Mau für unrichtig (sie habe nie einen Kunden mit einer Behinderung gehabt). Verharmlosungen von Prostitution als »Care-Arbeit« seien außerdem Ausdruck der Haltung, dass Männer ein Anrecht auf Sex mit Frauen hätten. (Da dürfte sie recht haben. Ich kann mich jedenfalls nicht erinnern, je gehört zu haben, dass sich jemand um die sexuellen Bedürfnisse alter behinderter Frauen Gedanken gemacht hätte. Es geht immer um die von Männern. Was schon aus der schlichten Tatsache ersichtlich wird, dass sich kaum Männer prostituieren.) Wir lebten in einer Gesellschaft, in der Sex kein Tabu mehr sei, meint Mau weiter. Wenn ein Mann keine Frau finde, die mit ihm Sex haben wolle, läge es entweder an ihm oder an dem, was er mit ihr machen will (also an seinem Frauenbild). In beiden Fällen sei es die falsche Lösung, das Problem auf Prostituierte abzuwälzen. Maus Zitate aus Freierforen sagen mehr als jede Theorie, beispielsweise (Schreibweise und Interpunktion übernommen):

»[...] Also manchmal ekel ich mich vor mir selbst! [...] Da ich aus einem anderen Forum weiss, dass man alles mit ihr machen kann habe ich ihr gesagt, dass sie sich hinknien soll. Also Kehlenfick ist für S. nichts Besonderes sie muss zwar würgen hat aber nichts dagegen wenn man hart tief und fest zustößt. Genauso sieht es bei Pussy und Arsch aus. Sperma und NS (»Natursekt«, also Urin, Anm. d. Verf.) wird von ihr anstandslos verputzt. S. war circa 8 Stunden bei mir. In der Zeit habe ich fünf Nummern mit ihr gemacht und zweimal meine Blase in ihren Mund erleichtert. Nach der Aktion habe ich sie zurück nach Dortmund gebracht und ihr ihre 50 Euro gegeben.«[411]

Das dürfte wohl kaum die Art sein, wie ein Kunde über jemanden spricht, der eine ganz normale Arbeit tätigt. Wie soll so etwas zu einem gleichberechtigten Frauenbild passen? Die Kostproben aus der Mailbox einer eher hochpreisigen Prostituierten, die Mau zitiert, erspare ich einem Buch über Feminismus. Wer desillusioniert werden will, kann sie selbst nachlesen (Seite 96–101). Allen Freiern, so Mau, sei gemeinsam, dass sie annähmen, beim Sex ginge es nur um sie, sie hätten ein Recht darauf. Frauen seien ihre Projektionsfläche und dürften nicht Nein sagen. Freier sähen Frauen als Nutztiere, man höre Sätze wie: »Ich muss ja nicht gleich die ganze Kuh kaufen, wenn ich mal ein bisschen Milch will.«[412]

Jetzt klingt es doch ziemlich nach Andrew Tate und seinen islamistischen und rechtsextremen Kumpels.

Ich habe sexuelle Gewalt und Prostitution absichtlich in demselben Kapitel problematisiert. Denn beiden liegt dasselbe Frauenbild zugrunde. Aus demselben Grund behandle ich religiös und nicht religiös legitimierten Antifeminismus auch im selben Kapitel. Sexuelle Gewalt wie Prostitution, Fundamentalismus und »Manosphäre« sind Teil des patriarchalischen Programms, die Kontrolle über Sexualität und Reproduktionsfähigkeit von Frauen zu beanspruchen. Wo diese Kontrolle verloren zu gehen droht, aber die patriarchalische Kultur weiterbesteht, verstärkt sich die Gewalt. Dann entstehen patriarchalische Protestbewegungen, die je nach Kultur religiös, biologistisch, technokratisch etc. legitimiert werden. Die Legitimation ist jedoch nur das kulturell flexible Gewand, in die das eigentliche Anliegen verpackt wird. Und dieses Anliegen ist der Antifeminismus.

Nils Pickert meint dazu: »Sexualisierte Gewalt ist aber keine Naturkatastrophe. Es ist ein zumeist männliches Verbrechen, das auch von denen geschützt wird, die es selbst nicht begehen. […] Wir machen es zu einer Urgewalt und erklären damit, dass Frauen qua Geschlecht in einer Welt leben, in der im Bedarfsfall über ihre Körper verfügt wird. In der man sie zum Objekt macht und ihnen alles wegnehmen will, was ihnen gehört und was sie sind. Wir erklären diese Welt zum Schicksal, obwohl wir sie jeden Tag gegen Frauen neu erschaffen. Mit unserer Anspruchshaltung, unserer Gier, unserer Gewaltbereitschaft und unserem gekränkten Stolz. Mit unserem Desinteresse und unserer Ignoranz. ›Ja, aber was sollen wir denn tun?!‹ Vielleicht könnten wir ja mal damit anfangen, nicht mehr so zu tun, als wäre das alles vollkommen normal.«[413]

Sollte sich tatsächlich noch immer jemand fragen, ob sexuelle Gewalt und Prostitution wirklich mit dem Patriarchat zusammenhängen und nicht einfach menschliche Konstanten seien, dem empfehle ich, einen Blick auf matrifokale Gesellschaften zu werfen. Dort gibt es beides nämlich nicht, jedenfalls nicht in systemischer Form. Was auch die Männer dort keineswegs unglücklich zu machen scheint. Das wirft die Frage auf, worum es bei Vergewaltigung wirklich geht. Einerseits sicher um den Anspruch auf den öffentlichen Raum. Aber vielleicht ist der Aspekt viel wichtiger, dass es um die Kontrolle der Gebärfähigkeit geht (siehe auch das Kapitel über Reproduktionsmedizin). Frauen entscheiden, welcher Mann sich fortpflanzen darf. Das Patriarchat (und nur dieses) versucht, das zu ändern. Entweder durch restriktive Sexualmoral oder, wo dieses Privileg durch einen sozialen Wandel gefährdet ist, durch Vergewaltigung. Vergewaltigung ist damit die Kehrseite patriarchalischer Sexualmoral.

Kürzlich in München fuhr ich an einem Plakat vorbei. »Vergewaltigt?«, las ich da. Und wo man Hilfe fände. Es machte mich wütend, unfassbar wütend. »Vergewaltigt?«, fragt das Plakat, wie andernorts: Immer müde und abgeschlagen? Vergewaltigung ist kein Zipperlein, das man mit einer Schmerztablette schon wieder hinbekommt. Es ist brutale Gewalt – und mehr noch, ein massiver Angriff auf die Menschenwürde, an dem die Opfer oft lebenslang tragen. Und ich habe es so satt, diese scheinheiligen Bekenntnisse zu lesen. Wie wäre es, wenn ihr verdammt noch mal etwas dagegen tätet, dass Vergewaltigungen überhaupt vorkommen? Wenn Verbrechen gegen die Menschenwürde von Frauen endlich ernsthaft sanktioniert würden, wenn endlich Schluss wäre mit der Verharmlosung von allem, was Menschen als Objekte behandelt?!

Die feministische Staatstheorie hat seit den 1970er-Jahren darauf hingewiesen, dass sexualisierte Gewalt auch Legitimationsfragen aufwirft. Die einschlägigen Staatstheorien seit der Aufklärung beruhen schließlich auf einem Vertrag zwischen Bürger*in und Staat. Dafür, dass der Staat sie schützt, verzichten Bürger*innen auf einen Teil ihrer Freiheit, indem sie die Gesetze befolgen. Allerdings, meint Birgit Sauer, scheint das insbesondere für Frauen nicht zu funktionieren. Wo ist das Gewaltmonopol des Staats, wenn sie Gewalt erfahren? Wie legitim ist eigentlich überhaupt ein Staat, der es nicht einmal schafft, derart elementare Sicherheit zu gewährleisten? Nicht von ungefähr haben Marx und Engels den Staat als Herrschaftsinstrument hinterfragt. Doch sowohl sie als auch später Antonio Gramsci bei ähnlichen Aussagen haben sich nur auf die Unterdrückung nach Klassenprinzipien konzentriert und die geschlechtsspezifische Unterdrückung ausgeblendet.[414]

Tatsächlich wäre es an der Zeit, dass Frauen ganz konkret die Frage aufwerfen, warum sie eigentlich dieselben Steuern zahlen wie Männer, obwohl ihre Sicherheit nicht annähernd vergleichbar durch den Staat geschützt wird. Zwar hat sich einiges getan – die Rechtslage beim Gewaltschutz ist heute besser als in den 1990er-Jahren –, aber noch immer ist der öffentliche Raum für Frauen mit weit mehr Gefahren verbunden als für Männer. Und wie die Beispiele eingangs gezeigt haben, geht der Trend eher zu einer Bagatellisierung brutalster Vergewaltigungen und damit wieder zu einer Verschlechterung. Anders sind Bewährungsstrafen für solche Taten nicht zu erklären.

Vielleicht sollten wir endlich Konsequenzen ziehen. Wenn eine Mietwohnung nicht in Ordnung ist, etwa weil die Heizung nicht repariert wird, haben Mieter*innen das Recht, die Miete zu kürzen. In einer

Demokratie ist die Regierung kein Herrscher, sondern der Hausmeister. Und die Heizung des Gewaltschutzes ist so was von kaputt. Vielleicht sollten wir Frauen der Regierung »die Miete kürzen«. Einfach weniger Steuern zahlen, weil wir ja auch nicht dieselbe Leistung für unser Geld bekommen wie Männer. So lange, bis wir den öffentlichen Raum zu jeder Tages- und Nachtzeit genauso nutzen können wie diese.

CARE-ARBEIT ALS AUSBEUTUNG UND ABHÄNGIGKEIT

Noch heute kann ich keine Schmalznudel sehen, ohne eine feministische Aufwallung zu spüren. In meiner Kindheit entschied die Schmalznudel (auch bekannt als »Auszogne« oder »Kirchweihnudel«) über den sozialen Status einer bayerischen Frau. Entsprach das Hefegebäck nicht dem Ideal, war er im Keller, egal, ob man nebenher als Herzchirurgin Leben rettete oder einen IQ von hundertfünfzig hatte. Allerdings waren Frauen als Herzchirurgin dort sowieso nicht vorgesehen. Wer hätte dann die Schmalznudeln gebacken?

Die Vorstellung, dass man als Frau in einer Ehe zu den geistlosen Arbeiten verdammt ist, dürfte der wichtigste Grund sein, warum vor allem in Zeiten stärker ausgeprägter Geschlechterrollen die meisten Feministinnen unverheiratet blieben. Nicht aus Mangel an Sinnlichkeit, sondern aus Vernunft. Denn schon damals war klar: Wer zahlt, entscheidet. Wer zum Familieneinkommen nichts oder nur wenig beiträgt, hat eben zu spuren. So wurden über Jahrhunderte Frauen die Fähigkeit zu lieben abtrainiert und durch das Stopfen geöffneter Schnäbel ersetzt. Und Männer wurden darauf abgerichtet, sich geliebt zu fühlen, wenn ihr Body-Mass-Index bedenkliche Maße annimmt.

Der Equal Pay Day soll die geschlechtsspezifischen Lohnunterschiede visualisieren. Frauen verdienen in Deutschland im Schnitt rund achtzehn Prozent weniger als Männer. Das entspricht etwa sechsundsechzig Tagen Arbeit. Wenn Männer also ab dem 1. Januar voll verdienen, arbeiten Frauen bis zum Equal Pay Day gratis. Derzeit also bis zum 6. oder 7. März. Warum? Einerseits sind Frauen oft diejenigen, die zu Hause bleiben oder in Teilzeit gehen, wenn Kinder kommen (wegen der traditionellen Geschlechterrollen). Entsprechend suchen sie sich Berufe, wo dies möglich ist. Hochbezahlte Branchen bleiben damit Männerdomänen. Aber auch allgemein sind Frauen seltener in Spitzenpositionen zu finden als Männer (vermutlich aus demselben Grund). Und schließlich ergibt sich ein Teufelskreis mit der Geringschätzung weiblicher Arbeit: Frauendominierte Branchen sind schlechter bezahlt. Und schließlich fehlt noch immer eine konsequente Gehaltstransparenz: Um überhaupt mitzubekommen, dass sie schlechter bezahlt wird als ein Mann in derselben Position, muss eine Frau erst einmal wissen, was dieser verdient. Frauen verdienen nicht nur weniger, sie bezahlen teils (vor allem beim Friseur und in der Textilreinigung) mehr für dieselbe Leistung (sogenanntes »Gender Pricing«).[415]

Frauen erledigen außerdem noch immer den größten Teil der Haus- und Pflegearbeit, die sogenannte »Care-Arbeit« (manchmal auch »Reproduktionsarbeit«). Die ist zwar nicht direkt wertschaffend (Produktion), aber dennoch unabdingbar für das Funktionieren der Wirtschaft. Denn sie garantiert, dass der Arbeiter auch weiterhin zur Arbeit kommt (und nicht zu Hause bleibt, weil er sich ums Kind kümmert oder die Wäsche macht). Und mit dem Kind wächst darüber hinaus ein*e künftige*r Arbeiter*in heran.

Die Hausfrau als Berufsmodell, das wurde in der Vergangenheit immer wieder betont, ist eine Erfindung des Kapitalismus. Bis etwa um die Wende vom 18. zum 19. Jahrhundert – und damit in etwa bis zu den ersten allgemein anerkannten Frauenrechtlerinnen – gab es zwar auch eine geschlechtsspezifische Arbeitsteilung, doch die Frau war in Finanzwesen und Organisation des heimischen Kleinbetriebs eingebunden. Fürs Kochen und Putzen hatte sie entweder Dienstpersonal, oder Mann und Frau erledigten Care-Arbeit gemeinsam, beispielsweise indem der Mann das Gemüse zog und die Frau es kochte. Mit dem außer Haus arbeitenden Mann und der im Haus nur noch fürs Private zuständigen Hausfrau wurde Care-Arbeit unsichtbar gemacht – und zur kostenlosen Arbeit. Wenn der Mann auswärts seine Arbeitskraft verkauft, muss die Frau die Aufgaben im Haus komplett übernehmen. Maria Mies spricht von der »Hausfrauisierung« der Arbeit: Durch das Abtrennen der Reproduktionsarbeit in den privaten Sektor, wo sie unsichtbar und unbezahlt blieb, verbilligten sich die Lohnkosten. Die Hausfrau arbeitet also unbezahlt für den Arbeitgeber mit, indem sie die Lohnkosten für ihren Mann so gering hält, dass für den kapitalistischen Lohngeber ein satter Anteil herausspringt. Nebenher zieht sie noch die künftigen Arbeiter und Hausfrauen groß, ebenfalls unbezahlt. Seit den 1970er-Jahren kam daher, vor allem aus Italien (Federici und Dalla Costa/James) die Forderung nach einem Lohn für Hausarbeit auf, denn diese sei Ergebnis einer Arbeitsteilung und keineswegs »Veranlagung« oder »Liebe« – und somit Teil kapitalistischer Produktion.[416]

Parallel – und natürlich rein zufällig – entwickelt sich ein Frauenbild, das die Frau zum idealerweise sittsamen, nicht allzu gescheiten Mütterchen erklärt, das klaglos und aus reiner Liebe zu Mann und Kind kocht, putzt, den Müll runterträgt und so weiter. Und damit nicht genug: Flugs treten gelehrte Wissenschaftler auf den Plan, die den Frauen erklären, das wäre auch das Beste so, denn zu etwas anderem taugten sie ohnehin nicht. Man redete ihnen ein, ihre Gehirne seien kleiner als die von Männern, sie seien schwächer und außerdem psychisch labil: Das Wort »Hysterie« (damals eine beliebte Diagnose, mit der wohl allzu oft auch Frauen belegt wurden, die sich mit dieser Rolle nicht so gern abfanden) leitet sich bekanntlich vom griechischen Wort für »Gebärmutter« ab und suggeriert so einen biologistischen Bezug zu Weiblichkeit. Kurz: Im Berufsleben seien Frauen ohnehin nicht zu gebrauchen. Ihre Welt sei das Haus. Die drei Ks sind geboren: Kinder, Küche, Kirche. Das Bürgerliche Gesetzbuch von 1900 regelt dies auch juristisch: Frauen verlieren endgültig die Freiheit zum eigenen Lohnerwerb.[417]

Dabei ist Care-Arbeit Milliarden wert. Würde man sie bezahlen, würde sie in Deutschland rund fünfhundert Milliarden Euro kosten (108 in Österreich). Inzwischen gibt es sogar Apps, mit denen man den Wert seiner Care-Arbeit berechnen kann. Denn Frauen arbeiten noch immer mehr unbezahlt als Männer. Das wirkt sich auf ihr Einkommen aus: Vor allem der höhere Teilzeitanteil sorgt für weniger Rentenansprüche, weniger Sicherheit im Job und allgemein niedrigeres Einkommen.[418] Insbesondere im Todesfall des Ehepartners oder bei einer Scheidung. Entsprechend fordert beispielsweise *Oxfam* mehr Einsatz für die Beseitigung dieser Probleme, etwa die Stärkung von Frauenrechtsorganisationen, mehr Geld für Kinderbetreuung etc.[419] Problematischer sind Ansätze, nach denen Männer ihre Frauen für Care-Arbeit bezahlen sollen. Denn unbezahlte Care-Arbeit hält ja die Löhne der Männer niedrig und dient so den Interessen des Kapitals – nicht primär denen der Männer. Das heißt, die Männer würden dafür bezahlen, dass ihr eigener Lohn gering bleibt! Das wäre absurd. Vielmehr sollten es die Unternehmen sein, die Care-Arbeit bezahlen: beispielsweise in Form eines Rentenfonds für Personen, den sie leisten. Vor allem aber muss die Aufteilung gerechter werden: indem man das Hauptverdienermodell aufbricht und beispielsweise nicht zwischen Voll- und Teilzeit (acht bzw. vier Stunden pro Tag) unterschieden wird, sondern alle sechs Stunden arbeiten und die Elternzeit für Väter gefördert wird. In skandinavischen Ländern funktioniert das bereits: Die Frauen verdienen besser und sind abgesichert, die Männer haben mehr Freizeit und bringen sich in die Care-Arbeit ein. Das macht Arbeit zwar teurer, aber wer andere für sich arbeiten lässt, muss eben damit leben, dass das Geld kostet. In den letzten Jahrzehnten hat sich ohnehin viel Reichtum von unten nach oben verschoben. Das umzukehren, wäre nur gerecht und würde keinen Vorstandschef verhungern lassen.

Insbesondere der Rentenausgleich für die Kindererziehung ist ein Grund, warum in der DDR sozialisierte Frauen inzwischen sagen, dass es ihnen dort besser ging.[420] Denn wenn Frauen in die unbezahlte Care-

Arbeit oder in prekäre Arbeitsverhältnisse abgedrängt werden, hat das Folgen. Frauen beziehen (Stand 2022) rund sechsundvierzig Prozent weniger Rente als Männer, und dieser Trend wird sich bis 2036 noch verstärken. Sechsundzwanzig Prozent der über achtzigjährigen Frauen ist arm, bei den Männern sind es nur siebzehn Prozent. Schuld sind traditionelle Rollenbilder und die Abschiebung der Frauen in Niedriglohnbranchen, Teilzeit und unbezahlte Arbeit. Auch der Wiedereinstieg in den Beruf nach der Kinderpause ist in Deutschland besonders schwer. So kommt es, dass der Gender Pension Gap in keinem europäischen OECD-Land so groß ist wie in Deutschland. Das hat auch politische Gründe: Das Ehegattensplitting beispielsweise setzt Anreize zur Alleinverdienerehe, weil sich eine versicherte Tätigkeit für den geringer verdienenden Teil kaum lohnt. Was gegen diese Prozesse getan wird, hat eben keine Wirkung, wenn man nebenher die Billiglohnbranche immer weiter ausbaut.[421] Die Gewerkschaft *ver.di* schreibt 2023, dass rund 2,7 Millionen Frauen trotz Vollzeitbeschäftigung so wenig verdienen, dass ihre Rente auch bei vollem Anspruch (also nach Jahrzehnte langer Arbeit) unter tausend Euro liegen wird.[422] (Zum Vergleich: Der Bund der Steuerzahler kritisiert die aktuelle [2024] Anhebung der Brutto-Grundentschädigung für Abgeordnete auf 11.227,20 Euro pro Monat, was nach nur vier Jahren Arbeit schon deutlich höheren Rentenansprüchen entspricht.[423]) Das betrifft vor allem Frauen in »Frauenberufen«, also im sozialen Bereich. Soziale Arbeit – meist Arbeit mit Kindern, Alten und Kranken – gilt als weniger wertvoll.

Beatrice Müller hat darauf hingewiesen, dass die Abwertung der Care-Arbeit selbst ein patriarchaler Herrschaftsmechanismus ist. Die Abwertung (»Wert-Abjektion«) der Care-Arbeit sei nicht nur eine Form der Ausbeutung, sondern auch der Abspaltung, ja, eine Verdrängung der eigenen Sterblichkeit. Denn Care-Arbeit ist Arbeit mit dem menschlichen Körper, mit den Prozessen von Wachsen und Vergehen. Ein Kind aufzuziehen, einen alten Menschen zu pflegen, das erinnert einen ständig daran, dass Menschen geboren werden und sterben. Genau das aber versucht der Kapitalismus auszublenden bzw. lagert es an Frauen aus.[424] Müllers Ansichten sind gerade dieser Tage wieder aktuell, da intensiv an der Verlängerung des menschlichen Lebens geforscht wird und mit dem sogenannten »Transhumanismus« (der »Religion des Silicon Valley«) eine moderne (und in Theorie und Praxis fast ausschließlich männliche) Schreibtischreligion neuen Aufschwung erfährt, die Technik mit religiösen Heilserwartungen verknüpft und gar verspricht, eines Tages durch Technik Unsterblichkeit zu erreichen (natürlich nur für einige wenige, nicht für Sie oder mich – wo kämen wir da hin, wenn acht Milliarden Menschen unsterblich werden wollten?).[425] In diesem Kontext ist auch Nancy Frasers Aussage zu verstehen, der Kapitalismus sei nicht nur ein Wirtschaftssystem, sondern kolonialisiere das Leben – er beruhe förmlich auf der Trennung von Mensch und Natur.[426]

Es gibt einiges, das für Mies' These spricht, dass Frauen bewusst aus dem formalen Sektor gedrängt und »hausfrauisiert« werden, um Lohnkosten zu sparen. So wollte der einstige FDP-Finanzminister Rexrodt in den 1990ern tatsächlich einen neuen Billiglohnsektor aufbauen, der von Frauen besetzt werden sollte. Seine Pläne scheiterten – heute nehmen Migrant*innen diese Rolle ein. In der Nachkriegszeit holte man aus demselben Grund Gastarbeiter*innen. So konnte die deutsche Hausfrau weiter am Herd bleiben. Heute wird Arbeit mehr und mehr hausfrauisiert (Homeoffice), und insbesondere Frauen arbeiten oft außerhalb des formalen Sektors als Freiberuflerinnen, Scheinselbstständige etc. ohne Absicherung. Die »Flexibilisierung«, so Mies, dränge zuerst die Frauen in die prekären, unqualifizierten Arbeitsverhältnisse ab, sodass der neoliberale Kapitalismus zu einer Verarmung der Frauen geführt habe. Mies sieht darin kein tragisches Schicksal, sondern eine charakteristische Eigenart des patriarchalisch geprägten Kapitalismus: Dieser lebe davon, dass es unbezahlte Arbeit gebe, deshalb seien in einer kapitalistischen Gesellschaft Frauenrechte immer nur so lange gültig, wie es dem Kapital gefiele.[427]

Dass dies keine reine Spekulation ist, zeigte sich Anfang der 2020er-Jahre: Während der Corona-Maßnahmen der Regierung blieb die Care-Arbeit vor allem an Frauen hängen. Geschlossene Kinderbetreuungsstätten und Schulen sowie Stellenabbau stellten arbeitende Mütter vor neue Herausforderungen und führten zu einem Backlash überholt geglaubter Rollenbilder. Es waren meist die Frauen, welche ihre regulären Arbeitszeiten reduzierten und die Betreuung von Kindern und pflegebedürftigen Familienangehörigen übernahmen. Neben Kindern versorgten sie nicht selten auch Alte, die wegen der unmenschlichen Bedingungen in den Altenheimen nach Hause geholt worden waren. Deshalb wurden neben den Kindern und People of Color vor allem Frauen durch die Maßnahmen überdurchschnittlich belastet, wie alle großen Medien feststellten und UN und Frauenrat kritisch anmerkten. Wissenschaftliche Zeitschriften bekamen kaum noch Einsendungen von Frauen, und Care-Arbeit wurde entpersönlicht.[428] Bedingt durch die Maßnahmen haben sich schwere psychische Probleme bis hin zur Suizidalität bei Kindern und Jugendlichen massiv verstärkt, wobei für die Behandlung nicht ausreichend Kapazitäten bereitstehen.[429] Während die Maßnahmen also auf Kosten von Frauen, Kindern und People of Color gingen und sich teils wie eine Blaupause für die von Mies kritisierte Hausfrauisierung und Kolonialisierung der Körper lesen, vergrößerten sie das Vermögen der Reichsten, zumeist weiße Männer, wie *Oxfam* berichtet.[430] Umso unglaubwürdiger waren deren Krokodilstränen – statt eine sachorientierte, unideologische Korrektur falscher Entwicklungen anzumahnen.

Neben diesem Hausfrauisierungsprozess – wie er früher nur in Entwicklungsländern stattfand – führten die Maßnahmen auch zu einer Zunahme an häuslicher Gewalt. Nicht nur im deutschsprachigen Raum: In Argentinien etwa organisierte *Ni unamenos* während des Lockdowns Frauenproteste.[431] In patriarchalischen Gesellschaften ist es die Frau, die in Krisenzeiten zu Hause bleibt, und das Maßnahmenregime machte überdeutlich, wie patriarchalisch die unsere noch immer ist. Simone de Beauvoir wird die Aussage zugeschrieben:

»N'oubliez jamais qu'il suffira d'uns crise politique, économique ou religieuse pour les droits des femmes soient remis en question. Ce droits ne sont jamais acquis. Vous devez rester vigilantes votre vie durant.« (»Vergesst nie, dass eine politische, ökonomische oder religiöse Krise ausreicht, dass Frauenrechte wieder infrage gestellt werden. Sie sind niemals erworben. Ihr müsst euer ganzes Leben lang wachsam bleiben.«)[432]

Ich erinnere mich an das Gedicht *Fragen eines lesenden Arbeiters* von Bert Brecht, in dem er die Leistungen berühmter Männer der Vergangenheit (es sind alles Männer) skizziert und bei jeder davon fragt, wer denn die eigentliche Arbeit gemacht habe. »Wer baute das siebentorige Theben? In den Büchern stehen die Namen von Königen. Haben die Könige die Steine herbeigeschleppt?« Nirgendwo sind die Arbeiter erwähnt. Brecht hat allerdings nur die männlichen Arbeiter im Blick. Selbst der Koch, den er Caesar auf seinen Gallienfeldzug mitgibt, ist ein Mann.

Vielleicht lohnt es sich einmal, das Gedicht weiterzuschreiben:

In den Büchern stehen die Namen von Dichtern. Woher nahmen sie die Zeit zum Schreiben? Wer putzte im Hause Brecht die Toiletten? Wer legte das schreiende Kind an die Brust?

Care-Arbeit ist per se natürlich keine kreative Meisterleistung. Genauso wenig wie die Fähigkeit, Steine zu schleppen, einen zum Städtebauer macht. Aber ohne sie wären viele kreative Meisterleistungen nicht möglich gewesen. Und wenn man die Care-Arbeit besser verteilt hätte, wären vielleicht auch viele kreative Meisterleistungen entstanden, die so für alle Zeiten ungeschrieben, ungebaut und unkomponiert blieben. Inexistent, weil sie das Pech hatten, im Kopf einer Frau Gestalt anzunehmen.

Parallel zur Abschaffung der Sklaverei vollzieht sich im 19. Jahrhundert also ein anderer, stiller Wandel: Die Hausfrauisierung der Arbeit, die geschlechtsspezifisch unbezahlte Arbeit. Gemeinhin nennt man unfreiwillig verrichtete unbezahlte Arbeit Sklaverei. Hat der Kapitalismus die Sklaverei aufgrund der Rasse abgeschafft, aber parallel eine neue Klasse von Sklavinnen von Geschlechts wegen geschaffen?

Vor diesem Hintergrund gewinnt insbesondere die erste Frauenbewegung noch eine Komponente, die eng im Zusammenhang mit dem Thema Menschenrechte steht: Es ist eine Widerstandsbewegung gegen die zunehmende Kolonialisierung der eigenen Frauen. Das erklärt dann wohl auch, warum bei Louise Otto-Peters die Polizei zur Hausdurchsuchung anrückte. Emmeline Pankhurst hatte vollkommen Recht: Die Frauenbewegung ist ein Freiheitskampf, nicht anders als der von Ländern wie Irland.

»FRAUEN KÖNNEN NICHT EINPARKEN« – DIE RÜCKEROBERUNG DER INTELLIGENZ

2023, Boarding für den Rückflug nach Deutschland. Der Mann bei der Familie vor mir erhascht einen Blick ins Cockpit und ächzt: »Wir haben eine Pilotin!« Seine Frau schaut ihn an, sie wirkt nicht belustigt. Er darauf: »Nein, nein, kein Problem. Nicht solange wir in der Luft sind. Gefährlich wird's erst beim Einparken.«

Das ist nicht 1950, sondern 2023. Dem Mann vor mir ist vermutlich nicht einmal ansatzweise klar, was er seiner Tochter, die neben ihm steht, antut. Es ist nachgewiesen, dass Mädchen, wenn sie um ihre Fähigkeiten wissen, in Tests besser abschneiden. Sagt man ihnen, dass Mädchen von Natur aus weniger zum räumlichen Denken befähigt sind, schneiden sie darin schlechter ab. Selbst wenn das Mädchen neben dem Mann also noch so begabt ist, wird er durch Bemerkungen wie diese vermutlich ihr Selbstbewusstsein zerstören – obwohl längst erwiesen ist, dass Frauen kein schlechteres räumliches Denken haben als Männer.[433] (Auch wenn immer wieder versucht wird, es zu beweisen, bisher aber nie überzeugend.)

Geschlechterstereotype machen krank. Ada Lovelace, Pionierin des Computers, kämpfte ein Leben lang mit schweren Depressionen. Der wichtigste Grund dafür war schlichtweg, als Frau geboren zu sein. Nicht weil sie generell lieber ein Mann gewesen wäre. Doch die restriktiven Geschlechterrollen der frühviktorianischen Zeit schnürten diesen so lebhaften und brillanten Geist ein, versagten ihm die Förderung und sorgten selbst da, wo er sich Bahn brach, dafür, dass er nicht zur Kenntnis genommen wurde; erst mehr als hundert Jahre später wurde halbwegs begriffen, was ihre Leistung eigentlich bedeutete. Selbst in den 1980er-Jahren wurde ihr noch unterstellt, ihr maßgebliches Werk nicht selbst verfasst zu haben.[434]

Auch Karoline von Günderrode (1770–1806) ist ein Beispiel für eine brillante Frau zur Zeit der Wende vom 18. zum 19. Jahrhundert, die an der patriarchalischen Gesellschaft zugrunde ging. Ihr selbst war das durchaus bewusst: »Ich habe keinen Sinn für weibliche Tugenden, für Weiberglückseligkeit. Nur das Wilde, Große, Glänzende gefällt mir. Es ist ein unseliges, aber unverbesserliches Mißverhältnis in meiner Seele; und es wird und muß so bleiben, denn ich bin ein Weib und habe Begierden wie ein Mann, ohne Männerkraft. Darum bin ich so wechselnd und uneins mit mir.«[435]

Wie bei so vielen hochintelligenten Frauen ihrer Zeit endete auch Karoline von Günderrodes Leben durch Suizid – wie auch das von Virginia Woolf (1882–1941) oder Christiane Luise Hegel (1773–1832), der Schwester des Philosophen: Während er Karriere machte und sich seinen Platz im Pantheon der Philosophie sicherte, endete sie in Wahnsinn und Selbstmord.[436] Im 19. Jahrhundert wurden die Frauen massiv »hausfrauisiert« und mit biologistischen Stereotypen kleingehalten. Diese wenigen Beispiele intelligenter Frauen zeigen die Grausamkeit von Geschlechterrollen. Sie stehen exemplarisch für Tausende, deren Namen wir heute nicht einmal mehr kennen und die dasselbe erlebten. Frauen, die ihrer Versklavung Widerstand entgegensetzten, wurden gnadenlos zerstört. Keine »Zersetzung« politischer Gegner*innen in Gewaltregimes stand dieser Form von Gewalt nach. Das ist nicht überraschend, denn es ist ja genau das: eine Zersetzung politischer Gegnerinnen. Der Ausdruck »Gewalt« ist deshalb ganz bewusst gewählt. Denn genau das sind Geschlechterrollen: Gewalt.

Für mich ist es nicht im Geringsten überraschend, dass genau in dieser Zeit (19. Jh.) die Diagnose Hysterie besonders prominent wurde. Denn es war die Zeit, in der Frauen so gut wie jede Entwicklungsmöglichkeit außerhalb von Heim und Familie genommen wurde. Ich bin (mit vielen anderen) fest davon überzeugt, dass ein Großteil der »Hysterikerinnen« des 19. und frühen 20. Jahrhunderts nichts weiter als intelligente Frauen waren.[437] Sie zerbrachen daran, dass sie von der Gesellschaft in ein Korsett aus Regeln und Stereotypen gepresst wurden, das ihnen Stück für Stück die Luft zum Atmen nahm. Das nicht metaphorische Korsett (ab ca. 1830 in Sanduhrform, gegen Ende des Jahrhunderts dann in der noch unnatürlicheren S-Form geschnürt) erinnert fatal an die damals übliche »Rollkur« bei Pferden: Bei dieser wird der Hals des Pferdes in eine unnatürliche, vom Menschen als »elegant« empfundene Position gezwungen, die zu Rückenproblemen, psychischer Belastung und sogar Atemnot führen kann. Heute wird die Rollkur – auch dank des Protests von Tierschützer*innen – kaum noch angewandt[438], doch damals war es üblich, ein Pferd beim Zureiten zu »brechen«: es durch Angst und Schmerz gefügig zu machen. Genau dasselbe wie eine Rollkur macht das Korsett mit dem Körper einer Frau: Es drückt ihn in eine unnatürliche, Knochen und Organe deformierende Position, erzeugt Atemnot und im Extremfall sogar lebensbedrohliche Knochenbrüche. Wer jemanden dazu bringt, selbst etwas so Lebensnotwendiges wie den eigenen Atem einzuschränken, dem geht es um die totale Unterwerfung. Ich sehe das Korsett in genau dieser Funktion: als totale Unterwerfung der Frau nach dem Vorbild der Pferdedressur. Menschenverachtender geht es kaum.

Niemand kann in einer Welt gesund bleiben, die einem von der Wiege bis zur Bahre erklärt, dass man weder sein Hirn noch seine Genitalien benutzen und am besten zu einem dekorativen Möbelstück degenerieren soll, weil man sowieso zu nichts anderem taugt. Der Biedermeier bzw. die viktorianische Zeit ist der Albtraum weiblichen Freiheitsstrebens. In so einer Gesellschaft hat eine Frau nur zwei Möglichkeiten: Entweder sie prügelt sich mit der Polizei um das Wahlrecht, oder sie bricht psychisch zusammen.

Ausschlaggebend für geistiges Interesse ist nachweislich die Intelligenz, nicht das Geschlecht.[439] Simone de Beauvoir hat also auch aus der Perspektive der Hirnforschung recht. Was aber offenbar niemanden interessiert. Auch deshalb sind Ansätze wie die von Judith Butler problematisch: Durch die Aufhebung der Differenz zwischen *gender* und *sex* (auf wie gesagt wissenschaftlich nicht ansatzweise tragbarer Basis) werden sämtlichen Erkenntnissen der modernen Hirnforschung zum Trotz diese Unterschiede wieder verwischt und so der Weg für neue biologistische Vorurteile freigemacht.

Seit der *Querelle des femmes* haben wir gesehen, wie eng die Unterdrückung der Frauen damit verknüpft ist, sie dumm zu halten, für gewöhnlich indem man ihnen Bildung vorenthielt. Es überrascht daher nicht, dass kluge Frauen im 19. Jahrhundert gefährlich waren und neutralisiert werden mussten. Am einfachsten gelang das, indem man ihnen die Weiblichkeit absprach. Es ging so weit, dass mann – selbstverständlich belegt mit Zahlen, also ganz »wissenschaftlich« – verkündete, Frauen seien »geistig steril« und Studieren mache eine Frau unfruchtbar![440]

Bis heute wird Hochbegabung bei Mädchen seltener erkannt als bei Jungen[441], und es ist meist schwerer für sie, insbesondere in einem konservativen Umfeld, an ihre Begabung heranzukommen. Es wird ihnen eingeredet, sie könnten das alles nicht – oder es wird ihnen schlichtweg verboten. Oder sie werden mit »Frauenarbeit« (also allem, was geistlos ist und keine Anerkennung bringt) derart zugeschüttet, dass sie schon deshalb keine Zeit mehr für ihre Begabung haben.

Das Stereotyp, (besondere) Klugheit sei letztlich unweiblich, führt zu einem Phänomen, das jede intelligente Frau kennt: Männer strafen sie mit Desinteresse, suggerieren fehlende Attraktivität. Insbesondere feste Beziehungen werden nach wie vor gern in der Konstellation kluger Mann, weniger kluge Frau eingegangen. Richard Nixon wird der Ausspruch zugeschrieben: »Eine Frau sollte nicht zu intelligent sein, sonst lässt sie ihren Mann wie eine Niete aussehen.« Das ist ja wenigstens mal ehrlich. Deshalb nenne ich solche Männer Nixon-Männer (manchmal auch Nixen-Männer, wenn sie gar so schnell abtauchen). Kurz: Als hochbegabte Frau kannst du dich von Kopf bis Fuß in roten Latex quetschen und darin aussehen wie Jennifer Lawrence oder Angelina Jolie, sobald du den Mund aufmachst, verflüchtigen sich die Männer schneller als Helium. Hochbegabte Männer haben Groupies, hochbegabte Frauen haben einen Therapeuten.[442]

Ich habe für dieses Phänomen das Beispiel des Märchens *Die kleine Meerjungfrau* von Hans Christian Andersen gebracht. Die Geschichte der Meerjungfrau, die ihre wunderschöne Stimme opfert, um die Liebe eines Menschen zu erringen – und am Ende vernichtet wird. Das Märchen ist Ausdruck einer Gesellschaft, in der begabte Frauen wählen mussten, zwischen Begabung und Liebe. Und oft genug am Ende beides verlieren.

Warum? Frauen werden noch immer primär über ihren Körper definiert. Wir haben im Kapitel über Lateinamerika gesehen, dass sich viele Feministinnen hier an der aristotelischen Zuordnung der Frau zum Körperlichen abarbeiten. Wegen des Leib-Seele- bzw. Leib-Geist-Dualismus insbesondere der christlich geprägten Kultur bedeutet das im Umkehrschluss, dass ihnen der Geist abgesprochen wird. Simone de Beauvoir sagt, ihnen werde Transzendenz abgesprochen. Sie bezieht sich damit auf ein Konzept des Philosophen Hegel (der, dessen Schwester in Wahnsinn und Suizid endete), das der Existenzialismus weiterführt. Demzufolge kann man sich nur in Abgrenzung zum anderen, also gegenüber einem Objekt, seiner selbst bewusst werden. De Beauvoir greift diese Idee auf und postuliert, für den Mann sei dieses »andere« die Frau. Wer aber kann es für die Frau sein? Mies und Shiva werfen de Beauvoir vor, indem sie das Transzendenzkonzept von Hegel übernehme, würden Frauen ihren eigenen Körper als etwas »anderes« wahrnehmen und letztlich leibfeindlich.[443] Allerdings sind Mies und Shiva da etwas zu streng, denn de Beauvoir greift zwar das Transzendenzkonzept von Hegel (und Sartre!) auf, es geht ihr dabei aber vor allem um die stereotype Wahrnehmung der Frau als »das andere« und um das damit verbundene Herr-Knecht-Verhältnis zwischen Mann und Frau. Am Schluss von *Das andere Geschlecht* argumentiert sie vielmehr, dass genau dieses Verständnis von Transzendenz als Herrschaft, nicht gegenseitige Anerkennung das Problem sei. Die gegenseitige Anerkennung als Subjekt ist das Ziel, denn: »In beiden Geschlechtern spielt sich dasselbe Drama von Körper und Geist, von Endlichkeit und Transzendenz ab [...]. Bei ihrer gegenseitigen Anerkennung als Subjekt, bleibt jedes dennoch für den Partner ein *Anderes.*« Auch wenn in einer Beziehung der Partner immer das andere ist, sind wir nicht ausschließlich über Beziehungen definiert.[444]

Tatsächlich hat die Wahrnehmung der Frauen als rein körperlich bestimmt dazu geführt, dass diese ihren eigenen Körper ablehnten und loswerden wollten. Wenig überraschend ist das ein Machtmechanismus: Wer seinen Körper hasst, hasst sich selbst, denn wir sind nun einmal unser Körper. Wer sich selbst hasst, ist leichter zu manipulieren, weil er auf Strategien hofft, diesen Hass überwinden zu können. In der katholischen Kirche lautete diese Strategie: Werde asexuell, und zerstöre idealerweise dabei deinen Körper.

Katholische (weibliche) Heilige und Nonnen ab dem 12. Jahrhundert litten fast durchwegs an Magersucht: bekanntermaßen ein Kontrollversuch. Fasten und Sexualität hängen eng zusammen, sodass Fasten auch die Kontrolle von Sexualität und die Überwindung von Körperlichkeit und Geschlechtlichkeit anstrebt.[445] Das kam nicht von ungefähr. Ab dem 11. Jahrhundert wurden Frauen aus dem Kult verdrängt, begleitet von zunehmender Körperverachtung und dem Absprechen des Verstandes zur Gotteserkenntnis.[446] Entsprechend wurde alles, was die Weiblichkeit einer Frau sichtbar machte, für unvereinbar mit Verstand und religiöser Kompetenz erklärt: Geistliche wie Caesarius von Heisterbach – er bewegte sich im Umfeld des brutalen Inquisitors Konrad von Marburg – verdammten folglich den »weiblichen Putz« als des Teufels. Ganz wörtlich übrigens: Caesarius behauptet, er habe auf der Schleppe einer seiner Ansicht nach zu elegant gekleideten Kirchenbesucherin Dämonen tanzen gesehen. Heute redet man ihnen ein, sie machten sich »zum Sexobjekt«, wenn sie nur Lippenstift verwenden. Wunderbarerweise aber macht sich kein Mann zum Sexobjekt, wenn er trainieren geht, das Hemd vorn offen lässt und sein Haar stylt! Während Männer beides haben können, Freiheit und Sinnlichkeit, Geschlechtlichkeit und Geist, sollen sich Frauen noch immer zwischen beidem entscheiden. Aber eine Freiheit, die durch Verzicht auf Sinnlichkeit erkauft werden muss, verdient den Namen nicht.[447]

Die Verbindung von Intellekt und Geschlecht bzw. konkret: Fortpflanzungsfähigkeit wird am Beispiel nicht fortpflanzungsrelevanter Frauenrollen deutlich: Lehrerinnen konnten ihren intellektuellen Neigungen folgen – um den Preis, unverheiratet zu bleiben. Dasselbe galt für lesbische Frauen. Ihnen wurden mehr männliche Anteile und entsprechend auch mehr Intelligenz nachgesagt, das Bildungsprivileg wurde also biologistisch begründet. Die Idee geht auf Magnus Hirschfeld zurück, dessen *Jahrbuch für sexuelle Zwischenstufen* 1902 bereits Homosexuelle als »drittes Geschlecht« bezeichnet, das Anteile von beiden Geschlechtern in sich trüge. Entsprechend wurden Lesben als »männlicher« wahrgenommen und mit den entsprechenden Attributen belegt. Das führte dazu, dass auch heterosexuelle Frauen, sobald sie geistiges Interesse zeigten, schrieben oder ganz allgemein gegen Geschlechterrollen aufbegehrten, als Lesben wahrgenommen wurden. Elisa Heinrich zieht entsprechend den Schluss, dass man durch die Einstufung lesbischer Frauen als »klüger«, weil »männlicher«, alle anderen weiter für dumm erklären konnte.[448] Es handelt sich also um einen Machtmechanismus aus der Zeit, in der sich die Universitäten zunehmend für Frauen öffneten und damit das männliche Bildungsprivileg herausgefordert wurde.

Wo Klugheit als männlich gilt, darf die kluge Frau nicht länger weiblich sein. Es geht um Ressourcen, *stupid!* Deshalb wurde Frauen die Klugheit abgesprochen, wenn sie sich weiblich gaben; und Frauen, die auf ihrer Klugheit bestanden, sollte möglichst sexuell unattraktiv in Erscheinung treten – und tun dies noch heute. Dabei ist die Erwartung, eine Frau, die für ihren Geist respektiert wird, müsse aussehen wie eine Nonne – oder, im Fall der islamischen Welt, verschleiert sein –, nur ein misogyner Machtmechanismus. In patriarchalischen Gesellschaften (ja, auch im Islam, wie oben bereits erwähnt) retteten sich kluge Frauen übrigens nicht selten in die Rolle der Hetäre oder Kurtisane: gebildete, oft brillant intelligente Frauen, die – im Tausch dafür, dass sie sich prostituierten und so ihre untergeordnete Stellung überdeutlich machten – ihren geistigen Interessen folgen durften. Eine schwere Wahl, aber doch wenigstens eine Wahl. Späteren Generationen stand sie nicht mehr offen. Nachdem einige dieser Damen zu mächtig geworden waren (etwa die Pompadour) und man die Frau zurück ins Haus verbannt hatte, verschwinden die Hetären. Aber noch heute versuchen manche Männer, Frauen, die ihnen geistig überlegen oder sonst irgendwie bedrohlich sind, durch sexuelle Belästigung auf den Status einer Kurtisane herabzuwürdigen. Andere Männer versuchen, eine kluge Frau umgehend zu übertrumpfen – entweder, um ihr zu imponieren, oder, und das ist häufiger, um sich zu vergewissern, dass eine Frau nicht klüger sein kann als ein Mann. Sorry, Männer, können wir.

Weiblich und gleichzeitig klug – Frauen einzureden, dass das Gegensätze seien, ist ein Machtmechanismus. Wer kennt nicht Sprüche wie: »Lange Haare, kurzer Verstand«. Die weltweit renommierte Islamwissenschaftlerin Angelika Neuwirth erzählte mir, sie habe sich noch anhören müssen, sie solle sich doch, anstatt zu habilitieren, um ihre Fingernägel kümmern. Angesichts ihrer Verdienste um die Koran-Forschung und der Tatsache, dass sie als Grande Dame des Fachs gilt, halte ich den Verlust doch für verschmerzbar. Aber auch wenn sich bis heute viele Akademikerinnen spätestens nach der Promotion die Haare abschneiden: Kurze Haare haben noch niemanden klüger gemacht (zu viel Ehre für Friseur*innen!), denn bekanntlich sitzt der Verstand im Hirn und nicht in den als »Haar« bekannten Keratintentakeln *auf* dem Kopf.

Wenn wir uns ins Gedächtnis rufen, dass die Unterdrückung der Frauen jahrtausendelang damit gerechtfertigt wurde, sie seien trotz

Gebärens für die Reproduktion letztlich unbedeutend, muss die Entdeckung der Eizelle 1827 die patriarchalische Urkatastrophe gewesen sein. Nach der Entdeckung der Eizelle brauchte das Patriarchat neue Legitimationsstrategien. Also kamen die Biologismen ins Spiel (»warum Frauen nicht einparken können«). Und eben die Trennung von Körper und Geist, die verstärkt wurde (und da muss man leider sagen, dass Butler hier der antifeministischen Seite reichlich Material liefert). Die antifeministische Partei berief sich zuerst auf die Biologismen. Auch die Blondinenwitze der 1990er waren Ausdruck einer Zeit, als Frauen an die Universitäten drängten, an den Schulen bessere Abschlüsse zu machen begannen und immer höher in die Hierarchien vorzudringen drohten. Also suggerierte man ihnen mit diesen Witzen, dass eine nach gängigen Kriterien attraktive Frau (kristallisiert im Schönheitsideal blond) nicht gleichzeitig klug sein könne.

Insgesamt gilt Intelligenz noch immer als traditionell männlich. Das zeigt sich auch in Branchen, die traditionell mit Intelligenz konnotiert sind, etwa in der Buchbranche. Meine absoluten Highlights: die Begriffe »ChickLit« und »Frauenunterhaltung« oder, beinahe synonym, »Romance«. Ersteres bedeutet übersetzt »Hühnchen-Literatur«, was eigentlich schon alles sagt. Und Zweiteres? Noch immer werden Frauen mit seichten Liebesgeschichten assoziiert und nicht mit intellektuellem Anspruch. Noch immer gelten Texte von Frauen und über Frauen eher als frauenspezifisch, während solche von Männern und über Männer seltener einem Geschlecht zugeordnet werden. Und auch die Unterstellung, eine Autorin schreibe doch eigentlich nur über sich und ihr Buch sei eigentlich eine Art Tagebuch, während Männer, auch wenn sie erklärtermaßen über ihr eigenes Leben schreiben, große Kunst schaffen, hält sich hartnäckig.

In der – meist von jungen Frauen verfassten – Romance-Literatur ist nicht selten ein besorgniserregendes Frauenbild zu erkennen. Zwar sind viele bemüht, das Genre über queere Liebesgeschichten zu modernisieren und etwas Abwechslung in die Sache zu bringen, doch oft drehen sie sich um das, was man populär als »toxische Beziehung«

bezeichnet. Vermutlich in der Folge von *Fifty Shades of Grey* entstanden Paarkonstellationen, in denen der meist reiche, aber hundsgemeine Mann die devote Liebe der Frau über rund zweihundert Seiten strapaziert, ehe er unversehens zum Traumprinzen mutiert. Was bei jeder Frau, die nicht gerade vollends masochistisch ist, die Frage aufwirft, wieso er nach so viel Gemeinheit eigentlich noch attraktiv sein soll. Da war selbst das 19. Jahrhundert weiter: Im Märchen vom Froschkönig durfte die Protagonistin den fiesen Prinzen wenigstens an die Wand klatschen.

Auch die Universität als geistige Bastion per se ist – zumindest in den oberen Etagen – eine Männerdomäne. Wollen Frauen einfach keine Karriere machen?

So einfach ist es nicht. Denn sehen wir uns einmal die Gründe an, warum so wenige Frauen habilitieren. Seit der Bologna-Reform wurde die Universität massiv umgestaltet. Das betraf nicht nur das Studium, sondern vor allem auch den Lehrkörper. Feste Stellen im sogenannten Mittelbau (also akademische Stellen, die keine Professur sind) fielen fast völlig weg. Die Universität schafft damit für alle, die keine Professur haben, prekäre Arbeitsverhältnisse: nicht selten auf wenige Monate, höchstens aber ein paar Jahre befristete Stellen, die oft nur als halbe Stellen vergeben werden. (Hintergrund ist, dass eine Professur im seminareigenen Vorstand umso mehr Einfluss hat, je mehr Mitarbeiter*innen auf mindestens einer halben Stelle sie hat. So bekommt man zwei zum Preis von einem. Da es üblich ist, Mitarbeiter*innen so viele Überstunden machen zu lassen [unbezahlt, natürlich], dass eine halbe Stelle de facto eine ganze ist, erhält man fürs selbe Geld auch noch die doppelte Arbeit. Da die Mitarbeiter*innen gewöhnlich an ihrer Promotion oder Habilitation bei der jeweiligen Professur arbeiten, sind sie vollkommen abhängig.) Häufige Ortswechsel sind normal, was zusätzliche Kosten bedeutet. Wer also in einer Beziehung, eventuell sogar mit Kindern lebt, ist dann schon froh, wenn er nicht draufzahlt. Kinderbetreuung gibt es zwar für Studierende, bei Mitarbeiter*innen ist das aber alles andere als selbstverständlich: Die

Gleichstellungsförderung in Deutschland läuft leider noch immer primär auf die Massenproduktion von bachelorgeprüften Hausfrauen hinaus. Als ich an der Universität Göttingen arbeitete, war mein Eindruck jedenfalls, dass die Gleichstellungsbeauftragte meiner Fakultät besser die Stellenbezeichnung »Gleichstellungsverhinderungsbeauftragte« hätte führen sollen. Und lässt sich tatsächlich eine Frau von diesen Arbeitsbedingungen nicht abschrecken, benachteiligen sie beispielsweise die gut dotierten ERC-Stipendien der EU.[449] Frauen werden in der Wissenschaft auch seltener zitiert als Männer, der sogenannte »Gender Citation Gap«: Unter den fünfzehn meistzitierten Wissenschaftler*innen findet sich nur eine Frau. Selbst Frauen zitieren eher Männer als Frauen. Das wirkt sich auf die Karriere aus. Frauen erhalten auch seltener Nobelpreise. Dass die intellektuelle Leistung von Frauen gern unterschätzt wird, fiel schon der oben erwähnten amerikanischen Frauenrechtlerin Matilda Joslyn Gage auf. Das Phänomen hat deshalb den Namen »Matilda-Effekt« bekommen.[450] (Leider klingt das aufgrund der Verwendung des Vornamens weniger seriös, als wenn man es »Gage-Effekt« genannt hätte. Denn Männer werden in Artikeln oder Essays traditionell gerne nur mit ihrem Nachnamen genannt, während man bei Frauen stets Vor- und Nachnamen nennt.) Man möchte annehmen, dass sich die Situation verbessert, je mehr Frauen in wichtigen Positionen sind. Doch das ist nicht der Fall. Im Gegenteil: Im Fall der besagten ERC-Stipendien wurde sogar festgestellt, dass umso weniger Frauen gefördert wurden, je mehr Frauen über die Auswahl der Stipendiat*innen entschieden.[451] Frauen sind also nicht zwangsläufig eine Hilfe für andere Frauen. Es ist nicht schwer, sich auszumalen, woran das liegt: In einer patriarchalischen Gesellschaft werden Frauen darauf konditioniert, um die Aufmerksamkeit von Männern zu konkurrieren. In Männerdomänen wie der Universität gibt es oft nur wenige Positionen, die Frauen zugestanden werden. Entsprechend verstärkt sich der Konkurrenzdruck. Frauen konkurrieren also doppelt: nicht nur unter dem Kriterium der fachlichen Qualifikation, sondern auch noch unter dem des Geschlechts. Außerdem ist der Druck auf sie stärker, »seriöse« (männliche) Quellen zu zitieren.

Die Universität steht also nach Kriterien der Gleichstellung und der Vereinbarkeit von Familie und Beruf schlecht da. Da hilft dann auch die (formale) Bevorzugung von Frauen bei gleicher Qualifikation nicht. Last not least: Gerade weil die Universität als Arbeitgeber so unattraktiv ist, gehen viele talentierte Absolvent*innen, welchen Geschlechts auch immer, ohnehin in die besser bezahlte Wirtschaft. An den Universitäten bleiben dann die, welche keine andere Wahl hatten, als die ausbeuterischen Arbeitsbedingungen zu akzeptieren. Oder eben jemanden haben, der sich um die Kinder kümmert (etwa weil sie als Mann eine traditionelle Rollenverteilung in der Beziehung pflegen oder weil sie wohlhabend genug sind, jemanden dafür zu bezahlen). Die schönsten Lippenbekenntnisse zur Frauenförderung helfen also nichts, wenn man gleichzeitig alles tut, um die Arbeitssituation für Frauen so unattraktiv und so belastend wie möglich zu machen. Und wie man sieht, ist der Unterschied zu dem, was Stella Nyanzi in Uganda oder Durriya Shafiq in Ägypten erlebt haben, nicht besonders groß. Die Tatsache, dass man ein paar Ämter mit klangvollen Namen einführt, heißt eben nicht, dass sich auch tatsächlich etwas ändert. Da sitzen Frauen, aus welchem Land sie auch kommen mögen, im selben Boot.

Und was ist nun mit dem Einparken?

Tatsächlich gibt es keine geschlechtsspezifischen Unterschiede in der Fähigkeit zum räumlichen Denken oder bei anderen Fähigkeiten. Auch wenn der Bestseller *Warum Männer nicht zuhören und Frauen nicht einparken können* – verfasst von neurobiologisch so qualifizierten Experten wie einem Ex-Model und einem ehemaligen Versicherungsvertreter – das Gegenteil behauptete: Je intelligenter eine Person ist, desto weniger interessiert sie sich für angeblich »geschlechtsspezifische« Begabungsbereiche. Übrigens kann sich die Zuschreibung solcher Bereiche auch ändern. Früher war Mathe weiblich: Ada Lovelace wurde nicht zuletzt deshalb von ihrer Mutter in Mathematik ausgebildet, weil diese hoffte, durch diese wenig romantische Tätigkeit rufschädigende Eskapaden mit Männern vermeiden zu können. Kurz: Wenn sie schon intelligent sein muss, dann lieber Gleichungen lösen als Liebesgedichte schreiben. Und vor rund hundert Jahren galten zum Beispiel die heute »weiblichen« Geisteswissenschaften als männliche Domäne, während mann die angeblich »praktischer« veranlagten Frauen besser in Physik und Chemie aufgehoben sah. Das änderte sich, als zwei Weltkriege und die Entdeckung der Kernspaltung Physik und Chemie für die lukrative Waffentechnologie interessant machten. Die Zuschreibung eines Fachgebiets als »weiblich« hat nichts mit der biologischen Eignung zu tun, sondern mit dem sozioökonomischen Ansehen der Tätigkeit. Dass man jetzt Mädchen in MINT-Fächern fördert, liegt vermutlich auch eher daran, dass hier Fachkräfte dringend gesucht werden. So händeringend, dass man auch weibliche nimmt. Woher aber die nehmen, bei dem, was sie ihr Leben lang gelernt haben?

Wie mir persönlich berichtet wurde, gab es in Deutschland noch 1986 einen Chemielehrer, der die Mädchen zu Beginn des Halbjahres aufforderte, sich in die letzte Reihe zu setzen und den Mund zu halten, wofür ihnen fünf Punkte im Zeugnis garantiert wurden. Begründung: Sie würden die Chemie sowieso nicht verstehen. Ich möchte einen Mann sehen, der so aufwachsen muss und danach noch ein gesundes Selbstvertrauen in seine (hochbezahlten) naturwissenschaftlichen Fähigkeiten hat.

MANSPLOITING: WENN MÄNNER DIR IDEEN KLAUEN

Vor einiger Zeit arbeitete ich in einer Gruppe mit größtenteils männlichen Professoren an einem Text. Die Arbeitsgruppe war langatmig, betulich und ineffizient. Also investierte ich einige Zeit in die Sache, schon allein deshalb, weil ich endlich fertig werden wollte. Nachdem alle sich erfreut gezeigt hatten, dass die Arbeit schneller als erwartet erledigt war, beschlossen drei ausschließlich männliche Teilnehmer hinter dem Rücken aller anderen, nun die finalen Entscheidungen zu treffen. Erschienen ist der Text dann unter dem Namen eines der drei Herren. Als ich – begleitet von Protest aus der Gruppe – den Herausgeber informierte, dass der Text mitnichten nur von dem Mann, sondern von einer Arbeitsgruppe und zu nicht geringen Teilen von mir stammte, änderte dieser immerhin sofort die Urheberschaft. Doch das änderte nichts mehr daran, dass der Professor fortan mit meinen Sätzen zitiert wurde.

Der Professor ist übrigens auch ein großer Feind des Genderns und derjenige, den ich eingangs in diesem Buch mit den Worten zitiert habe, er halte Feminismus für das größte Übel unserer Zeit. Warum wohl?

Ich gebe mal das Riot Grrl und diesem Verhalten einen Namen: »Mansploiting«, aus *man* und *to exploit*: also Ausbeutung durch Männer.

Eine ganze Reihe Männer würde an dieser Stelle vermutlich »Sexismus gegen Männer« schreien, läsen sie ein feministisches Buch wie dieses. Aber das ist es nicht. Mansploiting ist kein biologistisches Konzept, das Männern unterstellt, von Geschlechts wegen so zu handeln. Es bezeichnet ein durch geschlechtsspezifische Erziehung erzeugtes Verhalten, also ein gesellschaftlich bedingtes Phänomen. Damit wendet es sich nicht gegen biologische Männer, sondern gegen die sozial geformte Geschlechterrolle »Mann«. Da es nicht an das biologische Geschlecht geknüpft ist, ist es auch nicht sexistisch. Sicher wird es auch die eine oder andere Frau geben, die es anwendet. Meist allerdings entsteht es durch die zugrunde liegende Geschlechterhierarchie in einer noch immer patriarchalisch organisierten Gesellschaft. Nicht ihre Biologie, sondern die Erziehung zum Glauben, einen Anspruch auf die Dienste von Frauen zu haben, bringt Männer dazu. Deshalb können sie dieses Verhalten auch ablegen, falls sie es bei sich entdecken. Ich würde sogar annehmen, dass es oft nicht aus bösem Willen geschieht. Aber wenn die Betroffenen eine Chance haben sollen, ihr Verhalten zu ändern, muss man es ansprechen. Wer es sexistisch findet, ein Verhalten als ausbeuterisch zu benennen, das durch eine sexistische Erziehung erzeugt wird, der muss eben damit leben.

Das illustriere ich an einem weiteren Fall: Ich sollte gemeinsam mit einem Kollegen – geringer qualifiziert als ich – eine Präsentation erstellen. Auch hier ließ der Kollege mich die Arbeit machen und erwartete dann, derjenige zu sein, der das fertige Produkt vorstellt. In diesem Fall war es etwas leichter, denn die Präsentation befand sich (nur) auf meinem Computer. Ich sagte also Nein. Es gab zuerst Ärger, aber dann begriff er, wie unfair sein Verhalten gewesen war. Ihm war überhaupt nicht klar gewesen, dass er unbewusst angenommen hatte, die Frau, obwohl sogar höher qualifiziert, müsse für den Mann arbeiten. Das Problem trat danach nie wieder auf, obwohl ich noch Jahre mit ihm zusammenarbeitete.

Die Vorstellung, Frauen seien vor allem dazu da, Männern zuzuarbeiten und ihnen die Ideen zu liefern, die sie selbst nicht haben, hat Folgen. Dadurch werden Frauen seltener als kreative Köpfe und Urheberinnen wahrgenommen und, wie wir oben gesehen haben, auch seltener zitiert (was bedeutet, dass sie auch häufiger plagiiert werden). Ihnen wird also die eigene Leistung (Marx würde sagen: Arbeit) entfremdet. Mit diesem Frauenbild ist es kein Wunder, dass Frauen so oft noch immer in der Falle unbezahlter Care-Arbeit landen.

Einer der prominentesten Fälle von Mansploiting betrifft zwei hochdekorierte Wissenschaftler. 1962 erhielten James Watson und Francis Crick den Nobelpreis für die Entdeckung der Struktur der DNA. Allerdings war die Doppelhelixstruktur bereits vor ihnen entdeckt worden. Nur leider von einer Frau: von Rosalind Franklin (1920–1958). Es ist richtig, dass Nobelpreise nur an noch lebende Personen vergeben werden und Franklin bereits tot war, als Crick und Watson 1962 ausgezeichnet wurden. Doch keiner der beiden erwähnte sie in seiner Nobelpreisrede, obwohl ihre Arbeit auf der von Franklin basierte. Angeblich war die entscheidende Fotoaufnahme, die Franklin von der DNA gemacht hatte und die den Durchbruch darstellte, sogar ohne ihr Wissen an Watson und Crick weitergegeben worden. Deren Arbeit oder zumindest die Tatsache, dass sie nicht deutlich nach der von Franklin erschien, würde damit auf einem Betrug basieren. Verantwortlich für die Weitergabe der Forschungsergebnisse soll Franklins Kollege Maurice Wilkins gewesen sein. Er wurde gemeinsam mit Watson und Crick mit dem Nobelpreis ausgezeichnet, und auch er erwähnt Franklin in seiner Rede mit keinem Wort.[452] Selbst eine angesehene Wissenschaftlerin wurde so um die Anerkennung betrogen, die ihr zustand. Andere prominente Namen reihen sich ein: Lise Meitner, Mileva Einstein …

Wie wir oben im Fall von Flora Tristan und Marx und Engels gesehen haben, waren selbst Männer, die feministische Forderungen unterstützten, nicht dagegen gefeit. Engels' Widmung an die Arbeiter zu Beginn von *Die Lage der arbeitenden Klasse in England* zitiert fast wörtlich die von Flora Tristan zu Beginn ihres thematisch fast gleichen, aber fünf Jahre zuvor erschienenen Werks. Eines allerdings hat er geändert: Anders als Tristan spricht Engels nur männliche Arbeiter an. Auch das berühmte »Proletarier aller Länder, vereinigt euch!« zitiert fast wörtlich Flora Tristan, und wie wir gesehen haben, hätten Marx und Engels schon Analphabeten sein müssen, um ihre Schrift nicht zu kennen. Der Fairness halber muss man hinzufügen, dass Marx und Engels auch andere französische Frühsozialist*innen plagiierten – um sie dann als »utopisch« abzutun.[453] Dennoch: Charles Fourier wird, wie wir gesehen haben, von Engels namentlich zitiert.

Die weibliche Urheberin, die Frau als Trägerin schöpferischer Kraft, ist ein Konzept, mit dem sich das Patriarchat nach wie vor schwertut. Das Stereotyp, die Frau sei nicht fähig, aus sich heraus etwas zu erschaffen, hielt sich jahrhundertelang. Und war verantwortlich für eine weitere Art der Ausbeutung, nämlich der intellektuellen Ausbeutung der Frauen. Colette schrieb ihre ersten Romane unter dem Namen ihres Mannes. Sie machte die Arbeit, er setzte seinen Namen darauf und kassierte. Noch während meiner Studienzeit kannte ich Männer, die ihre Abschlussarbeit von ihrer Freundin hatten tippen oder gar verfassen lassen. Noch im 20. Jahrhundert schrieben in großen Verlagen Frauen unter männlichem Pseudonym wie weiland George Sand. Auch Malerinnen taten sich schwer, und ebenso Komponistinnen (wir hatten über Ethel Smyth gesprochen). Für die Frau stellte man sich künstlerische Tätigkeit so vor, wie es in der spätromantischen Oper *Adriana Lecouvreur* über die Sängerin in ihrem Verhältnis zum Komponisten und Dichter heißt: »*Io son l'umile ancella del genio creator*« – »ich bin die demütige Dienerin des schöpferischen Genies.«

Kreativität und Reproduktion sind immer wieder miteinander verknüpft worden. Tatsächlich haben wir gesehen, wie eng das Patriarchat mit der Usurpation der Gebärfähigkeit verbunden ist. Manche sehen daher die Technik als Gebärersatz und identifikationsstiftendes Merkmal des Patriarchats.[454] Zwar ist Technik natürlich kein Merkmal nur patriarchalischer Gesellschaften, und es ist ein Stereotyp, sie mit Männlichkeit zu assoziieren. Immer wieder begegnet uns jedoch der Versuch, die weibliche Gebärfähigkeit zu dämonisieren (Pandora, Tiamat) und männliche Kopfgeburten dagegenzusetzen (so wie Athene, die aus dem Kopf von Zeus geboren wird). Paulus schreibt sogar, die Frau sei vom Mann und nicht der Mann von der Frau – obwohl ja nun ganz offensichtlich das Gegenteil der Fall ist.[455] Die Abjektion des weiblichen Gebärprivilegs ist der Grundstein des Patriarchats. Das Patriarchat muss die weibliche Schöpfungskraft negieren, weil mit deren Anerkennung seine gesamte Legitimationsstrategie zusammenbricht. Das weibliche Genie wäre demzufolge der größte Feind des Patriarchats.

REPRODUKTIONSMEDIZIN

Es war der Ökofeminismus, der zuerst auf die Bedeutung der Reproduktionsmedizin für den Feminismus hingewiesen hat. Es klingt ja eigentlich alles gut: Erbkrankheiten verhindern. Selbstbestimmte Entscheidung über Mutterschaft. Die Möglichkeit für queere Menschen, ein Kind zu haben. Tatsächlich haben die Erfindung des industriell hergestellten Latexkondoms 1912 durch Fromm (andere Formen sind deutlich älter) und später der Pille viel für die Befreiung der Frauen bewirkt. Zwar war die Fortpflanzung durch die Institution der Ehe nach wie vor reglementiert, doch Sexualität konnte so davon unabhängig gelebt werden.

Am Beginn der ersten Frauenbewegung steht aber noch eine Entdeckung, die mit der Kontrolle über die Fortpflanzungsfähigkeit zu tun hat: die Entdeckung der weiblichen Eizelle 1827. Streng genommen war es keineswegs die eigentliche Entdeckung. Die Eizelle ist die größte im menschlichen Körper vorkommende Zelle, die einzige, die man mit bloßem Auge sehen kann. Viel größer als ein Spermium. Man muss sich also schon Mühe geben, um sie zu übersehen. Wie konnte die Eizelle so lange ein unbekanntes Wesen bleiben?

Ganz einfach: weil nicht sein konnte, was nicht sein durfte. Schon um 800 vor unserer Zeitrechnung hatte man in Indien den Eileiter entdeckt. Flugs hieß es aber, das Ei werde über den Urin ausgeschieden und sei für die Reproduktion irrelevant. Der antike Mastermind der Medizin, Galen, nannte die Eileiter bereits »weibliche Hoden«; es blieb aber wissenschaftlicher Konsens, dass sie keine Funktion für die Fortpflanzung hätten. 1572 schrieb ein spanischer Anatom, er würde das Thema am liebsten ignorieren, weil es die Frauen zu selbstbewusst machen könne.[456] Das ist nun entwaffnend ehrlich – und zeigt, dass mann insgeheim ganz genau wusste, wozu dieses rätselhafte Organ diente. Und welche Folgen es für das Patriarchat hätte, wenn die Frauen davon erfahren sollten. Obwohl durchaus bekannt war, dass Tiere Eier haben (bei den einen oder anderen war das auch kaum zu übersehen, sie landeten ja auf dem Frühstückstisch), sträubte mann sich mit Händen und Füßen gegen das allzu Offensichtliche. 1672 entdeckte der niederländische Anatom Reinier de Graaf den Follikel, aber selbst das galt nicht als Beweis: Man nahm an, er diene dem Embryo als Nahrung! 1779 wurde erstmals eine Frosch-Eizelle befruchtet. Doch selbst als Karl Ernst von Baer 1827 herausfand, dass auch Säugetiere Eier produzieren, glaubte er noch, diese seien nur Nahrung für den Fötus. Erst 1861 wurde festgehalten, dass es sich um die weibliche Geschlechtszelle handelte. Doch bis in die späten 1970er-Jahre wurde noch von manchen bestritten, dass Frauen denselben Anteil an der Fortpflanzung hätten wie der Mann.[457]

Mit der Eizelle war endgültig die Mär gestorben, die Frau sei nur der Acker, in dem der Same keime. Im 19. Jahrhundert wurde klar, dass die Wissenschaft jahrhundertelang falschgelegen hatte. Nicht umsonst entdeckt man genau in dieser Zeit das Matriarchat neu – und mit ihm eine Kultur, in der die Gebärfähigkeit der Frau als Grundprinzip des Lebens betrachtet wird, nicht das »Machen« des Homo-Faber-Mannes. Polemisch zugespitzt: Sigmund Freud versuchte, die patriarchalische Panik über verloren gegangene Kontrolle auf die Frauen zu projizieren, indem er ihnen einen »Penisneid« unterstellte. (Bei allem Respekt, Sigmund: Ich war noch nie im Leben auf Männer neidisch, weil sie einen Penis haben, und ich kenne auch keine einzige Frau, bei der das so wäre.) Gena Corea sieht umgekehrt männliches Crossdressing oder die von Kybele-Priestern praktizierte Selbstkastration als Ausdruck von Gebärneid. Mit Verweis auf das Phänomen der Couvade (männliche Scheinschwangerschaft/Geburt, während die Frau gebiert) oder Praktiken, bei denen Männer ihren Penis aufschneiden, um eine Menstruation zu simulieren, postuliert sie einen interkulturellen Gebärneid.[458]

Corea geht davon aus, dass mann sich auf die Art an die Sache heranmachte, die für das Patriarchat charakteristisch sei: durch Technik. Die Reproduktionsmedizin legitimiert sich durch das Ziel, kinderlosen Paaren zu einem Kind zu verhelfen und Paaren, bei denen eine*r Überträger*in einer Erbkrankheit ist, gesunden Nachwuchs zu garantieren. Dagegen ist zunächst einmal nichts einzuwenden. Probleme ergeben sich vor allem aus den Begleitumständen. Zunächst einmal gibt es zwar ein Recht auf medizinische Beratung. Ein Recht auf ein Kind gibt es aber nicht. Die Reproduktionsmedizin darf nicht alles. Sie hat bestimmte Grenzen zu respektieren. Und die betreffen beispielsweise folgende Themen: In Osteuropa ist das Thema Leihmutterschaft viel präsenter als hierzulande. Das liegt auch daran, dass dort mehr Frauen aus finanzieller Not als Leihmütter ausgebeutet werden. Organisationen wie Femen (die bekanntlich aus der Ukraine stammt) haben die Problematik schon früh angesprochen und Leihmutterschaft in die Nähe von Prostitution gerückt: Auch hier gehe es um die Ausbeutung des weiblichen Körpers für Kapitalinteressen. Denn es ist ein Unterschied, ob eine Frau einmalig das Kind einer Freundin oder Schwester austrägt oder ob sie Jahr für Jahr gegen Lohn die Embryonen völlig Fremder gebiert und so zu einer modernen Gebärsklavin wird.

Auch bei der Forschung an der künstlichen Gebärmutter wird Hoffnung für Kinderlose als Motiv genannt. Aber ist das Problem wirklich so häufig, dass sich ein derartiger finanzieller Aufwand lohnt? In diese Forschung fließen enorme Summen. Man kann all das als Menschenfreundlichkeit sehen. Oder wie die Ökofeministinnen als Versuche, die weibliche Gebärfähigkeit als Ressource zu vereinnahmen, zu kommerzialisieren und vor allem das weibliche Gebärprivileg zu brechen. Insbesondere wenn man sich ansieht, wie die Sache konkret abläuft. Fassen wir zusammen, was Gena Corea der Reproduktionsmedizin in *Mother Machine* schon 1984 (auf Deutsch *Mutter Maschine*, 1986) vorwarf: Die erste künstliche Befruchtung sei eine Vergewaltigung gewesen. 1884 betäubt der Arzt William Pancoast eine seiner Patientinnen und spritzt ihr ohne ihr Wissen das Sperma eines seiner Studenten ein. Reproduktionsmedizin ist menschenverachtend und objektifizierend: In der Fachliteratur heißt das Kind, das aus einer künstlichen Befruchtung entsteht, »das Produkt«, die Frau »das Material«. Reproduktionsmedizin tendiert zur Eugenik: Die Techniken kommen aus der Viehzucht, und von Anfang an fanden sich die Befürworter*innen vor allem unter Eugeniker*innen. Leute also, die Menschen auf positive Eigenschaften hin züchten und/oder solche mit »negativen« Eigenschaften an der Fortpflanzung hindern wollen (und wer definiert wohl, was positiv und was negativ ist?). Die Nazis bekannten sich offen zur Eugenik. Ihre entsprechenden Gesetze führten zu Zwangssterilisationen und Massenmord. Weniger bekannt ist: Auch in den USA und England war die Eugenik sehr beliebt, erst nach dem Naziterror wurde sie umbenannt, etwa in »Bevölkerungskontrolle«. Der Philosoph Julian Huxley (Bruder von Aldous Huxley), erster UNESCO-Vorsitzender und bekennender Eugeniker, sah die künstliche Befruchtung als nützliches Werkzeug dazu.[459] (Huxley selbst war übrigens, wie die meisten Eugeniker*innen, nicht gerade die beste Werbung dafür: hässlich, kurzsichtig, weder physisch noch intellektuell beeindruckend.)

Weiter führt Corea an: Reproduktionsmedizin sei schmerzhaft, gefährlich und unethisch. Das »Ausspülen« eines Embryos, der dann einer anderen Frau eingesetzt wird, birgt massive Risiken: Geschlechtskrankheiten, schwere, bisweilen lebensbedrohliche Komplikationen wie Eileiterschwangerschaften, Verlust der Fruchtbarkeit. Corea berichtet, dass insbesondere in Wohlfahrtskrankenhäusern Frauen ohne ihr Wissen Eier für Forschungszwecke entnommen wurden. Auch die meisten Kundinnen der Reproduktionsmedizin dieser Zeit hätten nicht einmal gewusst, dass sie an einem Menschenversuch teilnahmen. Die wenigsten Experimente endeten mit einem gesunden Kind – es profitierten vor allem Ärzte, die Embryonen für ihre Forschung brauchten.[460] Corea merkt weiter an, es sei unethisch, einerseits diese Versuche mit dem »Recht« auf ein eigenes Kind zu legitimieren, während gleichzeitig in armen Ländern (nicht weiße) Menschen zwangssterilisiert würden. Und nicht zuletzt würden nicht nur eugenische Machenschaften dadurch erleichtert, sondern auch der pränatale Femizid: Abtreibung aufgrund des Geschlechts.[461] Immer wieder bringt Corea Beispiele aus der Viehzucht: Kühe, die jedes Jahr ein Kalb »produzieren« müssen, um dem Abdecker zu entgehen, ohne je natürliche Sexualität kennengelernt zu haben: die sich gegen die Befruchtung wehren und danach desorientiert wirken – wie Frauen nach einer Vergewaltigung. Die brüllen, wenn ihnen die Kälber weggenommen werden, damit sie wieder trächtig werden. Die Beschreibung lässt keinen Zweifel daran, was Corea erwartet, wie mit Menschen umgegangen würde, sollten diese Praktiken systematisch zu eugenischen Zwecken eingesetzt werden.

Das Recht, sich fortzupflanzen, so Corea, werde in der gesamten Reproduktionsmedizin durch die vergeben, welche die Macht haben. Und das sind Männer. Entsprechend werden zwar Leihmütter auf Herz und Nieren überprüft, ehe sie zugelassen werden, die Samenspender allerdings nicht – mit der Begründung: »Jeder Mann hat das Recht, sich fortzupflanzen.« Corea zieht Vergleiche, wie Sklavinnen in den USA zur »Produktion« neuer Sklaven gehalten wurden – »Brüterinnen« nannte man sie. Obwohl Leihmütter meist die Eizelle »spenden«, dürfen sie keine Beziehung zu dem Kind haben. Hier wird die Frau wieder zum reinen »Gefäß« für den Samen eines Mannes. Mietbare Ware. Auch das Kind ist nichts als ein Objekt: Corea zitiert einen Fall, in dem eine Leihmutter ein behindertes Kind zur Welt brachte und der Vater und Auftraggeber es einschläfern und durch »nicht mangelhafte« Ware ersetzen lassen wollte. Leihmutterschaft, meint Corea, verschaffe Männern wieder volle Kontrolle über den Körper einer Frau, sie sei ein massiver Eingriff in deren Bürgerrechte, etwa wenn die Leihmutter beispielsweise Reisepläne, Ernährung etc. mit dem »Auftraggeber« absprechen muss. Die Entscheidung für Leihmutterschaft werde durch ökonomische Zwänge (reiche Frauen werden keine Leihmütter) oder emotionale Erpressung (den bereits in der Erziehung vermittelten Glauben, anderen helfen zu müssen) manipuliert.[462] Im Extremfall wurden durch die Nazis sogar Mädchen dafür entführt. Doch auch der amerikanische Soziologe Kingsley Davis wollte offenbar Frauen nach eugenischen Kriterien auswählen und zum Gebären anwerben. Andrea Dworkin spricht von einem »Fortpflanzungsbordell«.[463] Die Forschung an der künstlichen Gebärmutter sieht Corea entsprechend kritisch: Sie betrachtet sie vor allem als Instrument für Eugeniker*innen, den Fötus bereits *in utero* behandeln (etwa mit Impfungen, Vitaminen ...) und gegebenenfalls einfach loswerden zu können. Im Patriarchat gehe es darum, alles, auch Geburt und Tod, kontrollieren zu können: So müsse auch das Klonen unter dem Gesichtspunkt gesehen werden, dass es zur »Herstellung« menschlicher Ersatzteillager verwendet werden könne.[464]

Von Beginn an, meint Corea, habe das Patriarchat Krieg gegen den Mutterleib geführt: die matrilineare Abfolge durch eine patrilineare ersetzt, die Gebärfähigkeit der Frauen durch Mythen wie den von der mutterlosen Geburt von Athene oder Jesus (Maria ist hier nur das Gefäß) oder Rituale wie die Taufe (»Geburt in Christus«) zu usurpieren versucht. Die Reproduktionsmedizin, einschließlich Geschlechtsumwandlungen, sei nichts als die moderne Version dieses Verlangens und diene nicht den Patient*innen, sondern nur der Forschung. Auch in der Gynäkologie sei dieser latente Verstümmelungsdrang zu erkennen: So würden, um Krebs vorzubeugen, zwar Brüste, Uteri und Eierstöcke »vorsorglich« entfernt, die Prostata jedoch nie. Denaturierung sei eine Strategie des Patriarchats, die Manufaktur des Lebens zu übernehmen; der Patriarch betrachte Frauen und Tiere immer noch als zu unterwerfende Natur.[465] Der Psychiater Thomas Szasz sprach von Pharmakratie, wenn sich der Staat mit der Medizin verbünde. [466]

Ich habe diesem Thema absichtlich etwas Raum gegeben, um darzustellen, dass auch die Medizin frauenfeindliche Aspekte haben kann. Auch wenn Corea manches vielleicht etwas zuspitzt: Noch um 1900 bedeutete ein Kaiserschnitt meist den Tod der Schwangeren. Ärzte entschieden damit über Leben oder Tod von Frauen. Seit dem Buch von Corea sind rund vierzig Jahre vergangen. Inzwischen ist sogar schon die »Befruchtung« ohne Sperma möglich, auch eine ohne Eizelle ist nicht mehr undenkbar. (In der Natur kommt übrigens nur Ersteres vor: die sogenannte »Parthenogenese« [Jungfernzeugung] ist bei manchen Spezies möglich – was sicher den einen oder anderen männlichen Reproduktionsmediziner ins Schwitzen bringt. Medien titeln dazu mit spürbarer Angstlust »*Männer bald überflüssig?*«.[467]) Was sich nicht verändert hat, sind die ethischen Fragen, welche die Reproduktionsmedizin aufwirft:

Was beispielsweise, wenn die Fortpflanzung mehr und mehr zu einer Frage der finanziellen Situation würde?[468] Die wenigsten großen Leistungen der Menschheit wurden übrigens von den Kindern reicher Leute erbracht: Ob Schiller oder da Vinci, hätte die Zeugung von Babys Geld gekostet, wären diese Genies nie zur Welt gekommen. Anne Frank wäre ohne ihre aus ärmsten Verhältnissen stammende Helferin Miep Gies zwei Jahre früher im KZ gestorben, ihr Tagebuch wäre vorzeitig beendet und vermutlich nie veröffentlicht worden.

Wenn die Menschenrechte der Frau unmittelbar mit ihrer Rolle bei der Reproduktion und damit ihrer Bedeutung für diese vielleicht wichtigste Ressource der Menschheit zusammenhängen, ergeben sich auch daraus neue Fragen. In der Vergangenheit waren Männer im Patriarchat zu den schlimmsten Gräueltaten gegen Frauen fähig, obwohl sie sie zur Fortpflanzung brauchten. Wir haben das Patriarchat keineswegs überwunden. Warum sollten wir annehmen, dass es besser mit Frauen umgehen würde, wenn es sie nicht mehr für die Fortpflanzung brauchen sollte?

Alexandra Grieser sieht den Ausschluss des Körpers als Abwehrmechanismus gegenüber unkontrollierbaren Aspekten der Natur bzw. allgemein der Sterblichkeit.[469] Die vulgärplatonische Entfremdung der Frau vom eigenen Körper und der eigenen Gebärfähigkeit kann durchaus als krampfhaftes Bemühen des in die Krise geratenen Patriarchats gedeutet werden, diese zentrale »Ressource« für sich zu behaupten – aller Biologie zum Trotz. Denn die narzisstische Urkränkung des Patriarchats ist die schlichte biologische Tatsache, dass es die Frauen sind, die entscheiden, welcher Mann seine Gene weitergeben darf. (Nach einer Studie von 2020 entscheidet gar die Eizelle! – was allerdings doch etwas anthropomorph ausgedrückt ist für eine chemische Reaktion.[470]) Ein Mann, der sich fortpflanzen will, muss also eine Frau von sich überzeugen. Es sei denn, das Patriarchat zwingt die Frau dazu, indem es sie verkauft wie ein Stück Vieh – so wie es sich die Incels wünschen und wie es jahrtausendelang gemacht wurde.

Auch die Eugenik ist ein Versuch, diese Kontrolle aus den Händen der Frauen zu nehmen, wie Mansploiter und Eugeniker Crick übrigens offen zugab: Er war der Ansicht, Frauen sollten nicht selbst entscheiden, ob und wie viele Kinder sie bekommen. Die Gesellschaft (im Klartext: einflussreiche Männer) sollte das für sie übernehmen. Crick soll sogar befürwortet haben, Mittel zur Sterilisation ins Trinkwasser zu geben.[471] Nach gängiger Definition befürwortete er damit offen Genozid. (Meist bedeutet »Eugenik«, dass bestimmte Männer ihre eigenen Gene als »überlegen« ansehen. Definiert wird diese Überlegenheit gewöhnlich durch Geld oder Herkunft, denn wenn wir uns Julian Huxley ansehen, den Posterboy der Eugenik, ist offensichtlich, dass gutes Aussehen nicht das Kriterium ist.)

Und hier kommen wir wieder zur Gewalt. Es geht um die Kontrolle über die Reproduktion. Vielleicht ging es nie um etwas anderes. Von Tiamat und Pandora bis zur »Rape Culture« und Reproduktionsmedizin – das Patriarchat weigert sich, zu begreifen, dass wir alle von Frauen geboren werden. Und dass wir alle sterben werden.

Dieser Größenwahn hat uns an den Rand des Abgrunds geführt. Gerade weil ich selbst eine wissenschaftliche Ausbildung habe, plädiere ich deshalb für eine die Natur nicht objektifizierende Wissenschaft. Das schließt Massentötungen von Tieren ebenso aus wie medizinische Forschung ohne informierte Zustimmung. Eine Forschung, die auf ihrem Weg die Freiheit von Menschen kostet, ist es nicht wert, weiter verfolgt zu werden. Ich weiß nicht, ob wir irgendwann das ewige Leben haben werden. Ich glaube nicht daran. Aber ich bin fest davon überzeugt, dass wir in dem Leben, das wir haben, in diesem Leben, hier und jetzt, einen Anspruch auf Freiheit haben. Und dass keine Ewigkeit es wert ist, uns diese Freiheit stehlen zu lassen.

Nachwort

MEHR MATRIARCHAT WAGEN

Die Frauen

Sie gleichen Schatten, die in unbeseelten Tempeln frieren,
Verständnislose, leere Kinderworte lallen,
Gebete flüstern in glitterverklebten Hallen
und ihre straffen Seidenfesseln kaum noch spüren.

Die ihre Körper tausend falschen Herren weihn,
Ihr Fühlen, Denken, Augen, Lippen, Ohren,
Zertretne Göttinnen, verraten an das Sein.
Sie sind geborgen und sind doch zugleich verloren.

Solang sie an ihr Joch nicht rütteln, falsch verehrt,
Beneidet, weil ihr Körper neues Leben schafft,
Missbraucht, vergöttert und verachtet und begehrt,

Der letzte Funke Leben noch gekettet und in Haft:
Der Atem, der auf bleichen, kalten Lippen lockt,
Das Blut, das schwarz in tausend toten Träumen stockt.

In den letzten Jahren erscheinen feministische Bücher in immer größerer Zahl. Eine neue Welle scheint sich anzubahnen. Wie wir gesehen haben, ist Feminismus eine Widerstandsbewegung. Offenbar verspüren Frauen heute wieder die Notwendigkeit, für ihre Rechte zu kämpfen. Gleichzeitig reproduzieren gerade manche der neueren Bücher wieder überholte patriarchalische und biologistische Stereotype, arbeiten methodisch fragwürdig (etwa mit Anthropomorphismen) und zeigen so, wie viel noch immer zu tun ist.

Die Menschenrechte sind in einer schweren Krise. Tausende Jahre Patriarchat haben uns in eine Welt geführt, in der Kriege an der Tagesordnung sind. Eine Welt, in der ungewählte Konzernbosse sich zunehmend das Recht anmaßen, über unser Leben zu bestimmen, weil ihre Macht durch die Globalisierung ins Unermessliche gewachsen ist. Bei jeder Krise sind es die Frauen, die wieder in die traditionelle Rolle gedrängt werden – nicht durch die Krise, sondern durch das Krisenmanagement. Noch immer sind Ehe und Familie eine der größten Gefahren für die Freiheit einer Frau. Es ist vielleicht die perfideste Strategie des Patriarchats, ausgerechnet die Liebe zum größten Risiko für die Freiheit zu machen – indem es die privateste Beziehung, die Menschen haben können, der Gesellschaft und ihren Erwartungen unterwirft. Niemand fragt Frauen, ob sie sich ihr Geschlecht ausgesucht haben. Von Kindheit an müssen sie in einer Welt leben, in der sie von Gewalt bedroht sind. Die Geschichte eines hochbegabten Mädchens, aufgewachsen in einem winzigen bayerischen Dorf, die mir vor wenigen Jahren berichtet wurde, fasst zusammen, worum es beim Feminismus geht: Von der knapp Siebenjährigen wurde erwartet, dass sie, statt ihren Interessen zu folgen, die Mutter zum Einkaufen begleitete und sich auf die Rolle einer Hausfrau vorbereitete. Das Mädchen litt unter einer psychogenen Lähmung, hatte Jahre im Rollstuhl verbracht. Es wurde buchstäblich paralysiert von den Rollenerwartungen, die das dörfliche Umfeld an es stellte. Seine hohe Intelligenz kollidierte mit einer Umgebung, die es zur Putz- und Kochsklavin vorgesehen hatte, noch ehe es seine ersten Worte lallen konnte.

Es gibt kaum etwas Grausameres, was man einem Menschen antun kann, als ihn von Geburt an zum Sklaven zu bestimmen. Geschlechterrollen sind Gewalt. Jede andere Form von Gewalt gegen Frauen hat ihre Ursache in ihnen. Nichts daran ist privat. Alles ist politisch.

Verbünden wir uns also, machen wir den Albtraum des Patriarchats wahr: Treten wir für unsere Rechte ein, gemeinsam mit allen, die unsere Werte von Freiheit und Gleichheit teilen. Aber stellen wir uns nicht mehr hinten an. Es wird keine Freiheit geben, ehe nicht diese vielleicht älteste Menschenrechtsverletzung überwunden wird: die Diskriminierung von Frauen. Nichts daran ist »normal« oder »natürlich«. Und deshalb muss jetzt Schluss sein mit der Domestizierung des Feminismus. Es bedeutet nicht, die Rechte anderer zu leugnen, wenn man für seine eigenen kämpft. Man mag das radikal nennen. Dasselbe sagte man von den Feministinnen, die volles Wahlrecht für Frauen forderten. Hätten Hedwig Dohm oder die britischen oder ägyptischen Suffragetten davor zurückgeschreckt, radikal zu sein, wäre die Frauenbewegung nie über den Status eines Teekränzchens hinausgekommen. Es muss Schluss damit sein, Feminismus ständig irgendwelchen anderen Zielen nachzuordnen. Wir müssen nicht erst die Welt retten, ehe wir unsere Rechte einfordern dürfen. Im Gegenteil: Wir sollten jede Freiheitsbewegung daran messen, wie sie es mit den Frauen hält. Dabei sollten wir uns nicht gegeneinander ausspielen lassen. Feministinnen haben sich immer auch für andere Gruppen eingesetzt (oft genug gibt es auch Überschneidungen): In der Anti-Sklaverei-Bewegung, für Queer-Rechte, gegen Rassismus etc. Sie tun das auch heute noch, und das ist gut so. Aber jede hat das Recht, selbst zu entscheiden, wofür sie kämpft. Kulturübergreifend vereint Frauen die Erfahrung, aufgrund ihrer Weiblichkeit diskriminiert zu werden. Das leugnet nicht, dass es auch andere Formen der Diskriminierung oder regional unterschiedliche Schwerpunkte geben kann. Was es nicht gibt, sind unterschiedliche Rechte. Und deshalb holen wir uns den Satz, der mit einiger Wahrscheinlichkeit auf Flora Tristan zurückgeht, wieder zurück: Feministinnen aller Länder, vereinigt euch!

Dabei sollten wir unseren Verbündeten auf den Zahn fühlen. Nur eine im engeren, im wirklichen Sinne humanistische Philosophie eignet sich als Helfer: eine Philosophie, die das Individuum ins Zentrum stellt und keinem Kollektiv unterordnet. Seien wir also wachsam, wann immer Individuum und Humanismus abgelehnt werden. Dann ist es meistens nicht mehr weit bis zu einer Beschneidung der Frauenrechte. Das geht alle an, denn Frauen und Minderheiten sind gewöhnlich nur die Ersten, an denen autoritäre Praktiken vorexerziert werden, wie es von Charles Fourier bis Fatima Mernissi immer wieder betont wurde. Der Humanist Etienne de la Boétie schrieb in seiner *Abhandlung über die freiwillige Knechtschaft*, dass es mit der Unterdrückung in dem Moment vorbei ist, in dem die Mehrheit nicht mehr gehorcht. Wir müssen nicht kämpfen, meint er. Nur aufhören, zu gehorchen.

Folgen wir diesem Ratschlag! Das Patriarchat hat nicht funktioniert. Zeit, etwas anderes auszuprobieren. Kein Ende der Technik, aber ein Ende der Ausbeutung. Schluss mit allem, was Menschen zu Objekten macht, die oder deren Teile käuflich sind. Ein vernünftig achtungsvolles Verhältnis zur Natur statt Greenwashing und überzogener Ideologie. Dezentralisierung, lokale Produktion statt transnationaler Großkonzerne. Möglich, dass dadurch einiges, etwa Fleisch, teurer wird. Das bedeutet aber nicht, dass wir uns von Käfern ernähren sollen. Wie wir gesehen haben, ist das, was Menschen zu essen bekommen, Ausdruck von Machtverhältnissen, wir sollten also sehr genau hinsehen, was man uns vorsetzt. Nein, eine einfache Lösung wäre es, gleichzeitig endlich das Einzige wieder teurer zu machen, dessen Wert in den letzten Jahrzehnten systematisch nach unten gedrückt wurde: Arbeit, insbesondere die Arbeit von Frauen. Auch mit der Ausbeutung des Körpers muss Schluss sein, damit, aus der Gebärfähigkeit von Frauen eine Ressource zu machen, die kontrolliert, oder, noch schlimmer, kommerzialisiert werden kann. Wenn die Reproduktion über den Stellenwert von Frauen entscheidet, dann müssen die Frauen sich die Kontrolle darüber zurückholen. Warum also nicht für den Anfang Matrilinearität zum Standard machen? Matrifokalität und Akephalität (also Gesellschaften ohne »Anführer«) spielen für die Freiheit von Frauen eine entscheidende Rolle.[472] Bildung ist existenziell wichtig, ebenso wie eine größere Bereitschaft, andere Frauen nicht mehr als Rivalinnen zu sehen, sondern als Verbündete, die sich gegenseitig unterstützen und den Rücken stärken. Das sollte auch die Ziele von Feminismus definieren.

Nichts in diesem Buch richtet sich gegen Männer. Alles in diesem Buch richtet sich gegen eine Gesellschaftsform, die jahrtausendelang Frauen zu geistlosen Sklavinnen und Männer zu tyrannischen Trotteln erzogen hat. Ich wünsche mir mehr Männer, die so stark sind, dass sie keine Angst vor starken Frauen haben. »Vor dem Sklaven, wenn er die Kette bricht, vor dem freien Menschen erzittert nicht!«[473] Feminismus ist nie ein Kampf gegen Männer gewesen, sondern immer nur für die *Freiheit*. Jeder Mann, der über Verstand und Empathie verfügt, wird das sehen.

Denn Feminismus kommt aus der Erfahrung von Leiden. Kann damit nicht endlich Schluss sein? Was ist so schwer daran, seiner Mutter, Schwester, Tochter oder Frau ein glückliches Leben zu gönnen? Wäre es nicht das Mutigste, was ein Mann tun kann, sich dafür einzusetzen? So wie es die Männer im Iran getan haben, als sie sich Kopftücher aufsetzten, um für die Freiheit ihrer Frauen vom Schleier zu demonstrieren?

Das größte, vielleicht einzige Glück, das es gibt, ist Freiheit. Freiheit ist keine Ressource, um die man sich streiten muss. Sie vermehrt sich, je mehr Menschen sie haben, je weniger sie kontrolliert wird. Dann können wir das erreichen, worum es beim Feminismus geht, das, was die großartige Emma Goldman auf den Punkt brachte:

Freude. Grenzenlose Freude.

Quellen

1 Alice Schwarzer positioniert sich immer wieder entsprechend, etwa hier: https://womeninbusiness.ch/frauen-muessen-endlich-lernen-nicht-immer-nur-nett-zu-sein/. Aber auch Marie von Ebner-Eschenbach wird bereits das Zitat zugeschrieben »Nichts macht uns feiger und gewissenloser als der Wunsch, von allen Menschen geliebt zu werden.« (Marie von Ebner-Eschenbach: *Aphorismen*, Reclam, Stuttgart 2002, S. 50.)

2 Aus: *Mr Chesterton in Hysterics. A Study in Prejudice.* In: *The Clarion*, 14. November 1913, S. 5.

3 Imhof, Agnes: *Die geniale Rebellin.* München 2022, 285–7, Erklärung dazu im Nachwort, 422.

4 https://www.humanresourcesmanager.de/arbeitsrecht/diese-rechte-haben-frauen-in-den-letzten-100-jahren-errungen/. https://www.deutschlandfunk.de/gesetz-strafbarkeit-vergewaltigung-ehe-100.html

5 https://www.destatis.de/DE/Presse/Pressemitteilungen/2022/03/PD22_088_621.html

6 Imhof, Agnes*: Dummerweise hochbegabt*, Weinheim 2018, 88, verweist hierzu auf Stapf, Aiga: *Hochbegabte Kinder: Persönlichkeit, Entwicklung, Förderung*, München 2003 (div. aktualisierte Auflagen).

7 Imhof: *Dummerweise hochbegabt*, 75–90.

8 https://www.frauenrechte.de/images/downloads/hgewalt/Sexuelle-Gewalt-in-Deutschland.pdf

9 https://editionf.com/welttag-gegen-gewalt-an-frauen-gegen-das-schweigen/, sowie https://www.nationalgeographic.de/geschichte-und-kultur/2022/02/femizide-in-deutschland-wenn-sich-maennliche-wut-an-frauen-entlaedt

10 Imhof, Agnes: *Gebrauchsanweisung für Malta*, München 2018, 45 f.

11 https://www.spiegel.de/ausland/abtreibungsrecht-auf-malta-selbst-junge-frauen-halten-abtreibungen-fuer-suende-a-b9c5d540-d39c-4d6e-a188-229f375d82c4

12 https://www.frauenrechte.de/unsere-arbeit/themen/sexuelle-und-reproduktive-rechte/schwangerschaftsabbruch, konzise Zusammenfassung auf der Website der Frauenrechtsorganisation *Terre des femmes*, hier zum Positionspapier: https://www.frauenrechte.de/images/downloads/allgemein/20180526-TDF-Positionspapier-zum-Schwangerschaftsabbruch.pdf

13 Ein guter Überblick hier: https://editionf.com/babbel-definition-feminismus/
14 Ebd.
15 https://www.spiegel.de/panorama/feminismus-heute-was-der-begriff-bedeutet-und-ab-wann-jemand-feministin-ist-a-00000000-0003-0001-0000-000001331261
16 Klein, Josef: *Benachteiligung der Frau durch das generische Maskulinum – eine feministische Schimäre oder psycholinguistische Realität?* In: Norbert Oellers (Hg.): *Germanistik und Deutschunterricht im Zeitalter der Technologie: Selbstbestimmung und Anpassung.* Tübingen, 198.
17 Streng genommen gibt es kein generisches Femininum, ich verwende den Begriff hier metaphorisch.
18 https://www.faz.net/aktuell/feuilleton/debatten/wie-der-islamismus-zur-politischen-religion-wurde-16865606.html
19 Wellmann, Max*: Agnodike.* In: *Paulys Realencyclopädie der classischen Altertumswissenschaft (RE).* Band I, 1, Stuttgart 1893, Sp. 831 f.
20 Anderson, A., Chilczuk, S., Nelson, K., Ruther, R., Wall-Scheffler, C.: *The Myth of Man the Hunter: Women's contribution to the hunt across ethnographic contexts*, 2023, in: PLoS ONE 18(6): e0287101. https://doi.org/10.1371/journal.pone.028710.
21 Wiesner-Hanks, Merry E.: *Gender in history. Global perspectives*, 2021. Michel, Kai; van Schaik, Karel: *Die Wahrheit über Eva*, 2020. Interview und Kommentar zu beiden: https://www.nationalgeographic.de/geschichte-und-kultur/2023/01/patriarchat-schwache-geschlecht-kulturelle-erfindung-frau-mann-gleichberechtigung?utm_source=pocket-newtab-global-de-DE
22 Rosenstock, Eva, Ebert, Julia, Martin, Robert, Hicketier, Andreas, Walter, Paul, Groß, Marcus: *Human stature in the Near East and Europe ca. 10,000–1000 BC: its spatiotemporal development in a Bayesian errors-in-variables model*, in: *Archaeological and Anthropological Sciences* (2019) 11: 5657–5690. https://doi.org/10.1007/s12520-019-00850-3
23 Diebitsch-Peary, Josephine: *My Arctic Journal*, London 1894. https://www.gutenberg.org/cache/epub/64549/pg64549-images.html, 163 f.
24 Wesel, Uwe: *Der Mythos vom Matriarchat*, Frankfurt 1981, 101, 126–33
25 Ebd., 77–83.
26 Mehr zu beiden im Kapitel über Matriarchatstheorien.
27 Aischylos, *Die Eumeniden*, Vers 625–35. Apollon führt Athene als Beispiel an, dass man auch ohne Mutter geboren sein könne und das wahre Schöpfungsprinzip vom Vater käme. In Vers 748 f. beklagt die Chorführerin, die neuen Götter träten damit altes Recht mit Füßen.
28 Corea, Gena: *Mutter Maschine*, Berlin 1986, 38.
29 Imhof, Agnes: *Religiöser Wandel und die Genese des Islam. Das Menschenbild altarabischer Panegyriker,* Würzburg 2004.

30 Hedenstierna-Jonson, Charlotte; Kjellström, Anna; Zachrisson, Torun; Krzewińska, Maja; Sobrado, Veronica; Price, Neil; Günther, Torsten; Jakobsson, Mattias; Görtherström, Anders; Storå, Jan: *A female Viking Warrior confirmed by genomics*, in: *American Journal of Biological Anthropology*, 2017, https://doi.org/10.1002/ajpa.23308

31 Nowaki, Rochelle: *Women Warriors of Early Japan*, in: University of Hawai'i at Hilo, Hohonu 2015, vol. 13 (History 310/ 2013), 63–8.

32 Behnk, Judith: *Dionysos und seine Gefolgschaft: Weibliche Besessenheitskulte in der griechischen Antike.* Hamburg 2009. Schneider, Lambert; Seifert, Martina: *Sphinx, Amazone, Mänade. Bedrohliche Frauenbilder im antiken Mythos,* Stuttgart 2010. Jordanova, Michaela: *Meanads – early Dionysiac rites*, Sofija 2017.

33 Welte, Frank Maurice: *Besessenheit*, in: Auffarth, Christoph, Bernard, Jutta, Mohr, Hubert (Hg., unter Mitarbeit von Agnes Imhof und Silvia Kurre): *Metzler Lexikon Religion* Bd. 1, Stuttgart 1999, 147 f.

34 Roller, Lynn E.: *In search of God the mother. The cult of Anatolian Cybele*, Berkeley 1999. Kerschner, Michael: *Der Kult der Meter/Kybele in Westanatolien und in der Ägäis* (Konferenzband), Wien 2020. Giuli, Alessandro: *Venne la magna madre: i riti, il culto e l'azione di Cibele Romana*, Rom 2012.

35 Imhof, Agnes: *»If Music be the Food of Love?« The Singing-Girls and the Notion of Tarab as Part of an Adab-Ideal*, in: Günther, Sebastian (Hg.): *Knowledge and Education in Classical Islam*, Bd. 2, 870–905, 876 f.

36 Imhof: *»If Music be the Food of Love?«* a. a. O., 870–905, 885.

37 Imhof: *»If Music be the Food of Love?«* a. a. O., 870–905, 893.

38 Imhof, Agnes: *Die Königin der Seidenstraße*, München 2008; Imhof, Agnes: *Traditio vel Aemulatio. The Singing Contest of Sāmarrā', Expression of a Medieval Culture of Competition,* in: *Der Islam,* 90.1 (2013), 1–20; dies.: *»If Music be the Food of Love?«,* a. a. O.

39 Zimmermann, Margarete: *Christine de Pizan*, Reinbek 2002. Pernoud, Regine: *Christine de Pizan. Das Leben einer außergewöhnlichen Frau und Schriftstellerin im Mittelalter*, München 1997. Christine de Pizan: *Das Buch von der Stadt der Frauen*, München [4]1995, übersetzt von Margarete Zimmermann.

40 Gisela Engel, Friederike Hassauer, Brita Rang, Heide Wunder (Hg.): *Geschlechterstreit am Beginn der europäischen Moderne – Die Querelle des Femmes,* Königstein/Taunus 2004.

41 Elisabeth Gössmann (Hg.): *Ob die Weiber Menschen seyn, oder nicht?* (= Archiv für philosophie- und theologiegeschichtliche Frauenforschung. Bd. 4). 2., überarbeitete und erweiterte Auflage. München 1996. Magdalena Drexl: *Die Disputatio nova contra mulieres, Qua probatur eas Homines non esse und ihre Gegner. Querelle des Femmes in der konfessionellen Polemik um 1600,* in: Gisela Engel, Frie-

derike Hassauer, Brita Rang, Heide Wunder (Hg.): *Geschlechterstreit am Beginn der europäischen Moderne – Die Querelle des Femmes,* Königstein/Taunus 2004, S. 122–135.

42 Funke, Max: *Sind Weiber Menschen?: Mulieres homines non sunt. Studien und Darlegungen auf Grund wissenschaftlicher Quellen*, Halle (Saale) 1910. Gössmann, Elisabeth (Hg.): *Ob die Weiber Menschen seyn, oder nicht?* 2. Auflage. Archiv für philosophie- und theologiegeschichtliche Frauenforschung, Band 4, München 1996.

43 Hauser, Margit: *Gesellschaftsbild und Frauenrolle in der Aufklärung, Zur Herausbildung des egalitären und komplementären Geschlechtsrollenkonzeptes bei Poullain de la Barre*, Wien, 1992. Alcover, Madeleine: *Poullain de la Barre: une aventure philosophique*, in: *Papers on French seventeenth century literature*. Paris, Seattle 1981. Spagnolo, Tabitha: *Autorité féminine, voix masculine: L'égalité des sexes au dix-septième siècle*, in: Convergences francophones 2020, Band 6 (2), 29–36.

44 Hierdeis, Irmgard: *»Die Gleichheit der Geschlechter« und »Die Erziehung der Frauen« bei Poullain de la Barre (1647–1723): Zur Modernität eines Vergessenen*, Lausanne u. a. 1993.

45 Noiset, Marie-Thérèse: *Marie de Gournay et son oeuvre*, 2004. Rauschenbach, Brigitte: *Der Traum und sein Schatten. Frühfeministin und geistige Verbündete Montaignes. Marie de Gournay und ihre Zeit*, Königstein/Taunus 2000.

46 Zitiert nach Ursula Beitz*: Über die Schwierigkeit, klug sein zu dürfen*, NZZ 18.6.2016: https://www.nzz.ch/feuilleton/marie-de-gournay-eine-intellektuelle-in-der-fruehen-neuzeit-ueber-die-schwierigkeit-klug-sein-zu-duerfen-ld.89935

47 Ebd.

48 Baader, Renate (Hg.): *Molière: Les Précieuses ridicules – Die lächerlichen Preziösen,* Stuttgart 1997.

49 Zitiert nach Stark, Florian: *Sie erklärte die »Rechte der Frau« – und starb unter der Guillotine*, WELT, 3.11.2022, https://www.welt.de/geschichte/kopf-des-tages/article241928487/Olympe-de-Gouges-Sie-erklaerte-die-Rechte-der-Frau.html

50 Bergè, Sandrine: *Olympe de Gouges*, Cambridge 2022, 1–5.

51 Bergè, *Olympe de Gouges*, 5 f., 48–53.

52 Christiane Goldenstedt: *Olympe de Gouges im Geschichtsunterricht? Olympe de Gouges for your History class?* Hg.: Spirale der Zeit, Haus der Frauen Geschichte. Nr. 4. Barbara Budrich Verlag, Opladen/Farmington Hills (USA) 2008. Bergè, *Olympe de Gouges*, 48–53.

53 Bergè, *Olympe*, 46–48.

54 Stark, Florian: *Sie erklärte die »Rechte der Frau« – und starb unter der Guillotine*, *WELT*, 3.11.22, https://www.welt.de/geschichte/kopf-des-tages/article241928487/Olympe-de-Gouges-Sie-erklaerte-die-Rechte-der-Frau.html

55 Zit. nach: Manfred Geier: *Aufklärung. Das europäische Projekt.* Reinbek b. Hamburg 2012, 329.

56 https://www.musikexpress.de/mary-wollstonecraft-revolutionaere-autorin-im-schatten-ihrer-tochter-1852921/

57 https://www.fembio.org/biographie.php/frau/biographie/mary-wollstonecraft/

58 https://www.gutenberg.org/cache/epub/3420/pg3420.html

59 https://www.musikexpress.de/mary-wollstonecraft-revolutionaere-autorin-im-schatten-ihrer-tochter-1852921/

60 Reuter, Martina, *Mary Wollstonecraft*, Cambridge 2022. Über Freiheit, 51 f.

61 Ebd., 52–4.

62 Wollstonecraft zit. nach Rosenberger, Sieglinde/Sauer, Birgit (Hg.): *Politikwissenschaft und Geschlecht. Konzepte – Verknüpfungen – Perspektiven.* Wien 2004, 135. https://www.fembio.org/biographie.php/frau/biographie/mary-wollstonecraft/

63 Wollstonecraft, *Vindication*, zit. nach Liese, Jessica: *Die Vordenkerin*, in: *Emma*, 1.5.2009, https://www.emma.de/artikel/mary-wollstonecraft-die-vordenkerin-263997

64 Liese, Ebd.

65 https://www.musikexpress.de/mary-wollstonecraft-revolutionaere-autorin-im-schatten-ihrer-tochter-1852921/ und https://www.demokratiezentrum.org/bildung/ressourcen/themenmodule/genderperspektiven-2/pionierinnen-der-frauenbewegung/mary-wollstonecraft-2/

66 Godwin, William (1793), *Enquiry Concerning Political Justice, Dublin 1793.* Online lesbar hier: https://socialsciences.mcmaster.ca/econ/ugcm/3ll3/godwin/pj.html

67 Zit. nach https://www.musikexpress.de/mary-wollstonecraft-revolutionaere-autorin-im-schatten-ihrer-tochter-1852921/, siehe auch: https://www.demokratiezentrum.org/bildung/ressourcen/themenmodule/genderperspektiven-2/pionierinnen-der-frauenbewegung/mary-wollstonecraft-2/ und https://www.fembio.org/biographie.php/frau/biographie/mary-wollstonecraft/

68 Duby, Dominique: *Der Ring des Nibelungen in 60 Minuten*, München 2011, 57 f., 84 f.

69 Programm der *Frauen-Zeitung*, in: FrauenMediaTurm. Ute Gerhard; Elisabeth Hannover-Drück; Romina Schmitter (Hg.): *»Dem Reich der Freiheit werb' ich Bürgerinnen«. Die »Frauen-Zeitung« von Louise Otto.* Frankfurt 1979.

70 https://www.freitag.de/autoren/claudia-von-zglinicki/fur-sie-wurde-die-lex-otto-erfunden, https://www.freitag.de/autoren/claudia-von-zglinicki/fur-sie-wurde-die-lex-otto-erfunden. Allgemein zu Otto-Peters: Ruth-Ellen Boetcher Joeres: *Die Anfänge der deutschen Frauenbewegung: Louise Otto-Peters.* Fischer,

Frankfurt 1983; Johanna Ludwig, Rita Janek (Hg.): *Louise Otto-Peters. Literarisches und publizistisches Werk. Katalog zur Ausstellung*. Leipziger Universitätsverlag 1995.

71 Otto-Peters, Louise, *Das erste Vierteljahrhundert des Allgemeinen deutschen Frauenvereins: Gegründet am 18. Oktober 1865 in Leipzig*, 1.

72 Zitiert nach https://www.deutschlandfunk.de/vor-200-jahren-geboren-frauenrechtlerin-louise-otto-peters-100.html

73 Ebd.

74 Ebd.

75 Vgl. etwa die konzise Biografie von Pailer, Gaby: *Hedwig Dohm*, Hannover 2011, oder Rohner, Isabel: *Spuren ins Jetzt. Hedwig Dohm – eine Biografie*, Sulzbach im Taunus 2010.

76 *Die Mütter. Beitrag zur Erziehungsfrage 1903*, 24. Online zu lesen hier: https://archive.org/details/diemtterbeitrag00dohmgoog/page/n11/mode/2up

77 Ebd., 29, 57 und 82.

78 https://www.dji.de/fileadmin/user_upload/icec/Interviews/Effekte%20des%20Kita-Besuchs_Melhuish_final.pdf

79 https://www.welt.de/politik/deutschland/article5760816/Kitas-sind-gut-fuer-Eltern-nicht-fuer-Kinder.html

80 *Die Mütter*, a. a. O., 158 ff., 204 f.

81 https://www.projekt-gutenberg.org/dohm/antifemi/antifemi.html. Alle Zitate aus *Die Antifeministen* im Folgenden nach dieser Ausgabe.

82 https://frauenmediaturm.de/historische-frauenbewegung/hedwig-dohm-1831-1919/

83 https://www.deutschlandfunk.de/kampf-um-die-mitbestimmung-100.html

84 https://www.vogue.de/people-kultur/kultur-tipps/suffragetten-wahlrecht-frauengeschichte

85 Ebd.

86 https://www.br.de/radio/bayern2/sendungen/radiowissen/geschichte/suffragetten-frauenwahlrecht108.html

87 Purvis, June: *Emmeline Pankhurst. A biography*, London 2002. Bartley, Paula: *Emmeline Pankhurst*, London 2012. Martin Pugh: *The Pankhursts*, London 2002. Pankhurst, Estelle Sylvia: *The Suffragette Movement: An Intimate Account of Persons and Ideals*, Dover 2015.

88 Beecham, Thomas (1958). *»Dame Ethel Smyth (1858–1944)«. The Musical Times*. Vol. 99 no. 1385 (1958): 363–365. Mehr zu Smyth: Cornelia Bartsch, Rebecca Grotjahn, Melanie Unseld (Hg.): *Felsensprengerin, Brückenbauerin, Wegbereiterin. Die Komponistin Ethel Smyth; Rock Blaster, Bridge Builder, Road Paver: The Composer Ethel Smyth*, München 2009. Sulamit Sparre: *»Man sagt, ich sei ein*

Egoist. Ich bin eine Kämpferin«. Dame Ethel Mary Smyth (1858–1944). Komponistin, Dirigentin, Schriftstellerin, Suffragette, Lich 2010.

89 https://www.vogue.de/people-kultur/kultur-tipps/suffragetten-wahlrecht-frauengeschichte

90 Morrell, Caroline: *›Black Friday‹: Violence Against Women in the Suffragette Movement*, London 1981, 23.

91 https://www.deutschlandfunk.de/wir-wollten-die-oeffentlichkeit-aufbringen-100.html. Melanie Phillips: *The Ascent of Woman – A History of the Suffragette Movement and the ideas behind it.* Time Warner Book Group London, 2003; Caroline Morrell: *›Black Friday‹: Violence Against Women in the Suffragette Movement*, London 1981.

92 Pankhurst, Estelle Sylvia: *The Suffragette Movement – An Intimate Account of Persons and Ideals*, London 2013.

93 Purvis, June: *Deeds, not words': daily life in the Women's Social and Political Union in Edwardian Britain*, in: Purvis, Jund und Holton, Sandra S.: *Votes for Women*, London 2000, 135–158, 139.

94 Atkinson, Diane*: Rise up, women! The remarkable lifes of the suffragettes*, London 2018, 112.

95 https://www.deutschlandfunk.de/kampf-um-die-mitbestimmung-100.html

96 Robinson, Jane: *Hearts and Minds: The Untold Story of the Great Pilgrimage and How Women Won the Vote*, London 2018, S. 112.

97 https://www.deutschlandfunk.de/wir-wollten-die-oeffentlichkeit-aufbringen-100.html; Melanie Phillips: *The Ascent of Woman – A History of the Suffragette Movement and the ideas behind it*, London, 2003.

98 Liz Stanley, Ann Morley: *Life and Death of Emily Wilding Davison*, Women's Press Ltd, 1988; Melanie Phillips: *The Ascent of Woman – A History of the Suffragette Movement and the ideas behind it*, London, 2003.

99 Zitiert nach https://www.deutschlandfunk.de/kampf-um-die-mitbestimmung-100.html.

100 Minna Cauer erfährt zurzeit weniger Aufmerksamkeit, als sie verdient. Deshalb verweise ich hier auf ältere Werke bzw. Aufsatzsammlungen und Artikel: Lüders, Else: *Minna Cauer. Leben und Werk.* Perthes, Gotha 1925; Jank, Dagmar: *»Vollendet, was wir begonnen!« Anmerkungen zu Leben und Werk der Frauenrechtlerin Minna Cauer (1841–1922)* (= *Ausstellungsführer der Universitätsbibliothek der Freien Universität Berlin.* Band 23), Berlin 1991; Braun-Schwarzenstein, Gabriele: *Minna Cauer. Dilemma einer bürgerlichen Radikalen,* in: Feministische Studien. 3. Jahrgang, Heft 1, 1984, 99–116; Briatte, Anne-Laure: *La fabrique des intellectuelles Minna Cauer, Anita Augspurg et Lida Gustava Heymann*, in: *Le premier féminisme allemand 1848–1933. Un mouvement social de dimension internationale*, 2013, 33–49.

101 Braun-Schwarzenstein, Gabriele: *Minna Cauer. Dilemma einer bürgerlichen Radikalen,* in: Feministische Studien. 3. Jahrgang, Heft 1, 1984, 99–116.

102 Vgl. Kretzschmar, Bettina: *Gleiche Moral und gleiches Recht für Mann und Frau. Der deutsche Zweig der Internationalen abolitionistischen Bewegung (1899–1933),* Sulzbach/Taunus 2014.

103 Gerhard, Ute: *Die Radikalen im Kampf um Recht und gegen doppelte Moral,* in: Ute Gerhard: *Unerhört. Die Geschichte der deutschen Frauenbewegung,* Hamburg 1990.

104 Dünnebier, Anna; Scheu, Ursula: *Die Rebellion ist eine Frau. Anita Augspurg und Lida G. Heymann. Das schillerndste Paar der Frauenbewegung,* München 2002. Henke, Christiane: *Anita Augspurg,* Reinbek 2000. Kinnebrock, Susanne: *Anita Augspurg (1857–1943). Feministin und Pazifistin zwischen Journalismus und Politik. Eine kommunikationshistorische Biographie*, Herbolzheim 2005.

105 https://www.digitales-deutsches-frauenarchiv.de/akteurinnen/anita-augspurg

106 Lida Gustava Heymanns Lebenserinnerungen sind veröffentlicht unter dem Titel *Erlebtes – Erschautes. Deutsche Frauen kämpfen für Freiheit, Recht und Frieden, 1850–1940* in Zusammenarbeit mit Anita Augspurg (Hg.: Margrit Twellmann), Frankfurt a. M. 1992.

107 Anette Schneider: *Verhaftung der Anarchistin Emma Goldman in New York.* In: *Kalenderblatt* (Rundfunksendung auf DLF). 11.2.2016.

108 Eine konzise Biografie findet sich auch in Porter, David: *Entfachte Utopie. Emma Goldman über die Spanische Revolution*, Münster 2016.

109 Zu Emma Goldman gibt es mehrere neue Publikationen, aber auch Klassiker sind noch lesenswert. Drinnon, Richard: *Rebel in Paradise. Biography of Emma Goldman*, Chicago & London 1961, diverse Neuauflagen. Banks, Maik: *Emma Goldman. Eine illustrierte Biografie*, Münster 2021. Jacob, Frank: *Emma Goldman. Ein Leben für die Freiheit*, Leipzig 2021. Hui-Chi Hsu, Rachel: *Emma Goldman, Mother Earth, and the Anarchist Awakening*, Notre Dame, 2021. Und natürlich ihre Autobiografie: Goldman, Emma: *Living my Life.* 2 Bände, 1931, dt.: *Gelebtes Leben.* Autobiographie, Übersetzung Marlen Breitinger, mit einem Vorwort von Ilija Trojanow, Hamburg 2010.

110 Hui-Chi Hsu, Rachel: *Emma Goldman, Mother Earth, and the Anarchist Awakening.*, Notre Dame, 2021.

111 Lohschelder, Silke u. a.: *AnarchaFeminismus. Auf den Spuren einer Utopie*, Münster 2000, 91.

112 Anette Schneider: *Verhaftung der Anarchistin Emma Goldman in New York.* In: *Kalenderblatt (Rundfunksendung auf DLF).* 11. Februar 2016

113 Lohschelder, a. a. O., 91–96.

114 Sie schreibt über diese Erfahrung mehrere Bücher: *My Disillusionment in Russia,*

New York 1923; vollständige Ausgabe 1925, und *My Further Disillusionment in Russia,* New York 1924.

115 Kates Shulman, Alix: *Red Emma speaks. An Emma Goldman Reader* (3rd edition), New Jersey, 1996, 167; Übersetzung von mir.

116 Das Interview ist hier zu sehen: https://www.youtube.com/watch?v=hTCMcO4WTjE

117 Madsen, Axel, *Jean-Paul Sartre und Simone de Beauvoir. Die Geschichte einer ungewöhnlichen Liebe.* Hamburg 1982, 197 f.

118 *Das andere Geschlecht*, München/Zürich 1961, 1110–1114; 1110; 1129 f.

119 Galster, Ingrid: *Relire Beauvoir. Das andere Geschlecht sechzig Jahre später.* In: Galster, Ingrid: *Simone Beauvoir und der Feminismus.* Hamburg 2015, 56–78.

120 Mehrere neue Publikationen mit unterschiedlichem Schwerpunkt, etwa: Prinz, Alois: *Das Leben der Simone de Beauvoir,* Insel Verlag, Berlin 2021; Kirkpatrick, Kate: *Simone de Beauvoir. Ein modernes Leben,* Piper, München 2020; Galster, Ingrid: *Simone de Beauvoir und der Feminismus*, Hamburg 2015; Gleichauf, Ingeborg: *Sein wie keine Andere. Simone de Beauvoir. Schriftstellerin und Philosophin.* (Reihe Hanser). dtv, München 2007.

121 De Beauvoir, Simone: *Das andere Geschlecht*, München/Zürich 1961, 11.

122 Ihre Beziehung zu Sartre ist erwartungsgemäß gut dokumentiert, etwa: van Rossum, Walter: *Simone de Beauvoir und Jean-Paul Sartre. Die Kunst der Nähe,* Reinbek 2001; Madsen, Axel: *Jean-Paul Sartre und Simone de Beauvoir. Die Geschichte einer ungewöhnlichen Liebe.* Hamburg 1982.

123 Oliver, Susan: *Betty Friedan. The Personal is Political*, News York 2008; Golin, Steve: *Women who invented the sixties: Ella Baker, Jane Jacobs, Rachel Carson and Betty Friedan*, Jackson/Mississippi 2022. Horowitz, Daniel: *Betty Friedan and the making of the feminine mystique: the American Left, the Cold War and modern feminism*, Amherst, MA 1998.

124 https://www.britannica.com/topic/The-Feminine-Mystique

125 Ebd.

126 Es gibt nur wenig Sekundärliteratur zu Kate Millet. Einen Überblick bieten https://taz.de/Nachruf-auf-Kate-Millett/!5442809/ oder https://www.fembio.org/biographie.php/frau/biographie/kate-millett/ (mit Literaturempfehlungen), konkret auch: Perreault, Jeanne Martha: *Writing selves contemporary feminist autography,* Minneapolis 1995.

127 Wer das Buch nicht lesen möchte, findet hier mehr zur Debatte: https://www.zeit.de/1972/13/supermann-gegen-exfrau?utm_referrer=https%3A%2F%2Fpresearch.com%2F

128 Mitchell, Juliet: *Psychoanalysis and Feminism: A Radical Reassessment of Freudian Psychoanalysis,* London 2000, xxix, 303–356.

129 https://onlinelibrary.wiley.com/doi/abs/10.1111/j.1527-2001.1993.tb00639.x

130 https://www.washingtonpost.com/archive/entertainment/books/1990/05/13/kate-milletts-mental-politics/665136b7-054e-451d-beef-67601f6ea3d9/

131 Seligson, Marcia (6 September 1970): *»De Beauvoir Lessing – Now, Kate Millett«* in: The New York Times.

132 So das marxistische Blatt *Der Funke*: https://www.derfunke.de/rubriken/frauenbefreiung/2980-marxismus-und-feminismus

133 Marwick, Arthur*: The Sixties: Cultural Revolution in Britain, France, Italy, and the United States, c. 1958–c.1974,* Oxford 1998, 687.

134 Nachruf auf Shulamith Firestone vom 31.8.2012, https://www.aliceschwarzer.de/artikel/shulamith-firestone-ist-tot-154428.

135 Koedts Text ist auf Englisch hier online zu lesen: https://cfe68a86-fffb-4725-9c b9-6afe7bf48a7c.filesusr.com/ugd/63d11a_f1aa3818f1b6471aa113c28aeb5130f7.pdf. Auf Deutsch in: Anders, Ann (Hg.): *Autonome Frauen. Schlüsseltexte der neuen Frauenbewegung seit 1968*, Frankfurt a. M. 1988, 76–89.

136 Sigusch, Volkmar: *Sexualitäten. Eine kritische Theorie in 99 Fragmenten.* Frankfurt 2013, 472.

137 O'Connell, Helen E., Hutson, John M., Anderson, Colin R., Plenter, Robert J.: *Anatomical relationship between urethra and clitoris.* In: *Journal of Urology.* 1998, vol. 159, Nr. 6, 1892–7.

138 Dunn, Kate M., Cherkas, Lynn F., Spector, Tim D.: *Genetic influences on variation in female orgasmic function: a twin study.* In: *Biology Letters.* Band 11, Nr. 3, 22. September 2005, doi:10.1098/rsbl.2005.0308.

139 *Deutscher Bundestag. 5. Wahlperiode. 178. Sitzung. Bonn, Donnerstag, den 30. Mai 1968, 9625 – 9631 (9628),* http://dipbt.bundestag.de/doc/btp/05/05178.pdf

140 Foto von Holger Ellgaard (CC BY-SA 3.0), etwa hier: https://www.zeitklicks.de/zeitstrahl/1968/notstandsgesetze-in-der-brd

141 Alice Schwarzer machte diese Bezeichnung prompt zu ihrem Markenzeichen. Hier erinnert sie sich: https://www.aliceschwarzer.de/artikel/alice-schwarzer-contra-esther-vilar-318407

142 Gespräch mit Alice Schwarzer 1975: https://www.youtube.com/watch?v=m6O-WA8ozUkk

143 *Lebenslauf,* Köln, 2011, 55.

144 Hier zu sehen: https://www.youtube.com/watch?v=m6OWA8ozUkk

145 *Das andere Geschlecht*, a. a. O., 1114.

146 Schwarzer, Alice, *Der kleine Unterschied und seine großen Folgen,* 1975 (2002), 17.

147 https://www.giordano-bruno-stiftung.de/beirat/vilar-esther

148 https://www.tagesspiegel.de/kultur/wir-da-unten-ihr-da-oben-3648208.html

149 Ebd.

150 https://www.aliceschwarzer.de/artikel/der-kleine-unterschied-264811, hier ist das Vorwort zu lesen, das einen guten Überblick bietet.

151 Taufiq, Suleman: *Ikone des arabischen Feminismus*, 30.11.2015, in: al-Qantara, https://qantara.de/artikel/nachruf-auf-fatima-mernissi-ikone-des-arabischen-feminismus

152 Mernissi, Fatima: *Islam und Demokratie. Die Angst vor der Moderne*, Freiburg et al. 1992, 218.

153 Mernissi, Fatima: *Die vergessene Macht. Frauen im Wandel der islamischen Welt*, Berlin 1993, 10–20, Zitat: S. 78.

154 Mernissi, Fatima: *Islam und Demokratie,* a. a. O., 200, 209.

155 Mernissi, Fatima: *Die vergessene Macht,* a. a. O., 185.

156 https://wordpress.nibis.de/obslwssz/2016/03/17/top-frauenwitze/ und https://witze.net/blondinen-witze (Seite 1) bzw. https://witze.net/blondinen-witze (Seite 2).

157 https://www.destatis.de/DE/Presse/Pressemitteilungen/2022/12/PD22_559_213.html#:-:text=Wie%20das%20Statistische%20Bundesamt%20(Destatis,akademischen%20Laufbahn%20noch%20%C3%BCberproportional%20vertreten.

158 Walker, Rebecca*: To Be Real: Telling the Truth and Changing the Face of Feminism* (Hg.) New York City, 1995, und *Black, White and Jewish: Autobiography of a Shifting Self*, 2000.

159 Wolf, Naomi*: Der Mythos Schönheit*, Reinbek b. Hamburg 1991 (Original *The Beauty Myth*, 1990), 13.

160 Ebd., 14–16, 26 f.

161 Ebd., 34 ff., 50 ff.

162 Ebd., 32 f. Wolf zitiert den Ökonomen Marvin Harris, der die Frauen als »mit Schulbildung versehene und fügsame« Reservearmee bezeichnet.

163 Ebd., 88 f.

164 Ebd., 260 ff.

165 Ebd., 169 ff.

166 Ebd., 168–173.

167 Ebd., 321.

168 Ebd., 189.

169 Ebd., 387.

170 *Labyrinth* Nr. 140 (September 2019; Zeitschrift der Deutschen Gesellschaft für das hochbegabte Kind e. V.), 21.

171 Veröffentlicht zuerst auf der Website tomdispatch.com 2008, später in einer Essaysammlung mit diesem Titel von 2014: https://www.commondreams.org/views/2008/04/13/men-explain-things-me-facts-didnt-get-their-way

172 Damit spielt sie vermutlich auf das islamische Recht an, das allerdings nicht in

jedem islamischen Land gilt. Wenn hier einmal kurz – ohne herablassende Absicht, sondern aus Perspektive der islamwissenschaftlichen Fachfrau – korrigiert werden darf: Das islamische Recht kennt gar keinen Straftatbestand Vergewaltigung, nur unerlaubten Geschlechtsverkehr (*zina*). Ehe eine Strafe verhängt werden kann, müssen laut Koran vier Zeugen die Tat bestätigen. Im Koran (Sure 24) wird die maskuline Form verwendet (im Arabischen für männliche und geschlechtsgemischte Gruppen üblich). Im islamischen Recht kann, wenn eine bestimmte Anzahl von Zeugen benötigt wird, teils (nicht immer) ein männlicher durch zwei weibliche Zeugen ersetzt werden. Solnit liegt also, obwohl sie die Details nicht zutreffend wiedergibt, von der Tendenz her richtig, dass die Aussage von Frauen im islamischen Recht weniger zählt.

173 Übersetzung des »Punk-Gebets« von Pussy Riot 2013, zitiert nach *focus online* vom 19.11. 2013: https://www.focus.de/politik/ausland/mutter-gottes-vertreibe-putin-punk-gebet-von-pussy-riot-im-wortlaut_id_2097651.html

174 https://www.tagesspiegel.de/politik/das-punk-gebet-von-pussy-riot-6681574.html dokumentiert den Wortlaut in deutscher Übersetzung. Möglicherweise wurden die Schlusszeilen mit der Erwähnung von Putin bei dem Auftritt nicht gesagt. Siehe auch Frank, Michael: *Zum Urteil gegen »Pussy Riot« – Russlands Demokratie und Rechtsstaat in schlechtem Zustand*, Berlin 2012; und Pussy Riot: *Pussy Riot! Ein Punk-Gebet für Freiheit.* Mit einem Vorwort von Laurie Penny. Übersetzung Barbara Häusler. Edition Nautilus, Hamburg 2012.

175 Hannah, Kathleen and Bikini Kill. *»Riot Grrrl Manifest«. Feministische Theorie und Kritische Medienkulturanalyse: Ausgangspunkte und Perspektiven*, edited by Tanja Thomas and Ulla Wischermann, Bielefeld: transcript Verlag, 2020, 492–494. https://doi.org/10.1515/9783839440841-047, Auszugsweise lesbar unter https://www.degruyter.com/document/doi/10.1515/9783839440841-047/html?lang=de; https://www.ichfrau.com/news-al-museo-delle-donne/riot-grrrl-wie-die-bewegung-der-90er-den-feminismus-und-punk-neu-definierte/11844

176 Gottlieb, Joanne; Wald, Gayle: *Smells Like Teen Spirit. Riot Grrrls, Revolution und Frauen im Independent Rock*, in: Eichhorn, Corneli; Grimm, Sabine (Hg.): *Gender Killer. Texte zu Feminismus und Politik*, Berlin/Amsterdam 1994, 167–189. Peglow, Katja; Engelmann, Jonas: *Riot Grrrl Revisited! Geschichte und Gegenwart einer feministischen Bewegung*, Mainz 2011.

177 https://www.spiegel.de/politik/ausland/pussy-riot-russland-muss-protest-band-entschaedigung-zahlen-a-1218855.html

178 Der Fall machte Schlagzeilen, beispielhaft seien hier nur angeführt: *Welt online* vom 27.8.2015 (nach dem Prozess): https://www.welt.de/regionales/nrw/article145696561/Femen-Aktivistin-akzeptiert-Strafe-von-600-Euro.html, sowie das Interview auf *Spiegel online* vom 29.12.2013: https://www.spiegel.de/politik/deutsch-

land/femen-frau-josephine-witt-im-spiegel-interview-zu-aktion-im-koelner-dom-a-941165.html

179 Hiltmann, Heike: *Von nackten Brüsten und blanken Schwertern. Offensive Formen der weiblichen Brustenblößung am Beispiel der Eiríks saga rauða*, K. 11, in: *»Und sie erkannten, dass sie nackt waren.« Nacktheit im Mittelalter* (Bamberger interdisziplinäre Mittelalterstudien 1), Bamberg 2008, S. 413–436, online zu lesen: https://fis.uni-bamberg.de/server/api/core/bitstreams/d5cdaf35-01b7-4259-9ddf-5110a1c622c3/content

180 https://www.theguardian.com/world/2012/sep/22/femen-topless-warriors-global-feminism

181 Interview in: *cicero.de* vom 27.6.2013, Antje Hildebrandt mit Klara Martens und Debbie (Pseudonym), https://www.cicero.de/aussenpolitik/femen-sie-wollen-brueste-also-kriegen-sie-brueste/54884

182 https://www.emma.de/artikel/femen-stoppt-die-toedliche-gewalt-337955

183 https://www.spiegel.de/politik/ausland/oben-ohne-protest-in-minsk-geheimdienst-hat-offenbar-demonstrantinnen-entfuehrt-a-804963.html und https://www.spiegel.de/ausland/femen-gruenderin-inna-schevchenko-die-feministin-die-keine-mehr-sein-will-a-4e5506f1-ebad-4c71-aac8-f0f8557c18b9

184 https://www.thestar.com/news/gta/2011/02/18/cop_apologizes_for_sluts_remark_at_law_school.html

185 https://www.theguardian.com/world/2011/may/06/slutwalking-policeman-talk-clothing

186 https://www.thestar.com/news/gta/2011/02/18/cop_apologizes_for_sluts_remark_at_law_school.html

187 Besprechungen etwa hier: https://www.eveosblog.de/inspiration/ausstellung-what-were-you-wearing-gegen-vorurteile-fuer-frauenrechte-74375 oder hier: https://de.euronews.com/my-europe/2023/06/22/ausstellung-uber-sexuelle-ubergriffe-mit-outfits-von-uberlebenden-in-brussel-eroffnet

188 https://shamelessmag.com/blog/entry/this-sunday-wear-your-slut-pride-at-slutwalk/

189 https://www.theguardian.com/commentisfree/2011/may/08/slutwalk-not-sexual-liberation

190 Eine kurze Zusammenfassung etwa hier: https://www.dw.com/de/metoo-aufschrei-und-co-5-hashtags-f%C3%BCr-mehr-frauenrechte/a-50833337

191 Originalbeitrag: https://www.lemonde.fr/idees/article/2018/01/09/nous-defendons-une-liberte-d-importuner-indispensable-a-la-liberte-sexuelle_5239134_3232.html, in deutschen Medien (aus denen auch die Übersetzung stammt) etwa hier: https://www.zeit.de/gesellschaft/zeitgeschehen/2018-01/metoo-catherine-deneuve-feminismus-sexismus

192 Zitiert nach https://garconnefeuilleton.com/hashtag-feminismus/

193 Deutschlandfunk, 9.9.2018, https://www.deutschlandfunk.de/metoo-debatte-das-komplizierte-verhaeltnis-der-geschlechter-100.html

194 Flaßpöhler, Svenja: *Die potente Frau,* Berlin 2018.

195 Wie auch hier angesprochen: https://garconnefeuilleton.com/hashtag-feminismus/, bezugnehmend auf Flaßpöhler, *potente Frau,* a. a. O.

196 Der Talk ist hier zu sehen: https://www.youtube.com/watch?v=hg3umXU_qWc, eine Kurzversion hier: https://www.youtube.com/watch?v=EJXEEVh_1sQ

197 https://www.projekt-gutenberg.org/marx/heilgfam/chap009.html bzw.: Marx/Engels, Werke Bd. 2, 1962, 208.

198 Haas, Brenda: *Zum 250. Geburtstag von Charles Fourier* in: dw 7.4.2022, gibt einen Überblick: https://www.dw.com/de/feminismus-250-geburtstag-charles-fourier/a-61396662. Siehe auch Bebel, August: *Charles Fourier. Sein Leben und seine Theorien,* Stuttgart 1890, online zu lesen: https://www.gutenberg.org/ebooks/19596

199 Marx/Engels Werke, Bd. 31 (1965), 518 f.

200 Brown, Heather: *Geschlecht und Familie bei Marx*, Berlin 2021.

201 Frings, Christian: *Mary Burns und Karl Marx – eine verpasste Gelegenheit der Maschinen- und Geschlechterforschung*, in: B*eiträge zur Marx-Engels-Forschung. Neu Folge 2018/19*, Hamburg 2019, 153–164. Mettele, Gisela: *Mary und Lizzie Burns. Die Lebensgefährtinnen von Friedrich Engels*, in: *Marx-Engels-Jahrbuch 2011*, Berlin 2012,130–149. Rezension zu Walter Vicors Buch *General und die Frauen* von Kebir, Sabine: *1932: Revolutionäres Herz*, in: *der Freitag* 31/2020, https://www.freitag.de/autoren/sabine-kebir/1932-revolutionaeres-herz.

202 Tristan, Flora: *L'union ouvrière,* Paris und Lyon [3]1844, 6. Zu ihrem Leben, siehe: Heinemann, Isabel: »La vraie fondatrice de l'Internationale«. *Flora Tristan und die vergessenen feministischen Wurzeln des internationalen Sozialismus,* in: Francia. Forschungen zur westeuropäischen Geschichte 47 (2020), 267–94. https://journals.ub.uni-heidelberg.de/index.php/fr/article/view/86573/80936; Knecht, Susanne: *Flora Tristan und Maria Graham, Lady Callcott. Die zweite Entdeckung Lateinamerikas,* Hamburg 2004; Gerhard, Ute (Hg.): *Klassikerinnen feministischer Theorie*. Bd. 1: 1789–1919, Königstein 2008, 50–62.

203 Heinemann, *vraie fondatrice*, a. a. O., insbesondere 267 f. und 294.

204 Ebd., 276–80, 286–89.

205 Ebd., 282–85.

206 Cox, Judy: *Marx, Engels und ihr Kampf für die Frauenbefreiung*, in: International Socialism 166 (12.5.2020), https://isj.org.uk/marx-engels-und-ihr-kampf-fur-frauenbefreiung/#footnote-10080-33

207 Heinemann, *vraie fondatrice*, a. a. O., 291–4.

208 Clara Zetkin, Rede vor dem Reichstag am 30.8.1932, zitiert nach https://www.marxists.org/deutsch/archiv/zetkin/1932/08/alterspraes.html.

209 Hervé, Florence (Hg.): *Clara Zetkin oder: Dort kämpfen, wo das Leben ist*, Berlin 2020. Zucker, Lou: *Clara Zetkin: Eine rote Feministin. Geschichte im Brennpunkt*, Berlin 2021.

210 Zetkin, Clara: *Für die Befreiung der Frau!*, in: https://www.marxists.org/deutsch/archiv/zetkin/1889/07/frauenbef.htm

211 Zetkin, *Befreiung der Frau*, https://www.marxists.org/deutsch/archiv/zetkin/1889/07/frauenbef.htm;

212 Zitiert nach https://www.marxists.org/deutsch/archiv/zetkin/1932/08/alterspraes.html.

213 Studer, Brigitte: *Gleichberechtigung nach 1917? Frauen in der kommunistischen Internationale*, in: APuZ, 18.8.2018, https://www.bpb.de/shop/zeitschriften/apuz/254468/gleichberechtigung-nach-1917/

214 https://jacobin.de/artikel/nancy-fraser-intersektionalitat-beschreibt-etwas-aber-erklart-nichts-kapitalismus-feminismus-ausbeutung/

215 Lohschelder, Silke: *Anarchafeminismus. Auf den Spuren einer Utopie*, Münster 2000, 17–21.

216 Lohschelder, *Anarchafeminismus*, a. a. O., 23–27.

217 Ebd., 27–33.

218 Ebd., 34.

219 Dalhoff, Maria: *Zur (Un-)Möglichkeit von Widerstand gegen Unterdrückung und Herrschaft*, Magisterarbeit, Wien 2010, 79 f. https://core.ac.uk/download/pdf/11592504.pdf

220 Ebd., 39–47.

221 Gutschmidt, Inés: *Anarchistinnen und Sozialrevolutionärinnen im zaristischen Russland*, in: Lohschelder, *Anarchafeminismus*, a. a. O., 48–96, 54.

222 Lohschelder, a. a. O., 126–32.

223 Dubowy, Liane M.: *Anarchistinnen in Italien*, in: Lohschelder, *Anarchafeminismus*, a. a. O., 133–4.

224 Lohschelder, *Anarchafeminismus*, a. a. O., 156 f., 156–160.

225 Ebd., 162–5.

226 Ebd., 166–71.

227 Wörtliche Zitate nach der Pressemitteilung des Exzellenzclusters der Universität Münster »Religion und Politik« vom 23.6.2014, https://www.uni-muenster.de/Religion-und-Politik/aktuelles/2014/jun/PM_Frauen_in_den_Religionen.html. Sie bezieht sich auf Stollberg-Rilinger, Barbara (Hg.): *»Als Mann und Frau schuf er sie«. Religion und Geschlecht* (Religion und Politik, Band 7), Würzburg 2014.

228 Zitiert nach Mechthild Klein: *Vom Misstrauen der Religionen gegenüber Frauen*, Deutschlandfunk vom 22.5.2018, https://www.deutschlandfunk.de/geschlechterrollen-vom-misstrauen-der-religionen-gegenueber-100.html

229 Voykowitsch, Brigitte: *Yellammas entweihte Dienerinnen*, in: NZZ 30.5.2005, https://www.nzz.ch/articleCKMEA-ld.346467, und Kunt, Jacqueline: *Der Yellamma-Kult. Tempelprostitution in Indien – Gesetzesverbot wird übergangen*, in: Menschenhandelheute, 4.9.2013, https://menschenhandelheute.net/2013/09/09/der-yellamma-kult-tempelprostitution-in-indien-gesetzesverbot-wird-ubergangen/

230 Zitiert nach Duby, Dominique: *Gott in 60 Minuten*, München 2008, 98–100.

231 Shevchenko, Inna: *God versus Girls. Is Religion compatible with feminism?*, Redebeitrag auf der International Conference on Free Expression and Conscience, London, 22–24 July, 2017: https://www.youtube.com/watch?v=ZzVhwsetzDk/

232 https://www.salon.com/2013/07/21/from_hitchens_to_dawkins_where_are_the_women_of_new_atheism/

233 Bekiempis, Victoria: *Why the new atheism is a boy's club*, in: The Guardian, 26.9.2011, https://www.theguardian.com/commentisfree/cifamerica/2011/sep/26/new-atheism-boys-club.

234 https://slate.com/human-interest/2012/10/sexism-in-the-skeptic-community-i-spoke-out-then-came-the-rape-threats.html

235 Picchi, Margherita: *A Woman amongst the Sheikhs: the Qur'anic exegesis of Bint al-Shat*i, Fondazione Oasis, 13.1. 2021: https://www.oasiscenter.eu/en/woman-amongst-sheikhs-quranic-exegesis-bint-al-shati (Bint al-Shati – Tochter des (Nil-)ufers – ist das Pseudonym, unter dem Aisha Abd ar-Rahman bekannt ist).

236 Neiman, Susan: *Links ist nicht woke*, Berlin 2023, 162.

237 Metzger, Franz, in: *Geschichte mit Pfiff*, Ausgabe 5/91 (Mai 1991), 2.

238 Ebd.

239 Laut dem Artikel *Herstory* in: *The Oxford English Dictionary*, online einsehbar hier: https://www.oed.com/dictionary/herstory_n

240 Opitz, Claudia: *Geschichtswissenschaft*, in: Kroll, Renate (Hg.): *Metzler Lexikon Gender Studies,* Stuttgart 2002, 151–3.

241 Vgl. der Überblick von Studer, Brigitte: *Das Geschlechterverhältnis in der Geschichtsschreibung und in der Geschichte des 19. und 20. Jahrhunderts. Überlegungen zur Entwicklung der historischen Frauenforschung und zu ihrem Beitrag zur geschichtlichen Erkenntnis*, in: *Feministische Studien*, Stuttgart 1.5.1989, https://doi.org/10.1515/fs-1989–0108, insbesondere die Seiten 98, 100, 103, 105 f., 110.

242 Lucke, Doris: *Soziologie/Sozialwissenschaften*, a. a. O., 368–71, besonders 368 f. Siehe auch Becker-Schmidt, R; Knapp, G. A. (Hg.): *Das Geschlechterverhältnis als Gegenstand der Sozialwissenschaften*, Frankfurt und New York 1995.

243 Feldmann, Doris und Hartmann-Tews, Ilse: *Geschlechterrollen*, in: *Metzler Lexikon Gender Studies*, a. a. O., 158 f.

244 Waldeck, Ruth: *Sexualität*, in: *Metzler Lexikon Gender Studies*, a. a. O., 358 f.

245 Tuch, Richard: *Murder on the Mind: Tyrannical Power and Other Points along*

the Perverse Spectrum, in: *The International Journal of Psychoanalysis* 91.1 (2010), 141–162, doi:10.1111/j.1745-8315.2009.00220.x. Freud, Sigmund: *Studienausgabe* Band 5 (Sexualleben), Frankfurt a. M. 1972.

246 Mernissi, Fatima: *Die vergessene Macht. Frauen im Wandel der islamischen Welt*, Berlin 1993, 72–75.

247 *Hikayat Abi l-Qasim al-Baghdadi (Abulkasim, ein Bagdader Sittenbild)*, Mez, Adam (Hg.) 1902, 70 f.

248 Opitz, Claudia: *Jungfrau/Jungfräulichkeit/Jungfrauenmythos*, in: *Metzler Lexikon Gender Studies*, a. a. O., 201.

249 Vgl. dazu auch Hilmes, Carola: *Die Femme Fatale. Ein Weiblichkeitstypus in der nachromantischen Literatur*, Stuttgart 1990, 43: Freud wird hier mit den Worten zitiert, die kastrierte Frau müsse nicht gefürchtet werden.

250 Vgl. beispielsweise Hilmes, Carola: *Die Femme fatale. Ein Weiblichkeitstypus in der nachromantischen Literatur*, Stuttgart 1990 und Stein, Gerd (Hg.): *Femme fatale, Vamp, Blaustrumpf. Sexualität und Herrschaft*. (= *Kulturfiguren und Sozialcharaktere des 19. und 20. Jahrhunderts*, 3), Frankfurt am Main 1985.

251 Hilmes, *Femme fatale*, a. a. O., 224–35.

252 Hilmes, *Femme fatale*, a. a. O. 32 spricht von Krisenmentalität. Ich sehe es eher im Kontext eines gesellschaftlichen Wandels der Geschlechterrollen.

253 Einen ausgezeichneten Überblick über den Poststrukturalismus und seine feministischen Interpretationen bietet Raab, Heike: *Foucault und der feministische Poststrukturalismus*, Dortmund 1998, zur Geschichte 8–20, 26, an den wir uns hier anlehnen.

254 Ebd., 20, 33.

255 Ebd., 36–40.

256 Prägnant zusammengefasst ebd., 43–50.

257 Ebd., 50–55.

258 Zur Kritik ebd, 57–63.

259 Neiman, Susan: *Links ist nicht woke*, Berlin 2023, 93, 111–20, 158.

260 Flaßpöhler wirft ihr deshalb Abwertung von Heterosexualität vor, *Potente Frau*, a. a. O., 32–8, v. a. 34.

261 Zu dieser Debatte und dem Zitat: Schwarzer, Alice: *Weiberzank oder Polit-Kontroverse*, in: *Emma*, 29.8.2017, abzurufen hier: https://www.emma.de/artikel/eine-antwort-auf-butler-334719. Eine Analyse des Streits findet sich bei Walser, Franziska: *Überfälliger Streit der Über-Frauen*, in: Deutschlandfunk Kultur, 21.8.2017: https://www.deutschlandfunkkultur.de/alice-schwarzer-contra-judith-butler-ueberfaelliger-streit-100.html

262 Mies, Maria; Shiva, Vandana: *Ökofeminismus*, Zürich 1995, 32.

263 *Viele Geschlechter? Das ist Unfug!* Interview Chantal Louis mit Prof. Dr. Christi-

ane Nüsslein-Vollhard, in: *Emma*, 22.8.2022, https://www.emma.de/artikel/viele-geschlechter-das-ist-unfug-339689.

264 Hilmes, *Femme fatale,* a. a. O., 43.

265 https://www.focus.de/panorama/welt/frauenrechtlerin-siegt-gegen-transfrau-vor-gericht-und-protestiert-gegen-militante-minderheit_id_200809411.html

266 Otto, Katharina B.: *Das Gefühl, eine Frau zu sein*, achgut 19.6.2023, https://www.achgut.com/artikel/das_gefuehl_eine_frau_zu_sein. Otto definiert ihre eigene Identität als Transfrau nicht über Butlers Queer-Theorie, sondern schlichtweg über das persönliche Gefühl, sich mit dem eigenen Körper und der damit verbundenen Geschlechterrolle nicht wohlzufühlen. Sie hebt ausdrücklich hervor, dass Transaktivist*innen nicht identisch seien mit der Mehrheit der Transpersonen. Das Medium ist nicht gerade als feministisch bekannt, eigentlich sollte diese Debatte in den großen Tageszeitungen geführt werden.

267 Fraser, Nancy: *Fortunes of Feminism. From State-Managed Capitalism to neoliberal Crisis*, London und New York 2013. Fraser fasst diese Gedanken zu Anfang zusammen, 1–3, 16 – für Eilige.

268 Stoverock, Meike: *Female Choice. Vom Anfang und Ende der männlichen Zivilisation*, Stuttgart 2021, 130.

269 Imhof, Agnes: *Gebrauchsanweisung Malta*, a. a. O., 31. Doppelgeschlechtlichkeit wird etwa hier vermutet: Sultana, Sharon: *The Female Figure in Neolithic Malta*, https://fenici.net/wp-content/uploads/2022/04/Sharon-The-female-figure-in-Neolithic-Malta.pdf. Siehe auch Malone, Caroline; Stoddart, Simon: *Figurines of Malta,* in: Insoll, T. (Hg.): *The Oxford Handbook of Prehistoric Figurines*, 729–54 (Kap. 32), Oxford 2016, https://pureadmin.qub.ac.uk/ws/portalfiles/portal/120862468/Chapter_32_figurines_2016_proof.pdf mit Kritik an Gimbutas. Beide müssen allerdings zugeben, dass die meisten Figuren eindeutig weiblich sind. Radford Ruether, Rosemary: *Goddesses and the divine Feminine*, Berkeley 2005, 31, zu ähnlichen Vermutungen bezüglich Çatal Hüyük.

270 *Der Mythos vom Matriarchat*, Frankfurt 1981, 29.

271 Einen Überblick über die Matriarchatstheorien, auf den ich mich hier auch beziehe, bietet Schenkluhn, Angela: *Matriarchat/Patriarchat*, in: Auffarth, Christoph; Bernard, Jutta; Mohr, Hubert (Hg., unter Mitarbeit von Agnes Imhof und Silvia Kurre): *Metzler Lexikon Religion,* Bd. 2, Stuttgart 1999, 397–9.

272 Coler, Ricardo: *Das Paradies ist weiblich. Eine faszinierende Reise ins Matriarchat*, Berlin 2005. Blumenfield, Tami: *The Na of Southwest China: Debunking the Myths,* Washington, 2009, bemüht sich um ein differenziertes Bild, das auch unterschiedlichen Ansätzen innerhalb der Gesellschaft Rechnung trägt. Der Artikel ist online einsehbar: https://web.archive.org/web/20140803094628/http://web.pdx.edu/-tblu2/Na/myths.pdf

273 Wieland, Rotraud: *Das Bild der Europäer in der modernen arabischen Erzähl- und Theaterliteratur*, Wiesbaden 1980; *Raumpatrouille – Die phantastischen Abenteuer des Raumschiffs Orion*, Folge 5 *Der Kampf um die Sonne* und Folge 7 *Invasion* 1966.

274 Gimbutas, Marija: *The Goddesses and Gods of Old Europe*, London 1974; *The Language of the Goddess*, San Francisco 1989; *The Civilization of the Goddess*, San Franzisco 1991.

275 Röder, Brigitte, Hummel, Juliane, Kunz, Brigitta: *Göttinnendämmerung: Das Matriarchat aus archäologischer Sicht*. Klein Königsförde/Krummwisch, Königsfurt 2001, 291, zitiert etwa die Kritik von Susan Binford, der Untergang des Matriarchats habe nur frauenfeindliche Stereotypen wie Evas Apfel oder Pandoras Büchse wiederholt.

276 Schenkluhn, a. a. O., 399.

277 Vgl. Corea, Gena: *Mutter Maschine*, Berlin 1986, 228.

278 Fornasier, Jochen: *Amazonen. Frauen, Kämpferinnen, Städtegründerinnen*. Zabern, Mainz 2007. Historisches Museum der Pfalz Speyer (Hg.): *Amazonen. Geheimnisvolle Kriegerinnen*. Begleitbuch zur Ausstellung Speyer 2010/11, München 2010. Mayor, Adrienne: *The Amazons: Lives and Legends of Warrior Women across the Ancient World*, Princeton 2016. Expeditionsbericht von Guljajev, W. I., Wolodin, S. A., Schevtschenko, A. A.: Донская археологическая экспедиция, https://archaeolog.ru/ru/expeditions/expeditions-2019/donskaya-arkheologicheskaya-ekspeditsiya

279 Tschacher, Werner: *Hexe/Hexenmuster*, in: *Metzler Lexikon Religion*, Bd. 2, a.a.O., 39–41, 41.

280 Murray, Magrgaret: *The Witch-Cult in Western Europe*, Oxford 1921, 9–14, online zu lesen: https://www.gutenberg.org/files/20411/20411-h/20411-h.htm

281 Ebd., 14–21.

282 Ebd., 21–27.

283 Ebd., 28, 33 ff., 44, 60.

284 Ebd., 129 f.

285 Ebd., 156 f.

286 Ebd., 169 f., 183 ff., 186 ff., 190.

287 Valiente, Doreen: *The Rebirth of Witchcraft*, London 1989, 39 f. Siehe auch Heselton, Philip: *Wiccan Roots: Gerald Gardner and the Modern Witchcraft Revival*, Berkshire 2000.

288 Schenkluhn, Angela: *Frauenbewegung/ Spiritueller Feminismus*, in: *Metzler Lexikon Religion*, a. a. O., Bd. 2, 395–401

289 Zu den Mythen und zur Einordnung etwa Petersen, Silke: *»Zerstört die Werke der Weiblichkeit!« Maria Magdalena, Salome und andere Jüngerinnen Jesu in christ-*

lich-gnostischen Schriften. (Nag Hammadi and Manichaean Studies 48). Brill, Leiden u. a., 1999

290 Vgl. Grieser, Alexandra: *Frauenbilder/ Männerbilder*, in: Metzler Lexikon Religion, a. a. O., 402 ff.

291 Schenkluhn, Angela: *Frauenbewegung/Spiritueller Feminismus*, Metzler Lexikon Religion, a. a. O., 399.

292 Roesch Wagner, Sally: *How Native American Women inspired the Women's Rights Movement,* in: National Park Service, Abdruck aus: *Women's Suffrage Centennial Commission (WSCC) on April 17, 2020,* https://www.nps.gov/articles/000/how-native-american-women-inspired-the-women-s-rights-movement.htm, Website der Haudenosaunee Confederacy zur Familienstruktur in historischer Zeit: https://www.haudenosauneeconfederacy.com/historical-life-as-a-haudenosaunee/family-structure/

293 Feest, Christian: *Beseelte Welten – Die Religionen der Indianer Nordamerikas,* in: *Kleine Bibliothek der Religionen*, Bd. 9, Freiburg et al. 1998, 55–59, 101, und Wernhart, Karl R.: *Ethnische Religionen – Universale Elemente des Religiösen*, Kevelaer 2004, 10–24, 144.

294 Imhof, Agnes: *Religiöser Wandel und die Genese des Islam*, Würzburg 2004.

295 Feest, *Beseelte Welten*, ebd.

296 Deer, Sarah, *The Beginning and End of Rape: Confronting Sexual Violence in Native America.* University of Minnesota Press. Risling Baldy, Cutcha*: We are dancing for you : native feminisms and the revitalization of women's coming-of-age ceremonies,* Seattle 2018.

297 Beck, Abaki: *15 Indigenous Feminists to know, read and listen to*, 28.3.2019 auf: https://www.bitchmedia.org/article/15-indigenous-feminists-know-read-and-listen

298 Rodriguez, Jeanette: *A Clan Mother's Call. Reconstructing Haudenosaunee Cultural Memory*, Albany 2017, 2, 8, 81–5, 95 f.

299 Im Folgenden bezugnehmend etwa auf Holland-Cunz, Barbara: *Die alte neue Frauenfrage*, Frankfurt 2003.

300 Maathai, Wangari: *Die Grüngürtel-Bewegung. Ansatz und Erfahrungen*, Steyr 2008.

301 Mies, Maria; Shiva, Vandana: *Ökofeminismus. Beiträge zur Praxis und Theorie*, Zürich 1995.

302 Ebd., *Ökofeminismus,* 325–330, 396.

303 https://www.pressenza.com/de/2021/04/frauen-die-die-zukunft-gestalten-vandana-shiva/

304 Einen Überblick über ihr Leben und ihre Arbeit bieten diverse Nachrufe, etwa Flach, Anja: *Radikale Denkerin. Präzise Kritik und Analyse, prägend für die feministische und kurdische Bewegung: Zum Tod der Autorin und Aktivistin Maria Mies,*

in: *Junge Welt*, 26.5.2023, https://www.jungewelt.de/loginFailed.php?ref=/artikel/451541.nachruf-radikale-denkerin.html

305 Sophia Boddenberg im Gespräch mit Maria Mies: *Männer verkörpern nicht das ideale Menschenbild.* In: *Junge Welt*, 22.4.2017.

306 *Kapitalismuskritik – Zurück zu den demokratischen Wurzeln.* Die Soziologin Maria Mies im Gespräch mit Nana Brink, Deutschlandfunk Kultur, 31.7.2015.

307 So eine kurze Zusammenstellung der zentralen Inhalte des Buchs, vor allem Seiten 75 f., 112–6, 180, 204 f., 207–11, 229–40, 246–63, 287–95, 304–15, 349, 364–84,

308 So etwa – natürlich stark zusammengefasst – die zentralen Aussagen ihres Buchs *Patriarchat und Kapital*, München 2015.

309 Mies, Maria; von Werlhof, Claudia (Hg.): *Lizenz zum Plündern. Das multilaterale Abkommen über Investitionen »MAI«. Globalisierung der Konzernherrschaft – und was wir dagegen tun können*, Hamburg 1999, 12, 34, 150 und 184–190.

310 Peter Nowak: *Forscherin und Feministin: Maria Mies verstorben*, Nachruf, veröffentlicht am 24. Mai 2023 auf nd-aktuell.de.

311 Mernissi, *Die vergessene Macht*, a. a. O., 68 und 107 ff.

312 Imhof, Agnes: *Wie islamisch ist das Kopftuch? Eine Textilanalyse*, in: *Jahrbuch Wissenschaftsfreiheit* 1 (2024), Berlin 2024, 125–57, 137 f.

313 Ebd., 137.

314 Ebd., 130–8.

315 Mernissi, *Die vergessene Macht*, a. a. O., 176–8 erwähnt einige davon, ist allerdings mit Vorsicht zu genießen. Sie verwechselt beispielsweise die beiden Aishas. Imhof, *Kopftuch*, a. a. O., 133.

316 Imhof, *Kopftuch*, a. a. O., 138.

317 Müller-Berghaus, Nina: *Die Kommunistin mit den vierzig Kleidern. Ingi Aflatoun* (1924–1989), Würzburg 2001, 26–30. Je nach Quelle fand die öffentliche Entschleierung am Bahnhof in Kairo gemeinsam mit Saiza Nabawari oder auf dem Schiff statt.

318 Ahmed, Leila: *Women and Gender in Islam: Historical Roots of a Modern Debate*, Yale University Press, New Haven 1992. Müller-Berghaus, *Die Kommunistin*, a. a. O., 26.

319 Müller-Berghaus, *Kommunistin*, a. a. O., 29.

320 Amirpur, Katajun: *Wir sind die Hälfte der Bevölkerung Irans.« Die Frauen in der Demokratiebewegung*, in: Susanne Schröter (Hg.): Geschlechtergerechtigkeit durch Demokratisierung? Transformationen und Restaurationen von Genderverhältnissen in der islamischen Welt, Bielefeld 2013, 121. Zum Frauenwahlrecht: Adams, Jad: *Women and the Vote. A World History*, Oxford 2014, 401. Mernissi, *Vergessene Macht*, a. a. O., 127.

321 *Early feminist movements in the Middle East: Turkey and Egypt*, in: Hussein, Freda (Hg.), *Muslim Women*, London 1984, 111–23. Zitiert nach: Mir Hosseini, Ziba: *Neue Überlegungen zum Geschlechterverhältnis im Islam. Perspektiven der Gerechtigkeit und Gleichheit für Frauen*, in: Rumpf, Mechthild et al.: *Facetten islamischer Welten. Geschlechterordnungen, Frauen- und Menschenrechte in der Diskussion*, Bielefeld 2003, 53–84.

322 Ourghi, Abdel Hakim: *Ihr müsst kein Kopftuch tragen. Aufklären statt Verschleiern*, München 2018, 85.

323 Knieps, *Verschleierung*, a. a. O., 399–405.

324 Müller-Berghaus, *Kommunistin*, a. a. O., 37 ff., 52–63.

325 Ebd., 52–9.

326 Ebd., 65–75 und 82–91.

327 LaDuke, Betty: *Inji Efflatoun. Art, Feminism and Politics in Egypt*, in: Art Education 45.2 (1992), 33–41: https://doi.org/10.2307/3193323

328 Nelson, Cynthia: *Biography and Women's History. On Interpreting Doria Shafik*, in: *Women in Middle Eastern History: Shifting Boundaries in Sex and Gender*, edited by Nikki R. Keddie, and Beth Baron, Yale 1993, 310–33, 318. Nelson, Cynthia: *Doria Shafik, Egyptian Feminist. A Woman Apart*, Gainesville, Florida 1996, 95–99.

329 Nelson, Cynthia: *Doria Shafik, Egyptian Feminist*, a. a. O., 168–174.

330 Ebd., 175–7.

331 Ebd., 181 f.

332 Ebd., 323.

333 Müller-Berghaus, *Kommunistin*, a. a. O., 93, 100.

334 Eltantawi, Sarah: *Heldinnen werden gelöscht*, taz vom 18.1.2013, https://taz.de/!5075266/, außerdem Nelson, Cynthia: *Biography and Women's History. On Interpreting Doria Shafik*, in: *Women in Middle Eastern History : Shifting Boundaries in Sex and Gender*, edited by Nikki R. Keddie, and Beth Baron, Yale 1993, 310–33, 1993.

335 Mernissi, *Vergessene Macht*, a. a. O., 13.

336 Imhof, Agnes: *Abkehr von der Moderne*, in: FAZ 18.7.2020, Seite 12, https://www.faz.net/aktuell/feuilleton/debatten/wie-der-islamismus-zur-politischen-religion-wurde-16865606.html, bezugnehmend auf David Motadel.

337 Riesebrodt: *Fundamentalismus*, a.a.O., 248.

338 *Frau Ludin und die Mudschaheddin* [sic!], in: *taz*, 8.11.2003: https://taz.de/!683521/(17.4.2023)

339 Müller-Berghaus, *Kommunistin*, a. a. O., 33–5.

340 So im Interview 22.6.2018, in: *Emma*, https://www.emma.de/artikel/mozn-hassan-ich-gebe-nicht-auf-335897.

341 Hassan, Mozn: *Von Ägypten nach Deutschland. Eine feministische Perspektive auf*

die Attacken in Köln, zitiert nach: *Emma*, 25.11.2016, https://www.emma.de/artikel/aegypten-alternativer-nobelpreis-333829

342 Ayoub, Nidhal: *Nein zu sexueller Belästigung*, in: al-Qantara, 17.5.2012, https://qantara.de/artikel/fraueninitiative-salwas-abenteuer-im-libanon-nein-zu-sexueller-bel%C3%A4stigung

343 Alinejad, Masih, *Der Wind in meinem Haar*, Aschaffenburg 2022, 40.

344 Alinejad, *Wind*, 38, 373.

345 Ebd., 382–5.

346 Ebd., 458, 468.

347 Ebd., 463f.

348 Ebd., 474.

349 https://www.demokratiepreis-bonn.de/wp-content/uploads/2017/07/Vita_Shirin_Ebadi.pdf bietet eine kurze Vita.

350 Der Volltext der Rede findet sich hier: https://web.archive.org/web/20081224210727/http://www.weltethos.org/00--home/ebadi.htm

351 Naundorf, Karen: *Die Polizei, dein Freund und Mörder*, in: Zeit, 16.9.2021, https://www.zeit.de/arbeit/2021-09/frauenmorde-argentinien-femizid-polizei-justiz-frauenrechte-feminismus/komplettansicht.

352 Mies, Maria: *Krieg ohne Grenzen. Die neue Kolonialisierung der Welt,* Köln 2004, 204.

353 Ebd., 202, 194 f., 138, 78, 105, 184 f.

354 Pantaleo, Katherine: *Gendered Violence: An Analysis of the Maquiladora Murders*. In: *International Criminal Justice Review*. Vol. 20, Nr. 4,1, Dezember 2010, 349–365, doi:10.1177/1057567710380914.

355 Mies, *Krieg ohne Grenzen*, a. a. O., 203.

356 https://www.elmundo.es/america/2011/01/14/mexico/1295028179.html

357 Corea, *Mutter Maschine*, a. a. O., 15.

358 Demmer, Anne; Herrberg, Anne: *Lateinamerikas Frauen in Bewegung*, in: Deutschlandfunk, 7.3.2022, https://www.deutschlandfunk.de/feminismus-lateinamerika-100.html. Dort findet sich auch die Geschichte der kleinen Lucía.

359 Ress, M. J. und Hurtado Neira, J.: *Die Welt der Aymara. Eine Sprache der Symbole, Tänze und Farben*, in: Fünfsinn, B. und Zinn, C. (Hg.): *Das Seufzen der Schöpfung. Ökofeministische Beiträge aus Lateinamerika,* Hamburg 1998, 51–84, 51–3.

360 Bernardo, Analia: *Federn, Schlangen, Blumen und Jaguare. Symbole und Urbilder der indigenen Göttinnen*, in: Fünfsinn, B. und Zinn, C. (Hg.): *Das Seufzen der Schöpfung. Ökofeministische Beiträge aus Lateinamerika,* Hamburg 1998, 44–50.

361 Gargallo, Francesca: *Las ideas feministas latinoamericanas*, Bogotà 2004, 13, 17, 41.

362 Ebd., 53–5, 57 f., 63 f., 85–89.

363 Ebd., 99 f.

364 Ferreira, Ana Maria: *Eine Beziehung mit großem Potential: Marx und Feminismus in Lateinamerika,* Goethe Institut 2023, https://www.goethe.de/prj/hum/de/dos/mar/21249327.html

365 Weinhandl, E.H .: *Ideologische Grundlagen der zapatistischen Bewegung in Mexiko. Wie libertär sind die Zapatisten?* Seminararbeit 2016, https://www.grin.com/document/342139, und Keppeler, Toni: *Revolte aus dem Dschungel*, in: taz vom 2.1.2014, https://taz.de/Aufstand-der-Zapatisten/!5051618/. Des weiteren Mies, Maria; von Werlhof, Claudia (Hg.): *Lizenz zum Plündern*, Hamburg 1999, 12, 142–156, 161, 174, 187.

366 Mies, Maria: *Indische Frauen zwischen Patriarchat und Chancengleichheit. Rollenkonflikte studierender und berufstätiger Frauen*, Meisenheim 1973, 23.

367 Mies Maria; Shiva, Vandana: *Ökofeminismus*, a. a. O., 325–30.

368 Mies, *Indische Frauen*, 23, 48.

369 Ebd., 90–2.

370 Mies Maria; Shiva, Vandana: *Ökofeminismus,* a. a. O., 177.

371 Mies, *Indische Frauen*, 92–99, 128, 133–5, 139, 255 f.

372 Butalia, Urvashi: *Aus Unterdrückung wächst Widerstand*, in: taz, 23.8.2022, https://taz.de/Feminismus-in-Indien/!5872405/

373 Rieker, Dorothea: *Emanzipation in Indien*, in: bpb, 7.4.2014, https://www.bpb.de/themen/asien/indien/182059/emanzipation-in-indien/

374 Mies, Maria: *Patriarchat und Kapital*, München 2015, 203–7, 242–58.

375 Rieker, *Emanzipation in Indien*, a. a. O.

376 Sadaqi, Dunja; Diekhans, Antje: *Afrikas Frauen stehen auf.* Deutschlandfunk Kultur, 21.4.2021, https://www.deutschlandfunkkultur.de/demokratie-und-frauenrechte-afrikas-frauen-stehen-auf-100.html

377 Arte 2021, gesendet am 21.6.2022, https://programm.ard.de/TV/Programm/Jetzt-im-TV/?sendung=287244000703902, der link zur Sendung ist nicht mehr aktiv, sie ist allerdings auf Youtube zu sehen: https://www.youtube.com/watch?v=lrZH103Afg4

378 *»Gates-Stiftung verfehlt ihre Ziele«*, Interview von Heike Holdinghausen mit Stig Tanzmann vom 10.7.2020, in taz, https://taz.de/Aktivist-ueber-Landwirtschaft-in-Afrika/!5698089/.

379 Kruchem, Thomas: *Wie Konzerne die Lebensmittelproduktion kapern*, in: Deutschlandfunk Kultur vom 17.8.2021, https://www.deutschlandfunkkultur.de/gefaehrdete-welternaehrung-wie-konzerne-die-100.html.

380 Ebd.

381 https://www.gemeinsam-fuer-afrika.de/feminist-coalition-eine-nigerianische-bewegung-von-frauen-fuer-frauen/

382 Backhaus, Anne: *»Das Knie von Diktator Museveni drückt schon zu lange auf unseren Hals«*, *Spiegel online* vom 20.6. 2020 (der Beitrag ist Teil des von der BMGF unterstützten Projekts Globale Gesellschaft), sowie Sadaqi, Dunja und Diekhans, Antje: *Afrikas Frauen stehen auf.* Deutschlandfunk Kultur, 21.4.2021, https://www.deutschlandfunkkultur.de/demokratie-und-frauenrechte-afrikas-frauen-stehen-auf-100.html

383 Watson-Franke, Maria-Barbara: *Mütter als Machtträger. Matrilineare Überlegungen zur Elternschaft,* Freiburger Frauen Studien 18, 107–19, 112 f., bzw. FZG 12.1 (2006), online einsehbar hier: https://www.budrich-journals.de/index.php/fgs/article/view/2967

384 Jürgen Budde: *Das Kategorienproblem: Intersektionalität und Heterogenität,* in: Elke Kleinau, Barbara Rendtorff (Hg.): *Differenz, Diversität und Heterogenität in erziehungswissenschaftlichen Diskursen.* Schriftenreihe der Sektion Frauen und Geschlechterforschung der Deutschen Gesellschaft für Erziehungswissenschaft (DGfE), Bd. 3, Opladen 2013, 27–46. Die amerikanische Philosophin Nancy Fraser kritisiert, das Konzept erkläre nichts, hier im Interview mit Lillian Cicerchia, jacobin 10.8.2022, https://jacobin.de/artikel/nancy-fraser-intersektionalitat-beschreibt-etwas-aber-erklart-nichts-kapitalismus-feminismus-ausbeutung

385 Etwa bei Joseph, Gloria I. (Hg.): *Schwarzer Feminismus. Theorie und Politik afro-amerikanischer Frauen*, Berlin 1993, 195 f.

386 Neiman, Susan: *Links ist nicht woke*, a. a. O., 10–8, 28 f., 85–8.

387 Ebd., 20 f.

388 Diverse Presseberichte, etwa bei ntv am 27.5.2010, hier: https://www.n-tv.de/politik/dossier/Gewalt-gegen-algerische-Frauen-article891841.html.

389 Pickert, Nils, in: *Der Standard*, 16.6.2023, https://www.derstandard.at/story/3000000174729/was-in-maennerwelten-unsichtbar-bleibt?fbclid=PAAaa3yc7A1P3mK6ZYt6onnfXNH4fchShJyz2atS2do-_y1DSHZFonVOyUp1k_aem_th_Ae5x8a-oN7NDt8oDH7MeqN7F-l-C63A8tjv74gUOEPkxNsAaW6HAgdxtGojuefs2ba8E

390 https://www.bmi.bund.de/SharedDocs/downloads/DE/publikationen/themen/sicherheit/pks-2022.pdf?__blob=publicationFile&v=4 Seite 9.

391 https://www.vrt.be/vrtnws/de/2023/07/12/schockierende-zahlen-zunehmende-gewalt-gegen-minderjaehrige-u/ und https://www.aerzteblatt.de/nachrichten/122920/Weltbevoelkerungsbericht-prangert-Zunahme-von-sexueller-Gewalt-an Für Algerien: Dalia Ghanem: *Das Patriarchat schlägt zurück*, in: al-Qantara, 8.4.2021, https://qantara.de/artikel/femizide-algerien-das-patriarchat-schl%C3%A4gt-zur%C3%BCck

392 Schneider, Max: *Freifahrtschein für Vergewaltiger*, *BILD* vom 28.11.2023, https://www.bild.de/politik/kolumnen/kolumne/kommentar-freifahrtschein-fuer-vergewaltiger-86255444.bild.html, zum selben Fall der NDR: https://www.ndr.de/

nachrichten/hamburg/15-Jaehrige-im-Stadtpark-vergewaltigt-Neun-Maenner-verurteilt,stadtpark452.html am selben Tag.

393 Etwa in Regensburg https://www.br.de/nachrichten/bayern/regensburger-gericht-bewaehrungsstrafe-fuer-vergewaltigung,TlyTNll, und: https://www.spiegel.de/panorama/justiz/regensburg-warum-ein-gestaendiger-vergewaltiger-nicht-in-haft-muss-a-b0998ce8-ed81-4b5b-9388-964dd19235ca Zürich https://www.nzz.ch/zuerich/bezirksgericht-zuerich-autoposer-wegen-vergewaltigung-verurteilt-ld.1739062 Osnabrück https://www.focus.de/panorama/welt/auf-gutem-weg-normaler-mitbuerger-zu-werden-syrer-vergewaltigt-15-jaehrige-und-kommt-mit-bewaehrung-davon_id_187339753.html, und Berlin: https://www.welt.de/politik/deutschland/video246731966/Nach-Bewaehrungsstrafe-fuer-Vergewaltiger-Wird-schwerfallen-hier-integrierten-Menschen-zu-erkennen.html

394 Ein islamistisches Propagandabild, das die voll verschleierte Frau auf dem Weg zum Licht, die »unzüchtig« gekleidete auf dem in die Hölle zeigt, illustriert das sehr schön, hier auf der Seite des rheinland-pfälzischen Innenministeriums: https://mdi.rlp.de/themen/verfassungsschutz/islamismus/ideologie

395 Zitiert nach Buchsteiner, Jochen: *Unbedecktes Fleisch*, in: *FAZ*, 26.10.2006, https://www.faz.net/aktuell/politik/ausland/australien-unbedecktes-fleisch-1385662.html

396 Wolf, Ariane: Frauen und Queerfeindlichkeit, in: bpb, 13.12.2021, https://www.bpb.de/themen/islamismus/dossier-islamismus/344718/frauen-und-queerfeindlichkeit/

397 Tikhomirova, Anastasia: Krieg gegen die Frauen, in: *taz* vom 12.10.2023, https://taz.de/Islamismus-und-sexualisierte-Gewalt/!5962609/ – wie gesagt, die Hamas ist eine sunnitische Gruppe und ein Ableger der Muslimbruderschaft, auch wenn der Iran antiisraelische Organisationen jeder Couleur unterstützt. Das wird im Artikel nicht gesagt.

398 Al-Tahawy, Miral: *»Der Frauenkörper ist das Ziel eines Klassenkampfs«*, in: *Der Spiegel*, 15.2.2016, https://www.spiegel.de/kultur/gesellschaft/frauenrechte-und-islam-sexuelle-gewalt-als-symbol-der-krise-a-1075021.html, andere Perspsektive: Achterberg, Beatrice: *Mindestens 7000 Frauen sind in Deutschalnd seit 2015 Opfer sexueller Übergriffe von Flüchtlingen geworden*, *NZZ* 7.1.2024, https://www.nzz.ch/international/asyl-und-sexualverbrechen-tausende-frauen-opfer-von-fluechtlingen-ld.1769909

399 Ein Beispiel aus dem Libanon: https://qantara.de/artikel/laueninitiative-salwas-abenteuer-im-libanon-nein-zu-sexueller-bel%C3%A4stigung

400 https://www.ynetnews.com/article/b1j8ekxx2

401 Einen Überblick gibt Rothermel, Ann-Kathrin: *Die Manosphere. Die Rolle von digitalen Gemeinschaften und regressiven Bewegungsdynamiken für on- und offline*

Antifeminismus, in: Forschungsjournal Soziale Bewegungen 33.2 (2020), https://doi.org/10.1515/fjsb-2020-0041.

402 Einen Überblick bieten etwa Kracher, Veronika: *Incels – Geschichte, Sprache und Ideologie eines Online-Kults*, Mainz 2020, oder Kaiser, Susanne: *Politische Männlichkeit. Wie Incels, Fundamentalisten und Autoritäre für das Patriarchat mobilmachen*, Frankfurt 2020. Ein Interview zur Recherche der Journalistin Isabell Bell auf deutschlandfunk vom 4.8.2020 findet sich hier: https://www.deutschlandfunknova.de/beitrag/incels-was-frauenhasser-ankuendigen-mit-frauen-zu-tun

403 Zusammengefasst nach *Der Spiegel* vom 31.12.2022, zu lesen hier: https://www.spiegel.de/panorama/justiz/andrew-tate-in-rumaenien-festgenommen-frauenfeind-tiktok-star-und-menschenhaendler-a-6baca8de-e325-48a0-9cd4-2541489ac927

404 https://www.rnd.de/promis/andrew-tate-frauenhass-als-erfolgsmodell-wie-der-lifecoach-fuer-junge-maenner-so-erfolgreich-wurde-USD7DT4HNFH4LJVVJJ7SVLQY6I.html

405 https://www.zeit.de/sinn/2023-02/andrew-tate-islam-konversion-maennlichkeit

406 https://tagebuch.at/2021/09/maennersphaeren/

407 https://www.thetimes.co.uk/article/dark-side-of-davos-den-of-prostitution-and-predators-c77qwzd0j?clickref=1101lxVVnN4p&utm_medium=affiliates&utm_campaign=adgoal_eu&utm_source=partnerize und ähnlich in der Daily Mail: https://www.dailymail.co.uk/news/article-11643585/Prostitutes-gather-Davos-annual-meeting-global-elite-demand-skyrockets.html

408 Stoverock, Meike: *Female Choice*, a. a. O., 23, 90 f., 113, 282–93.

409 Zitiert nach Corea, *Mutter Maschine*, a. a. O., 206–8.

410 Mau, Huschke: *Entmenschlicht. Warum wir Prostitution abschaffen müssen*, Hamburg 2022, 137–150.

411 Zitiert nach Mau, Huschke: *Entmenschlicht*, a. a. O., 133 f.

412 Ebd., 115–22.

413 Pickert, Nils, in: *Der Standard*, 16.6.2023, https://www.derstandard.at/story/3000000174729/was-in-maennerwelten-unsichtbar-bleibt?fbclid=PAAaa3yc7A1P3mK6ZYt6onnfXNH4fchShJyz2atS2do-_y1DSHZF0nVOyUp1k_aem_th_Ae5x8a-oN7NDt80DH7MeqN7F-l-C63A8tjv74gUOEPkxNsAaW6HAgdxtG0juefs2ba8E

414 Sauer, Birgit: *Der Staat als geschlechtsspezifisches Gewaltverhältnis: Eine (neo-)marxistisch-feministische Perspektive*, in: Scheele, Alexandra; Wöhl, Stefanie (Hg.): *Feminismus und Marxismus*, Weinheim/Basel 2018, 202–217.

415 https://frauen.verdi.de/themen/gleiches-geld/++co++b8613edc-e134-11e5-b1c6-525400ed87ba

416 Eine ausführliche Diskussion dieser Thematik findet sich auch in Scheele, Alexandra; Wöhl, Stefanie (Hg.): *Feminismus und Marxismus*, Weinheim/Basel 2018,

auf die ich mich hier beziehe. Auf Mies' Begriff der Hausfrauisierung wird S. 11 Bezug genommen.

417 Haungs, Julia: *Die Hausfrau. Was Care-Arbeit mit Kapitalismus zu tun hat*, in: SWR Kultur, 4.7.2023, https://www.swr.de/swr2/wissen/die-hausfrau-was-care-arbeit-mit-kapitalismus-zu-tun-hat-102.html. Haungs fasst zusammen, was insbesondere den Arbeiten von Maria Mies zu verdanken ist. Mies selbst hat diese Zusammenhänge noch einmal ausführlich dargelegt in Mies, Maria: *Patriarchat und Kapital*, München 2015.

418 Haungs, *Hausfrau*, a. a. O., und Achleitner, Sophie: *Frauen leisten Care-Arbeit im Wert von 108 Mrd Euro*, Momentum Institut, 7.3.2022, https://www.momentum-institut.at/news/frauen-leisteten-care-arbeit-im-wert-von-108-mrd-euro. Dietmar Hobler, Christina Klenner, Svenja Pfahl, Peter Sopp, Alexandra Wagner: *Wer leistet unbezahlte Arbeit? Hausarbeit, Kindererziehung und Pflege im Geschlechtervergleich* (PDF), aktuelle Auswertungen aus dem WSI-Gender-Daten-Portal, April 2017. Ähnlich Kühn, Astrid: *Das bisschen Haushalt? Care-Arbeit ist Milliarden wert,* NDR 8.3.2023: https://www.ndr.de/nachrichten/info/Das-bisschen-Haushalt-Care-Arbeit-ist-Milliarden-wert,weltfrauentag238.html.

419 https://www.oxfam.de/unsere-arbeit/themen/care-arbeit

420 Zitiert nach https://www.deutschlandfunkkultur.de/feministisches-archiv-frauen-ddr-100.html

421 Schlapeit-Beck, Dagmar: *Altersarmut ist weiblich. Studie »Hohes Alter in Deutschland«*, in: *zwd Politikmagazin*, 10.2.2022, https://www.zwd.info/altersarmut-ist-weiblich.html.

422 https://www.verdi.de/themen/rente-soziales/++co++b0ea0e24-95a3-11ed-848f-001a4a16012a

423 Mayerhofer, Lisa: *Über 600 Euro mehr. Kritik an Rekord-Diätenerhöhung für Abgeordnete, Merkur* vom 2.3.2024, https://www.merkur.de/wirtschaft/gehalt-kritik-an-rekord-diaetenerhoehung-fuer-abgeordnete-bundestag-zuschlag-zr-92862610.html

424 Müller, Beatrice: *Die sorgenfreie Gesellschaft. Wert-Abjektion als strukturelle Herrschaftsform des patriarchalen Kapitalismus*, in: Scheele/Wöhl: *Feminismus und Marxismus*, a. a. O., 84–101.

425 Einen fachkundigen Überblick bietet beispielsweise Krüger, Oliver: *Virtualität und Unsterblichkeit. Gott, Evolution und die Singularität im Post- und Transhumanismus*, Freiburg 2019. Krüger weist auch auf die Geschlechterfrage hin, und sein Who is Who des Transhumanismus untermauert nachdrücklich, dass diese Religion fast ausschließlich von Männern ausgeübt wird.

426 Fraser, Nancy: *Krise, Kritik und Kapitalismus. Eine Orientierungshilfe für das 20. Jahrhundert*, in: Scheele/Wöhl: *Feminismus*, a. a. O., 40–58; 51.

427 Mies, Maria: *Patriarchat und Kapital*, a. a. O., 46–50.

428 Windmüller, Gunda: *Alle Frauen weg? Wie die Corona-Krise zum Backlash für die Gleichberechtigung wird*, *ZEIT*, 16.5.2020: https://www.zeit.de/zett/politik/2020-05/alle-frauen-weg-wie-die-corona-krise-zum-backlash-fuer-gleichberechtigung-wird-feminismus-genderstudies, sowie: Krucsay, Brita: *Vergechlechtlichte Arbeitsteilung in der Corona-Krise als »Backlash«?*, https://publikationen.soziologie.de/index.php/kongressband_2022/article/view/1748/1965 . Die UN (https://unwomen.de/covid-19-eine-krise-der-frauen/) und der Frauenrat (https://www.frauenrat.de/wp-content/uploads/2020/04/Frauen-in-der-Corona-Krise.pdf) wiesen auf das Problem hin. Ähnlich die Böckler-Stiftung: https://www.boeckler.de/de/boeckler-impuls-ruckschritt-durch-corona-23586.htm

429 Warrlich, Siri: *Chefarzt: »Seit Corona wollen mehr Kinder nicht mehr leben«*, SWR 8.2.2023: https://www.swr.de/swraktuell/baden-wuerttemberg/stuttgart/interview-kinderpsychiater-esslingen-suizidgedanken-corona-langzeitfolgen-100.html. Aktuelle wissenschaftliche Studie: Sevecke, Kathrin et al.: *Stationäre Versorgungskapazitäten in der Kinder- und Jugendpsychiatrie – Zunahme der Akutaufnahmen während der COVID-19 Pandemie? – Zunahme der Akutaufnahmen während der COVID-19 Pandemie?*, in: Neuropsychiatrie 37 (2023), 12–21, https://doi.org/10.1007/s40211-022-00423-2

430 *Der Spiegel* fasst den Oxfam-Bericht zusammen: *Die fünf reichsten Männer der Welt haben ihr Vermögen seit 2020 mehr als verdoppelt*, 15.1.2024: https://www.spiegel.de/wirtschaft/oxfam-bericht-vor-davos-reichste-maenner-der-welt-haben-vermoegen-seit-2020-verdoppelt-a-bc85fb5c-1725-4d73-998c-41e41f442854

431 Bedrosian, Alyssa: *Ni una menos. Porträt einer feministischen Bewegung*, 31.3.2023, in: bpb: https://www.bpb.de/shop/zeitschriften/apuz/femizid-2023/519674/ni-una-menos/

432 Nach Claudine Monteil, zitiert nach https://www.telerama.fr/livre/ivg-vous-devrez-demeurer-vigilante-d-ou-vient-cette-phrase-de-simone-de-beauvoir-701118.php.

433 Imhof, Agnes: *Dummerweise hochbegabt*, Weinheim 2018, 87 f.

434 Imhof, Agnes: *Die geniale Rebellin. Ada Lovelace*, München 2022. im Nachwort zu diesem Vorwurf; dort werden auch die Standardbiografien zitiert.

435 Weißenborn, Birgit: *»Ich sende Dir ein zärtliches Pfand«. Die Briefe der Karoline von Günderrode*, Frankfurt a. M. 1992, 234.

436 Imhof, Agnes: *Dummerweise hochbegabt*, Weinheim 2018, 92–4.

437 Imhof, Agnes: *Dummerweise hochbegabt*, Weinheim 2018, 93–5.

438 https://dressur-studien.de/category/rollkur-hyperflexion-und-ldr/

439 Imhof, Agnes: *Dummerweise hochbegabt*, Weinheim 2018, 85, mit Berufung auf eine Arbeit von Stapf, Aiga: *Hochbegabte Kinder*, München 2003.

440 Eberhard, E.F.W.: *Feminismus und Kulturuntergang*, in: Stein, Gerd (Hg.): *Femme fatale, Vamp, Blaustrumpf. Sexualität und Herrschaft*, Frankfurt 1985, 233 f. und 277.

441 Imhof, *Dummerweise hochbegabt*, a. a. O., 88.

442 Imhof, *Dummerweise hochbegabt*, a. a. O., 27, 76, 81.

443 Mies Maria; Shiva, Vandana: *Ökofeminismus*, a. a. O., 291–5.

444 *Das andere Geschlecht*, a. a. O., 1110, 1125, 1129.

445 Von Braun, Christina: *Fasten*, in: *Metzler Lexikon Religion* Bd. 1, a. a. O., 355.

446 Stollberg-Rillinger, Barbara (Hg.): *»Als Mann und Frau schuf er sie«. Religion und Gesellschaft*, Würzburg 2014, 11 f.

447 Imhof, *Dummerweise hochbegabt*, a. a. O., 95 f.

448 Heinrich, Elisa: *Intim und respektabel. Homosexualität und Freundinnenschaft in der deutschen Frauenbewegung um 1900*, Göttingen u. a. 2022, 128, 146–9, 172 f.

449 Van den Besselaar, Peter; Schiffbaenker, Helene; Sandström, Ulf; Mom, Charlie: *Explaining Gender Bias in ERC grant selection, life sciences case*, STI Science and Technology Indicators Conference, 2018: https://www.researchgate.net/publication/326769518_Explaining_gender_bias_in_ERC_grant_selection_-_Life_Sciences_case

450 Steinbrink, Malte et al.: *Wer zitiert wen und warum*, in: *Forschung und Lehre*, 25.4.2023, https://www.forschung-und-lehre.de/karriere/wer-zitiert-wen-und-warum-5581

451 Schiffbaenker, Helene: *»It's the elephant in the room« – gender (bias) in ERC grant selection*, Handout von der Konferenz Gender and Excellence. Challenges in research funding II, Bern 2016, einzusehen hier: https://www.snf.ch/media/en/gHpUiwE4YPcRFUWB/160705-news-gender-excellence-schiffbaenker-helene.pdf. Heidt, Amanda: *A call to create funding equity for researcher-mums*, 27.1.2023, https://www.nature.com/articles/d41586-023-00252-5. Llorens, Anaïs et al.: *Gender bias in academia – a lifetime problem that needs solutions*, in: Neuron, 7.7.2021, 109 (13), 2047–2074, doi: 10.1016/j.neuron.2021.06.002.

452 Matosin, Natalie: *Solange Frauen in Leitungsfunktionen fehlen, fehlen auch Rollenvorbilder,* Max Planck-Gesellschaft, online zu lesen: https://www.mpg.de/11968981/rosalind-franklin

453 Heinemann, *vraie fondatrice*, a. a. O., 288.

454 Langner, Beatrix: *Die sieben größten Irrtümer über Frauen, die denken*, Berlin 2017, 14, 222.

455 Ebd., 107–115.

456 Corea, Gena: *MutterMaschine*, a. a. O., 38, 270–2.

457 Ebd., 270–3.

458 Ebd., 257–60.

459 Ebd., 12–14, 18–25, 102.

460 Ebd., 92, 102–4, 113, 122, 150.

461 Ebd., 135–7, 171–7.

462 Ebd., 199, 201, 203, 206–11, 247 ff.

463 Ebd., 248 f.

464 Ebd., 231, 239 f.

465 Ebd., 262–7, 285.

466 Ebd., 8 f.

467 Diverse Medien berichteten über die entsprechenden Versuche, etwa *Spektrum*, der *Spiegel* oder der ORF. Eine Auswahl: https://www.spektrum.de/news/zeugung-ohne-sperma/575776, https://www.spektrum.de/news/menschliche-eizellen-ohne-spermium-befruchtet/767378#:-:text=Reproduktionsbiologie%20 Menschliche%20Eizellen%20ohne%20Spermium,menschliche%20Eizellen%20 zur%20Teilung%20anzuregen, https://sciencev1.orf.at/science/news/17490, https://www.spiegel.de/spiegel/a-213842.html

468 Vgl. Göbel, Ester: *Ein Baby aus dem Labor? Macht 8500 Euro, bitte!*, in: Krautreporter, 5.9.2023, https://krautreporter.de/5015-ein-baby-aus-dem-labor-macht-8-500-euro-bitte?utm_campaign=pocket-visitor

469 Grieser, Alexandra: *Sexualität und Geschlechterrollen*, in: *Metzler Lexikon Religion*, Bd. 3, Stuttgart 2000, 289–96, 291 f.

470 Fitzpatrick, John L., Willis, Charlotte, Devigili, Young, Amy, Carroll, Michael, Hunter, Helen R., Brison, Daniel R.: *Chemical signals from eggs facilitate cryptic female choice in humans*, in: Proceedings of the Royal Society B, 10.6.2020, vol. 287, issue 1928, doi: https://doi.org/10.1098/rspb.2020.0805

471 Corea, Gena: *Mutter Maschine*, Berlin 1986, 31–3.

472 Wesel, Uwe: *Mythos*, a. a. O., 144–8.

473 Schiller, Friedrich: »Die Worte des Glaubens«, in: Musenalmanach für das Jahr 1798, J. G. Cotta, Tübingen 1798.

Das bei der Produktion dieses Buches entstandene CO_2
wurde durch die Finanzierung von Klimaschutzprojekten kompensiert:
climate-id.com/17531-2110-1001/de

1. Auflage 2024

Umschlaggestaltung: Lübbeke Naumann Thoben, Köln
Satz: Fagott, Ffm
Gesetzt aus der Adobe Garamond Pro
Druck und Verarbeitung: CPI books GmbH, Leck
Gedruckt auf säurefreiem und chlorfrei gebleichtem Papier
Printed in Germany
ISBN 978-3-8321-6827-8

www.dumont-buchverlag.de